长白山学术文库

The Academic Library of Changbai Mountain

第二辑

中国近代社会思潮研究

胡维革 著

吉林人民出版社

出 品 人：常　宏
选题策划：吴文阁
统　　筹：孟广霞
责任编辑：王　丹
装帧设计：尤　蕾

图书在版编目（CIP）数据

中国近代社会思潮研究 / 胡维革著. -- 长春 : 吉林人民出版社, 2023.12
（长白山学术文库. 第二辑）
ISBN 978-7-206-20760-0

Ⅰ. ①中… Ⅱ. ①胡… Ⅲ. ①社会思潮－研究－中国－近代 Ⅳ. ①D092.5

中国国家版本馆CIP数据核字（2023）第232238号

中国近代社会思潮研究

ZHONGGUO JINDAI SHEHUI SICHAO YANJIU

著　　者：胡维革
出版发行：吉林人民出版社
（长春市人民大街7548号 邮政编码：130022）
咨询电话：0431-85378007
印　　刷：吉林省吉广国际广告股份有限公司
开　　本：710mm × 1000mm　1/16
印　　张：22.75
字　　数：350千字
标准书号：ISBN 978-7-206-20760-0
版　　次：2023年12月第1版
印　　次：2023年12月第1次印刷
定　　价：95.80元

出版说明

习近平总书记在全国哲学社会科学工作座谈会上明确指出："一个没有发达的自然科学的国家不可能走在世界前列，一个没有繁荣的哲学社会科学的国家也不可能走在世界前列。"同时强调，"哲学社会科学具有不可替代的重要地位，哲学社会科学工作者具有不可替代的重要作用。"两个"不可替代"充分阐明了建立高水平学术队伍、出版高水平学术著作的重大意义，为新时期学术出版工作指明了前进方向。

吉林历史文化源远流长，学术研究亦早发轫。中华人民共和国成立以来，在党和政府的亲切关怀和指引下，吉林哲学社会科学研究队伍不断发展壮大，涌现出一大批具有理论高度、学理深度、学术厚度的专家学者，有些专家学者不但驰名全国，而且饮誉世界。这支生机勃勃的研究队伍，坚持以辩证唯物主义和历史唯物主义为指导，在哲学社会科学的各个领域孜孜矻矻，上下求索，推出了一大批填补历史空白、具有当代价值，亦能产生历史反响的学术著作。研究队伍为吉林文化大省、理论大省、学术大省建设做出了积极贡献，研究成果是吉林一笔宝贵的精神财富，是吉林人文化自信的一种重要凭倚。

多年来，吉林人民出版社一直以出版学术著作和理论著作为工作的主基调，出版了一大批具有创新性的学术著作，受到学术界的一致好评，尤其是主题出版更是可圈可点，受到社会的广泛赞誉。新时期，新使命，新担当，本社决定投入人力、物力和财力，编辑出版大型丛书《长白山学术文库》（以下简称《文库》）。《文库》分辑推出，每辑收入哲学社会科学和人文学科等学术著作10—15部。通过《文库》出版，荟萃吉林学术经典，延续吉林文脉，弘扬创新精神，增强文化自信，为建设吉林文化高地和学术高地贡献力量，为以中国式现代化实现中华民族伟大复兴做出吉林出版的贡献。为保证《文库》的特色和质量，收入著作坚持如下原则：

——收入吉林籍专家学者的学术著作。

——收入具有正高级专业技术职称专家学者的学术著作。

——收入作者独立完成的学术著作。

——收入已由国内正式出版机构出版过的学术著作。

——收入各个学科有代表性的学术著作，优先收入国家哲学社会科学研究项目、教育部哲学社会科学研究项目以及入选《国家哲学社会科学成果文库》的学术著作。

——收入的学术著作一仍其旧，原则上不做修改。

——适当考虑收入学术著作的学科分布。

——收入的学术著作符合国家的出版规定和要求。

编辑出版一部大型学术丛书，是本社面临的一个全新课题。本社将秉持对历史负责、对人民负责的精神，认真听取各方面意见，不断优化编辑思路，努力编辑出版一部思想精深、学术精湛、做工精美的学术文库。

编　者

胡维革

享受国务院政府特殊津贴专家，吉林省高级专家，二级教授。曾任东北师范大学历史系副主任、吉林人民出版社社长、吉林东北亚出版传媒集团总经理。先后承担教育部社科规划项目、全国高校古籍整理研究工作委员会重点规划项目、吉林省社科规划项目 8 项，出版《中国近代社会思潮研究》《中国近代文化探幽》等著作 10 部，在《近代史研究》《社会科学战线》等刊物发表学术论文 110 余篇。学术论著获吉林省政府优秀科研成果一、二、三等奖。

序

中国近代是一个最富探索思辨的时期。反映时代脉络的各种社会思潮汹涌迭起，呼唤着中华民族的觉醒和救国进程，推动了中国历史的发展。追忆过去，回首“昨天”，深入地研究中国近代社会思潮的变迁及其历史选择，对我们坚定不移地走有中国特色的社会主义道路仍有着强烈的现实意义。据此，胡维革同志经历几年艰辛劳作，《中国近代社会思潮研究》一书最后脱稿了。

维革同志年轻聪慧，早在攻读中国近代史硕士学位研究生时，便立志研究中国近代社会思潮史。他先后参加编著《中国近代爱国人物传》《中国近百年名人传》等书，为专攻近代思想史作了起步。接着，他又撰著和主编了《冲击与蜕变——西方文化与中国近代政治》《中国近百年文化史纲》《中国近代社会改革思想研究》和《共和道路在近代中国》等著作，并发表了大量有关研究中国近代社会思潮的论文，论据精当，见解新颖。

流年易逝，有志竟成。维革同志通过上述努力，终于在今年完成《中国近代社会思潮研究》的写作任务。我读过书稿，留下的深刻印象是：资料翔实，思辨精缜，观点新颖，史论结合，文笔畅快。

（一）

时代思潮是历史的一面镜子，先进思潮和落后思想的矛盾斗争，往往成为历史前进的明显征兆。中国半殖民地半封建社会，民族矛盾和阶级斗争极为复杂。因此，社会思潮又总是和民族解放、阶级斗争的形势同潮共涌，相互激荡。从某种意义来说，不深入研究中国近代思想史，就无法洞悉整个中国近代历史的底蕴。

也许正是由于这个缘故，新中国成立后大约半个世纪，一代一代的专家学者辛勤耕耘，陆续出版十几种专门研究中国近代思想史的论著。截至目前，中国近代思想史的研究，无论在框架体系上还是在内容方法上，都渐次达到了比较深入的程度。这当然也是中国近代史研究领域里的一项重要创获。

然而，认真检讨以往的研究成果，也会令人感到还有不尽如人意的地方。从框架体系上看，现已出版的著作多带有传统的模式，即以论述主要代表人物为主，分章列节，排比成书。这种如同“袋装马铃薯”——着重对思想家个人的研究，很难使读者深刻领悟到在一定历史背景下产生的社会群体意识，以及前一种社会思潮对后来人的重要历史影响。

《中国近代社会思潮研究》冲破传统的研究模式，从社会思潮的角度展开对中国近代社会思想变迁的探索。思想和思潮虽然只有一字之差，但在研究视角、空间和指向上却大不相同。思想是个案、平面和静态研究；而思潮则是宏观、立体和动态研究。因此，该书视角一转，别见洞天，为探索开辟了天地，为思辨赢得了空间。在这种思路主导下，全书不无创新地回答了有关中国近代社会思潮的开端、主线、流程和终结等问题。

关于中国近代社会思潮的开端问题，该书认为:鸦片战争时期出现的学习西方、批判现实和边疆史地研究三股思潮牵牵相结，相互波及，既是中国近代社会思潮的重要内容，也是中国近代社会思潮的发轫和开端。书里精辟地论证了中国近代社会思潮既不是封建传统思想的自然延续，也不是西方近代思想的简单移植，而是在资本主义国家侵略与中国人民反侵略的斗争中，在中西文化的冲突碰撞中产生的一种新思潮。关于中国近代社会思潮的主线问题，该书认为:爱国主义思想、学习西方思想和改革社会思想犹如三条红线，贯穿中国近代社会思潮的始终。中国近代社会思潮的各个有机部分，就是这三条红线的外化和延伸。从总体上观察，中国近代社会思潮的大海，无论怎样恣意汪洋，它都导源于此，并最后归流于此。关于中国近代社会思潮的流程问题，该书认为:经世致用思潮、中体西用思潮、早期改良思潮、维新变法思潮、民主革命思潮和民主科学思潮——这六大思潮首尾相衔，前呼后继，构成了中国近代社会思潮的基本流程。的确，这种“流程”说，整体辨证。在它们之间保有继承扬弃的关系，即前者有后者的胚胎和萌芽，后者又有前者的沉淀和余绪。以此为流程，基本反映了中国近代社会思潮的主体和主流。关于中国近代社会思潮的终结问题，该书认为:马克思主义中国化是中国近代社会思潮的终结与转折。书里着重说明:中国人民在长期的革命斗争实践中，付出了极为宝贵的代价，通过各种选择比较，最后才把马克思主义的普遍真理和中国革命的具体实际结合起来，迎来了新的思潮曙光!

这本书，侧重于对时代思潮及其演化进程的研究，同时也不放松对主要思想家的研究。因为，不强调从社会思潮着眼，就无法真正了解一代思想家所处的地位和作用；不深入解剖主要代表人物，也难以窥见时代思潮所达到的历史深度。

（二）

中国近代思想史是个广阔的研究领域。几十年来的研究工作，虽然取得了很大成就，但是，毋庸讳言，直到现在，无论是资料的搜集整理，还是理论的探讨驳辩，都还存在不少问题。众所周知，有价值的史料是过去人类思想活动留下的散在记录，是我们借以了解历史、研究历史、恢复历史本来面貌的重要中介。尤其是中国近代思想史的研究，从广度和深度上来说，亟须详尽地占有资料，从客观事实中引发出精当的结论。目前已出版的十几种中国近代思想史著作，在引证历史资料方面存在较为普遍的弱点是，资料大体雷同，有的还缺乏研究考辨的深功夫。再有，思想史的研究从搜集资料开始到历史现象的分析，都离不开科学的理论指导，这是多数思想史作者的深切共识。当然真正做好并不容易！“述往事，思来者”，有的思想史著述很少注入作者深层次的理性分析，使读者感到学术启迪的意义不大。

《中国近代社会思潮研究》一书，不但重视历史资料的运用，而且注意推进历史反思，着力叙述其“是什么”，回答其“为什么”，深入探索中国近代社会思潮发展的规律、趋势和特点。具体说来，一是透视思想家群体。该书先后紧扣社会批判思想家、早期改良思想家、维新变法思想家和民主革命思想家四个群体进行分析。分辨他们的历史时代、阶级属性，剖析他们的社会文化心理结构，指明不同社会群体所掀起的不同社会思潮。这样，有源有流，有本有末，不仅使人觉得每次社会思潮的兴起都有水到渠成之势，而且又使人认识到社会文化心理结构变化和新型思想家群体形成，是社会思潮涌起的源点。二是研究社会意识。社会意识即社会精神生活过程，是指政治、法律、道德、哲学、艺术、宗教等观点。近代中国的社会意识呈现出极为复杂的状态，该书专立一章，侧重研究社会意识及其与社会思潮的关系，这在中国近代思想史研究中是一次新尝试。该书所提出的“半殖民地意识”概念，从未见经传论述，也是一种新的见解。通过对华夷观念、天朝意识和半殖民地意识的研究，指出了隐而不彰、习焉不察的社会心理和社会意识的影响，为人们加深对社会思潮的认识提供了一个新的视角。三是追踪社会思潮影响。中国旧民主主义革命时代的社会思潮变幻多姿，来去匆匆。该书不仅研究各种社会思潮扣人心弦的浪峰，而且竭力追踪其深远延伸的隐形影响，从纵横交错的联系上说明各种思潮的前后继承、相互瓜带的关联。实质上，把各种社会思潮的深远影响弄清了，写透了，也就在深层次上揭示出了先进中国人追求真理和最终选择真理的心路历程。

一个半世纪前，哲学大师黑格尔在《历史哲学讲演录》一书中就曾约略地论述了史学研究的不同层次和不同功能。第一层次是白描性历史，主要回答过去“是什么”；第二层次是反思性历史，主要回答现在“为什么”；第三层次是哲学性历史，主要回答将来“干什么”。在黑格尔看来，历史研究层次越高，越有功利价值，越富时代意义。当然，黑格尔的历史哲学体系并不科学，但他却告诉我们，历史研究是分层次的，一切想要揭示历史真谛的人都必须向高层次挺进。尤其是历史发展到今天，人们和社会不仅需要凝固知识的填充，还需要深邃理性的引导。也就是说，人们和社会不仅需要白描性的历史，还需要反思性和哲学性的历史。该书在这方面做出了可贵的努力，并取得了可喜的成果。

（三）

“言之无文，行之不远”，写历史著作，应当写得让人们爱看。有人说，史书的编撰是历史过程的美学再现。为此，好的著述也必须追求审美价值。在这方面，那些天才的理论家和史学家为我们作出了光辉榜样。如马克思和恩格斯，他们把深刻的思想和非凡的表达有机地结合在一起，二者相得益彰，使其著述产生了永不衰竭的魅力。直到今天，当我们捧读马克思和恩格斯严肃的理论著述时，一点也不感到枯燥和沉闷，相反，总会感到它的炽烈激情和深沉思想给读者带来的无穷回味！“究天人之际，通古今之变”的司马迁，是伟大的史学家，但又是举世公认的卓越文学家。《史记》中的许多篇章，不仅是宝贵的信史，还是生动感人的文学珍品，妙笔生花，令人百读不厌。在我国当代著名史学家里，郭沫若的稀世才华，范文澜的严谨治学，翦伯赞的广阔思辨，吴晗的平凡论史……他们的著作也都像磁石吸铁一般，吸引着读者。这是真理的力量，同时也是一种文字优美的力量。

在中国近代思想史研究中，对审美价值的追求仍有差别。有的著述，史论结合，语言优美，颇有特色，有的著述，显得内容庞杂，文辞艰涩，多人执笔，格调各异，很难唤起人们的阅读欲望。

《中国近代社会思潮研究》一书，努力追求审美价值，为史学研究领域的百家争鸣贡献力量。书里深刻说明：爱国主义是中华民族的优良传统。中国沦为半殖民地半封建社会后，爱国主义作为一种巨大的精神力量，不断地鼓舞着中华民族保持旺盛的生机，许多杰出的思想家为反帝反封建斗争作出了重大的历史贡献。很明显，中国近代史上的各种形式的爱国活动，是中国人民逐渐觉醒的标志。正是由于先进中国人的不屈不挠、前仆后继的斗争，才推动了中国历史的发展，并使得资本——帝国主义不能灭亡中国。了解祖国，将会更加热爱祖国；了解过去，更会珍惜现在和未来。该书在总结中国近代爱国思潮的特点时写道：“深沉的历史哲学感是近代爱国思潮的理论价值，鲜明的实践操作感是它的实用价值。这两个价值是近代爱国思想成为爱国思潮的最深层的内在原因。”

历史是人类的记忆。人类历史画卷自身是五光十色、绚丽多彩的，历史工作者的笔应该尽量反映出历史的壮美。

徐凤晨

1993年12月

自　序

厚厚一摞《中国近代社会思潮研究》一书的书稿摆在面前，我心里有说不出的高兴。同时，回想研究这一课题的十年经历，我心中又有许多话想说。

早在1982年至1985年，我师从徐凤晨教授攻读硕士研究生时，听他滔滔不绝地讲授中国近代思想史，我被深深地吸引了。从那时起，我开始阅读有关中国近代思想史的论文、著作和历史文献。1985年，我发表《试论张之洞的禁烟思想及实践》一文，是我研究中国近代思想史的处女作。毕业后，我一边给函授生、本科生和研究生讲授中国近代思想史，一边对中国近代思想史进行了较为深入系统的研究。从1986年至1990年的五年时间里，我先后发表有关中国近代思想史的研究论文30余篇。其中有两篇被《新华文摘》全文转载，有15篇被其他报刊转载、摘登和评介。学术界的厚爱，对于在科研方面刚刚起步的我来说，无疑是一个巨大的鼓舞。1991年，我申报的《传统文化与中国近代社会思潮》研究课题被国家教委批准为“八五”社会科学研究规划项目，这又为我的研究工作提供了有利条件。至此，我开始动意，在以往研究的基础上，撰写一部有关中国近代社会思潮研究的学术专著。经过两年断断续续地写作，现在，《中国近代社会思潮研究》一书定稿了。

《中国近代社会思潮研究》一书以中国近代社会思潮为研究对象，

着力对以下几个问题进行研究：一是关于中国近代社会思潮的开端、主线、流程和终结问题；二是关于西方文化、传统文化、社会意识、知识分子群体、思想巨人与中国近代社会思潮的关系问题；三是关于几种重大社会思潮的起因、内容、演变及影响问题。在整个研究中，不求大，不求全，但求深，但求新，努力反映出自己的思想与风格。

如果说我撰写这部著作还有一点价值追求的话，那么我主要追求以下三种价值：一是学术价值，即求真求实，努力反映历史的本来面貌；二是社会价值，即述往思来，努力让自己的研究与现实生活对话；三是审美价值，即讲求美学，努力从体系、观点、逻辑、语言等方面满足读者的审美需求。当然，以笔者的愚钝，实难企及这种高妙的境界，但引玉亦需抛砖者，本书愿作一块引玉之砖。

《中国近代社会思潮研究》一书是在老师、亲友和同学们的帮助下完成的。我的老师徐凤晨教授非常关心我的科研工作，为本书的撰写提出了许多有建设性的意见。我的妻子李晓平同志不但承担了全部家务，为我提供了更多的写作时间，还帮助我整理了大部分书稿。我的硕士研究生陈立忠、李蕴棋和盛海英三位同学，为我收集了大量资料，并抄写了大部分书稿。东北师大科研处和出版社的领导及有关同志，也给了我大力支持。此外，在写作过程中，我还参考了有关论著，吸收了一些研究成果。在此，一并致以衷心的谢忱。

本书虽酝酿数载，写作时间也不算短，但由于笔者学识水平所限，直至发排前仍感尚有不少难尽如人意之处。付梓匆匆，疏漏谬误之处在所难免，恳请同行专家不吝赐教。

作　者

1993年12月于长春清华路寓所

目　录

第一章　中国近代社会思潮的开端

所谓社会思潮，就是某一历史时期内，在某一阶层、阶级或整个民族中反映当时社会政治、经济情况而又有较大影响的思想潮流。在中国古代历史上，各种社会思潮前呼后拥，此起彼伏，构成了一条五光十色、内蕴深厚的中国古代思想长河。但无论多么波澜壮阔，慷慨激越，它都没有跨出封建主义范畴，只不过是封建社会的伴生物和助推器罢了。直到1840年鸦片战争时期，中国社会思潮才发生了质的变化。当时，在鸦片战争失败的刺激下，中国社会掀起了学习西方、批判现实和研究边疆史地的三股社会思潮。这三股社会思潮牵牵相结，浑然一体，既是中国近代社会思潮的组成部分，也是中国近代社会思潮的发轫和开端。

第一节　放眼世界的研究西方热潮

1840年爆发的鸦片战争，使中华民族蒙受了巨大的耻辱。但也就是在鸦片战争的硝烟炮火中，中国的一大批有识之士，为了抵御外侮，雪耻强国，掀起了近代中国研究、介绍和学习西方的第一次热潮。这次热潮不仅使源远流长的中国思想史、学术史和文化史翻开了新的篇章，而且使历史悠久、傲居东方的古老中国拉开了学习西方、走向世界的时代帷幕。从此以后，中国人民的斗争史、革命史和建设史都展现出了不同以往的崭新风貌。

一、研究西方热潮兴起的“内在机理”

近代中国研究西方的第一次热潮是在鸦片战争期间及战后几年时间里兴起和发展的。这种时间上的吻合往往给人们一种错觉，似乎它是由外国侵略者的枪炮“轰炸”出来的。其实不然。毫无疑问，鸦片战争为这一热潮的兴起提供了良好的“外在气候”，但更重要的还在于中国传统思想、学术、文化自身发展的“内在机理”。按照马克思主义关于事物变化的内因和外因的哲学理论，它是中国传统思想、学术、文化自身发展的“内在机理”和良好的“外在气候”在特定的时空点上交叉碰撞的结果。

中国传统思想、学术、文化自身发展的“内在机理”多重多种，难以尽数，但与近代中国研究西方的第一次热潮关系较大者，主要为以下两点：

一是在学术上，中国史地学有着研究边疆和域外的优良传统。诚然，在漫长的古代社会，历史、地理、交通、语言等因素曾无情地限制了史地学研究领域的扩展，使其不得不主要囿于王朝史和区域史的狭小天地内。但各朝各族的史地学子们却一代一代地继承和保持着研究边疆和域外的优良传统，一有机会便将思维触角伸向“中华以外天”，并经过孜孜矻矻的探索，留下了一部部有关边疆和域外研究的鸿篇巨制。对此，姚莹经过认真钩稽和考察后指出：“自来言地理者，皆详中国而略外夷。《史记》、前后《汉书》，凡诸正史外夷列传，多置不观，况外夷书乎？然今存者，宋释法显《佛国记》，乃异域传书之始。自是而唐释玄奘、辨机有《大唐西域记》十二卷，宋徐兢有《宣和奉使高丽图经》四十卷，赵汝适有《诸蕃志》二卷，朱辅有《溪蛮丛笑》一卷，元周达观有《真腊风土记》一卷，汪大渊有《岛夷志略》二卷，明董越有《朝鲜赋》一卷，黄衷有《海语》三卷，张燮有《东西洋考》十二卷，西洋艾儒略有《职方外纪》五卷，邝露有《赤雅》一卷，朝鲜无名氏有《朝鲜志》二卷，西洋南怀仁有《坤舆图说》二卷，国朝图里琛有《异域录》一卷……王大海有《海岛逸志》二卷，七十一有《西域闻见录》四卷，松筠有《绥服纪略》一卷，和泰庵有《西藏赋》一卷，近时徐松有《新疆赋》一卷，及魏默深《海国图志》六十卷出，而海夷之说乃得其全焉。”[①]姚氏的胪陈虽既不尽当，亦不至备，但他却以大量史实说明，中国的史地学有着研究边疆和域外的优良传统。更为重要的是，在鸦片战争前40年间，中国人就开始了对西方各国的直接研究和介绍，并有一大批论著问世。谢清高口述、杨炳楠笔录的《海录》，阮元的《外蕃传》，萧令裕的《记英吉利》，俞正燮的《罗刹》《荷兰》《鸦片烟事述》《天主教论》，叶钟进的《英吉利国夷情记略》，汤彝的《咦咭唎兵船记》，颜斯综的《南洋蠡测》等，皆属此类著作。这些著作的面世，不仅把中国史地学研究边疆和域外的优良传统推向了一个新阶段，而且还直接开导了近代中国研究西方的先河。

此外，中国史地学对边疆和域外的研究也为中国近代研究西方第一次热潮的兴起积累了材料。如姚莹所提王大海及其著作《海岛逸志》就是一例。王大海字碧卿，福建漳州人。1783年，因应试不第，漫游南洋，周历荷属爪哇等地，数年始返。归著《海岛逸志》六卷，于1806年刊行。书中详细叙述了荷兰的礼俗、政教和贸易情况，对于兵船、制造、医学、文字，以及南洋的地理、鸦片烟种植等亦有记载。该书对后世影响颇大，魏源在著《海国图志》时就对此书多有转录。

二是在文化上，中国传统文化有着吸收异质文化先进因子的变通机制。毋庸讳言，中国传统文化在两千多年的积累和发展中，确实沉淀出了许多糟粕和渣滓。但总的说来，它仍然是讲究治术、面对现实，而不

① 姚莹：《康辖纪行》第9卷，同治六年刻本。

是脱离实际的；是理性的，而非神学的；是有条件地主张变革的，是追求“道”即社会发展规律性认识的。这种面世、理性和求道的本质，决定了中国传统文化有着吸收异质文化先进因子的变通机制。事实也正是如此。在漫长的历史长河中，对于外来文化的每一次冲击，中国传统文化都做出了积极主动的反应。早在汉代，印度佛教作为一种很有分量的异质文化传入中国。对此，中国传统文化不但没有将其拒之门外，而且还敞开包容百家、兼收并蓄的胸襟，吸收它，融合它。结果，经过长期的冲突与碰撞，到隋唐以后，印度佛教被中国传统文化吸收了，先是出现了中国化的佛教宗派，后是形成了影响颇大的宋明理学，即新的儒家学说。明朝末年，随着传教士东来，西方科技文化传入了中国，当时明末的皇帝和开明的知识分子对此也表示了极大的兴趣。异端思想家李贽等人，出于探求新事物的热诚，和传教士往来，渴望从外来文化中得到启示。正统思想家则希望能从其中为中国找到一条出路。大科学家徐光启等人，出于对近代科学和文化革新的热情，极力主张向西方学习新的火炮技术。他在《复熊芝经略书》中说：“须多储守之器，精讲守之法，中间惟火器最急。”他并一再上疏，极力推行火炮政策：“火器者今之时务也”，“急造台镜为城守第一要务”。并说：“此法传自西国，臣等向从陪臣利玛窦等讲求，仅得百分之一二……（李）之藻称陪臣毕方济、阳玛诺等，尚在内地，且携有图说，今宜速访取前。”[①]徐光启、李之藻不仅认真从西方传教士利玛窦、毕方济、阳玛诺学习大炮技术，而且积极向上进言，要求仿制火炮。就在这一时期，明末皇帝委任传教士龙华民和汤若望负责铸造，焦勖写成《火攻挈要》一书，总结了当时学习铸炮的结果。他说：火炮是“就教于西师”，学习火炮是为民族自强。他还对火炮政策作了总结性的论断：“世之论兵法咸称火攻，论火攻者咸慕西洋，是固为定论。”[②]他看到了近代军事以火攻为主，已不同于古代军事的刀箭长矛，而要学习火攻技术

① 《徐氏庖言》第3、4卷，清初刻本。

② 《火攻根本总说》，《火攻挈要》中卷，清初刻本。

就得学习西方。这一切从某种意义上说，已经拉开了中国研究、学习西方的帷幕。更值得注意但又一直被人们忽视的是，1820年，龚自珍在《西域置行省议》中谈到西域改置行省后的措施时指出："文移官事，往来经戈壁，皆带泉水，应颁制西洋奇器，物少受多，利行者。"其中"颁制西洋奇器"，实质上就是学习西方的科学技术。因此，早在鸦片战争爆发前20年，龚自珍就已经发出了"师夷之长技"的呼声。

1840年，正当中国传统的思想、学术、文化的这种"内在机理"向前发展的时候，爆发了鸦片战争。鸦片战争的爆发，又为其进一步发展创造了良好的"外在气候"。一方面，外国船坚炮利，中国武器窳劣，东西方历史发展的巨大落差触目惊心；另一方面，外国侵略者攻城略地，天朝大国一败涂地，整个中华民族的强国之情和雪耻之心骤然勃兴。由是，中国传统思想、学术、文化的"内在机理"陡涨疾张，衍化成了近代中国研究、学习西方的第一次热潮。

因此，从根本上说，是中国传统思想、学术、文化的"内在机理"孕育了近代中国研究西方的第一次热潮，近代中国研究西方的第一次热潮是中国传统思想、学术、文化的"内在机理"在新的历史条件下的弘扬和发展。而那种认为近代中国研究西方的第一次热潮应当归功于外国侵略的看法，如果不是别有用心，便是迂腐之见。

二、研究西方热潮的主要内容

一提起鸦片战争时期中国研究西方这件事情，在许多人看来，仅仅是魏源——《海国图志》——"师夷长技以制夷"一花独放，其实这是很不全面的。准确说来，当时是一批人开眼看世界，一批著作刊刻发行，出现的是一个规模宏大的研究热潮。笔者根据初步研究发现，仅就当时震惊朝野、影响后世者而论，就有以下作者和著作：林则徐：《四洲志》（1840年）；李兆洛：《西洋奇器述》（1841年）；陈逢衡：《暎咭唎纪略》（1841年）；王蕴香：《域外丛书》（1842年）；王文泰：《红毛蕃英吉利考略》（1842年）；魏源：《海国图志》（1842年）；郑祖光：《舟车所至》（1842年）；徐继畬：《瀛环志略》（1844年）；姚莹：《康辅纪行》（1846年）；梁廷楠：《海国四说》（1848年）。而且这些作者和著作的思想也不仅仅囿于"师夷长技以制夷"这一点上，而是对世界各国的地理位置、方圆四至、平方面积、相邻国家、山川、河流、气候、物产、历史、地理、政治、经济、军事、外交、人种、风俗、语言、文字、宗教、服饰等，作了全面的研究和介绍。一句话，这次研究热潮的内容是极其丰富的。这里仅就其荦荦大者，详述如下：

（一）政治制度

政治制度是一个敏感问题，因而中国的思想学术历来只注重治国之道，而不注重制度研究。对此，司马谈对诸子百家的分析就是很好的说明："天下一致而百虑，同归而殊途。夫阴阳、儒、墨、名、法、道德，此务为治者也。"这就是说，诸子百家虽然观念不同，但目的却都在于提出一套治国安邦的方案。在近代中国研究西方的第一次热潮中，情形迥然不同了。当时，几乎每一个开眼看世界的人，每一部研究域外的著作，都研究和介绍了欧美的政治制度。如林则徐在《四洲志》中对英国的议会制度介绍道："凡国王将嗣位，则官民先集巴厘满衙门会议，必新王背加特力教而尊波罗特士顿教始即位。国中有大事，王及官民俱至巴厘满（会议）衙门公议乃行。大事则三年始一会议，设有用兵和战之事，虽国王裁夺，亦必由巴厘满议允。国王行事有失，将承行之人交巴厘满议罚。凡新改条例，新设职官，增减税饷，及行楮币，皆王颁巴厘满，转行甘文好司而分布之。惟除授大臣及刑官，则权在国王。各官承行之事，得失勤怠，每岁终会议于巴厘满而行其黜陟。"[①]其中，"巴厘满"是英文Parliament的音译，即议会或国会。

---

① 《小方壶斋舆地丛钞再补编·四洲志·英吉利国》，1913年上海石印本。

（二）军事工业

一方面军事工业与政治制度相比政治色彩比较浅薄，容易被人们认同；另一方面，军事工业呈现为物化状态，也容易被人们了解。因此，在近代中国研究西方的第一次热潮中，军事工业成了人们研究介绍的热点和重点。其中，姚莹在《康輶纪行》中对欧美火轮机、火轮船和火轮车的介绍，就较有代表性地反映了人们当时对西方军事工业的研究、了解、羡慕和赞叹。姚莹娓娓谈道："火轮船大者如三桅船，小者如两桅船。船之后半，上为水柜，下列火门，或五，或九，火门之内，以柴燃煤。水柜之上，两铜管粗尺许，弯折而下至船底，承以两木桶，高五六尺，围七八尺，木桶之前，又接以双铁管，宛转达于轮轴，以激动之。轮在船之两旁，为铁圈一，高丈余，出白蒸以透水气。船将行，先燃火，约两三时，候火沸而开船。船内有铜尺二，施于两柱，推之向前，则轮前转，推之向后，则轮倒转，推之依柱，则轮不行。船之行也，轮激如飞，瞬息不见，一昼夜千余里。船面立小桅二，遇顺风则施篷以助轮，风不顺则上专用轮而不用篷。船面设炮与夹板同，惟船腹不开炮洞耳。火轮船之制，四十、五十年前始创为之。先是，欧罗巴诸国织布多用火轮机，能者推广其法，遂造为火轮船。近来米利坚又推广其法，造火轮车，而熔铁为路以利其行，亦可谓精能之至矣。"[①]其中"船之行也，轮激如飞，瞬息不见，一昼夜千余里""可谓精能之至"等语，已不仅反映出了作者的认识水平，而且显示出了作者的价值取向。

（三）社会习俗

社会习俗是社会长期形成的比较稳定的行为惯例，是社会控制的最简单、最初级、最广泛的社会手段。它虽与政治、经济、军事关系较疏，但却是世界各民族赖以分野的突出标志。因而在近代中国研究西方的第一次热潮中，开眼看世界的人们对世界各个国家、各个民族的社会习俗，诸如饮食、起居、交往、礼仪、节令、娱乐、婚丧、信仰等，都作了认真的研

① 姚莹：《康輶纪行》第7卷，同治六年刻本。

究和介绍。如徐继畬在《瀛环志略》中对英国习俗的介绍就是一个突出的例证："英吉利之俗，男女婚配，皆自择定，然后告父母，至婚配之日，耶稣教师诫以善言，为之祈福，男以戒指约于女指，亲宾送之入房，欢宴而散。其俗男女皆分父母之产，男不得娶妾，犯者流之七年。男恒听命于女，举国皆然。英俗：宾主相见以脱帽为恭，各伸右手，相握为礼。除跪拜天地救世主外，见君王亦无叩头之礼。尊卑杂坐，无上下左右之分。每宴会，合座先立起，持杯祝君王寿，颂以好词，一饮而尽，然后轮流相敬。敬是人，则是人不饮，内一人颂好词致祝，合座击节呼赞之，赞毕，合座皆饮。英俗：早餐皆饼饵馒头，沃以牛油。饮茶与加非，参以牛乳，白糖。午饭谓之大餐，牛羊肉或烧或炙，饮以葡萄酒。蔬菜不甚用，惟重荷兰薯。"[①]寥寥数语，基本勾画出了英国社会习俗的大致轮廓。

（四）侵略扩张

当时，英国、法国、俄国、荷兰、奥地利、葡萄牙、西班牙等国纷纷对外侵略扩张，构成了"万国大势"的一个突出特点。因而，林则徐、魏源、徐继畬、姚莹等人，对此亦予以了极大的关注，并作了认真的研究和介绍。徐继畬指出："欧罗巴人好寻新地"，"以商贾为本计"。多年以来，他们对亚洲、非洲、美洲的金银矿产、膏腴土地一直"目睨艳慕，蓄意袭夺"。于是使用巨轮涉海，"帆樯周于四海"，并用鸟枪、火炮等先进武器"百战百胜"，先后占领了这些地区的土地、矿产和港口，驱使土人力作，收捐课税。更为难能可贵的是，当时英国向外殖民地共有26个据点，姚莹对此作了一一介绍：（1）埃伦（Ireland），（2）弼爹喇，（3）急时烟土，（4）那古士哥沙（Nova Scotia），（5）开拿打（Canda），（6）的赊士（Texas），（7）散打达（St · Helena），（8）金山（Cape Town），（9）士娇也（Gough Island），（10）急卜碌（Gibraltar），（11）骂利加时架（Madagascar），（12）骂哩询（Mauritius），（13）息赊厘（Seychelles），（14）士葛打喇（Socotra），（15）烟（India），（16）望迈（Bombay），

① 徐继畬：《瀛环志略》第7卷，道光二十八年刻本。

（17）士啷（Ceylon），（18）袜打喇沙（Madras），（19）孟呀喇即孟加喇（Bengal），（20）磨面（Moulmein），（21）槟榔屿（Penang），（22）骂叻格（Malacca），（23）新加坡（Singapore），（24）路士伦（New Zealand），（25）班地文（Van Diemen's land; Renamed Tasmania in 1856），（26）虾士爹厘耶（Australia）。这些介绍与当时英国的殖民情况几乎不差厘毫。

当然，在今天看来，以上研究和介绍并不新鲜，甚至粗浅直露，但在150年前的当时，它却惊世骇俗，振聋发聩。具体说来，它至少有以下几点作用和影响：（1）它向中国人托出了一个从不相识的神奇世界，使中国人开始粗知了在《禹贡》所称的中国九州以外还有五大洲三大洋，还有许多非但不向中国朝贡而且还比中国先进的国家。（2）它打破了中国人一向深信不疑的天子、天朝、天国等愚昧无知的“天方夜谭”，使中国人开始认识到中国只是地球五洲的一隅，中华民族只是世界民族的一员。（3）基于以上两点，它使中国人知己知彼，开始了对富国强兵道路的前无古人的新探索。

三、研究西方热潮的本质特征

近代中国研究西方的第一次热潮历时10年，轰轰烈烈，沸沸扬扬，从表面上看来几乎令人难以把握，但若深入研究我们便会发现，它在本质上具有以下三个特点：

一是“御敌雪耻”的爱国热情。如前文所述，鸦片战争以前，中国已不乏研究和介绍西方的人士和著作。但严格说来，他们之所以研究域外，著书立说，主要是出于学问嗜好，或是为了志怪叙异，并没有什么明确的政治意图和价值取向。鸦片战争时期及以后兴起的研究热潮不同了。当时的志士仁人们开眼看世界，研究西方，主要是为了洞悉外情，筹划对策，御敌雪耻，富国强兵。因此，在这次热潮中，处处都洋溢着爱国主义激情。如姚莹研究西方，愈老弥坚，持志不懈，直到63岁时才将《康辅纪行》最后定稿。为何对此甘之如饴，他在致友人书中明确申述了自己的深远用心："吾之为此书也，更自有义。盖时至今日，海外诸夷侵凌中国甚矣。沿海数省，既遭蹂躏，大将数出，失地丧师，卒以千万取和。至今海疆大吏，受其侮辱而不敢较。天主邪教，明禁已久，一旦为所挟而复开，其他可骇可耻之事，书契以来，所未有也。忠义之士，莫不痛心疾首，日夕愤恨。思殄灭丑虏，捍我王疆，以正人心，以清污秽，岂可以身幸不在海隅，遂苟且目前，为一身之私计已乎！夫海夷之技，未有大胜于中国也。其情形地势，且犯兵家大忌。然而所至望风披靡者何也？正由中国书生狃于不勤远略，海外世事夷情，平日置不讲，故一旦海舶猝来，惊若鬼神，畏如雷霆。夫是以偾败至此耳。""莹为是书……冀中国有人一雪所耻耳。"[①]在当时外敌入侵，祖国民族危难的形势下，"师夷长技以制夷"和"一雪所耻"是爱国主义的最高表现。

二是"创榛辟莽"的求索精神。当时研究西方并不是一件易事，资料缺乏、语言障碍、信息不通等是最起码的困难。但开眼看世界的人们凭着一颗拳拳的爱国之心，迎难而进，上下求索。徐继畬为完成《瀛环志略》一书，曾查阅20多种书籍，曾多次向英国人、美国人和葡萄牙人求知请教，曾"每得一书，或有新闻，辄窜改增补"，曾"五阅寒暑"，"未尝一日辍也"，"稿凡数十易"。魏源更以诗一般的语言概述了他撰写《海国图志》一书所克服的重重困难："《海国图志》六十卷，何所据？一据前两广总督林则徐尚书所译西夷之《四洲志》，再据历代史志及明以来岛志及近日夷图、夷语，钩稽贯串，创榛辟莽，前驱先路。"[②]正是基于这种"创榛辟莽"的求索热情，他们才赢得了后人对他们的折服与敬仰。20年后，遍游欧洲，对西方了如指掌的郭嵩焘认为："徐先生未经历西土，所言乃确实为是，且早吾辈二十余年，非深识远谋加人一等者乎？"[③]专门从事精神生产的王韬也承认："近来谈海外掌故者，当从徐松龛中丞

① 《东溟文后集》第8卷，同治六年刻本。

② 魏源：《海国图志·序》，道光年间刻本。

③ 转引自《山西大学学报》1989年第1期，第81页。

之《瀛环志略》、魏默深司马之《海国图志》为嚆矢，后有作者弗可及已。”[①]即使50年后，康有为也是通过阅读《瀛环志略》而始“知万国之故，地域之理”，并把它作为讲授西学的教材之一。这都是他们“创榛辟莽”的求索热情的结果。

三是“师夷长技”的致用学风。第一批开眼看世界的人们不仅认真研究了解西方，而且对西方见长即学，学以致用。他们经过研究发现：“夷之长技三：一战舰，二火器，三养兵练兵之法”。因而在近代中国研究西方的第一次热潮中还紧紧伴随着一场学西方技术、制造新式军火的实践。林则徐在广东禁烟期间，就曾购置新式船只，并打算设厂仿造。魏源更“请于广东虎门外之沙角、大角二处，置造船厂一，火器局一，行取佛兰西、弥之坚二国各来夷目一二人，分携西洋工匠至粤，司造船械，并延西洋舵师，司教行船、演炮之法，如钦天监夷官之例，而选闽粤巧匠精兵以习之。工匠司其铸造，精兵习其驾驶、攻击”。“此外，量天尺、千里镜、龙尾车、风锯、水锯、火轮机、火轮舟、自转碓、千斤称之属，凡有益民用者，皆可于此造之。”同时，士人还群起钻研科学技术，并著书立说。据有人粗略统计：郑复光的《火轮船图说》，江伸洋的《铸炮说·附台炮》，丁拱辰的《演炮图说》，丁守存的《西洋自来火铳制法》，黄冕的《炮台旁设重险说》，陈阶平的《请仿西洋制造火药疏》等等，都是在19世纪40年代前5—6年刊刻问世的。这些著作为学习西方技术、制造新式军火奠定了理论基础。更为重要的是，“粤省洋商潘姓者（仿照美国水雷）如法炮制，凡九阅月而成”，并将水雷器具20副送京恭呈御览。随后于1843年8月，直隶总督和天津总兵奉旨在天津大沽口如法演试。演试结果是：“用径八寸长丈六杉木四层扎成木筏，安于海面，坠定锚缆，将吃药一百二十斤水雷送至筏底，系定引绳，拔塞后待时四分许，轰然一声，激起半空，将木筏击散，碎木随烟飞起，其海面水势亦围圆激动，询为火

① 王韬：《弢园文录外编》第9卷，第273页，中华书局1959年版。

攻利器。”[①]这大概是中国仿造外国水雷的第一次成功试验。

大概正是因为以上三个特点，研究西方热潮在中国近代社会思潮的始点才有着特殊的地位和作用。

第二节 直面现实的社会批判思想

在中国历史上，社会批判思想当然不是什么“新生事物”。远的不说，明末清初黄宗羲、顾炎武对君主专制的讥切，创作于18世纪中叶的杰出的古典小说《红楼梦》对封建末世历史真相的揭露，就都属于社会批判思想的范畴。但是，鸦片战争前后的社会批判思想，无论在深度广度上，还是在历史影响上，都远远超过了以往任何时代的社会批判思想。当时，以龚自珍为代表的一大批社会批判思想家，他们有的狂言雄论，有的微言细声，有的锋芒毕露，有的皮里阳秋，对当时社会的发展大势、君主制度、官僚制度、科举制度、学术学风及对外政策等，都作了冷静的审视和深刻的批判，形成了一种多侧面、多层次、多角度的社会批判思想。在历史大转折时期，这一社会批判思想既是唱给封建社会的一首悲怆挽歌，也像分水岭上的一块巨石影响了思想河流的未来走向。

一、社会批判思想家的群体与品格

在以往的研究中，一提及鸦片战争前后的社会批判思想，在许多人心目中仅仅是龚自珍“一花独放”。其实，这是很不全面的。因为，我们这里所说的批判，是指哲学的批判。哲学的批判与政治的批判截然不同，它

---

① 梁章钜：《浪迹丛谈》第5卷，道光二十五年刻本。

意指对认识客体的分析和研究。通过这种批判，可以使思维引向更深的领域，使意识的触角更接近客体的内在本质。当时，凡是面对“衰世”的危机，自觉不自觉地操起社会解剖刀来探索“世运潜移”的原因和寻求“复兴盛世”的出路的人，都属于社会批判思想家。因此，当时是一批社会批判思想家活跃在政治舞台上。笔者根据初步研究认为，以下人士皆属于社会批判思想家的行列。

龚自珍（1792—1841年），字璱人，号定庵，浙江仁和人，道光九年进士，先后任内阁中书、礼部主事等职。他讥切时弊，诋排专制，倡导变法，重视养民，留心边政，谈及夷务，议论纵横，洒脱不羁，对当时及以后思想界影响颇大。著有《龚定庵全集》。

魏源（1794—1857年），字默深，湖南邵阳人，道光二十四年进士，先后为贺长龄、陶澍、周天爵等人幕客。他开眼看世界，主张“师夷长技以制夷”，提倡经世之学，注意研究实际问题。思想新颖，虚实并及，慷慨激越，与龚自珍齐名。著有《古微堂内外集》《圣武记》《海国图志》等书。

林则徐（1785—1850年），字少穆，福建侯官人，嘉庆十六年进士，历任巡抚、总督等职。他主张禁烟，反抗外国侵略；注意留心万国大势，鼓吹学习西方；关注社会现实，阐发起衰振弱方略。著有《林文忠公政书》《四洲志》等书。

黄爵滋（1793—1850年），字树斋，江西宜黄人，道光三年进士，先后任鸿胪寺卿、礼部和刑部右侍郎等职。他两次冒死上奏，坚决反对鸦片；留心经世之学，注意研究现实问题；不满政治腐败，提出刷新吏治、扫除贪污、整顿军备、巩固边防等主张。著有《黄少司寇奏疏》等书。

包世臣（1775—1855年），字慎伯，安徽泾县人，嘉庆十三年举人，先后为陶澍、裕谦、杨芳等人幕客。他揭陈鸦片之害，主张厉禁烟土；建议招募广东沿海渔民丁壮，阻止英军入侵；究心农政、河工、漕运、盐政、货币、战守，对清政府腐败屡有抨击；批评宋明理学之空谈义理和汉学之脱离实际，注意实地调查与经世致用。著有《安吴四种》。

张际亮（1799—1843年），字亨甫，福建建宁人，道光十六年举人，著名诗人。鸦片战争时期，他写了许多反映浙江一带人民的苦难和抗英斗争的诗作，讴歌人民的爱国热情，抨击清政府的昏庸腐败，揭露侵略者的凶狠残暴。著有《张亨甫全集》。

姚莹（1785—1853年），字石甫，安徽桐城人，嘉庆十三年进士，先后任台湾兵备道，湖北盐法道，广西、湖南按察使。他任官台湾，屡次击退来犯英舰；留心世界大势，建议清政府加强沿海和边疆防务；直面社会现实，纵论时事，指陈得失，研讨对策。著有《中复堂全集》。

张穆（1785—1849年），字石州，山西平定人，道光十一年优贡生。他久居北京，留心时事，从事著述，对时政、世风、经世之学、边疆史地等多有研究和详说。著有《月斋诗集》《月斋文集》《蒙古游牧记》等书。

金应麟（1793—1852年），字亚伯，浙江钱塘人，道光六年进士。他精于兵家言，作《兵事疏》《舟械图说》，对清政府的军事、防务、军队、战略等多有评论。著有《鹰华堂文钞》。

陈寿祺（1771—1834年），字恭甫，福建闽县人，嘉庆四年进士，翰林院编修，历充广东、河南考官。辞官后主讲于广州诂经精舍、泉州清源书院、鳌峰书院。著有《左海全集》。

陈庆镛（1795—1858年），字颂南，福建晋江人，道光十二年进士。道光二十三年以上《申明刑赏疏》斥责权贵，名震一时。著有《籀经堂类稿》。

陈金城（1802—1852年），字念庭，福建惠安人，道光二年举人。曾代陈庆镛撰《申明刑赏疏》，被传诵一时。著有《怡怡堂文集》。

吴嘉宾（1803—1864年），字子序，江西南丰人，道光十八年进士。他究心社会利弊，作《海疆善后疏》，指陈清政府的腐败。著有《求自得之堂文钞》等书。

鲁一同（1805—1863年），字通甫，江苏山阳人，道光十五年举人。

著有《通甫类稿》。

杨士达（1814—1861年），字耐轩，江西金貕人，道光十六年举人。他辑录时人居官为政大要，成《吏事小识录》；又纂集古今攻守举略，为《绸缪未雨编》。著有《耐轩文钞》。

张杓，字碧泉，广东番禺人，嘉庆十三年举人。道光二十一年，英国侵略者进犯广州，他四次上书杨芳，六次上书祁雋，均有建策。著有《磨甋斋文荐》。

卜起元，字贞甫，江苏武进人，诸生。尝从姚莹游，能文章，善言事，常涉现实，词锋凌厉。著有《潜庄文钞》。

当然，以上所列仅是佼佼者，但由此亦可以看出当时社会批判思想家的阵容。

更为重要的是，从以上所列者的经历、官职、思想和著述上我们还可以看出，当时的社会批判思想家一般都是集封建士子与政府官员于一身。这一点，在某种程度上决定着他们的思想不同凡响。因为当时有些颟顸官僚也曾上过指陈时弊的奏疏，有些在野士子也曾发过不满现实的议论，但其思想言论不是流于肤表就是夸夸其谈。他们却不同。他们是封建士子，有着比较发达敏锐的思考神经；他们是政府官员，对封建统治的层层黑幕和广大民众的苦难怨愤比较了解，因而他们的思想既不像颟顸官僚那样粗浅直露，也不像在野士子那样空洞无物，而是既能切中时弊又能入木三分。

因此，鸦片战争前后，社会批判思想家不仅有着较强的队伍阵容，而且有着较高的战斗素质。

二、社会批判思想的主要内容

鸦片战争前后，清政府统治的各种矛盾和弊端已暴露无遗，因而社会批判思想家们审视的领域和指陈的问题也相当广泛，举凡政治、经济、军事、外交、学术、士风等几乎无所不包。这里仅择其荦荦大者，胪陈如下。

（一）揭露清朝统治的严重危机

清朝统治，经过“康乾盛世”后，已明显地由盛转衰。自嘉庆朝至鸦片战争前夕，政治统治腐朽，土地兼并严重，军队窳败瘫痪，阶级矛盾激化，更是危机四伏。对于清朝统治的各种危机，社会批判思想家几乎都进行了揭露和批判。陈庆镛公开指责最高统治者“刑赏无措，无以服民”①。张际亮痛斥地方官的玩怠贪暴：“贪以浚民之脂膏，酷以干天之愤怒，舞文玩法以欺朝廷之耳目，虽痛哭流涕言之，不能尽其情状。”黑暗如此，“不知天日何在，雷霆何在，鬼神何在！吾意天日之梦也，雷霆之喑哑也，鬼神之冥漠也。不然，未有不霆怒而夺其魄者”②。张穆揭露整个官僚系统的腐败：“方今良法美意，事事有名无实。譬之于人，五官犹是，手足犹是，而关窍不灵，运转皆滞，是以当极盛之时，而不及四朝，已败坏至此。”③金应麟指出清军武备废弛，“需用之时，不唯急切难恃，即有忠勇大臣，亦至束手无策……水师之敝坏，未有似今日之者甚也”④。吴铤等人还斥责豪强权贵剧烈兼并土地，造成“无田者半天下”⑤，使流民成了严重的社会问题。如果说以上仅是从“微观”角度揭露了清朝统治的严重危机的话，那么龚自珍便达到了“宏观”的高度。他把当时的社会境况形象地比喻为：“日有三时，一曰早时，二曰午时，三曰昏时”，认为鸦片战争前夕的中国社会，已处于“昏时”，即“衰世”阶段，犹如“日之将夕”，无可挽救。因而他大声疾呼：“不祥之气，郁于天地之间，郁之久乃必发的兵燹，为疫疠，生民噍类，靡有孑遗。”⑥

---

① 陈庆镛：《籀经堂类稿》第1卷，同治三年刊本。

② 张际亮：《张亨甫全集》第3卷，同治十年刻本。

③ 张穆：《㐆斋文集》第2卷，咸丰八年刻本。

④ 金应麟：《豫华堂文钞》第11卷，咸丰八年刊本。

⑤ 盛康：《皇朝经世文续编》第55卷，光绪二十三年刊本。

⑥ 《龚自珍全集》第78页，中华书局1962年版。

龚自珍目光敏锐，词锋凌厉，勾勒出了一幅清朝统治“山雨欲来风满楼”的没落景象。

（二）批判专制政治的黑暗腐败

鸦片战争前后，中国的君主专制制度在政治决策、决策实施、信息反馈、官僚任免等方面都已失去了生机和活力，犹如“五官犹存，官窍不能运转”的僵尸。当时的社会批判思想家一般都是政府官员，他们从自身的经历中，深深感受到了君主专制的黑暗和腐朽，尤其是它对整个封建士大夫阶层的束缚和压制，因而他们对专制主义也表现出了极大的批判热情。在这方面最为慷慨激越的是龚自珍。他首先批判君主专制造成了“一夫为刚，万夫为柔”。他指出：“主上之遇大臣如遇犬马。”在皇帝的专制淫威下，无论是朝廷的封疆大吏，还是府州县官，都是朝见长跪，夕见长跪，毫无廉耻之心。同时，官僚们为了树立皇帝的绝对权威和保住自己的爵位俸禄，以谄媚为廉正，以逢迎为高招，皇权的淫威造成了官僚的无耻无节。其次批判君主专制造成了整个官僚队伍“尽奄然而无生气”。皇帝乾纲独断，横行专制，金口圣言，是最大的家长制和一言堂，“天下无巨细，一束之于不可破之例”①。在这种专制制度下，无论任何忠诚、耿直、能干的官僚都无法作为，只能唯上是从，因循守旧，昏昏庸庸，相随画诺，致使整个官僚队伍毫无主体能动性。最后批判君主专制造成了整个社会人才奇缺。官僚制度的最大弊端是用人论资排辈，“累日以为劳，计岁以为阶”，助长老朽势力，扼杀新生力量。龚自珍对此指出：从秀才、举人到考取进士，年过三十，仅只到达追逐封建功名的起点；从入翰林院到任尚书，一级一级还需要爬三十或三十五年；至大学士又得花十年。“贤智者终不得越而遇，不肖者亦得以驯而到”的结果，使年轻有为的“英奇未尽之士”始终无法“起而相代”，“此办事者所以日不足之根源也”②。龚自珍这一连串的慨然浩叹，惊世骇俗，令人咋舌，使专制政治

① 龚自珍：《明良论》，咸丰八年刊本。

② 龚自珍：《明良论》，咸丰八年刊本。

的黑暗腐朽遭到了空前的曝光。

（三）鞭挞科举制度的刻板禁锢

诞生于隋代的科举制度，经过一千多年的发展演变，到鸦片战争前后，已经走入了山穷水尽的地步。一方面，《四书》中可以出的题目大多数已经出尽，于是便硬编出许多偏题、怪题，甚至把经书上毫不相关的词拼在一起命题作文，考试严格规定文章必须以八股为体裁，书写文字必须用小楷。另一方面，考试舞弊司空见惯，习以为常，“有力之家，每每为之，而未尝稍以为愧”。所谓“一缘二运三风水，四积阴功五读书”，便是对这种考试制度的辛辣而又生动的讽刺。科举制度的这种刻板禁锢和空疏腐败也没能逃出社会批判思想家的锐利目光。龚自珍对此批判道：“今世科场之文，万啄相因，词可猎而取，貌可拟而肖，坊间刻本，如山如海，四书文禄士，五百年矣，士禄于四书文，数万辈矣，既穷既极”[1]，指出了科举制度的穷途末路。魏源与龚自珍的致思虽不尽相同，但殊途同归。他指出，“欲综核名实，在士大夫舍楷书帖括，而讨朝章、讨国故始”[2]，即主张国家举行科举考试应以实际问题测试士子。由于鸦片战争前后的社会批判思想家把批判矛头指向了科举制度，科举制度的诱人灵光闪烁了一千多年以后从此开始隳坠。

（四）抨击汉学和宋学的空疏无用

清代的文化界，在乾隆和嘉庆时代，考据学派曾盛极一时。许多知识分子在清王朝的高压和笼络下，纷纷埋头故纸堆中，“束发就学，皓首穷经”，不问世事，穷年累月地一味从事古代典籍的训诂、校勘、辨伪、辑佚等工作。考据学派虽然在整理古籍（“名物训诂”）方面有某些成绩，但却使学术界充塞着十分严重的厚古薄今、脱离现实、烦琐考证的空气。同时，宋代的程、朱理学（即宋学），也一直得到清朝统治者的提倡，被置于统治思想的主导地位。《朱子全书》被广为刊布流行，朱熹的

---

① 龚自珍：《定庵文集补编·与人笺》，咸丰三年刊本。

② 魏源：《圣武记》第11卷，上海申报馆1898年版。

《四书集注》更被定为科举考试的依据，从而在社会上造成一种“非朱子之传义不敢言”的窒塞空气，并驱使一批封建士子沉湎于程、朱理学。汉学的桎梏，宋学的牢笼，使当时的思想界里绝少有人对社会现实问题予以正视或研究。当时的社会批判思想家几乎都是知识分子，他们深受汉学之苦和宋学之害，因此纷纷奋起对此痛加抨击。沈尧说：汉学“考证于不必考之地”，使“学术衰而人才坏”[①]，并指出汉学家“术愈精而人愈无用”[②]。包世臣指责宋学家只知“谈性命”，而“鄙夷田事”[③]。龚自珍和魏源则对汉学和宋学同时开战，一并痛击。龚自珍嘲讽汉学家“琐碎饾饤”，“繁称千言，始晓一形一声之故”[④]，谴责宋学家“坐谈性命，其语喧喧……何施于家邦？”[⑤]魏源从治学方法角度揭露汉学宋学的弊病说：“工骚墨之士，以农桑为俗务，而不知俗学之病人更甚于俗吏。托玄虚之理，以政事为粗才，而不知腐儒之无用亦同于异端，彼钱谷簿书，不可言学问矣；浮藻饾饤，可为圣学乎？释、老不可治天下国家矣；心性迂谈可治天下乎？”[⑥]这即是说：汉学把完整的学问切割成碎片，破坏了学问的内在联系，失去了原来的价值；宋学一味地空谈心性，与实际毫不相关，根本不能治理天下国家。在这一片强烈的谴责声中，汉学和宋学开始逐渐被经世之学所代替。

（五）驳斥武器决定论的投降主义论调

鸦片战争中，清政府内部的投降派官僚大肆鼓吹所谓英军船坚炮利，不可抵御的谬论，作为投降卖国的张本。例如，黄恩彤在《抚夷论》中就曾喋喋不休地说：“该夷之船坚炮利，断难力敌，亦无破术。以肉身御

① 沈尧：《落帆楼文集·与孙愚》第8卷，同治五年刊本。

② 沈尧：《落帆楼文集·与许海樵》第9卷，同治五年刊本。

③ 包世臣：《齐民四术·农政》，光绪十四年刊本。

④ 《龚自珍全集》第195页，中华书局1962年版。

⑤ 《龚自珍全集》第48页，中华书局1962年版。

⑥ 魏源：《默觚·治篇》，同治五年刊本。

大铳，虽钢筋铁肋，立成齑粉，往往备之累岁，败之崇朝。”[①]在他们看来，面对英国侵略者的新式武器，中国只能遭到失败，只能拱手乞降。所谓“船坚炮利”，真是神乎其神、绝对决定战争的胜负吗？各地抗英人民手持刀矛农具战胜装备精良的英国侵略军的铁的事实，戳穿了那种神话梦呓，也使一些社会批判思想家受到了教育和启发。他们常常援引这些事例，作为批驳船炮决定论的有力证据。吕贤基列举江苏等地人民“揭竿而起”，“手拈耰锄”击败英兵的例证，斥责投降派“谓英夷船坚炮利，非内地所能敌”是“虚张夷情”[②]，与国无益。魏源更进一步指出：“器利不如人和”，“不讲求用炮之人，施炮之地，与攻炮守炮之别，陆炮水炮之宜，纷纷唯以畏炮为词，铸炮为事，不过只借兵而资寇”。[③]这一切表明，他们从实际斗争中已经认识到了船炮并不能决定战争胜负的道理。

在批驳武器决定论的同时，他们还相信“民心可用”，主张依靠群众，用类似游击战争的办法与英军作战。陈金城指出：“朝廷额设之兵，兵不习战，罔知炮法，一旦有急，拱手就戮；否则闻声先溃耳，庸有济乎？计莫如团结乡民，募之宜早，练之宜勤。以父兄子弟之兵，守桑榆父母之邦，诚为至便。”[④]林则徐亦说：“察看民情，所有沿海村庄，不但正士端人恨之刺骨，即渔舟村店亦恨其强梁，必能自保身家，团练抵抗。”[⑤]王拯说得更为激越：“广州三元里义民，激于愁愤，一呼千万，俟夷酋登岸而围数重，聚将歼焉。守土吏惧妨朝廷恩信，抚解其众，酋首获全于领，其气隐夺。当时闻者莫不踊悦……而又窃叹此邦之人，其锄耰棘矜之众，犹且感激忠义若此，矧其诗书泽化之君子，岂无才武非常之

① 《鸦片战争》（资料丛刊）第5册，第434—435页，新知识出版社1957年版。

② 吕贤基：《吕文节公奏疏·海防疏》，咸丰九年刊本。

③ 魏源：《海国图志》第1卷，平庆经固道属1876年重刊本。

④ 陈金城：《怡怡堂文集》第3卷，光绪三年刊本。

⑤ 林则徐：《缕陈英夷诡诈各情形片》。

士，足为国家先后御侮者哉！”[①]重视群众力量，赞扬群众斗争，在当时的历史条件下是一种难能可贵的进步思想。

此外，当时的社会批判思想家对于清朝统治在河工、漕运、盐法、财政、军储、钱粮等方面所存的弊端病状，亦有揭露和批判，这里暂不叙及。

三、社会批判思想的局限与影响

以上可见，鸦片战争前后的社会批判思想是全面、深刻、激烈的。正是因为这样，它的本质属性也就埋藏得更深，它的历史影响也就延伸得更远。对此，我们不可泄泄轻心。

马克思指出：“物质生活的生产方式制约着整个社会生活、政治生活和精神生活的过程。不是人们的意识决定人们的存在，相反，是人们的社会存在决定人们的意识。”[②]马克思的这一经典论述，是我们剖析鸦片战争前后社会批判思想的本质属性的根本向导。那么，当时社会批判思想家的政治生活、经济生活和精神生活，即社会存在怎样呢？首先在政治上，如果说封建政治是一张大网的话，那么他们每个人都是这张大网上的一个网结。封建政治的荣辱兴衰，与他们的政治生命息息相关，紧密相联。其次在经济上，封建土地私有制是整个地主阶级赖以存在的基础。他们作为地主阶级的成员，土地私有制亦是他们的“衣食父母”。再次在文化上，他们都是传统文化的铸造者，动脉里流淌的都是传统文化的血液。封建的纲常礼教、圣人的大经大法，既是他们的政治信条，又是他们的护身法宝。背叛它，抛弃它，对他们来说不啻是大逆不道，也是罪该万死的事情。这种社会存在决定了他们有着一种深深的恋旧情结和一种百折不挠的“炼石补天”的价值取向。这一点，不要说一般的社会批判思想家概不例外，就是颇具叛逆性格的龚自珍也表现得

① 王拯：《龙壁山房文集》第2卷，光绪九年刊本。

② 《马克思恩格斯选集》第2卷，第82页，人民出版社1972年版。

比较突出。龚自珍早年写过许多批判现实的文章，诸如《明良论》《平均篇》《五经大义终始论》《古史钩沉论》等，痛击时弊，笔锋尖锐，盖世无匹，颇有问鼎清廷的架式。但1827年他在追忆少年的心志时却赋诗云："少壮心力殚，匪但求荣仕。有高千载心，为本朝瑰玮。"[①]可见，不管别人怎样认为，龚自珍却从少年至中年始终自视为清朝人，在理性世界里，他的立场从未发生过任何"位移"。1839年，龚自珍感到壮志难为，毅然辞官出都。这时，他本应对清廷有百般不满，千端怨恨，但出都时所作的《己亥杂诗》却仍表现了他对清廷的深厚感情。诗云："终是落花心绪好，平生默感至皇恩。"[②]又说："落红不是无情物，化作春泥更护花。"[③]他不仅惋惜其个人与清廷的关系，而且还慨叹其家族百年来三世俱宦京师的中绝，诗云："进退雍容史上难，忽收古泪出长安，百年綦辙低徊遍，忍作空桑三宿看。"诗后自注云："先大父宦京师，家大人宦京师，至小子，三世百年矣。"[④]而他自己则自比弃妇，诗云："弃妇丁宁嘱小姑，姑恩莫负百年劬，米盐种种家常话，泪湿红裙未绝裾。"[⑤]可见，当时的社会批判思想家虽然全面而深刻地揭露了清朝统治的种种弊端，并对某些危机描写得惊心动魄，但在本质上，他们只是哀其不幸，怒其不争，劝谏朝廷，及早改弦更张，补弊起废，以维持王纲于不坠，而绝不是向往近代，呼唤近代意义上的民族和民主革命。

至于当时社会批判思想的历史影响，且前史学界一般都赞同梁启超在《清代学术概论》一书中的评价，梁氏指出：龚自珍"往往引《公羊义》讥切时政，诋排专制……晚清思想之解放，自珍确与有功焉。光

---

① 《龚自珍全集》第486页，中华书局1962年版。

② 龚自珍：《己亥杂诗》第3页，咸丰五年刊本。

③ 龚自珍：《己亥杂诗》第5页，咸丰五年刊本。

④ 龚自珍：《己亥杂诗》第11页，咸丰五年刊本。

⑤ 龚自珍：《己亥杂诗》第17页，咸丰五年刊本。

绪间所谓新学家者，大率人人皆经过崇拜龚氏之一时期。初读《定庵文集》，若受电然”[①]。这里梁启超虽是对龚自珍一人思想的评价，但也是对鸦片战争前后整个社会批判思想的评价。这一评价是对的。因为一方面，当时的社会批判思想家“讥切时政，诋排专制”，痛揭封建统治的疮疤，开了慷慨论天下事的风气。这对于头脑深受封建主义禁锢的知识分子来说不啻振聋发聩，思想由是获得解放，开始用怀疑的眼光看待世界。另一方面，当时的某些社会批判思想家袭用儒家经典里两千年来几乎成为绝学的公羊学说来表述自己的社会历史观点，要求对现状作某些改革，这在专制统治的高压时代，又获得了“合理合法”的发言权利。因此，资产阶级改良主义者不仅从这里受到了应当或可以批判什么的启示，而且还受到了用什么方法来进行斗争的启示。事实也正是这样。康有为利用今文经学“三统”“三世”和孔子“受命改制”等“微言大义”来阐述自己的变法思想，梁启超援引《易经》中的“穷则变、变则通”的“圣训”来作自己变法思想的理论基础，严复痛斥科举制度，谭嗣同发出了冲决封建网罗的呼声，等等，这一切都说明，戊戌维新思潮与鸦片战争前后的社会批判思想有着某些渊源关系。但是，我们如果拉开历史跨度，沿着历史发展河流继续向前探索鸦片战争前后的社会批判思想的历史影响，那么就会发现梁氏的评价还不够全面。20世纪初，资产阶级民主革命思潮骤然兴起。在这一思潮中，揭露清政府的黑暗统治和批判封建专制制度仍占有极其重要的地位。如邹容就曾怀着悲愤的心情，对清政府统治下的士、农、工、商各阶层备受压迫和剥削的境况，进行了深刻的描述。他写道：“今试游于穷乡原野之间，则见夫黧其面目，泥其手足，荷锄垅畔，终日劳动而无时或息者。”尽管如此勤劳，但仍不得温饱，既备遭豪绅地主的残酷盘剥，更迭受官府的无穷搜刮：“以某官刮某地之皮，以某官吸某民之血，若昭信票，摊赔款，其犹著者也。是故一纳赋也，加以头耗，加以钱价，加以库平，一两之税，非

① 梁启超：《清代学术概论》第54页，商务印书馆1921年版。

五六两不能完，务使之鬻妻典子而后已。”[1]从1915年开始的新文化运动，也不乏批判封建专制主义的内容。如李大钊、陈独秀等激进的民主主义者，就曾以彻底的不妥协的姿态，对封建的旧礼教、旧伦理、旧政治、旧制度、旧文学、旧艺术，对神圣不可侵犯的孔家店，对种种迷信和偏见，一概予以无情的揭露和鞭挞。可见，在中国近代史上，思想解放潮流接连兴起，第一个是资产阶级维新变法思潮，第二个是资产阶级民主革命思潮，第三个是新文化运动，而这些思潮或斗争又都是朝着鸦片战争前后的社会批判思想所指出的方向进行的。因此我们说：鸦片战争前后的社会批判思想不仅对资产阶级维新运动有启发，在全部旧民主主义革命的80年里也一直多少保留着它的地位。

第三节　经世致用的边疆史地研究

从表面上看，鸦片战争时期的边疆史地研究是一个学术问题。但特殊的历史背景，特殊的研究内容，特殊的历史影响，已使它远远超出了学术范围，具有了政治、军事、文化、思想和学风等方面的功能和价值。换言之，它既是对脱离现实、烦琐考据的乾嘉学风的严峻挑战，也是对海警飚忽、强邻四逼的险恶现实的敏锐反应。因而，它对中国近代社会思潮的发轫和展开起到了巨大的推动作用。

---

① 邹容：《革命军》，《辛亥革命》（资料丛刊）第1册，第331页，新知识出版社1957年版。

一、边疆史地研究的深层意蕴

中国边疆史地研究源远流长，不绝如缕。但在鸦片战争前后，它骤然勃兴并非偶然，不仅有着特殊的历史背景，而且别有一番特殊的深层意蕴。

第一，从清代社会思潮发展演变的轨迹看，边疆史地研究勃兴于乾嘉考据之学衰落、经世之学重兴的历史转折时期，它是嘉道经世之学的一个重要内容。

在清朝历史上，自清统治者入关建立全国政权后，为消弭汉族知识分子的民族反抗意识，采取各种手段，加强对学术思想领域的控制。一方面开馆修史，笼络汉族知识分子，另一方面又大施封建专制淫威，连兴文字狱，对不满其统治的士人横加杀戮。在专制政治的高压之下，绝大多数士子不敢触及现实问题，开始从事单纯的史料整理和考订，博古稽古，滋长了知识分子脱离现实的倾向。

到嘉道之际，考据之学日益僵化烦琐，严重束缚了人们的思想，阻碍了学术的发展，引起了一些思想激进的知识分子的猛烈批判。首先对乾嘉汉学进行激烈批判的是方东树，他指摘汉学六大弊端，声讨其为“几千年来未有之异端邪说”。继之，一些原来被学界尊崇的考据大师也遭到非议。这标志着曾盛极一时的乾嘉考据史学已经走向衰落。

就在考据之学日趋衰微之际，今文经学开始复兴。这一学派与乾嘉考据派恰恰相反，不株守古代典籍的章句文字，力主变易因时，经世匡时，是地主阶级的应变和实行改革的哲学。经世学者极力提倡以学术经世，挽救社会危机，其特点为讲求实事、实功、实效，注重解决现实问题。

随着汉学衰落和今文经学兴起，知识界的思想风气也发生了明显变化。先进知识分子希望冲破思想禁锢，面向现实，研究实际问题，提倡经世致用，匡时救国。他们在政治、经济等方面提出了“广言路”“整戎政”“发展生产，重视工商”等改革主张。同时，还着重研究边疆历史地理，了解外部世界，掀起了研究边疆史地的热潮。

第二，从19世纪中叶中国面临的国内外形势看，边疆史地研究的兴起是对清廷腐败、边疆危机的一种敏锐反应。

进入19世纪，素称强大的清王朝在中国封建社会周期性危机规律的作用下，已危机四伏，险象环生。封建统治集团日益腐化，吏治腐败，军备废弛，整个社会阶级矛盾和民族矛盾日趋尖锐。土地兼并严重，失地农民流离失所，沦为流民。区域性农民起义连绵不断，特别是嘉庆年间的川楚白莲教起义，历时9年之久，波及川、鄂、陕、甘、豫五省，极大地震撼了清朝统治。

就在清朝国势衰微，面临严重内部危机之际，西方资本主义侵略势力骎骎东来。以英国为代表的西方资本主义列强，通过产业革命，经济力量迅速增强，为掠夺原料，寻找商品输出市场，积极谋求向东方侵略扩张。19世纪初，英国继占领印度之后，又凭借武力占领了新加坡、缅甸等国，接着便把侵略矛头指向了中国。同时，沙俄也虎视眈眈，准备向东南扩张领土，中国西北边疆首先发生了危机。对此，一批爱国学者开始注意西北边疆史地研究。19世纪初，诞生了祁韵士的《藩部要略》，徐松的《西域水道记》《新疆事略》，张穆的《蒙古游牧记》，姚莹的《康辎纪行》，何秋涛的《朔方备乘》等书，掀起了中国历史上西北边疆史地研究的第一次高潮。1840年鸦片战争爆发后，林则徐在两广总督任内，组织人力翻译外国书报，编译《四洲志》，首次系统介绍世界各国情况。随后，魏源在此基础上写成《海国图志》，徐继畬写成《瀛环志略》。这些著作不仅关注本国边疆史地，亦留心世界各国大势，把边疆史地研究推向了一个新阶段。

从以上两点可以看出，鸦片战争前后骤然兴起的边疆史地研究热潮，反映了在鸦片战争失败刺激下，中国士林风气的变化和爱国知识分子要求发愤图强的愿望。

二、边疆史地研究的派别与内容

鸦片战争前后，一大批爱国学者云聚一堂，形成一个专门讲求边疆史地学的学者群，边疆史地研究蔚成风气，研究成果蔚为大观。根据不同研究内容，他们可分为中国西北边疆史地派和世界史地派两大流派。

中国西北边疆史地派代表人物颇多，其中以张穆和何秋涛最为著名。

张穆，字石州，山西平定人。鄙视科举名利，讲求经世之学，擅长历史地理。第一次鸦片战争后，鉴于外患日亟，始潜心钻研西北舆地，历时十载，撰成《蒙古游牧记》16卷。以蒙古历史上各盟的旗为单位，考证了蒙古古今舆地及山川城镇沿革，对蒙古诸部历史发展有较多的记述。

何秋涛，字愿船，福建光泽人。道光二十四年（1844年）中进士，授刑部主事。博览群书，究心经世之学。认为沙俄与中国接壤，边疆地理应有专书记载，以资考究。乃搜集资料，撰《北徼汇编》6卷，后增至80卷并附图，记述自汉、晋至清道光时期蒙古、新疆和东北地区的历史地理。咸丰帝阅后，赐名为《朔方备乘》。

张、何二人皆以中国西北边疆史地研究为重点，其主要内容为：

第一，考辨叙述西北边疆的历史地理及现实状况。

张穆在《蒙古游牧记·自序》中写道："内地各行省府厅州县皆有志乘，所以辨方纪事，考古镜今……独内外蒙古，未有专书，钦定《一统志》《会典》虽亦兼及藩部，而卷帙重大，流传匪易，学古之士尚多懵其方隅，疲于考察，此穆《蒙古游牧民》所为作也。"[①]以此为指导思想，他采用史志体，考证了蒙古古今舆地及山川城镇的沿革，对蒙古诸部历史发展有较多的记述。其卷一至卷六，记载内蒙古哲里木盟、卓索图盟、昭乌达盟、锡林郭勒盟、乌兰察布盟及伊克昭盟游牧所在；卷七至卷十，记载外蒙古喀尔喀四部86旗的情况；卷十一至卷十三，记载额鲁特蒙古新旧土尔扈特部情况。

① 张穆：《蒙古游牧记·自序》，长沙商务印书馆民国二十七年版。

对于西北地区的自然经济条件，张穆也进行了深入考察。他在《魏延昌地形志》中指出：“西北陂塘堰泽，尤有心经世者讨论所必先，兹考其兴废及现今情形，庶后来者有所取法焉。”因此，在著作中，每涉一地，他都详细征引前人记述，对其水道泉源流向，何处有水草宜稼穑畜牧，何处水咸不可食，皆一一叙明，这为在蒙古地区发展经济提供了重要参考。

何秋涛在《朔方备乘·凡例》中自称：“是书备用之处有八：一曰宣圣德以服远人，二曰述武功以著韬略，三曰明曲直以示威信，四曰志险要以昭边禁，五曰列中国镇戍以固边封圉，六曰详遐荒地理以备出奇，七曰征前事以具法戒，八曰集夷务以烛情伪。”①由此可以看出，何氏编撰此书的目的在于通过称颂清初武功，激励清朝统治者效法先王，认清边疆形势，振作精神，抵御外来侵略。该书的研究范围已不再局限于蒙古及西北地理，而是以北徼与俄罗斯关联者为范围，并叙及东北边疆，对俄罗斯西伯利亚及中亚东欧之地，亦俱有考证。从边防角度出发，何氏考察了东北地区地理位置的重要，指出吉林“地域广远，东至库叶岛，跨海外数千里，东北至赫哲、费雅喀部落，延袤三千余里，接俄罗斯境，重关巨扃，捍卫天府，实为东北第一雄镇”。而黑龙江，则“左枕龙江，右环兴岭，为东省屏藩，北门锁钥”②，提醒世人对此应予以高度重视。

第二，胪陈防俄和制俄的措施。

自19世纪30年代起，沙俄不断向中国西北境内的巴尔喀什湖与斋桑湖地区实行武装渗透与非法占领，引起一些有识之士的忧虑。张穆在《蒙古游牧记》中就曾多次谈及防俄问题。他在论及中俄交界地恰克图时指出：恰克图“为喀尔喀四部适中之区。边东二十八卡伦，土谢图、车臣两部设。边西十九卡伦，札萨克图、赛音诺颜部设。商民于此建立一木城，俄罗斯亦于对面建设市圈，万货云屯，居然一都会矣。钦差大臣驻扎库伦

① 何秋涛：《朔方备乘·凡例》，光绪七年刻本。

② 何秋涛：《北徼形势考》，《朔方备乘》第11卷，光绪七年刻本。

以控制之”。并强调道：“恰克图边东车臣汗部十四卡伦，沙甸平坦。边西多山，林木蓊郁，往来以色楞格河为津要，连冈而东。边南至衮图达坝罕，其间峡沟丛树，险隘天成，足资防御。”①明确表达了其固边防以防沙俄的思想。

何秋涛在《朔方备乘》中表现出的“俄患”思想更为强烈。他认为当时中国北部陆路边疆侵略威胁最大的是沙俄，指出：“俄罗斯地在哈萨克以外，势渐强盛”，虽距我边地卡伦尚有一段距离，且中隔哈萨克部，但“哈萨克诸部皆无城郭，迁徙不常，是以俄罗斯人竟可直至喀伦之外，如嘉庆年间有俄罗斯向哈萨克人索取安集延人口之事，即系至塔尔巴哈台喀伦之外……其明验也”②。为制定切实的防俄措施，何秋涛还注意搜集资料，向人们介绍了俄国的历史、地理、文化、民族、物产等情况。

世界史地学派的代表人物和代表著作亦多不胜数，其中较著名的有鸦片战争前夕的萧令裕与《记英吉利》、叶钟进与《英吉利国夷情记略》。鸦片战争时期的林则徐与《四洲志》、姚莹与《康輶纪行》、魏源与《海国图志》、徐继畬与《瀛环志略》、梁廷楠与《海国四说》等。上述著作的内容主要有以下几个方面。

第一，传播世界地理知识。

在明代耶稣会士东来以前，中国人传统的地理观念基本上是“天圆地方”。历代统治阶级以天朝上国自居，认为世界以中国为中心，中国位于地球中央，占地甚广，大海环绕，旁无大国。从16世纪末开始，欧洲传教士梯航东来，带来了“五大洲”“地圆说”等有关世界地理的新信息，但中国朝野人士视此为海外奇谈，只用以玩赏消遣，并不理解其真正价值。直到鸦片战争惨败后，中国最先睁眼看世界的一批士大夫才又重新开始接受近代世界地理观念，并将其逐步传给国人。

---

① 张穆：《蒙古游牧记》第7卷，第27—28页，商务印书馆民国二十七年版。

② 何秋涛：《北徼形势考》，《朔方备乘》第11卷，光绪七年刻本。

《海国图志》《瀛环志略》等著作都以较大篇幅介绍了地圆说、五大洲、经纬度、南北极、四大洋等新的地理知识，并配以地图解释。其中，《海国图志》共附地图77幅，分地球全图、各洲图、各国图等；《瀛环志略》共附地图42幅，且质量较高。这些地图有助于人们对世界的直观了解，使人们“四海万国，俱在目中，足破数千年茫昧”①。

第二，介绍世界各国概况。

从范围上看，这些著作所涉及的国家和地区，不仅有亚洲的南洋地区、日本、朝鲜、印度等地，而且还有前人知之不详的欧洲国家，对西方资本主义文明进行了系统的介绍。

这些著作对西方资本主义政治制度颇感兴趣。如魏源在《海国图志》中也写到：英国凡“有要务，则国王召议事百十三员会议……议国大小事”②。徐继畬在《瀛环志略》中的记述更为完整：“都城有公会所，内分两所：一曰爵房，一曰乡绅房。爵房者，由有爵位贵人及耶稣教师处之；乡绅房者，由庶民推择有才识学术者处之。国有大事，王谕相，相告爵房聚众会议，参以条例，决其可否。复转告乡绅房，必乡绅大众允诺而后行，否则寝其事勿论……此制欧罗巴诸国皆从同，不独英吉利也。”③在介绍西方资本主义政治制度的基础上，他们几乎是以相同的言词对之进行赞美。魏源称美国总统选举是“一变古今官家之局，而人心翕然”④。徐继畬认为：“不设王侯之号，不循世及之规，公器付之公论”，是“创古今未有之局”的奇事。⑤

此外，这些著作对欧美资本主义国家的历史也进行了详细的考察。如梁廷楠的《合省国说》和《兰仑偶说》即是采用以年月为经、以史事为纬

① 姚莹：《康辎纪行》第31卷，同治六年刻本。
② 魏源：《海国图志》第51卷，平庆泾固道署光绪二年刊本。
③ 徐继畬：《瀛环志略》第7卷，道光二十八年刊本。
④ 魏源：《海国图志》第51卷，平庆泾固道署光绪二年刊本。
⑤ 徐继畬：《瀛环志略》第9卷，道光二十八年刊本。

的方法，集中叙述了美国和英国历史发展的基本脉络。徐继畬的《瀛环志略》更是较为系统地介绍了世界近80个国家和地区的历史地理简况。在此基础上，他们还试图深入探讨欧美国家的盛衰缘由。如梁廷楠在论及美洲大陆历史时写到：欧洲人“初至时，其地已先有土著如中国之苗者十数万人……各国商船始不过以贸易至，货尽即行，续侦知其力弱谋拙无能力，又人少土旷，谓可夺而有之……遂先后劫以兵而分裂其地”①。初步揭露了欧洲早期殖民活动的侵略实质。

第三，探讨自强御侮之道。

鸦片战争前中国产生的世界史地著作，其研究动机多为学问爱好，志怪述异，政治意图并不明显。而鸦片战争后出现的世界史地著作其研究动机主要是洞悉外情，御敌雪耻。如魏源《海国图志》一书，在卷首即开宗明义地宣布：是书“为以夷攻夷而作，为以夷款夷而作，为师夷长技以制夷而作”②。在这一思想指导下，该书除介绍世界史地知识外，还特立“筹海篇”4卷，探讨御侮自强之术，提出了坚壁清野、诱敌深入等作战方略。

梁廷楠在《海国四说》中，还注意到西方资本主义列强间因各怀野心，利害关系不一，而矛盾重重。如“佛兰西与英吉利世为仇敌”③，英、法、俄为控制土耳其曾大动干戈，“鄂罗斯则更不能一日忘印度，先既连年血战，后又伺隙而谋之，皆将欲一伸其夙怨也”④，故英俄之间也存有矛盾。据此，他主张利用外国资本主义列强之间的矛盾，达到御侮图强的目的。这些看法，在当时都具有积极的现实意义。

从以上内容我们可以看出，鸦片战争时期兴起的边疆史地研究是近代中国人认识世界、走向世界的起点，是近代先进中国人为谋求富国强

---

① 梁廷楠：《合省国说》第1卷，咸丰二年刻本。

② 魏源：《海国图志·序》，平庆泾固道署光绪二年刻本。

③ 梁廷楠：《合省国说》第1卷，咸丰二年刻本。

④ 梁廷楠：《兰仑偶说》第4卷，咸丰二年刻本。

兵、克敌制胜方略的大胆而有益的探索。它反映了鸦片战争后国际风云的变幻和士大夫群体中学术风气的变化。它顺应了历史潮流，具有爱国性和进步性。

三、中日早期边疆史地研究之比较

毫无疑问，与中国历史上的边疆史地研究相比，鸦片战争时期的边疆史地研究具有相当的规模和水平。但总是自己和自己相比，容易束缚我们的认识。这里，将中日两国早期的边疆史地研究作一比较，可能会使我们对鸦片战争时期边疆史地研究的认识产生一个飞跃。

在鸦片战争时期及以后一段时间里，中日两国都出现了“世界史地热”。其大致情况如下。

从19世纪40年代到60年代，中国翻译和编撰的世界史地著作有：

编著者	书名	时间
林则徐	《四洲志》	1841年
魏源	《英吉利小记》	1841年
陈逢衡	《英吉利纪略》	1841年
汪文泰	《红毛蕃英吉利考略》	1841年
李兆洛	《西洋奇器述》	1841年
姚莹	《英吉利国志》	1842年
王蕴香	《海外蕃夷录》	1844年
魏源	《海国图志》	1842年
梁廷楠	《海国四说》	1846年
姚莹	《康辎纪行》	1847年
徐继畬	《瀛环志略》	1848年
夏燮	《中西纪事》	1850年

同一时期，日本也翻译和编撰了大批世界史地著作。主要有：

编著者	书名	时间
田岛柳卿	《荷兰地球全图》	1840年
广川晴轩	《世界地图》	1843年
伊东玄朴	《坤宇图识》	1843年
	《新阿兰陀详说》	1844年
井上春洋	《亚墨竹枝》	1846年
无是公子	《洋外通览》	1848年
山村岁助	《西洋杂记》	1848年
长山贯	《西洋小史》	1848年
茫洋子	《蕃史》	1851年
杉田玄端	《地学正宗》	1851年
箕作阮甫	《八纮通志》	1851年
	《八纮胜览初稿》	1852年
鲇奉卿	《万国旗章国谱》	1852年
荒木謇	《英吉利纪略》	1853年
丰田亮	《合众国考》	1853年
	《靖海全书》	1853年
斋藤正谦	《地学举要》	1853年
无闷子	《英吉利新志》	1853年
中山传右卫门	《海国图志墨利加洲部》	1854年
盐谷甲藏	《翻刊海国图志》	1854年
井山春洋	《瀛环志略》	1861年
福泽谕吉	《官版·巴达维亚新闻》	1862年
	《西洋事情》	1866年

如将以上两表加以比较，我们便会发现，鸦片战争后20余年间中日两国的“世界史地热”具有许多不同特点。

第一，鸦片战争后，日本的“世界史地热”经历了两次高潮。1840年后，在第一次鸦片战争的刺激下，日本出现了《蕃史》《地学正宗》《西洋杂记》等数十部世界史地著作，中国的《海国图志》《瀛环志略》也传入日本，掀起第一次高潮；1853年柏利来航后，迫于西方列强的压力，日本又产生了《地学举要》《美理哥国总记和解》《西洋纪闻》等著作，形成第二次高潮。而中国仅在第一次鸦片战争后出现过一次“热潮”，50年代后便呈退潮趋向。

第二，从两国世界史地著作产生的渠道看，日本已大大优于中国。

国名	产生渠道	举例书名	时间
中国	翻译 综合 实地见闻	《四洲志》 《瀛环志略》 《乘槎笔记》	1841年 1848年 1869年
日本	汉译 洋译 综合 实地见闻 报纸	《海国图志》 《地学正宗》 《蕃史》 《西洋纪闻》 《官版·巴达维亚新闻》	1851年 1851年 1848年 1866年 1862年

从上表可以看出，鸦片战争后20余年间中国产生的世界史地著作，虽然摆脱了道听途说、搜异述奇的阶段，但其产生渠道仍仅局限于少数留心时事的志士间接翻译西书，综合中外资料而得。而最有价值的“实地考察见闻录”直到1869年方才问世，而且影响不大。同时期的日本，除了洋译、综合之外，几乎所有的汉文世界史地著作都有了日本译本。其“实地考察见闻录”产生的时间也早于中国。此外，由于荷兰当局停止向幕府提供“荷兰风说书”，改而直接呈送荷兰东印度总督府机关报《爪哇新闻》（周刊），幕府为继续掌握外国情报，命官方的“洋书调所”将此译为日文，自1862年起，题名为《官版·巴达维亚新闻》公开发行，是为日本最早公开发行的官方报纸，成为日本人认识19世纪中叶西方的最主要渠道。

第三，从社会传播角度看，世界史地著作在日本社会流传和影响的程度都明显地高于中国。如《瀛环志略》问世后，“罕行世，见者亦不之重，自东瀛翻本出，而坊肆乃流传殆遍”①。《海国图志》刊刻后，也

① 徐继畬：《瀛环志略·原序》，道光二十八年刊本。

影响甚微，到60年代，竟至绝版。第二次鸦片战争期间，兵部侍郎王茂荫曾奏请重刊《海国图志》，使“亲王大臣家置一编，并令宗室八旗，以是教，以是学”①。此议颇有见地，却不见下文。对此，郭嵩焘也指出：“魏氏之书，征引浩繁，亦间有参差失实，要其大旨在考览形势，通知洋情以为应敌制胜之资，其论以互市议款夷，言之如通商之曰，无不笑且骇者，历十余年，而其言乃验。”②《海国图志》是在社会流传了十余年后，才引起世人注意的。

而在日本，情形则完全不同。如1851年至1852年间，《海国图志》传入日本。1854年，日本学者箕作阮甫、盐谷岩阴把《筹海篇》和《墨利加篇》训点翻刻。此后三年间翻刻成风，竟达22种之多，传遍全国。幕末志士盐谷岩阴在翻印《海国图志》的序中曾对该书在中国备受冷遇的情形大发感慨，他说：“呜呼！忠智之士忧国而著此书，却不为其君所用，反倒用于别国他邦。吾不独为魏默深悲，亦为清帝悲。”③一语道出了世界史地著作在两国的不同命运。此外，万延年间（1860年），著名洋学家福泽谕吉随使团访问美国，归著《西洋事情》（1869年）、《西洋旅行指南》（1867年）、《西洋衣食住》（1867年）、《世界国尽》（1869年）等57种书籍，100多册，介绍西方政治历史、风俗习惯，影响极大。仅《西洋事情》就“从庆应末年到明治年间风靡全国，其初编从作者手中卖出不下15万部。加之当时流行的伪版，已达20万至25万部”④。其传播速度之快，影响面之广，于此可见一斑。

鸦片战争后20余年间，中日“世界史地热”的兴起，表现了两国了解西方的急切愿望，是两国认识西方不断深化的标志。而两国“世界史地热”所具有的上述不同特点，则说明中国无论在数量、质量、传播效果方

---

① 《筹办夷务始末》（咸丰朝）第1049页，中华书局1919年版。

② 郭嵩焘：《养知书屋诗文集》第37页，1892年刻本。

③ 鲇泽信太郎：《锁国时代日本人的海外知识》第140页，世界知识出版社1967年版。

④ 绵贯哲雄：《维新与革命》第148页，世界知识出版社1974年版。

面，都远逊日本，存在着一定差距。正是这种“差距”，在很大程度上影响了两国鸦片战争后认识世界、走向世界的历史进程。

鸦片战争前后两国世界史地著作之所以具有如此不同的历史命运，原因是极其复杂的。我们认为最主要的历史因素有以下两个：

一是两国对外认识的不同传统。从历史上看，中日两国有着不同的对外认识传统和经验。19世纪中叶西方殖民势力叩开中国大门之前，中国一直生活在东亚大陆的封闭环境中，中华文明长期领先于周边各族各国，以儒教为核心的华夏文化始终居于至高无上的主导地位，在对外观念上中国历代封建统治阶级深信华夷观念，以天朝上国自居，视周边民族为夷狄，不屑研究认识。而且，在科举制度下士大夫多皓首穷经，醉心科举，很少有人问津世界舆地。在华夷观念影响下，士大夫信奉“人臣无外交”准则，以与外人接触为耻，对欧美世界毫无理解。直到19世纪60年代，冯桂芬仍感叹道：“今之习于夷者曰通事，其人率皆市井佻达游闲，不齿乡里，无所得衣食者始为之。其质鲁，其识浅，其心术又鄙，声色货利之外，不知其他。且其能不过略通夷语，间识夷字，仅知货目数名，与俚浅文理而已。安望其留心学问乎。”[①]在这种情况下，世界史地之学很难有人研究，更不能形成全国范围的“热潮”。

日本位于亚洲东部，隔绝于亚洲大陆之外，在远东文明发展史上，日本文明兴起得最迟，追根溯源，日本文明在很大程度上是从大陆、特别是从中国移植引进过来的。同时，四面环海的地理环境，也赋予了日本人对外强烈的原始好奇禀性。日本文明的特殊发展，养成了日本民族师法他族的对外传统。值得注意的是，作为儒家文化圈的一员，日本也曾深受儒家华夷观念影响，视西方为夷狄。但其所受影响较轻。对此，信夫清三郎曾指出：“清朝和幕府虽然都把西欧各国看作是‘夷’，但对待的方式则完全不同。清朝把西欧各国的通商视为朝贡，要求使节行三拜九叩之礼……幕府则并不认为西欧各国是朝贡国，不认为他们是慕日本的德化而来，更

① 《戊戌变法》（资料丛刊）第1册，第27页，神州国光社1953年版。

没有按朝贡国对待之意。”[①]因此，华夷思想并未对日本人学习和研究世界史地知识产生致命的消极影响。可见，在一个以学习师法他族为其民族精神内核的国度里，兴起世界史地研究热潮，并非偶然。

二是危机意识的强弱。危机意识的唤起，是民族自卫自强的前提，也是一个民族国家认识世界的酵母和催化剂。从佛郎吉入贡天朝，到鸦片战争一声炮响，中国朝野人士昧于世界大势，始终陶醉于天朝上国的迷梦之中，没有产生强烈的危机意识。他们始终认为：外夷外强中干，难以自生，“是彼当仰命于我，我不应有虞于彼”[②]。大臣孙玉庭曾向嘉庆帝阐述了一个“绝妙”的道理，他说：英国在欧洲虽富强，但并不足惧，因为“彼国至广东贸易，其货物易换茶叶回国时，转卖于西洋小国，故而富强。西洋诸国之需茶叶，亦犹北边之需大黄，我若禁茶出洋，则彼穷且病，又安能强？”[③]可见，外夷是不可怕的。鸦片战争惨败后，虽然许多士大夫义愤填膺，但因华夷观念尚未在其心中崩溃，故其危机意识不可能持久，据佚名的《软尘私议》记载：“和议之后，都门仍复恬嬉，大有雨过忘雷之意。海疆之事，转喉触讳，绝口不提；即茶房酒肆之中，亦大书‘免谈时事’四字，俨有诗书偶语之禁。”[④]在这种迷昏状态之下，中国不可能出现持久的、社会传播力较强的“世界史地研究热潮”，只能局限于少数知识分子之中。

与中国不同，早在西方人刚刚出现于日本列岛的战国时代，日本人便已产生了恐惧感。德川家康统一日本后，割断了与西方的关系。18、19世纪之交，面对俄国的南下和英美的叩关，日本人危机意识加深。在强烈的危机意识驱使之下，日本搜集海外情报，研究世界史地知识，也就是顺理成章的事情了。

① 信夫清太郎：《日本外交史》上册，第28页，商务印书馆1979年版。

② 郭廷以：《近代中国史》第1册，第141页，商务印书馆1940年版。

③ 《孙玉庭自订年谱》，《延厘堂集》附，道光年间刊本。

④ 《鸦片战争》（资料丛刊）第5册，第529页，神州国光社1952年版。

以上三种思想，交相辉映，互相激荡。它们从放眼世界、批判现实和经世致用三个方面，驱散了悠悠两千年的中世纪黑暗，促进了中国社会思潮的质变和飞跃，奏响了中国近代社会思潮发端起步的第一乐章。

第二章　中国近代社会思潮的主线

中国近代社会思潮伴随着鸦片战争的隆隆炮声开其端后，犹如大化流行一般，呼啸奔腾、一泻千里。从表面上看，一个个指点江山的思想巨人，一部部黄钟大吕般的思想著作，一排排石破天惊的思想涌浪，令人眼花缭乱，扑朔迷离。但若认真地审视，我们便会发现，中国近代社会思潮并不是袋装马铃薯，支离破碎，而是有主流正脉，有旁支小宗。具体说来，爱国主义思想、学习西方思想和改革社会思想犹如三条红线，贯穿中国近代社会思潮的始终，而中国近代社会思潮的各个有机部分，则是这三条红线的外化和展开。

第一节　一以贯之的爱国主义思想

在中国近代史上，面对帝国主义疯狂侵略和清政府昏庸腐败，目睹祖国山河破碎和民族涂炭，有胆有识的爱国志士们或在著作、文章、上书、奏折中，或在演讲、辩论、作答、唱和中，阐发了一系列爱国思想。这些爱国思想最初作为个体意识，随后发展为群体意识，最后扩展为社会意识，形成了一股既波澜壮阔又贯穿近代史始终的爱国思想，从而影响了中国近代历史的面貌和进程。

一、爱国主义思想的产生原因

无论古今中外，任何一种爱国思想的产生原因都是错综复杂的。但就其主要原因而言，一般不外乎两个方面：一是严酷的社会现实，一是深远的思想渊源。一旦这两个方面在一个特定的时空点上交叉在一起时，一种爱国思想便会产生出来，并且呼啸奔涌，不可遏止。中国近代爱国思想也不例外。

众所周知，中国近代80年的历史，就是中国人民备受侵略、欺凌和压榨的历史。在半殖民地半封建的道路上，这段历史经历了一个滑坡下降的过程：第一次鸦片战争使中国开始沦为半殖民地半封建社会；日美侵略台湾、沙俄侵略新疆、法国侵略云南，使中国出现了边疆危机；甲午战争使中国出现了民族危机；八国联军进北京使中国更深地沦入了半殖民地半封建社会的深渊。与这一滑坡下降的行程相对应，中国面临的形势也越来越险恶。19世纪60年代是："东南海疆万余里，各国通商传教，往来自如，麇集京师及各省腹里，阳托和好之名，阴怀吞噬之计，一国生事，诸国搆煽，实为数千年来未有之变局。"[①]90年代是："敌无日不可以来，国无日不可以亡。数年之后，乡井不知谁氏之藩，眷属不知谁氏之奴，血肉不知谁氏之俎，魂魄不知谁氏之鬼。"[②]20世纪初年是："俄罗斯，自北方，包我三面；英吉利，假通商，毒计中藏；法兰西，占广州，窥伺黔桂；德意志，领胶州，虎视东方；新日本，取台湾，再图福建；美利坚，也想要，割地分疆；这中国，那一点，还有我份；这朝廷，原是个，名存

---

① 李鸿章：《李文忠公全集·奏稿》第24卷，商务印书馆1921年版。

② 梁启超：《饮冰室合集·文集之二》，中华书局1936年版。

实亡。”[①]不仅如此，腐朽没落的清政府以帝国主义侵略势力由抵抗走向妥协，最后又由妥协走向投降，这样，中外反动势力交相作恶，使中国社会现实更加严酷险恶，岌岌可危！这种严酷现实一方面逼迫着人们去深思细虑，探索救国救民的道路，另一方面也呼唤着人们挺身而出，去为救亡图存而斗争。因此，它成了滋生和哺育爱国思想的现实基础。当然，现实是现实，思想是思想，设若没有深远的思想渊源，现实是不能自发地产生出爱国思想的。

恰好，在中国近代史上，有两股思想文化流与险恶的现实交叉在一起。第一股是中国传统的思想文化流。随着历史的发展，中国传统文化是完全能够自我更新，自我开放，以适应现实需要的。因此，近代以来，中国传统文化与严酷的社会现实一接触，不但立即变成了近代爱国思想的思想基础，而且还有许多成分或因子直接地向近代爱国思想发展和演化。例如，“变通者，趣时者也”（《易经》）、“穷则变，变则通，通则久”（《易经》）的通权变达的哲学观点；“天行健，君子以自强不息”（《易经》）、“周虽旧邦，其命维新”（《诗经》）的决不休止的进取精神；“舍生而取义”（《孟子》）、“杀己以存天下”（《墨子》）的舍己为人的价值取向；“主耳忘身，国耳忘家，公而忘私”（《治安策》）、“天下兴亡，匹夫有责”（顾炎武语）的爱国热情；“不义而富且贵，于我如浮云”（《论语》）、“威武不能屈，贫贱不能移，富贵不能淫”（《孟子》）、“穷且益坚，不坠青云之志”（《王子安集》）的高尚情操等，它们都在不同层次和从不同角度成了近代爱国思想的火种和酵母，激起了爱国思想的层层波澜。关于这一点，我们几乎在近代爱国思潮的每一朵浪花中都可以找到充分证据。例如，龚自珍的社会批判思想、魏源的社会改革思想、洪秀全的平均平等思想和康有为的变法维新思想等，它们无不拖着一个传统文化的悠长背影，也无不蕴含着一个传统文化的坚实内核。即使是孙中山提出的颇具特色的五权宪法，也是采撷中国历

① 陈天华：《猛回头》，《陈天华集》，湖南人民出版社1982年版。

史上的考试制度和监察制度而构建起来的，亦与传统文化有着不可分割的纵向联系。

第二股是西方近代的思想文化流。毫无疑问，西方的思想文化是随着帝国主义侵略中国的洋枪大炮传入中国的，同时它也是帝国主义侵略中国的思想武器。但是，这里有两点必须注意：一是西方的思想文化并不是西方资产阶级自己的专利品，而是整个人类的社会积累，它在流动过程中，可以被其他文化吸收或同化。二是中华民族面对亡国灭种的危机，敞开胸襟，上下求索，试图从古今中外的思想库中找到思想武器，来救亡图存，甚至在某些时期，有些人更直截了当地认为，要救国只有学习西方。这样，从西方传入中国的科技文化、制度文化和思想文化等，自然受到了中国某些爱国思想家的青睐，并将其吸收到自己的爱国思想理论体系中。因此，西方文化是中国近代爱国思想的另一个思想渊源。这一点与传统文化的情形相同，也不仅是逻辑的，而且是历史的。洪仁玕“以法法之”的思想、冯桂芬“采西学，制洋器”的思想、马建忠“裁厘加税”的思想、郑观应“行商战，设议院”的思想、宋教仁“政党政治”的思想等，都明确昭示了中国近代爱国思想与西方文化的横向联系。

因此，我们完全可以说，是中国的爱国思想家们将社会的严酷现实、中国的传统文化和西方的近代文化三弦合一，才演奏出了近代爱国思想的雄浑乐章。其中，社会现实为其提供了广阔的用武之地，传统文化给其赋予了鲜明的民族特色，西方文化给其增添了浓烈的时代气息。

二、爱国主义思想的主要内容

近代爱国思想是一个庞杂的体系。它不仅结构层次多，而且流程转折大，因此如何全面而系统地把握它，历来见仁见智，看法不一。如有人从阶级属性上来把握，把它划分为地主阶级的爱国思想、农民阶级的爱国思想和资产阶级的爱国思想等；也有人从作用范围上来把握，把它划分为爱国的政治思想、爱国的经济思想和爱国的文化思想等。很明显，这样做难免把整个近代爱国思想弄得支离破碎，甚至面目全非。我们根据初步研究认为，从宏观上可以把近代爱国思想概括为：一个核心，三个内容，五个阶段。其中，一个核心是它在本质上的规定，三个内容是它在空间上的展开，五个阶段是它在时间上的发展。

一个核心就是救亡图存。救亡是指反抗外来的侵略势力（包括政治、经济和思想文化的侵略势力）和反对国内的腐朽势力（包括旧制度、旧思想、旧习惯和旧道德等），属于“破”的范畴；图存既指保卫祖国独立和民族生存，也指建设祖国，繁荣祖国，使中华民族跨入世界民族之林，属于“立”的范畴。在整个近代爱国思潮中，救亡图存这一核心主要具有三个功能：第一，它是一切爱国思想的起点和归宿，每一种爱国思想都是由此发轫，并以此为目的。第二，它是整个爱国思想中的“软件”，犹如电子计算机中的线路设计和计算程序一般，将不同层次和不同类型的爱国思想联结和组成一个整体。第三，它是一把刻度分明的标尺，无论哪个阶级、阶层或个人的思想，只要在本质上符合它的要求，就属于爱国思想的范畴，否则，就没有资格跨入爱国思想这个大家族的门槛。如果没有救亡图存这一核心，整个近代爱国思想就不复存在，至多只能流行一些爱国主张。

三个内容：

第一是反帝思想。从第一次鸦片战争开始直到中国近代史终结，帝国主义和中华民族的矛盾常常是中国近代社会最主要的矛盾。因此，在近代爱国思想中，反帝思想不但涵盖广泛，而且经久不衰。具体说来，它主要包括以下几个内容：1. 反抗帝国主义的军事侵略，包括“器良技熟，胆壮心齐”（林则徐）、“诱敌深入内河”（魏源）、“海防”（李鸿章）、“塞防”（左宗棠）、“筹款练兵，拒和迁都”（康有为）、“齐把刀子磨快，子药上足，同饮一杯血酒，呼的呼，喊的喊，万众直前，杀那洋鬼子”（陈天华）等思想，宗旨是保卫祖国的领土主权。2. 反抗帝国主义的经济侵略，包括“禁烟”（林则徐）、“与洋人争利”（薛福成）、“裁厘加税”（马建忠）、“商战”（郑观应）等思想，目的是保护祖国的利权。3. 反抗帝国主义的宗教侵略，包括《鬼叫（教）该死》《棘手文章》《擎天柱》《灭鬼歌》《谨遵圣谕辟邪》等歌谣以及义和团大量揭帖中反映出来的反洋教思想，锋芒直指帝国主义的宗教侵略势力。

第二是反封建思想。在中国近代史上，反帝是全民族的事情，而反封建则主要是农民阶级和新兴资产阶级的任务，因此，反封建思想的物质载体相对窄小。但与反帝思想相比，反封建思想的丰富性和激越性却丝毫不逊色。具体说来，它主要包括以下几个内容：1. 反对封建的政治制度，包括“打倒阎罗妖”“乡官制度”（洪秀全）、“君民共主”（康有为）、“民权主义”“五权宪法”（孙中山）、“建立资产阶级共和国”（邹容）、“政党政治”（宋教仁）等思想，目的是建立理想的社会政治制度。2. 反对封建的经济制度，包括“平均土地”（洪秀全）、“重商兴工”（洪仁玕）、“富民说”（马建忠）、“导民生财”“为民理财”（薛福成）、“废漕运，撤厘金，设商会”（康有为）、“平均地权”（孙中山）等思想，主旨是（除洪秀全的“平均土地”思想外）发展资本主义工商业。3. 反对封建的旧思想、旧道德、旧习俗，包括“天下婚姻不论财”（洪秀全）、“废穿耳、缠足、涂胭脂”（洪仁玕）、“鼓民力，开民智，新民德”（严复）、“冲决封建网罗”（谭嗣同）、“男女平权平等”（秋瑾）、“民主与科学”（陈独秀、李大钊）、“打倒孔家店”（吴虞）、“埋葬吃人的旧礼教”（鲁迅）等思想，旨在从意识形态领域里扫除封建的污泥浊水。

第三是建设祖国的思想。当然，在严密的历史逻辑中，反帝反封与建设祖国的思想是并蒂连理、不可分割的。但为了准确地把握近代爱国思想的层次，仍可以把它独立出来。它大致包括以下几个内容：1. “与天争胜”“人定胜天”（严复）的民族自尊心和自信心；2. “我自横刀向天笑”（谭嗣同）的献身精神；3. “千秋鉴借吾妻镜，四壁图悬人境庐”（黄遵宪）的求索热情；4. “心理建设，物质建设，社会建设”

（孙中山）的建国构想；5．“用机器殖财养民”（薛福成）的发展经济的思想；6．“穷天地之理”（徐寿）的发展科学技术的思想；7．“诗界革命”（黄遵宪）、“小说界革命”（梁启超）的繁荣文学艺术的思想；8．“改良社会”（宋教仁）的移风易俗思想，等等，旨在建设一个繁荣昌盛的新国家。

五个阶段：

第一是从1840年第一次鸦片战争失败到1860年第二次鸦片战争失败的经世致用和平均平等阶段。在这一阶段，外国资本主义侵略中国，中国开始沦入半殖民地半封建社会，中华民族与帝国主义的矛盾和人民大众与封建主义的矛盾同时激化，因此，近代爱国思想同时在两个方面涌起。一方面是以龚自珍、魏源、林则徐为代表的地主阶级改革派，面对资本主义侵略的空前“变局”，提出了整顿吏治、赋税、漕粮、盐法的改革思想和“御夷制夷”“开眼看世界”“师夷长技以制夷”的抗战思想；另一方面以洪秀全为代表的农民阶级，面对清政府的昏庸腐败，提出了“独尊上帝”“平均土地”“设立乡官”“解放妇女”的革命思想。虽然地主阶级的经世致用思想和农民阶级的革命思想没有什么内在联系，但它们却从不同层次上掀起了近代爱国思想的第一个激浪。

第二是从第二次鸦片战争失败到1895年中日甲午战争失败的中体西用阶段。这一阶段，在外国侵略者的武装进攻和西方文化的冲击下，清政府再也不能抄袭旧谱、照老路原封不动地统治下去了。因此，先是以奕䜣、文祥、李鸿章、左宗棠为首的洋务派提出了学习西方语言文字、引进外国科学技术、创办工矿企业、举办新式学堂、派遣留学生的洋务思想，即“中体西用”思想；后是以郭嵩焘、马建忠、薛福成和郑观应为首的早期资产阶级改良派提出了“殖财”“富民”“商战”“议院”的早期资产阶级改良主义思想；而先前的经世致用和平均平等思想却逐渐退潮，最后销声匿迹。这里，把早期改良主义思想列入爱国思想一般没有疑义，可把“中体西用”思想列入爱国思想可能歧见颇多。但我们认为，在当时民族矛盾激化的形势下，“中体西用”思想为了“求强求富”，自然也有着明显的对外性质。因此，近代爱国思想从经世致用和平均平等阶段发展到了“中体西用”阶段。

第三是从中日甲午战争失败到1903年拒俄运动的维新变法阶段。这一阶段，在甲午战后深重的民族危机的强烈刺激下，以康有为、梁启超、谭嗣同、严复、黄遵宪为代表的资产阶级维新派提出了兴民权、设议院、实行君主立宪、保护、奖掖、发展资本主义工商业、废八股、设学堂、译西书、派游学的维新变法思想，继承了早期资产阶级的改良主义思想，近代爱国思想又从“中体西用”阶段发展到了维新变法阶段。

第四是从拒俄运动到1915年《青年杂志》创刊的民主革命阶段。在这一阶段，清政府变成了“洋人的朝廷”，以孙中山、黄兴、章太炎、邹容、陈天华、秋瑾为代表的资产阶级革命派提出了“驱逐鞑虏，恢复中华，建立民国，平均地权”的革命思想，此外还提出了发展资本主义政治、经济、教育、文化的建设思想。倾覆帝制压倒了改良变法，民主共和压倒了君主立宪，近代爱国思想又从维新变法阶段发展到了民主革命阶段。

第五是从《青年杂志》创刊到1919年五四运动的民主科学阶段。在这一阶段里，由于辛亥革命失败，政治上的倒退，封建势力的复辟，尊孔读经的再度兴起，中国又陷入了黑暗和混乱之中。对此，以陈独秀、李大钊、鲁迅、吴虞为代表的一批资产阶级和小资产阶级知识分子，在彷徨求索中奋起，提出了“民主与科学”“打倒孔家店”“文学革命”等思想，形成了一股以民主与科学为核心的爱国思想。至此，中国近代爱国思想发展到了最高峰。

以上，一个核心、三个内容和五个阶段三位一体，构成了轴心明确、层次繁多、流程曲折的中国近代爱国主义思想。

三、爱国主义思想的基本特征

如果我们把思维触角伸入其内部，并对其内部的各项具体内容进行认真研究，便会发现，它不仅内容宏富，流程曲折，而且还具有以下两个突出特点。

第一是深沉的历史哲学感。一般说来，每一种爱国思想都包含着两方面内容，一是爱国心理，二是爱国思想。如果爱国心理发达，爱国思想苍白，那么爱国思想就只能停留在伦理道德层次；反之，如果爱国思想成熟，那么它就能达到哲学理论层次。毫无疑问，这里的关键在于思维的主体。中国近代爱国思想家和古代爱国思想家不尽相同，他们在探索救国救民道路的过程中，不仅像古代爱国思想家那样表达了眷恋家乡故土、热爱祖国山河、关心民族命运的一般爱国情愫，喊出了“精忠报国”“杀身成仁”之类抽象化、概念化的豪言壮语，而且还更多地对如何爱国、如何保国、如何救国、如何强国等重大理论问题进行了大胆勇敢、深邃缜密的思考和探索，并提出了一串串虽然整个民族不一定认同、但却是非常独到而又颇具哲理的思想和见解。例如，1896年梁启超在论述变法时指出：“变亦变，不变亦变。变而变者，变之权操诸已，可以保国，可以保种，可以保教。不变而变者，变之权让诸人，束缚之，驰骤之。”①1903年邹容在论述革命时指出：“革命者，天演之公例也；革命者，世界之公理也；革命者，争存争亡过渡时代之要义也；革命者，顺乎天而应乎人者也；革命者，去腐败而存良善者也；革命者，由野蛮而进文明者也；革命者，除奴隶而为主人者也。”②很明显，这些绝不是仅凭激情推出的骈语口号，而是凝集着深刻哲理的思想理论。正是由于近代爱国思想家们的这种辛勤求索和机敏思辨，近代爱国思想并未停留在伦理道德层次，而是上升到了哲学理论层次，具有深沉的历史哲学感。深沉的历史哲学感对近代爱国思想具有两方面作用。一方面它使近代爱国思想并不是仅仅凭着激情和口号，驱使人们盲目地奔赴救亡图存的战场，去搞那种“其兴也勃，其亡也忽”的“爱国运动”，而是凭着逻辑力量、理论力量和哲学力量，唤醒人们自

① 梁启超：《饮冰室合集·文集之一》，中华书局1936年版。

② 邹容：《革命军》，《辛亥革命》（资料丛刊）第1册，上海人民出版社1957年版。

觉地奔赴救亡图存的战场，为民舍命，为国捐躯，谱写爱国斗争的绚丽篇章。另一方面它使近代爱国思想有了相对更长的生命力。毫无疑问，一切都取决于时间、地点和条件。中国近代爱国思想在当时的历史条件下是可取的、可行的、可贵的，但时过境迁，沧海桑田，现在，它的绝大部分内容已经失去了存在的价值。那么，我们今天反思起来，为什么还感到意味深长呢？就是因为它有深沉的历史哲学感，“躯体虽死，灵魂尚存”。

第二是鲜明的实践操作感。古今中外历史上的任何一种社会思想都具有许多方面的价值，诸如理论价值、认识价值、审美价值等等。在这些价值中，最关键、最重要的是实用价值。如果一种社会思想没有实用价值，那么它不但不会产生预期的社会效应，而且还与世有害，败坏世风。而一种社会思想是否具有实用价值，一般都取决于它的发轫点：发轫点越贴近现实，它的实用价值越高。那么，近代爱国思想的发轫点怎样呢？概括说来，中国近代爱国思想共有两个发轫点。其一，个人身世的不幸感，即通过个人身世的不幸看到整个阶级乃至整个民族的苦难，从而产生了救国救民的思想。关于这一点，洪秀全和秋瑾就是比较突出的例证。洪秀全出身农家，比较了解人民的疾苦，屡登科场，比较了解科场的腐败，因而，他把个人的遭遇和广大人民的苦难联系起来，把科场的腐败和政治的腐败联系起来，最终产生了“平均平等”的爱国思想。秋瑾身为女性，比较了解妇女的厄运，家庭不幸，比较了解封建婚姻制度的腐败，因此，她把个人的遭遇和广大妇女的不幸联系起来，把封建婚姻制度的腐败和封建政治制度的腐败联系起来，从而产生了“革命当自家庭始”的爱国思想。其二，民族命运的危机感，即直接目睹国难民瘼、时艰世险而产生了救国救民的思想。这方面的例证是举不胜举的。例如，孙中山于1885年目睹中法战争法国不胜而胜、中国不败而败的情景，开始树立了倾覆清政府的坚定信心；1894年他目睹中日甲午战争中清政府腐败无能的现实，成立兴中会，又提出了“驱逐鞑虏，恢复中华，创立合众政府”的革命纲领；最后在1905年，他终于形成了以三民主义为核心的爱国思想。很明显，中国近代爱国思想的两个发轫点具有一个共同的特征，就是紧贴现实，直接反映现实，因而它能够回到现实中去，成为人们救国救民的思想武器，有着鲜明的实践操作感。关于这一点，我们毋庸逐个考察中国近代爱国思想家们的爱国思想的实施情况，只要浏览一下中国近代爱国思想和爱国斗争的历程表便可一目了然。

经世致用——两次鸦片战争中爱国军民的浴血抗战；

平均平等——历时14年的轰轰烈烈的太平天国革命；

中体西用——历时30年的“求强求富”的洋务运动；

维新变法——“刷新内政，抵御外辱”的戊戌变法运动；

民主革命——“倾覆帝制，建立共和”的辛亥革命；

民主科学——理性启蒙与思想解放的新文化运动。

面对这张历程表，谁能不承认中国近代爱国思想具有鲜明的实践操作感呢？

鲜明的实践操作感对近代爱国思想具有两方面的意义。一是它使近代爱国思想具有极大的可行性。在近代爱国思想的明确导向下，近代中国人民掀起了一场场规模宏大的爱国斗争，使帝国主义永远也不能灭亡中国。二是它给中国人民的爱国传统增添了新的内容：爱国不是高谈阔论，而是扎扎实实的行动，必需时要慷慨赴死，流血牺牲。对此，真正的中国人至今还信守不渝。

简言之，深沉的历史哲学感是近代爱国思想的理论价值，鲜明的实践操作感是它的实用价值，这两个价值是近代爱国思想成为爱国思潮的最深层的内在原因。

第二节　登堂入室的学习西方思想

1840年鸦片战争的隆隆炮声，一方面把中国推入了半殖民地半封建社会的苦难深渊，另一方面也将中西方历史发展的高低差凸现在中国人的面前。面对野蛮与文明的双重挑战，中国人为雪耻御辱，振兴中华，从鸦片战争开始就产生了学习西方的思想。这一思想不断深化，登堂入室，既贯穿于中国近代史的始终，也影响了中国近代社会思潮的面貌与进程，是中国近代社会思潮的第二条主线。

一、摆脱传统束缚，不断认识西方

从本意讲，传统是反映某些社会因素历史传承特点的社会学概念。它是指历史传递下来的、具有突出特点的社会因素。毫无疑问，传统具有双重性。我们这里所说的传统，是指封建历史铸造的社会心理、社会意识、子曰诗云、纲常名教以及祖宗遗训等。这些传统是制约现实社会发展的惰性因素。近代中国学习西方是一项前无古人的伟大事业，它必然遭到传统的束缚和阻挠。因此，一部近代中国学习西方的历史，首先就是先进的中国人冲破传统，认识西方；再冲破传统，再认识西方……不断冲破传统，不断认识西方的战斗历程。具体说来，主要完成了以下四个突破与飞跃。

第一，冲破“天朝上国”天下中心意识，了解世界的多元性。

在漫长的封建时代，由于政治上自主自治、经济上自给自足、思想上自满自大的生活方式和长期的强国地位，人们逐渐养成了一种“天朝意识”。所谓“天朝意识”，就是指：在地理上，“天处乎上，地处乎下，居天地之中者曰中国，居天地之偏者曰四夷，四夷外也，中国内也，天地为之乎内外，所以限也”。居天地之中之中国，是“天朝上国”，居天地之偏之外国，是“化外之邦”。在文化上，“华”文明有礼，而“夷”野蛮不知信义，“非我族类，其心必异”。中国是天下文明的中心，无须向外国学习。在政治上，“普天之下，莫非王土；率土之滨，莫非王臣”，中国皇帝是天下共主，中国负有教化恩典外国的责任，而外国则应有向慕中华、定期向中国朝贡的义务。在经济上，中国富有四海，无须与外国互通有无，中国与外国通商，只是天朝抚恤外夷的一种手段。由于天朝意识的羁绊，在漫长的封建时代，中国人一直在天朝上国的梦幻中昏昏沉睡，而对世界的真实情况和中国的实际地位一无所知。

1840年鸦片战争前后，在外国侵略者扣关敲门的隆隆炮声震撼下，一批有识之士幡然醒悟，冲破天朝意识，著书立说，掀起了近代中国研究、介绍西方的第一次热潮。这次热潮研究、介绍了西方的政治制度、机器生产、军事技术和社会习俗等。当然，这些研究和介绍或语焉不详，或粗浅直露，但在当时却振聋发聩，惊世骇俗。具体说来，它至少有以下几点作用和影响。首先，它使中国人惊奇地看到了一个从不相识的神奇世界，开始粗知了在《禹贡》中所称的中国九州以外还有五大洲三大洋，还有许多非但不向中国朝贡而且还比中国先进的国家。其次，它使中国人打破了一向深信不疑的天子、天朝、天国等愚昧无知的“天方夜谭”，开始认识到中国只是地球五洲的一隅，中华民族只是世界民族的一员。最后，中国人知己知彼，开始了对富国强兵道路的前无古人的新探索。

第二，冲破“三代杂艺”尽善尽美意识，承认“西用”的先进性。

鸦片战争以前，中国人世代生活在一个封闭的环境中，对外部世界一无所知。结果，越封闭越夜郎自大，越封闭越贬诋西方，从而在对西方的科学技术认识方面，逐渐形成了一种“三代杂艺”尽善尽美意识。其具体表现是：一方面，极力歌颂“三代杂艺”的完美性。如杨廷熙所称：“中国自羲、轩、尧、舜、禹、汤、文、武、周公、孔、孟以及先儒曩哲，或仰观俯察，开天明道，或继承缵述，继天立极，使一元之理，二五之精，三极之道，旁通四达，体之为天人性命参赞化育之经，用之为帝典、五漠、圣功、贤学之准，广大悉备，幽明可通，所以历代之言天文者中国为精，言数学者中国为最，言方技艺术者中国为备。如浑天仪、乾凿度、太玄、调极、潜虚、星纪、九章、三率、周髀、皇极诸书，相继而起，恐西学之轮船机器未必有如此幽深微妙矣。”[①]另一方面，极力贬低“西用”的先进性。对此，杨廷熙亦有论述：“夫有利器者在有善其事之工而器始利，有善事之工，无善用之人，其器不利；即有善用之人，遇有人焉，能破之，其器仍不利。尝见宋史，载水贼杨太湖中浮舟，以轮激水，其行如飞，官舟迎之辄碎，而岳飞兵到，不数日，其船悉破，其人被擒。可见轮船不足恃也。况中国数千年来未尝用轮船、机器，而一朝恢一朝之土宇，一代拓一代之版章。即我朝自开创以来，与西洋通商非一日，彼之轮船、机器自若也。何康熙时不准西洋轮船数只近岸，彼即俯首听命，不敢入内地一步？及至道光、咸丰，沿海将帅督抚，开门揖盗，内廷大臣以耳为目，先存畏惮之心，请旨屡示宽容，而彼愈张凶焰。然犹有僧格林沁于天津一战，破彼轮船十余只，又可见轮船机器，即洋人用之亦不足恃也。”[②]歌颂自己和贬低别人结合在一起，构成了一层坚厚的屏障，妨碍了中国人对“西用”的理性认识。大概正是这个缘故，在鸦片战争以前的漫长岁月中，中国人对“西用”或不闻不问，或嗤之以鼻。

经过两次鸦片战争的实战，中国刀矛盾牌的落后和西方枪炮轮船的精良明显地凸现在中国人面前。在这种形势下，以曾国藩、左宗棠、李鸿章、张之洞为代表的洋务派冲破中国“三代杂艺”尽善尽美意识，开始对“西用”进行认真考求。李鸿章“参观英法军舰，见其大炮之精纯，子药之细巧，器械之鲜明，队伍之雄整，实非中国所及。其陆军军火皆中土所无，即浮梯、云梯、炮台，别具精工妙用，亦未曾见。深以中国军器远逊外洋为耻，日戒谕将士虚心忍辱，学得西人一二秘法，期有增益”[③]。左宗棠感到：“自海上用兵以来，泰西各国，火轮兵船直达天津，藩篱竟成虚设，星驰飚举，无足当之。”[④]因此他认为：“防海必用海船，

① 《洋务运动》（资料丛刊）第2册，第45页，上海人民出版社1957年版。

② 《洋务运动》（资料丛刊）第2册，第45—46页，上海人民出版社1957年版。

③ 李鸿章：《朋僚函稿》第2卷，第46—47页，光绪三十四年刻本。

④ 《洋务运动》（资料丛刊）第5册，第5页，上海人民出版社1957年版。

海船不敌轮船之灵捷。西洋各国与俄罗斯、咪利坚数十年来，讲求轮船之制，互相师法，制作日精……独中国因频年军务繁兴，未暇议及……彼此同以大海为利，彼有所挟，我独无之，譬犹渡河，人操舟而我结筏；譬犹使马，人跨骏马而我骑驴，可乎？”[1]这样，通过不同角度和不同路径的考求探索，最后他们达成了一个共识：“中国文武制度，事事远出西人之上，独火器万不能及。”[2]在后人看来，这个认识几乎没有任何独到惊人之处，但在当时却有着重大意义。首先，它宣告沿袭几千年的中国“三代杂艺”尽善尽美意识开始坍塌。其次，它表明中国人开始认识到了“西用”的先进性。最后，它为随之而起的以“借法自强”为目的的洋务运动奠定了思想认识基础。

第三，冲破“祖宗之法”完美无缺意识，肯定“西体”的进步性。

鸦片战争以前，在专制政治、小农经济和封闭文化背景下，中国人逐渐形成了一种“祖宗之法”完美无缺、不可改变的观念。这种观念根深蒂固，直到戊戌变法时期，仍有人认为：“祖宗之法不可变”，“宁可亡国，不可变法”。

洋务运动时期，洋务派当然不想引进“西体”，而只想引进“西用”，但“西体”与“西用”是密不可分的。随着“西用”的引进，西方的政治思想也传入了中国。更为重要的是，洋务派在引进“西用”，开展洋务运动的过程中，时时处处都受到了封建政治的掣肘和阻挠，简直使他们欲干不能，欲罢不忍。由是，他们在坚持改变治道，即以“西学为用”的同时，也开始了对政治制度问题的一些思索。中法战争以后，洋务运动初步破产，人们对“祖宗之法”有了更为明确的认识，把反思的触角直接指向封建政治制度。在这点上，认识较早、较深、较明确的是薛福成和郑观应。薛福成将君主与民主政体进行认真比较，最后得出了君主立宪制度好的结论。他指出：“民主之国，其用人行政，可以集思广益，曲顺

① 《洋务运动》（资料丛刊）第5册，第8页，上海人民出版社1957年版。

② 《筹办夷务始末》（咸丰朝）第71卷，第17页，民国十九年故宫博物院影印本。

舆情，为君者不能以一人肆于民上，而纵其无等之欲；即其将相诸大臣，亦皆今日为官，明日即可为民，不敢有恃势凌人之意；此合于孟子‘民为贵’之说，政之所以公而溥也。然其弊在朋党角立，互相争胜，甚且各挟私见而不问国事之损益；其君若相，或存‘五日京兆之心’，不肯担荷重责，则权不一而志不齐矣。”“君主之国，主权甚重，操纵伸缩，择利而行，其柄在上，莫有能旁挠者；苟得贤圣之主，其功德岂有涯哉！此其弊在上重下轻，或役民如牛马，俾无安乐自得之趣，如俄国之政俗也；而况舆情不通，公论不伸，一人之精神，不能贯注于通国，则诸务有堕坏于冥冥之者矣。”“君民共主，无君主、民主偏重之弊，最为斟酌得中。”①郑观应认为，挽救民族危亡，发展民族资本主义工商业以自强，必须以设立议院为保证。他说：“欲行公德，莫要于张国势；欲张国势，莫要于得民心；欲得民心，莫要于通下情；欲通下情，莫要于设议院。”②他甚至慷慨激昂地说，英国、日本实行君主立宪，都有明显的成效，在中国“而犹谓议院不可哉？而犹谓中国尚可不亟行哉？噫！傎矣！”③甲午战争以后，在资产阶级君主立宪制度和封建主义君主专制制度的优胜劣败的比较中，康有为、梁启超、严复、谭嗣同等人又提出了兴民权、设议院、开国会、定宪法、实行君主立宪的主张。同时，以孙中山为代表的资产阶级革命派更提出了倾覆帝制、建立共和的政治纲领。这一系列步步深入的思想转变和观念更新，表明“祖宗之法”尽善尽美意识土崩瓦解，并为中国的政治改良和革命开拓了道路。

第四，冲破“中国文化”无与伦比意识，宣传民主科学的神圣性。

从严格意义上说，人们对中国传统文化的负面——专制愚昧、纲常名教、国民根性的审视反省，并承认和宣传民主科学的神圣性和伟大性，是

① 薛福成：《出使英法义比四国日记》光绪十八年三月十八日、二十一日，载《走向世界丛书》，岳麓书社1985年版。

② 郑观应：《盛世危言》，《议院》附论，图书集成局1896年刊本。

③ 郑观应：《盛世危言》，《议院》附论，图书集成局1896年刊本。

从辛亥革命失败后才真正开始的。

“无量金钱无量血，可怜买得假共和”。辛亥革命的失败，迫使人们进行新的思考和探求。在荆棘中开拓，在黑暗中求索，终于惊雷乍起，激流涌发，一批无畏的勇士以不曾有过的彻底精神和势如破竹的气概出现在思想文化战线上。新文化运动爆发了。

新文化运动的倡导者们，首先盛赞和提倡民主科学。他们所谓的民主是法国式的资产阶级民主，把“自由、平等、博爱”视为“近世文明的精华”；他们所主张的科学是运用近代自然科学和西方资产阶级唯物主义，反对消极保守，反对迷信落后。他们认为，只有人人都具备了民主思想和科学精神，资产阶级共和国才能在中国大地上立下万世不拔之根基。提倡民主科学，就一定要将斗争矛头指向孔夫子这尊偶像。因为，民主科学是和封建主义格格不入的，而孔学则是封建专制制度的精神支柱。因此，新文化运动的倡导者们在高举民主科学大旗的同时，也提出了“打倒孔家店”的口号，向束缚人们思想的传统封建思想文化，特别是以孔子为代表的封建礼教，展开了暴风骤雨般的攻击。此外，他们还反对旧文学，提倡新文学，反对文言文，提倡白话文。

毫无疑问，这是对传统的一次前所未有的清算。在新思潮的震荡摧锄下，神圣的不那么神圣了，光环已经黯淡；权威的不那么权威了，开始遭到怀疑；卑微的不那么卑微了，理性开始复苏。这一切，构成了一场伟大的启蒙，一场人的革命。至此，在当时的历史条件下，近代中国人对西方的认识达到了最高峰。

认识西方是学习西方的前提条件。近代中国人不断冲破传统束缚，不断认识西方，为学习西方运动的展开和不断深入奠定了思想基础。

二、追求功利价值，积极学习西方

认识西方是内心活动，学习西方是实践活动，这是两个不同范畴的概念。在学习西方上，最关键的问题是以什么样的价值观来进行学习。

所谓价值观，就是作为主体的人以自身需要为尺度对于作为客体的主客观世界及彼此关系的评价而形成的总的观点和看法。在漫长的封建专制时代，中国人逐渐形成了一种以“本本”为尺度的价值观，即以尧、舜、禹、汤、文、武、周公之道，四书五经、子曰诗云、纲常名教为价值尺度，去衡量纷繁复杂的客观事物，去裁判丰富多彩的现实生活，褒贬取舍，一决于斯。以此为价值尺度来对待西方事物，或将其视为奇技淫巧，或将其视为离经叛道，一概拒之于千里之外。但在近代历史上，中国人在不断冲破传统束缚、不断认识西方的过程中，逐渐形成了一种新的价值观，即以功利为价值尺度，不管是夷狄蛮貊的事物，还是瀛海岛国的思想，只要对雪耻御辱、富国强兵、振兴中华有用处、有好处，就学习，就效法，就将其搬到中国。正是在这种崭新的价值观指导下，近代中国掀起了一次又一次的规模宏大的学习西方运动，而每一次运动都或多或少地为中国社会增添了新的因素，都或大或小地推动了中国历史的发展。

洋务运动是以追求西方军事技术的功利价值为目的的学习西方运动。在洋务运动期间，洋务派冲破顽固派的百般阻挠，创办近代工业，建立北洋海军，创办新式学堂，派遣留学生，从方方面面追求西方军事技术的功利价值，从而有力地改变了中国社会的面貌。首先，近代化的资本主义大生产开始在中国确立，是由洋务运动发其端的，有些企业甚至是很有气魄的。左宗棠主持的福州马尾船政局规模宏大，技术先进，曾经是远东最大的造船厂。中国第一个近代化煤矿、第一个近代化钢铁厂、第一个近代化织呢厂、第一个近代化纺纱厂和织布厂都是洋务派创办的。洋务派所兴办的各种轻、重工业，在客观上为发展中国的资本主义经济准备了一定的条件。同时，洋务运动引进了许多新的技术设备，传播了近代的科学文化和企业管理经验，培养了一批人才。这些都是有利于中国社会向资本主义发展的。其次，洋务派造炮制船，进行军事上的革新，比起顽固派的“以忠信为甲胄，以礼义为干橹，执梃可敌坚甲利兵”的愚昧守旧态度，无论如何是个进步，在中国军事史上也具有划时代的意义。从1865年到1895年的30年间，洋务派在各地创办了大约20个制造枪炮、弹药和船舰的工厂，“凡一切枪炮、轮船、军火均能自造”[①]。洋务派的海军建设也是有成效的。甲午战前，倾全国之力建立起了北洋水师、南洋水师和福建水师，特别是北洋水师，其规模居世界第四，其中定远、镇远二舰的购置，给日本以很大的威慑，推迟了日本向中国发动侵略战争的时间。事实上，如果没有洋务运动，就不会有左宗棠的挥戈出塞，收复新疆；就不会有冯子材的镇南关大捷，迫使法国议和；就不会有甲午战争期间给日本海军以重创的黄海海战，日本侵略者就可能长驱直入。因此，洋务运动中的近代军事工业，在一定程度上起到了“御侮”的作用。最后，中国近代教育制度的变更，也是从洋务运动开始的。1862年，总理衙门奏设同文馆，中国从此出现了第二种教育形式，教学内容也开始改为以传授外国语言文字和自然科学基础知识为主，尔后各种工艺学堂、军事学堂的设立，以及留学生的派遣，动摇了传统的科举制度，为新学制开创了门径，是中国教育史上的创举。如果没有洋务派创办的新式学堂以及70年代以后大量出现的教会学校，清政府1898年明令废书院及1903年废科举的措施，是难以想象的。由洋务派组织的翻译西书工作，使大量近代科学文化知识传入中国，扩大了人们的视野，促进了思想认识上的变化。这对于后来一些有识之士在中国进行社会变革，提供了有益的经验教训。

戊戌变法是以追求西方资产阶级君主立宪政体的功利价值为目的的学习西方运动，在戊戌变法期间，维新派既反对顽固思想，也反对洋务思想，唯功利价值是求，创办学堂，组建学会，发行报刊，上书皇帝，最后终于掀起了百日维新运动。百日维新虽然昙花一现，但戊戌变法的影响却是深远和巨大的。首先，戊戌变法运动促成了近代中国第一次思想解放热潮。作为中国民主革命准备阶段的一个过程，维新派代表了当时先进中国人的要求。他们办学会、学堂，刊行报纸，公开议论时政，激发了人民的革新思想。他们宣传反对封建君主专制主义的新兴资产阶级民主学说，

① 郑观应：《盛世危言》第3卷，图书集成局1896年刊本。

介绍西方资产阶级的自然科学成就，几年间，“报馆林立，指摘时政，放言无忌，措词多失体要……危言耸论，警动当世”[①]。对此，毛泽东同志在《论人民民主专政》一文中曾指出：“这些是西方资产阶级民主主义的文化，即所谓新学，包括那时的社会学说和自然科学，和中国封建主义文化即所谓旧学是对立的。学了这些新学的人们，在很长的时期内产生了一种信心，认为这些很可以救中国。”[②]戊戌政变后，翰林院侍读学士恽毓鼎向那拉氏惊呼：“臣常阅近日少年文字及聆听谈论，往往矜奇斗异，肆为大言，诋讥孔孟，称扬叛逆。”[③]这位对新思潮持“忧之愤之”的老顽固，把“民主”看成是“离经叛道”的“邪说”，且感到它有“一唱百合”之力，从反面证实了孔孟之道的传统思想受到了严重冲击。“新学”和“新法”是在上层建筑领域里对顽固守旧势力作斗争的武器，开始冲破了万马齐喑的政治局面，从此，人民的觉悟迅速提高，历史前进的步伐大大加快了。其次，戊戌变法运动带来了“设厂兴工”的后果，促进了民族资本主义的发展。维新派始终企图冲破封建生产关系的一些束缚，排除帝国主义外来的政治经济压力，为解放生产力和发展民族文化创造条件。康有为、梁启超在《公车上书》里，直接引用郑观应“商战”的理论，说：“古之灭国以兵，人皆知之，今之灭国以商，人皆忽之。”[④]他们主张发展新式工业，斗巧争奇；建立商会，国家助之；兴办近代教育事业，促进经济发展等等，都产生了实际的社会效果。推行新政期间颁布了发展民族工业和科学文化的诏令，民族资产阶级上层人士的社会地位得到了一定的提高，投资的合法权利受到了某些保护，这对中国民族资本主义的初步发展，有着一定程度的刺激作用。最后，戊戌变法运动的悲惨失败，留下了沉痛的历史教训。维新派以炽烈的爱国热情，以温和的合法手段，进行自

① 《戊戌变法档案史料》第448页，中华书局1958年版。

② 《毛泽东选集》（合订本）第1359页，人民出版社1969年版。

③ 《戊戌变法档案史料》第448页，中华书局1958年版。

④ 《戊戌变法》（资料丛刊）第2册，第145页，神州国光社1953年版。

上而下的改革，结果碰得头破血流。他们不要流血，尝到的却是血腥的屠刀。谭嗣同等一代志士把生命献给了维新事业，“缇骑捕党人，黑云散冥冥”[①]。这场社会改革实践证明：在半殖民地半封建的中国，倡行资产阶级的温和改良是要走绝路的。变法失败以后，资产阶级维新派随即分化，一部分人从血的教训里醒来，扬弃变法路线，逐步走上了资产阶级民主革命的道路。从某种意义上说，戊戌变法为辛亥革命铺平了道路。

辛亥革命是以追求西方资产阶级民主共和政体的功利价值为目的的学习西方运动。以孙中山为代表的资产阶级革命派，经过十多年的文攻武打，于1912年推翻了清政府，建立了中华民国。虽然资产阶级共和道路在中国行不通，但辛亥革命却对中国历史产生了极其深远的影响。首先，辛亥革命把皇帝赶跑，建立共和政体，在政治上打击了封建主义势力，人民在思想上得到一定解放，使民主主义思潮成为不可抗拒的历史潮流。因此，辛亥革命后出现的帝制复辟以及北洋军阀的反动统治都只能是短命的，在人民的反对下相继垮台，而作为新民主主义革命开端的五四运动迅速地跃上了历史舞台。其次，辛亥革命不仅打击了封建势力，也给了帝国主义一击。毛泽东同志指出，“帝国主义的侵略引起了反抗”，“辛亥革命是革帝国主义的命。中国人所以要革清朝的命，是因为清朝是帝国主义的走狗”[②]。帝国主义利用反动的清朝政府统治和奴役中国人民的美梦破产了。最后，革命就是解放生产力，辛亥革命虽然没有成功，但在一定程度上给予民族资本主义发展以新的推动。中华民国成立后，国内实业团体纷纷成立，开工厂、设银行成为风气，民族资本主义经济力量在短短几年内就有了显著的增长，无产阶级队伍迅速成长壮大起来。

总之，近代中国人追求功利价值，大胆学习西方，每掀起一次学习西方运动，都在不同程度和不同方面推动了中国历史的发展。这样，历史便

---

① 康有为：《六哀诗》，《谭嗣同全集》第527页，中华书局1981年版。

② 《毛泽东选集》（合订本）第1402页，人民出版社1969年版。

明确昭示后人：只有以功利为价值尺度学习西方，才能与民有利，与国有益，与世有补；否则，只能是或流于肤表，或夸夸其谈，根本学不到有用处、有好处的东西。

三、把脉时代走向，大胆超越西方

在世界历史上，落后国家学习先进国家，经常出现两种不易避免的倾向：一是闭关锁国，故步自封，夜郎自大；二是仰人鼻息，爬行其后，东施效颦。事实上，无论哪种倾向，都无法达到真正学习先进、发展自己的目的。

在近代中国学习西方过程中，也曾出现过“全盘西化”和“国粹主义”的两极倾向。但它不是主流，而把脉时代走向，大胆超越西方才是其一以贯之的主线。

早在第一次鸦片战争时期中国学习西方热潮刚刚兴起时，姚莹、张穆、徐继畬、何秋涛、魏源、林则徐等一批人，既比较全面地宣传介绍了西方的各种新鲜事物，又满怀信心地坚信中国能够赶上和超过西方。如魏源在学习西方这一问题上，就特别批驳了两种观点：一是封建顽固派攻击外国科技是“奇技淫巧”，“坏我人心”，不应学。魏源驳斥说，这些“有用之物，即奇技，而非淫巧”。这些人对于外国的生活奢侈品包括“邪教毒烟”都能接受，唯独对于“行军利器”却不肯“一师其技”，“但肯受害，不肯受益”，显然是十分荒谬的。二是一些人把外国长技视为“夺造化，通神明”，不能学。魏源认为，外国器械“无非竭耳目心思之力”，没有什么神秘之处。他指出，“中国智慧无所不有，历算则日月薄蚀，闰余消息，不爽分毫；仪器则钟表晷刻，不亚西土；罗针、壶漏则创自中国而后行”，证明中华民族聪明才智完全能把西方的先进技术学到手，“尽转外国之长技，为中国之长技”。而且将来一旦“风气日开，智慧日出”，中国一定能够赶上和超过西方。“方见东海之民，犹西海之民”，富国强兵的目的一定能够达到。这表明，近代中国的学习西方运动，一开始就起点高、魄力大、目标远。

戊戌变法时期，康、梁等人一方面竭力效仿日本和俄国的变法方式，另一方面也一而再、再而三地表明了他们超越日俄、超越西方的渴望与追求。粗略查阅一下康有为在戊戌变法时期的奏折，便可清楚地看到这一点。在《公车上书》中，康有为指出："今若百度更新，以二万里之地，四万万之人，二十六万之物产，力图自强，此真日本之所大患，毕士麻克之所深忌，而欧罗巴洲诸国所窃忧也。"①在《上清帝第四书》中，他又指出："若果能涤除积习，别立堂基，窃为皇上计之，三年则规模已成，十年则治化大定，然后恢复旧壤，大雪仇耻……为政地球而有余矣。"②在《请饬各省改书院淫祠为学堂折》中，他更明确指出："泰西变法三百年而强，日本变法三十年而强，我中国之地大民众，若能大变法，三年而立。"③诚然，康有为的看法不尽切合实际，但它却表明了维新志士们的博大胸襟和高远追求。

辛亥革命时期，以孙中山为代表的资产阶级革命派，不仅怀有超越西方的雄心壮志，而且提出了一系列超越西方的思想理论。孙中山明确认识到："中国的社会既然和欧美的不同，所以管理社会的政治自然也是和欧美不同，不能完全仿效欧美，照样去做，像仿效欧美的机器一样……我们能够照自己的社会情形，迎合世界潮流去做，社会才可以改良，国家才可以进步。"基于此，孙中山在民族主义、民权主义、民生主义以及伦理道德思想等方面，都实现了对西方的超越。这里仅以"五权宪法"为例，作以说明。孟德斯鸠的"三权分立"理论，即立法、行政、司法三权分立制衡，是西方资本主义国家普遍奉行的政治制度。孙中山在建构自己的革命理论时，也将"三权分立"学说纳入了他的思想体系中。但他并不是照搬照抄，而是通过认真分析西方资本主义国家

① 《戊戌变法》（资料丛刊）第2册，第153页，神州国光社1957年版。

② 《戊戌变法》（资料丛刊）第2册，第178页，神州国光社1957年版。

③ 《戊戌变法》（资料丛刊）第2册，第220页，神州国光社1957年版。

在选举、任官等方面存在的弊端后，又将考试权从行政权中分离出来，将监督权从立法权中分离出来，从而建立起自己的“五权宪法”理论。可见，“五权宪法”是他独辟蹊径的创造，是对“三权分立”的大胆超越。当然，这里不乏空想主义的成分，但空想的成分并不能否定其超越的事实。

超越是汲取，是扬弃，是创造，是超拔。正是基于近代中华民族对西方大胆超越的历史，最后，以毛泽东为代表的中国共产党人才赢来了马克思主义中国化的明媚春天。

第三节　新旧杂陈的社会改革思想

中国近代80年的历史，说到底，就是“帝国主义和封建主义相结合，把中国变为半殖民地和殖民地的过程，也就是中国人民反抗帝国主义及其走狗的过程”[①]。在这种侵略与反侵略、压迫与反抗的宏阔历史背景下，中国社会的各个阶级和各种政治派别，或是为了维持统治，或是为了争取生存，或是为了赢得政权，提出了一套套社会改革方案，描绘了一幅幅理想社会蓝图。这些改革思想虽然良莠并列，新旧杂陈，有的被搬上政治舞台，演化出了幕幕历史活剧，有的没有赢得实施的天地，仅作为思想资料走入了历史档案馆，但在整个中国近代社会思潮中，它却占有重要的地位。举凡各种性质和各种类型的社会思潮，几乎都与它有着这样或那样的关系。因此，它是中国近代社会思潮的第三条主线。

① 《毛泽东选集》（合订本）第595页，人民出版社1967年版。

一、社会改革思想的类型

中国近代80年的历史，与中国以往所有的文明史相比都迥然不同。在这80年里，一方面，帝国主义列强向中国发动了一次又一次的侵略战争，把中国一步步地推入了半殖民地半封建社会的深渊；另一方面，随着中国门户的洞开，西方文化也如潮水一般地涌入了中国，并向中国传统文化发起了无情的挑战。这一切，使得中国社会的各个阶级和各种政治派别的政治生活、经济生活和文化生活都发生了极大的震动和不安。他们为了维护各自的既得利益或达到各自的长远目的，都不得不在半殖民地半封建社会的深渊里苦苦挣扎，以冀改变现实，寻求新的出路。这样，作为现实生活反映的近代思想界，也由原来仅有几丝涟漪的一泓死水变成了高昂、激越、直布、亢奋的一片汪洋。各个阶级和各种政治派别的思想家们，都自觉不自觉地把他们的思维触角从死气沉沉的书斋转向活生生的现实，为他们所代表的阶级和政治派别的利益进行理论探索，提出了“中学为体，西学为用”“抵御外辱，刷新内政”“民族、民权、民生”等诸种社会改革方案。从某种意义上说，一部中国近代思想史就是一部社会改革思想史。具体说来，林林总总的中国近代社会改革思想大致可以分为以下几种类型。

（一）“祖宗”型

中国有着两千余年的封建历史，封建历史浇铸了中国人封建的精神气质、行为标准和思维方式。这些具体表现在某些人身上，就是他们死死地抱住传统的东西不放，即所谓“天不变，道亦不变”；一切以祖宗的是非为准，祖宗说过的不能改，祖宗没说的不能做；以不变应万变，把千变万化的现实生活纳入一成不变的教条里。这样，他们所提出的社会改革思想，就从根本上囿于传统文化的基本框架内，植根于两千多年已经磨损的破旧车辙中。这种类型的社会改革思想，在中国近代史上是屡见不鲜的。例如，龚自珍、魏源、林则徐、黄爵滋、包世臣等，都无一例外。

其中最有代表性的是袁世凯、瞿鸿机、刘坤一、张之洞在1901年前后提出的变法奏议。1901年1月29日，清廷发布“变法”上谕，要求内外贵族大臣各举所知，各抒所见，将朝章国政、吏治民生、学校科举、军政财政当因当革、当省当并者，详悉条议以闻。[①]接到上谕后，内外贵族大臣各就所见，纷纷条陈上奏。直隶总督袁世凯就“言之易行，行之易效者”列举十条：1．慎号令；2．教官吏；3．崇实学；4．增实科；5．开民智；6．重游历；7．定使例；8．辨名实；9．裕度友；10．修武备。[②]瞿鸿机疏陈时政四端：1．整顿吏治；2．培植人才；3．变通军制；4．开浚财源。[③]刘坤一、张之洞会衔联上《江楚会奏变法三折》。第一折提出“兴学育才”办法四条：1．设立文武学堂；2．酌改文科科举；3．停罢武科；4．奖励游学。第二折提出中法应行整顿变通者十二事：1．崇节俭；2．破常格；3．停捐纳；4．课官重禄；5．去书吏；6．去差役；7．恤刑狱；8．改选法；9．筹八旗生计；10．裁屯卫；11．裁绿营；12．简文法。第三折提出西法应当兼采并用者十一事：1．广派游历；2．练外国操；3．广军实；4．修农政；5．劝工艺；6．定矿律、路律、商律、交涉刑律；7．用银元；8．行印花税；9．推行邮政；10．官收洋药；11．多译东西各国书籍。[④]以上不难看出，“祖宗”型的社会改革思想虽然在表达上也不乏“西法”“西政”等时髦的字眼，但在本质上它们仍然是“修身齐家治国平天下”的老调重弹，是企图用封建主义来挽救封建主义。

（二）“西方”型

中国近代80年的历史，既是世界走向中国的历史，也是中国走向世界的历史。这主要表现在两个方面：一方面是随着中国门户的洞开，西方

---

① 《义和团档案史料》下册，第914—916页，中华书局1959年版。

② 《养寿园奏议辑要》第9卷，第1—11页，台湾文海出版社1967年影印本。

③ 《湖南文献汇编》第2辑，第228页。

④ 《张文襄公全集》，《奏议》第54卷，新城王氏1928年刻本。

的物质文化、制度文化和思想文化大量地传入中国；另一方面是中国的出使臣工和留学生出国驻节、考察和学习不绝如缕。这样，在中国近代思想界就出现了两种新的动因：其一，西方文化传入中国后，向中国的传统文化发起了无情的挑战，在双方长期的挑战与迎战、冲击与融合中，中国传统文化相形见绌，退避三舍，而西方文化则生机勃勃，逐渐占领了阵地。这样，许多中国人的文化观念发生了变化，他们仰慕和追求西方文化，并试图用西方文化来代替中国传统文化。其二，出国员工，尤其是留学生，他们经过资本主义的物质文化和精神文化的全方位的影响和教育后，站在资本主义金字塔的顶端来鸟瞰中国封建大地，通过巨大反差，发现它无比的丑陋和狰狞，因而他们要用资本主义来代替封建主义。由于以上两点原因，许多人按照西方模式提出了改造中国社会的思想。例如，洪仁玕的《资政新篇》、郑观应的“设议院”“行商战”等，就是如此。其中最有代表性的是邹容的“资产阶级共和国方案”。1903年，邹容在《革命军》一书中，“模拟美国革命独立主义”的图样，制订了在中国建立独立自由的“中华共和国”的25条纲领。其主要内容，一是建立资产阶级民主政权，推翻清王朝的皇权统治，“以儆万世不复有专制之君主”。二是实行议会制度，各府州县都选举议员，总统“由各省总议员中投票公举”。三是以美国的宪法和法律为蓝本，制定自己的宪法和法律。很明显，“西方”型的社会改革思想，就其实质来说，是要用资本主义取代封建主义。

（三）“嫁接”型

在中国近代史上，有许多人一方面自幼饱受四书五经的熏陶，在动脉里注满了传统文化的血液，另一方面又对西方文化仰慕备至，赞叹不已，实质上，他们已经变成了中西文化的两栖者。既认为中国的封建专制制度、朝章国政和纲常名教是至善至美的东西，又感到西方文化中的某些部分有着特殊的效能，可资利用。这样，在严酷的现实面前，他们便根据自己的需要，对中西文化进行巧妙的剪裁，然后像摆七巧板一般地把它们拼凑到一起，形成了中西杂糅的社会改革思想。其中，以曾国藩、李鸿章、左宗棠为代表的地主阶级洋务派所提出的“中学为体，西学为用”的洋务纲领，就是最为突出的代表。所谓“中学为体”，就是维护封建专制制度及其纲常名教；所谓“西学为用”，就是利用西方的经济和军事技术保护“中体”。可见，“嫁接”型的社会改革思想，实质是要把封建主义和资本主义嫁接到一起。

当然，中国近代的社会改革思想是五花八门、各具特色的，以上三种类型自然难以涵盖无遗。

二、社会改革思想奔涌的原因

毫不夸大地说，中国近代社会改革思想无论是和中国古代社会相比，还是和同一时期的世界各个国家相比，都堪称是最发达的。其原因何在呢？毫无疑问，中国近代社会政治斗争、武装起义、中西冲突、新旧矛盾，接连如缕，起伏似潮，这种动荡剧变的现实生活是其发达的根本原因。但是具体说来，以下几点亦不可忽视。

（一）批判社会现实

一般说来，社会批判思想是社会改革思想诞生的母体和温床，社会改革思想是社会批判思想发展的结局和归宿，如果一个阶级、一个派别乃至一个人，没有深刻的社会批判思想，就很难提出真正的社会改革方案。这不仅是逻辑的，而且是历史的。翻烂古今中外的整个社会改革思想发展史，我们都很难找到一个在粉饰现实的基础上而提出社会改革方案的思想家。中国近代社会改革思想的产生和发展也是如此。

中国近代社会是一个半殖民地半封建社会。在这种社会里，不仅农民阶级、民族资产阶级和早期无产阶级备受政治压迫和经济剥削，就是封建地主阶级虽然苟且偷存，也时时面临着危机和不安。因此，他们对社会现状都进行了重新审视和不同程度的批判。正是这种审视和批判，才催发了社会改革思想的萌芽，并推动了它的发展。这里，我们且不说洪秀全是怎样通过批判现实提出《天朝田亩制度》的，也不说康有为是怎样通过审时度势而提出“刷新内政，抵御外辱”的，更不说邹容是怎样通过揭露清王朝的反动统治而提出“资产阶级共和国方案”的，就是地主阶级洋务派的“中学为体，西学为用”的洋务纲领也是基于对现实的批判而提出来的，只不过他们的批判比较委婉和曲折罢了。经过两次鸦片战争的较量，清政府彻底失败了。面对“三千年来未有之变局”，洋务派感到，要巩固清朝封建统治，必须向西方资本主义国家学习点本领。他们指出：“中国文武制度，事事远出西人之上，独火器万不能及。”[①]“独火器万不能及”不就是对部分现实的批判吗？正是基于这种批判，他们才提出了“中学为体，西学为用”的洋务纲领，并展开了历时多年的洋务运动。

从这里我们不难发现，粉饰现实与维持现状息息相关，批判现实与创建未来紧密相连。当然这也并不是什么重大发现，否定与肯定、破坏与建设本来就是马克思主义的ABC。

（二）吸收异质文化

在整个封建社会，儒家思想一直统治着中国的意识形态领域。这主要表现在两个方面，一方面，自西汉中期确定了儒学的独尊地位以后，尽管儒家思想曾经受到玄学、佛教、道教的冲击，直到鸦片战争前夕，儒学的正统地位也没有发生改变，而且经过历代统治阶级的推崇，它已经变成了神圣不可侵犯的教条。另一方面，重视师承，株守圣人之言是封建士子治学的主要方法，这种治学方法导致了人们对于孔孟学说的认识过程的颠倒，即首先是无条件地信奉，然后再认识。这样，中国的思想文化领域便成了一个独立封闭的系统，无论社会发生怎样的变化，国势出现怎样的危机，这个系统都不能释放出任何新的理论信息，充其量仅能“药方只贩古时丹”罢了。

第一次鸦片战争以后，西方文化如潮水般涌入中国，逐渐改变了中国文化的旧有格局。第一，中国的传统文化再也不是一个封闭独立的系统了，而是在其外又出现了一个新的参照系——西方文化。第二，中西文

---

① 《筹办夷务始末》（同治朝），第25卷，第4页，台湾文海出版社1971年影印本。

化经过长期的冲突与碰撞后，逐步走向融合。第三，知识分子开始突破传统解经、疏不破注的旧的治学方法，思维触角逐步伸向“中华以外天”。这种新鲜富厚的文化氛围，为人们开阔了视野，提供了新的思想养料。因此，面对现实，近代中国人通过吸收西方文化，提出了一种种新颖的、有的是前无古人的社会改革思想。例如，地主阶级洋务派的“中学为体，西学为用”的洋务纲领，资产阶级维新派的“刷新内政，抵御外辱”的变法主张，资产阶级革命派的“民族、民权、民生”的三民主义，都或多或少地吸收了西方文化的因子。就是以洪秀全为代表的农民阶级所描绘的“平均平等，共享太平”的天国蓝图，也采撷了原始基督教的某些思想。由此我们可以断言，设若不是吸收西方文化，中国近代的社会改革思想绝不会是那样的色彩斑斓，千姿百态。

（三）政治家反串思想家

毫无疑问，在古今中外的历史上，政治家兼思想家或思想家兼政治家是不乏其人的。一般说来，政治家自有政治家的使命，他们是历史活剧的导演，其特质是实践；思想家亦有思想家的任务，他们是历史活剧的编辑，其特质是思辨。在中国近代史上，却出现了一个极其反常的现象，即政治家反串思想家，而这种社会不同角色的反串，又有力地推动了社会改革思想的发展。因为，在中国近代史上，政治斗争、武装起义、中西冲突、新旧矛盾，曲折交织，频繁更替。这种千变万化的现实生活，根本不允许思想家们坐在书斋里从容打磨，字斟句酌，从而提出通体精美的社会改革方案。而为了适应现实斗争的需要，政治家不得不反串思想家，他们一边导演历史活剧，一边编著活剧角本，思想与实践同步发展。例如，魏源、林则徐、李鸿章、张之洞、薛福成、马建忠、洪秀全、洪仁玕、康有为、梁启超、严复、谭嗣同、孙中山、黄兴、邹容、章太炎、陈天华等，从某种意义上说，他们都是职业政治活动家，但他们在各自的政治实践中都提出了各自的社会改革思想。正因为如此，随着一波未平一波又起，一批志士仁人倒下去另一批志士仁人又站起来的千变万化的现实，中国近代社会改革思想界也出现了骚动不安而又激动人心的形势：一种社会改革思想刚刚产生，另一种社会改革思想又骤然出现；一幅社会改革蓝图刚刚绘就，另一幅社会改革蓝图又疾速展开，而且每一种社会改革思想和每一幅社会改革蓝图都在中华民族的精神世界产生了不小的效应。这一切，不能不归功于政治家对思想家的反串。

当然，社会总是要有分工的，但从中国近代社会改革思想的产生和发展来看，政治家反串思想家还是大有可为的，那些没有思想的政治家和没有实践的思想家是没有多大出息的。

三、社会改革思想破产原因揭秘

中国近代的各种各样的社会改革思想最终结果怎样呢？其原因又何在呢？这是人们自然要提出的另一个问题。从根本上说来，中国近代的各种各样的社会改革思想都没有达到预期的目的。它们有的刚刚萌芽破土就走入了历史档案馆，有的虽然得到了权力的支持，但最后也以失败而告终。至于原因何在，这却是一个见仁见智的问题。例如，有人认为是历史的羁绊，也有人认为是阶级的局限，还有人认为是列强的干涉，等等。我们认为，要想真正弄清这一问题，必须从社会结构的基本特征和各种各样的社会改革思想是否与其吻合这一角度来考察探索。

那么，中国近代社会结构的基本特征怎样呢？对于这一问题，只要我们对中国近代社会作一横断面分析就可一目了然了。在中国近代社会80年的历史上，我们在任意处作一横断面剖切，都会发现它是由三个层次构成的：一是物质文化，即生产技术、劳动对象和物质产品，它是最低层次；二是制度文化，即家庭组织、社会组织、劳动分工和阶级结构等，它是中间层次；三是精神文化，即知识、信仰、宗教、艺术、道德、思想、习惯、价值等，它是最高层次。至于这三个层次之间的关系如何，系统观点早已为人们作出了明确的回答。它认为，任何系统都是由诸多要素（亦称部分或子系统）组成的整体。在这个整体中，一方面是各个要素都有自已存在的形式、特点、规律和功能，另一方面是各个要素都发生着普遍的联系并相互制约，即在存在和发展中形成一个与外部环境有着物质、能量和信息交换的系统网络。中国近代社会内部结构的三个层次也是如此，它们互相制约，彼此作用，从而构成中国近代社会的有机体。可见，层次性、联系性和制约性就是中国近代社会内部结构的基本特征。任何想要对社会有所作为的阶级、政党、个人以及思想、观点、理论等对此都不可等闲视之。

令人遗憾的是，中国近代的各种各样的社会改革思想几乎都忽略了中国近代社会内部结构的基本特征，它们都试图通过改革三个层次中的某一个层次来达到改革整个社会的目的，结果在各个层次之间的强大的作用力和制约力的阻止下，都或早或迟地失败了，有的甚至是适得其反。例如，地主阶级洋务派提出“中学为体，西学为用”的洋务纲领，并在这一纲领指导下，引进西方先进的科学技术和生产设备，创办军事工业和民用企业，建立新式海军和新式学堂，展开了历时30多年的洋务运动，有力地推动了中国近代社会物质文化的发展。但在改革物质文化层次的同时，他们却对以君主专制为核心的制度文化和以儒家学说为核心的精神文化无动于衷，株守不渝。结果，腐朽没落的封建制度和封建思想横加掣肘，使他们所举办的各种洋务事业中充满了封建性和资本主义的矛盾。如资本主义性质较强的民用企业也仍有着浓厚的封建色彩。它们都由洋务官僚倡办和操纵，经营管理大权都被洋务派的代表，以总办、会办、帮办或提调名义把持，产品又往往服从于清政府的调配，首先满足官方或军事工业的需要，从而使它们很难积累资金，进行扩大再生产。在这些封建性的严重束缚下，民用企业往往好景不长，有的瘫痪停办，有的被帝国主义侵吞，有的被迫转手让给私人经营，真正能够维持下去的实属罕见。因此，洋务运动与其说是被帝国主义列强击败了，还不如说是被其他文化层次扼杀了。再如，在戊戌变法期间，资产阶级维新派提出了兴民权、设议院、实行君主立宪的社会改革思想，要求改变封建君主政体，实行君主立宪制度，实质上他们是要改革制度文化层次。但在改革制度文化层次的同时，他们却对物质文化层次和思想文化层次无所作为。结果，在小生产的汪洋大海上，在君权神授的思想氛围中，他们要实行君主立宪的社会改革思想便成了一种梦想、幻影或幽灵，决不会变成历史现实。事实也是如此，它最后以六君子血洒菜市口而宣告失败。

这样，中国近代的社会改革思想和社会改革实践便以惨痛的教训昭示后人：社会改革是一项系统工程，对社会各个层次的改革必须同步进行，那种企图通过改革社会某一层次而达到改革整个社会的目的的想法，是根本不能变成现实的。

以上三种思想各居其位，各司其职，浑然一体，密不可分。其中，热爱祖国是基础，学习西方是动力，改革社会是目的。它们犹如三条红线贯穿中国近代社会思潮的始终，其他各种思想都受它们的制约和影响。我们只有准确把握这三条红线，才能真正理解中国近代社会思潮的本质和精义；只有全面掌握中国近代社会思潮，才能不断深化对这三条红线的认识。

第三章　中国近代社会思潮的流程

中国近代社会思潮自1840年鸦片战争开其端后，在热爱祖国、学习西方和改革社会三条红线贯穿导向下，犹如流出黑暗、曲折和狭窄沟壑的长江黄河之水一般，浩浩荡荡，一泻千里。开除旁支小宗不算，仅就其涌起的洪波巨澜而论，就有六大思潮，即经世思潮、中体西用思潮、早期改良思潮、维新变法思潮、民主革命思潮和民主科学思潮。这六大思潮首尾相衔，一脉相承，构成了中国近代社会思潮的基本流程。

第一节　经世思潮

经世思潮是中国近代社会思潮的第一排涌浪。它虽然披着古色古香的外衣，但在鸦片战争前后，却演化出了一幕幕近代意义上的历史活剧。而且，它内涵深邃，意蕴隽永，对整个中国近代社会思潮乃至整个中国近代史都产生了深远影响。这里仅对经世的内涵、经世思潮在鸦片战争时期的表现及其对中国近代历史的影响作以论述。

一、“经世”界说

何为经世思想，这是一个见仁见智、界说不一的问题。要弄清这一问题，我们必须首先对其发展沿革作一番考察。

所谓“经世”，即治世之意。在先秦典籍中，“经”字常和“纶”字并用，含有“匡济”之义。如《周易·屯》曰：“君子以经纶”；《周易正义》释为：“经谓经纬，纶谓纲纶”。《中庸》言：“惟天下至诚，为能经纶天下之大经”；《四书集注》注为：“经者，理其绪而分之；纶者，比其类而合之”。“经”字和“世”字合用，则首见于《庄子·齐物论》：“春秋经世，先王之志，圣人议而不辩。”[①]但真正把经世思想理论化并付诸实践的则是孔子。孔子在世时，一方面栖栖皇皇，奔走列国，矫病医世，对后世经世思想的发展影响很大；另一方面将经世思想注入全部儒家经典，使其成为儒家思想一以贯之的精义。儒学所谓的“内圣”与“外王”之学，即孔子学说中的仁学与礼学。仁学是“上学”以“达天命”，礼学是“下学”以“学人事”。因此，经世与修身如车之两轮，鸟之两翼，并为儒家人文思想的中心观念。大概正是由于这个缘故，清人方苞将孔子学说概括为“明诸心以尽在物之理而济世用”[②]的实用之学。

孔子以后，历代儒者根据不同形势对经世思想进行了积极的弘扬和阐发。如范仲淹的“先天下之忧而忧，后天下之乐而乐”，张载的“为天地立心，为生民立命，为往圣继绝学，为万世开太平”，魏源的“善言心者必有验于事矣，善言人者必有资于法矣，善言古者必有验于今矣，善言我者必有乘于物矣”[③]等，都为经世思想注入了新的内容。同时，他们还探隐发微，积极开创，大大拓展了经世思想的边围。如章学诚认为：“史志之书，有裨风教者，原因传述忠孝节义，凛凛烈烈，有声有色，使百世而

---

① 陈鼓应：《庄子今注今译》，中华书局1983年版。

② 方苞：《传信录·序》。

③ 魏源：《皇朝经世文编·序》，道光七年刊本。

下，怯者勇生，贪者廉立。《史记》好侠，多写刺客畸流，犹足令人轻生增气，况天地间大节大义，纲常赖以扶持，世教赖以撑柱者乎！”[①]他基于这种对史志内容社会效应的独到认识，提出了“史学经世”的新思想。冯应京认为“有经世之才，必济以经世之学；有经世之识，必济以经世之文”，提出了“以天下之才兴天下之治者经世也”[②]的新命题。经历代儒者的弘扬和阐发，经世思想更加涵泳广泛，深邃宏富。

根据以上考察，我们认为，从宏观上说，经世思想是中国儒家知识分子所特有的一种意识形态。具体说来，它主要包括以下三层互相联系的内涵。

一是积极入世的价值观。入世是经世的前提。儒家不仅是入世的，而且是积极彻底的。关于这一点，如果我们把儒家的入世观与西方基督教和印度教的入世精神作一比较，便会看得一清二楚。基督教的天职观念也肯定世俗社会的各种职业均可成为光耀上帝、进入天堂的道路，并进而为近代西方社会的职业精神奠定了基础。但这份入世精神无论如何发扬，归根到底是建立在天国超世的教义上，是以出世精神为归宿的。因此，至少从理论上说，这种入世精神是有条件的，第二义的。印度教中的入世修行观念也认为，每个人要想得到最后的精神解脱，必须就其个人的阶级地位尽到他对社会的各种义务，这就是日后甘地所发扬的淑世精神。但它自始至终没有改变一个基本信念，就是生命的最终目的在于精神解脱，而精神解脱又是超越尘世，与宇宙的精神主宰相冥合。因此，入世修行观念也是有条件的，第二义的。而儒家的入世观并不认为在人世以外还有一个更完美的天国或神境，也不相信人的生命必须离开人世才能得到圆满的归宿，而是认为，生命的意义在于“此岸”，现世社会才是实现一个人的价值的唯一舞台，谁要想有所作为，谁就必须积极地介入现实生活。因此，儒家的入世观念是无条件的，第

① 章学诚：《文史通义》第8卷，道光十二年刊本。

② 冯应京：《经世实用编·序》。

一义的。这也正是儒家思想的人文精神所在，也是儒家思想与一切宗教的根本区别点。

二是政治本位的人生观。在儒家经典中，尤其是在《论语》中，特别强调“修己治人”四个字。从其重要性上来说，“修己治人”这四个字两个概念是平起平坐的。因为在儒家心目中，修己而不治人，落入佛老二氏，固然不可；治人而不修己，落入申韩法家，亦受反对。但在实际功能上，它们却是不尽相同的。修己是治人的手段，治人是修己的目的。因此，“理世”“治人”和“平天下”等概念又反映出了儒家一种特殊的人生观，即一个人的生命，以修己开其端，最后必须归结到从政以求治国平天下。也就是说，一个人的修身成德过程，最后必然要表现为参加政治，领导社会，以一个政治领导者和社会先知自居。这一点也与基督教和印度教不同。基督教的天职观念认为，入世的行为可以表现在各行各业上，在各行各业上都可以表现上帝的光宠，而不仅仅限于政治领域。印度教的入世修行观念也认为，每个人在自己所处的阶层上完成他应尽的义务和责任，也可以渐积善果最后达到灵魂得救，亦不仅仅限于政治领域。因此，在基督教和印度教的反衬下，儒家“治国平天下”的人生理想，实质是一种以政治为本位的人生观。这种人生观决定了经世思想具有浓厚的政治色彩。

三是佐君教民的事业观。尽管儒家人人都想作为一个政治领导者，但在现实生活中毕竟有仕者隐者、进时退时之分，因此，佐君与教民便一起成了儒家知识分子实现人生理想的事业或途径。关于这一点，我们从历代儒者的经世实践中便可以反观出来。其经世实践大致是：进时和仕者是保圣道、卫纲纪、顺天时、应世变、除暴政、削乱民、适民性、协万物，即佐君尽臣子之忠；退时和隐者是治经书、办学堂、招门徒、普教化，即教民尽臣子之义。因此，佐君教民是经世思想的事业观。当然，无论佐君还是教民都是以政治为关怀，所谓“居庙堂之高，则忧其民；处江湖之远，则忧其君”，就是真实写照。这种事业观规定了经世实践的展开范围。

至此，我们可以给经世思想下一个简洁定义：它是中国儒家知识分子所特有的一种以积极入世的价值观、政治本位的人生观和佐君教民的事业观为核心内容的意识形态。

二、经世思潮的主要内容

作为一种意识或意识形态的经世思想，在不同历史时期有着不同的表现形式。鸦片战争前后是中国历史上的一个特殊时期，在这一时期里，经世思想表现得更为千姿百态，别具特色。概括起来，其荦荦大者主要为以下几个方面。

（一）学习西方

学习西方是鸦片战争时期经世思想的一个突出特点，也是它的一个重要内容。但在以往的研究中，一提起鸦片战争时期中国学习西方这件事，在许多人看来，仅仅是魏源——《海国图志》——“师夷长技以制夷”一花独放，其实这是很不全面的。准确说来，在经世思想的激励下，当时是一批人开眼看世界，一批著作刊刻发行，出现的是一个规模宏大的学习热潮。只不过由于当时战争的需要，他们更突出地强调了“长技”罢了。

（二）批判现实

在历史上，经世思想表现为对现实的批判是屡见不鲜的。以龚自珍为代表的一大批社会批判思想家，首先揭露了清朝统治的严重危机，认为：“日有三时，一曰早时，二曰午时，三曰昏时”，鸦片战争前夕的中国社会已处于“昏时”，即“衰世”阶段，犹如“日之将夕”，无可挽救。[①]其次批判了专制政治的黑暗腐败，指出：君主专制造成了“一夫为刚，万夫为柔”，使整个官僚体制和官僚队伍“尽奄然而无生气”。[②]再次鞭挞

① 《龚自珍全集·尊隐》，上海人民出版社1975年版。

② 《龚自珍全集·与人笺》，上海人民出版社1975年版。

了科举制度的刻板禁锢，斥责道："今世科场之文，万喙相因，词可猎而取，貌可拟而肖，坊间刻本，如山如海，四书文禄士，五百年矣，士禄于四书文，数万辈矣，既穷既极。"[①]复次抨击了汉学和宋学的空疏无用，指出：汉学"考证于不必考之地"，使"学术衰而人才坏"[②]，宋学只知"谈性命"，而"鄙夷田事"。[③]最后驳斥了武器决定论的投降主义论调，认为："如三元里一战，我义勇只死三十人，而夷兵已死二百余名，夷兵俱有火枪火炮，而乡勇只用长棍短刀，又何尝见夷兵之可怕，又何尝见夷兵之利害，断无可胜之法乎？"[④]在历史大转折时期，这一社会批判思想不仅是唱给封建社会的一首悲怆挽歌，而且也像分水岭上的一块巨石，影响了思想河流的未来走向。此后，洪秀全、康有为、孙中山等人都沿着它所指引的方向前进，对封建专制制度和清朝统治进行口诛笔伐，直至把它们送入坟墓。

（三）改革弊政

鸦片战争前后，清政府的统治几乎有政皆弊，但窳败最深的还是漕运、盐法、河工和兵饷等"四大政"。因此，如何改革"四大政"也就成了经世思想家们所留心瞩目的问题。

清代的漕运主要是通过大运河。由于负责漕运的各级漕米机构在征收、运输和入库等环节上反复转手，层层剥皮，使南漕北运耗费惊人，成了清代的一大苛政。早在嘉庆末年，包世臣在《海运南漕议》中就提出了海运漕米的建策，但未被采纳。1824年，协办大学士、江苏巡抚陶澍等人再次提出海运之议。随后，魏源在1825年和1827年先后著成《筹漕篇上》《筹漕篇下》，并代江苏布政使贺长龄撰写《海运全案序》《海运全案跋》《道光丙戌海运说》《复魏制府询海运书》《复蒋中堂论南漕书》等

---

① 《龚自珍全集·明良论》，上海人民出版社1975年版。

② 沈尧：《落帆楼文集·与孙愈愚》，同治五年刊本。

③ 包世臣：《齐民四术·农政》，光绪十四年刊本。

④ 林福祥：《平海心筹·论胜败形势第四》，光绪十年刊本。

文，也积极赞成海运，并提出它“利国、利民、利官、利商”，唯不利从中渔利者。最后，清政府根据这些建议，改河运为海运。海运效果甚佳，每石漕米运费仅是河运的十八分之一。

清代盐法承袭明制，食盐由政府和专利商人共同垄断。结果盐官和盐商相勾结，一面哄抬盐价盘剥民众，一面以私盐逃避缴税，使国家盐税大减。对此，经世思想家们纷纷著书立说，提出改革主张。其主要措施是：取消盐引法，实行盐票法，认票不认商，打破世袭盐商垄断，实行食盐自由运销，政府从中抽税。其中，魏源不仅撰著了《筹鹾篇》《淮南盐法轻本敌私议自序》等多篇论文，揭露盐引法的弊端，阐述盐票法的益处，而且还协助两江总督陶澍在两淮地区进行实际改革，以手续简便的“票盐”代替“引盐”。结果，政府盐课大增，老百姓也吃到了廉价的食盐。

河工主要是指治理黄河。黄河水害是困扰清代的一个大问题。清政府为治理黄河，每年都拨出巨额银两，但收效甚微，在嘉道之际，黄河就因河床日高，决堤十数次。为解决这一问题，经世思想家们也贡献出了智慧。《皇朝经世文编》中所收录的数十篇文章就反映了这一点。其主要内容：一是抨击官僚们的贪赃和愚蠢，使河患非但没有稍减，而且还有日趋严重之势。二是主张以治为主，以防为辅，加强治理海口，而不应以徒增河堤为事。这些主张虽未被清政府采纳，但却不乏真知灼见。

兵饷问题实质是财政问题。嘉道以降，由于军费日增，加之统治阶级的贪污腐败，国库日趋短绌，财政危机日益严重。对于这一问题，经世思想家们也提出了改革建策。如魏源提出“除弊”“节用”“塞患”“开源”四法。除弊即革除漕运、盐法弊政，使中饱私囊者无机可乘；节用即减少庆典，精兵简政；塞患即禁鸦片，防止白银外流；开源即实行田垦，开采金矿，改革货币。这些建议受到社会的广泛关注，有的被当政者采纳实施。

（四）研究边疆史地

中国边疆史地研究源远流长，成果显著，但鸦片战争前后边疆史地研究的再度复兴却别有一番内蕴。当时由于外国资本主义侵略加深，一系列不平等条约签订，东南沿海门户逐步被打开，西南、西北、东北边疆也出现了严重危机。一些具有爱国主义思想的知识分子醉心边疆史地，目的是巩固边防，抵御外侮。因此，这一时期的边疆史地研究，是作为经世致用之学的一个重要方面而蔚然兴起的。

姚莹致力于西南边疆史地研究。鸦片战争时期，姚莹任台湾兵备道，曾与达洪阿一起领导当地军民抗击英国侵略，取得过辉煌战果。《南京条约》签订后，他受投降派诬陷，被贬官至四川，后又罚往西藏。在颠沛流离的生活环境中，他以满腔爱国热忱，就藏人访西事，致力于对西南边疆史地的考察，写成《康輶纪行》一书。该书不仅记述了西藏的山川地势、宗教源流、民俗世风，而且考录了英国、俄国、印度和尼泊尔诸国的情形，为巩固西南边防提供了借鉴。

张穆致力于蒙古史地研究，代表作是《蒙古游牧记》。该书根据蒙古族“以畜牧为主，不常厥居”的生活特点，以及历来因“译语多歧，无从考证”的情况，突破一般方志窠臼，采取了“因其部落而分纪之”的方法。它既缜密考证了蒙古古今舆地及山川城镇的沿革，详细记载了各部落的历史发展，也深入研究了蒙古各盟旗、各部落的分别、成因、相互关系及当时的社会现实，做到了“既陈古义，又论今事”。这种贯通古今的研究方法，体现了作者面向现实、经世致用的治学目的。

何秋涛视野广阔，以整个北部边疆史地为研究对象，研究成果主要集中在《朔方备乘》一书中。该书并不局限于蒙古及西北史地，而是以北徼与俄罗斯相关联者为范围，并叙及东北边疆，对俄罗斯西伯利亚及中亚东欧各地俱有考证，对唐、辽、金、元历代北徼用兵，清初中俄交涉，都有记述。作者在该书“凡例”中明确指出：“是书备用之处有八：一曰宣圣德以服远人，二曰述武功以著韬略，三曰明曲直以示威信，四曰志险要以昭边禁，五曰列中国镇戍以固封圉，六曰详遐荒地理以备出奇，七曰征前事以具法戒，八曰集夷务以烛情伪。”①从这八点用处可以看出，作者编著此书的主要意图是称颂清初武功，激励统治者效法先王，认清边疆形势，总结经验教训，振奋精神，抵御外来侵略。

总之，经世思想在鸦片战争时期的表现与展开，规模大，层次多，内容广，形成了一股社会思潮。

三、经世传统的历史影响

在鸦片战争时期复兴及以后不断发展的经世思想，对近代中国的学术学风和士林面貌产生了巨大影响。

首先，它是西学传入中国的中介和桥梁。归根到底，经世的目的在于解决国家困难，为人民造福祉。这种强烈的实用主义倾向，在本质上决定了经世思想家们在经世实践中必然不断地寻求新的有效的方法与工具，以达到治世的目的。在封建时代，由于中国文化一直处于优势地位，因此经世主义者治国平天下一般都以经典、史学、历代政治掌故为工具。鸦片战争以后，中西方联系加强，中西方历史发展的高低差显而易见。在这种形势下，他们在坚持“通经”的传统工具的同时，又把“西学”纳入了他们的工具范畴，并将其二者一起作为实现理想的终南捷径。梁启超在1897年手订《湖南时务学堂学约》时就曾明确指出，今日之经世工具因时代需要而与过去不同了。他说：“居今日而言经世，与唐宋以来之言经世者又稍异。必深通六经制作之精意，证以周秦诸子及西人公理公法之说，以为之经，以求治天下之理；必博观历朝掌故沿革得失，证以泰西希腊罗马诸古史，以为之纬，以求古人治天下之法；必细察今日天下郡国利病，知其积弱之由，及其可以图强之道，证以西国近史宪法章程之书，及各国报章，以为之用，以求治今日之天下所当有事，夫然后可以言经世。”②如

① 何秋涛：《朔方备乘·凡例》，光绪七年刊本。

② 舒新城：《中国近代教育史资料》第1册，第46—47页，中华书局1982年版。

果说梁启超的话仅代表了近代儒家中的公羊学派，那么张之洞从“通经致用”到“中体西用”的转变则代表了非公羊学派。早在1875年，张之洞著《辅轩语》一书，竭力主张“通经致用”。在通经方面，他认为：宜读全经，断不可省略；解经宜先识字，通小学；宜正音读；宜讲汉学，读汉人注经讲经之说；宜读清朝人经学书籍；宜专治一经，宜及其他；宜有次第，且贯通大义。通大义的目的在于致用。有用的标准有三：一可用以考古，二可用以经世，三可用以治身心。但是，依此一通经方法，学者必须投入较长时间和较多精力以后，才能谈得上“会通贯串”，才能去学习其他史学、辞章及诸子之学。1898年，张之洞感到，现在要经世致用，“不论新学则势不行，兼论旧学则力不给”，因而改变了以往通经的方法和范围。首先，他在《劝学篇·守约第八》中提出：十五岁以前，诵读孝经四书五经正史，随文解义；十五岁以后，贯通大义，以经世致用。依他估计，经、史、诸子、理学、政治、地理及小学各门，聪慧者五年可通，中材十年可了。如有良好的学堂、师资和课程，则中材亦五年可了。而其余时间则学习时政、西文和西法。若有好古精研经史者，任其自为之，但不会也不必人人皆为之。[①]经此一简化扩充，张之洞的经世思想已由“通经致用”转到“中体西用”了。可见，在经世思想的基本原则指引下，为追求实用价值，无论是儒家中的公羊学派还是非公羊学派，都自觉不自觉地改变了以往通经的范围、方法和重点，即改变了以往经世的方法和工具，而纷纷将目光转向西学，即把西学视为经世的新方法和新工具。这种由经世而引发的转变，无疑为西学传入中国打开了通道。

其次，它使近代儒家知识分子群发生了分化与改组。在古代社会，儒家知识分子一般都抱有经世的宏愿，而且他们经世的工具又都是以经学为主，因此他们无论在“理念”上还是在“工具”上都是一个统一的群体。但经世思想复兴以后，由于他们纷纷去寻找经世的新方法与新工具，尤其

① 张之洞：《劝学篇》，载《张文襄公全集》，新城王氏1928年刊本。

是其中有些人所寻找到的新工具已与旧动机背道而驰，从而使近代儒家知识分子群发生了分化与改组。大致说来，他们分化为以下四个派别：一是通经致用派，以邵懿辰、戴望、皮锡瑞、王闿运、廖平为代表。他们宗今文家法，用公羊“义例”重注群籍，然后再把经学大义运用到实际政治上去，即以《诗》观察民情舆论，以《书》考验世势变化，以《礼》导化民风世俗，以《春秋》断狱决讼。二是科学技术派，以李善兰、华蘅芳、徐寿为代表。他们致力于物理、化学、军工、机械等自然科学研究，试图以科学技术为药石，振衰起弱，富国强兵。三是中体西用派，以曾国藩、李鸿章、左宗棠、张之洞为代表。他们主张学习西方的军事技术，并积极派留学、译西书、改学制、设学堂、兴军工、办实业、练军队，目的是维护伦纪圣道，富国强兵治民。四是维新变法派，以康有为、梁启超为代表。他们用西方资产阶级的契约论、平等观、民权说和进化论重新疏解儒家经典，从中推衍出兴民权、设议院、实行君主立宪等新理论，然后以此为工具，进行维新变法，目的是建立一个与君主专制制度不同的君主立宪政体。很明显，这种分化改组与古代所出现的汉学、宋学和考据学的对立根本不同。他们有的是“经旧世”，有的则是“创新世”，而“创新世”的先驱们正是从经世的旗帜下走出来。

此外，经世思想复兴—西方文化传入—儒家知识分子群分化改组，也影响了近代中国的社会面貌和历史进程。换言之，中国近代史上的某些政治运动、思想斗争以及科学研究和古籍整理等，都可以或多或少地从这里找到缘由。

第二节　“中体西用”思潮

第一次和第二次鸦片战争，使中国“至尊至贵”的神话在洋枪洋炮的轰鸣声中破灭了。“天朝”的声威消失了，从而露出了它虚弱的、不堪一击的本来面目。这正如马克思所说的那样：“清王朝的声威一遇到不列颠的枪炮就扫地以尽，天朝帝国万世长存的迷信受到了致命的打击，野蛮的、闭关自守的、与文明世界隔绝的状态被打破了……”[①]面对创巨痛深的历史变局，以曾国藩、左宗棠、李鸿章、张之洞为代表的洋务派，从19世纪60年代到90年代，通过各种渠道，阐发了一套以“中体西用”为核心的思想。30年间，这种思想由几人发端，最后弥漫到全国，形成了一股“中体西用”思潮。

一、“中体西用”的历史追踪

“中体西用”这个词，是“中学为体，西学为用”的节略语。长期以来，人们一直把“中体西用”视为洋务派的思想体系，而又具体地挂在张之洞的名下，一说到“中体西用”仿佛成了张之洞的代号。其实不然，“中体西用”是一代人的思想，是一股社会思潮。

最早阐发“中体西用”思想的是冯桂芬。他在1861年刊刻的《校邠庐抗议》一书中指出：“以中国之伦常名教为原本，辅以诸国富强之术。”[②]这句话是说在鸦片战争期间萌发的“师夷之长技”20年之后，他看到西方资本主义的狂潮正向中国猛烈冲来，当之者靡，“采西学，制洋器”已无可回避，怎么采？是一个必须回答的问题，他如此回答了。随后，一些留心时务与洋人打交道的官员对此大都有所探讨。李鸿章在派学生出洋的“应办事宜”中说：“考查中学西学，分别教导。将来出洋后，肄习西学，兼讲中学，课以考经、小学、五经及国朝律例等书，随

① 《马克思恩格斯选集》第2卷，第2页，人民出版社1972年版。

② 冯桂芬：《校邠庐抗议》，丰城余氏1897年刊本。

之高下，循序渐进……宣讲圣谕广训，示以尊君亲上之义，庶不囿于异学。”[①]他是针对出洋学生讲的，所以说“兼讲中学”，是怕他们被西学熏染，在“肄习西学”中要用中学来护其本，“尊君亲上”。郭嵩焘说：“西洋之入中国，诚为中国一大变，其气机甚远，得其道而顺用之，亦足为中国之利。”[②]他说得很圆浑，着眼于一个“道”字，一个“顺”字，然后落实到“用”。薛福成在《筹洋刍议》中的《变法》篇里说：“今诚取西人气数之学，以卫吾尧、舜、禹、汤、文、武、周公之道。”这两句话从文字到立意，与冯桂芬所说十分吻合。他们虽然没有明确提出“体”与“用”的对峙之词，却表达了灵犀相通的“中体西用”思想。

专门从事精神生产的王韬，在70、80年代写的大量文章中，涉及“中体西用”这个宗旨的话甚多。他说：“器则取诸西国，道则备当自躬。”[③]又说：“形而上者中国也，以道胜；形而下者西人也，以器胜，如徒颂美西人，而贬己所守，未窥为治之本原者也。”[④]又说：“西学西法，非不可用，但当与我相辅而行可已。”[⑤]如此等等。他所列举的“形而上者”“道”“本原”为一方，是中学；“形而下者”“器”“末”为一方，是西学。中学为“主”“体”，西学为“辅”“用”。他把中西两方纳入中国传统的哲学范畴内以阐明它们的主从关系。上海中西书院的掌教沈毓桂更以《西学必以中学为体说》命题，发挥中西书院的旨趣是：“假西学为中学之助，即以中学穷西学之源”，“西学自当以中学为本而提纲挈领”[⑥]。可见，他们的议论都没有离开“中体西用”这个核心。

到了80—90年代，“中体西用”之说日益明朗，说的人也多了起来。

① 《李文忠公全集》第19卷，第9页，商务印书馆1921年版。

② 郭嵩焘：《养知书屋文集》第12卷，1892年刻本。

③ 王韬：《弢园文录外编》第321—323页，中华书局1959年版。

④ 王韬：《弢园尺牍》第30页，光绪三十年刊本。

⑤ 王韬：《弢园文录外编》第297页，中华书局1959年版。

⑥ 《万国公报》第2期。

郑观应在《盛世危言》中的《西学》篇里说："中学其体也，西学之末也；主以中学，辅以西学。"[①]邵作舟在《邵氏危言》中的《纲纪》篇里说："以中国之道，用泰西之器，臣知纲纪法度之美，为泰西所怀畏而师资者必中国也。"1895年4月，沈毓桂在题为《匡时策》一文中进一步指出："夫中西学问，本自互有得失，为华人计，宜以中学为体，西学为用。"[②]他一字不差较早地提出了"中学为体，西学为用"的"中体西用"说。1896年8月，孙家鼐在《遵义开办京师大学堂折》中说："今中国创立京师大学堂，自应以中学为主，西学为辅；中学为体，西学为用；中学有未备者，以西学补之；中学有失传者，以西学还之；以中学包罗西学，不能以西学凌驾中学。"[③]他唯恐中学和西学的位置摆得不正，把时人有关这项主张同神异词的话一起搬了进去。1897年9月17日，宣传维新变法的《湘学报》则说："查泰西各学，均有精微，而取彼之长，辅我之短，必以中学为根本。"它承认西学有其"精微"，取而用之，以辅助中国的"根本"，是对"中体西用"的诠释。1898年5月，盛宣怀在奏荐何嗣焜总理南洋公学事务一折中也说："臣与（何嗣焜）纵谈西学为用，必以中学为体。"[④]"中体西用"出自各类人物之口，并成为各自要求维新变法的原则，谁也没有怠慢这个原则。孙家鼐，时任工部尚书兼管官书局，不久调任吏部尚书、协办大学士，管理大学堂，他的话明确宣示是近代中国自办的第一所大学堂的办学宗旨，京师大学堂的开办也确是按照这个宗旨行事的。

1898年6月，光绪帝"诏定国事"，宣谕"中外大小臣工，自王公至于士庶，各宜发愤为雄，以圣贤之学植其根本，兼博采西学之切时务者，

① 郑观应：《盛世危言·西学》，图书集成局1896年刊本。

② 《万国公报》第75期。

③ 《戊戌变法》（资料丛刊）第2册，第426页，神州国光社1953年版。

④ 《戊戌变法档案资料》第250页，中华书局1958年版。

实力讲求，以成通达济变之才”[1]。至此，“中体西用”思想已作为光绪帝实行维新变法的政治准则宣示天下了。

就在这一时期，张之洞著成《劝学篇》一书，对“中体西用”思想作了最后、也是最权威的阐述。《劝学篇》全书共24篇，4万余字，分“内篇”和“外篇”两大部分。“内篇务本，以正人心，外篇务通，以开风气”。所谓“本”，指有关世道人心的封建纲常名教，不能动摇；所谓“通”，指工商学校报馆诸事，可以变通举办。一句话，就是主张在维护封建制度的基本原则下，接受资本主义的技艺，并以这种新的技艺“补”封建旧制之“阙”，“起”清朝统治之“疾”，进而达到维护清王朝和封建制度的目的。

显然，30多年间阐发“中体西用”者不止一人一派，凡是谈时务、讲西学的人，莫不接受或附和这一主张。因此，它是一代人的思想，是一股社会思潮。在某种程度上，它几乎就是那一时代的一种哲学，一种观念，一种境界。

二、“中体西用”思潮的主要内容

从内涵来说，所谓“中体西用”，就是借用西方资本主义的军事、经济技术，来维护中国封建主义的“伦常名教”“四书五经”“祖宗之法”和“尧、舜、禹、汤、文、武、周公之道”。但作为一股社会思潮，它主要包括以下几项内容。

（一）“变局”意识

两次鸦片战争失败后，洋务派人士普遍感到了中国面临着一场几千年未有之变局。对这种“变局”形势，黄恩彤称之为“变动”，黎庶昌称之为“变端”，王韬称之为“创事”，朱克敬和张之洞称之为“奇变”，丁日昌、曾纪泽和李宗羲称之为“创局”，奕䜣、夏燮和薛福成称之为“变局”。其中，李鸿章对这种“变局”的认识和论述是最深刻最有代表

① 《光绪朝东华录》总第4094页，上海集成图书局1909年版。

性的。他在同治年间呈交清廷的《复奏海防事宜疏》中指出："今东南海疆万余里，各国通商传教，往来自如，麇集京师及各省腹里，阳托和好之名，阴怀吞噬之计，一国生事，诸国构煽，实为数千年来未有之变局。轮船电报之速，瞬息千里，军械机器之精，巧力百倍，炮弹所到，无坚不摧，水陆关隘，不足限制，又为数千年来未有之强敌。"①洋务派的这种"变局"意识直接导源于险恶的"变局"现实，因而它具有极强的力度。它的冲击力可以冲破他们心灵里的根深蒂固的文化安全感，它的驱动力可以驱使他们扫除层层障碍去实行避害自卫。这不仅是逻辑的，而且也是历史的。第一次鸦片战争以后，中国人没有产生这种"变局"意识，结果中国在为近代化防务的奋斗中，整整丧失了从第一次鸦片战争到第二次鸦片战争的20年的时间。第二次鸦片战争以后，洋务派产生了这种"变局"意识，结果，以"求强""求富"为目的的洋务运动也就随之发端了。

（二）"自强"对策

在洋务派诞生的年代，"自强"并不是一个新生而又时髦的概念。"自强"一词最早出现于《易经》中"天行健，君子以自强不息"一语，它把天的本质描述成永恒而又有力的，提醒人们要自强不息，以便能够与天的这种气质协调一致。南宋时，董槐把这个概念运用到中国与周边少数民族的关系上。他说，如果中国能够自强，就无须害怕这些夷狄。洋务派重提"自强"这一概念，但它的目的既不是要与天争胜，也不是要与周边少数民族争雄，而是要求强求富，应对西方文化的挑战，从而给古老的"自强"一词赋予了浓厚的时代气息。不仅如此，洋务派的自强途径也不是"从谏如流""轻徭薄赋""与民生息"等封建主义的陈词滥调，而是前无古人的"借法措施"。所谓"借法"，就是学习和利用西方资本主义的科学知识和生产技术。这样，"借法"措施的意义已远远超过了"自强"目的的意义。它不仅标志着中国传统文化出现了塌方和断裂，而且也标志着中华民族出现了文化意识的新觉醒。

---

① 《李文忠公全集·奏稿》第24卷，商务印书馆1921年版。

（三）“商战”思想

洋务运动时期，洋务派引进“西用”旨在加强“兵战”，镇压人民，抵御外侮。但在实践中他们发现，军事与工商业是密不可分的，如果舍弃工商业而只单一追求军事强盛，则不啻是海底捞月，缘木求鱼，因而他们一反传统的重农轻商的思想束缚，在历史上破天荒地发出了发展工商业的呼声。在洋务派中，较早较深刻地论述工商业的是薛福成。1888年薛福成被清政府派为出使英、法、意、比四国的大臣。在出使期间，他往返于伦敦和巴黎之间，认真考察了英、法等国的经济和政治。他发现英、法等国政府的工商业政策和对待工商者的态度，与清政府完全不同。对比之下，他为中国的商业和商民大鸣不平：“夫商为中国四民之殿，而西人则恃商为创国造家、开物成务之命脉，迭著神奇之效者，何也？盖有商则士可行其所学，而学益精；农可通其所植，而植益盛；工可售其所作，而作益勤。是握四民之纲者，商也。此其理为从前四海之内所未知，六经之内所未讲……不能执中国崇本抑末之旧说以难之。”[①]薛福成不仅认识到了发展工商业的重要性，而且还满怀热情地将西方发展工商业的具体措施介绍给了中国。他指出：“西人尝谓，谋国之要有三，曰安民、曰养民、曰教民。所谓养民者何也？……一曰造机器以便制造，二曰筑铁路以省运费，三曰设邮局、日报馆以通消息，四曰立和约通商以广商权，五曰增使事衙门以保商旅，六曰通各国电线以捷音信，七曰筹国家公帑以助商贾，八曰立商务局以资讲求，九曰设博物院以备考究，十曰举正副商董以赖匡襄，十一曰设机器局以教闾阎，十二曰定关口税以平货价，十三曰垦荒地崇本业，十四曰开矿政以富民财，十五曰行钞票以济钱法，十六曰讲化学以精格致，十七曰选贤能以任庶事，十八曰变漕法以利转输，十九曰清账项以免拖累，二十曰开银行以生利息，二十一曰求新法以致富强。”[②]郑观应是与薛福成并驾齐驱的重商主义者。虽然郑观应不像薛福成那样，是通过

① 薛福成：《出使英法义比四国日记》第2卷，第22页，岳麓书社1985年版。

② 薛福成：《出使英法义比四国日记》，光绪十八年闰六月六日，岳麓书社1985年版。

对西方政治经济的考察产生重商思想的，而是从反对外国侵略的角度提出“商战”口号的，但他们的思想殊途同归，异曲同工。何谓商战，就是利用自己的经济力量与外国资本主义在市场上进行斗争。郑观应认为：“兵之并吞祸人易觉，商之掊克敝国无形。我之商业一日不兴，则彼之贪谋亦一日不辍。纵令猛将如云，舟师林立，而彼族谈笑而来，鼓舞而去，称心厌欲，孰得而谁何之哉！”[①]所以郑观应把自强的基点放在近代工商业的发展上，放在“商战”上。至于如何进行“商战”，郑观应在《商战》一文中提出了发展民族工商业的十项“商务纲目”：发展丝茶；机器织布；机器织呢；酿酒造糖；振兴土特产品；奖励开矿；广采煤油，自造火柴；整顿瓷厂，多出口瓷器；推广杭、宁丝绸；增强竞争能力；等等。这个“商务纲目”，实际上是一幅发展民族工商业的蓝图。当然，薛福成、郑观应以及其他洋务派的重商思想还很微弱，还没有足够的力量与年深日久的重农思想分庭抗礼，但微风能吹蹙大海，蚁穴能毁掉长堤。从此以后，传统的重农思想发生了动摇，新生的重商思想不断发展，为中国近代工商业的发展在思想上扫除了障碍。

（四）“教育”主张

洋务派在洋务运动实践中，逐步意识到培养新型人才的重要性和迫切性，因而提出了一套教育思想和主张。当然，洋务派的教育思想和主张是鳞鳞爪爪、不成系统的，但仔细研究，我们仍可发现，它主要包括以下内容。一是教育目的，主要是培养翻译人才、技术人才和军事人才，为洋务运动服务。二是教育内容，主要包括“西文”和“西艺”两方面。所谓“西文”，就是外国语文，包括英语、法语、日语、德语和俄语等，通过传授“西文”来培养翻译人才。所谓“西艺”，就是西方的自然科学和经济军事技术，包括算学、天文、化学、物理、医学、生理、军工、制造、驾驶、施炮等，通过传授“西艺”来培养军事人才和技术人才。三是教育场所，主要是创办洋务学堂和派遣留学生。为此，洋务派先后创

---

① 郑观应：《盛世危言》第3卷，第17页，图书集成局1896年版。

办了三种学堂。外语学堂：1862年在北京设立的京师同文馆，1863年在上海设立的广方言馆，1864年在广州设立的广州同文馆，1893年设立的湖北自强学堂等。军事学堂：1866年开设福州船政局附设船政学堂，训练水师人才，1881年天津创办北洋水师学堂，1886年开设天津武备学堂，1887年开设广东水陆师学堂，1890年南京设立江南水师学堂，1890年天津创办军医学堂，1893年湖北设立武备学堂等。技术学堂：1865年上海江南制造局成立附设机械学堂，1866年福州船政学堂，训练制造及驾驶轮船的人才，1880年天津设立电报学堂，1882年上海设立电报学堂，1892年湖北省矿务局附设采矿工程学堂等。同时，洋务派还派遣留学生到英、法、德、美、日等国学习军事技术和自然科学。如：1872年开始的幼童留美；1875年沈葆桢派遣福州船政学堂学生5人前往法国学习制造，派遣12名学生前往英国学习驾驶；1866年李鸿章派武备7人赴德国学习兵技；1888年李鸿章又派船政学堂学生10人分赴美、德学习等。四是学习要求和学生待遇。总的来说，洋务派主张严格要求，优厚待遇，特殊擢用。如针对福州船政局所设的求是学堂，左宗棠在《船政事宜胪列十条》中指出："宜优待艺局生徒以拔人才也。艺局之设，必学习英、法两国语言文字，精研算学，乃能依书绘图，深明制造之法；并通船主之学，堪任驾驶。是艺局为造就人才之地，非厚给月廪不能严定课程，非优予登进，则秀良者无由进用。此项学成制造驾驶之人，为将来水师将材所自出，拟请凡学成船主及能按图监造者，准授水师官职；如系文职文生入局学习者，仍准保举文职官阶，用之水营，以昭奖劝，庶登进广而人才自奋矣！"①为实现这一思想，求是学堂采取了以下一些具体措施：（1）挑选本地资性聪颖，粗通文义，年龄在15岁以上18岁以下之子弟入学。入学堂学习制造及驾驶管轮者名曰艺童。艺圃招考膂力壮健子弟分派各厂学习工作者，名曰艺徒。也就是，前者为前、后学堂学生，后者为学徒。他们除端午、中秋给假3天和年假外，星期天不休假。晨起、夜眠均有定时。上课必须专心听

① 《洋务运动》（资料丛刊）第5册，第25页，上海人民出版社1961年版。

讲，“不准在外嬉游，致荒学业”；“不得请长假，不得改习别业，以取专精”。（2）在待遇上，学生除日给饭食费七钱五分外，“每名月给银四两，俾赡其家”。另外医药费也由学堂供给。这种优厚待遇固然是为了让学生专心致志地学习，也是打破士子不屑从事技艺工作的传统的一种手段。（3）“开艺局之日起，每三个月考试一次，由教习洋员分别等第，其学有进境考列一等者，赏洋银十元，二等者无赏无罚，三等者记惰一次。两次连考三等者戒责，三次连考三等者斥出。其三次连考一等者，于照章奖赏外，另赏衣料以示鼓励”。（4）学习年限为5年。学成后，准以水师员弁擢用。“其有由文职文生入局者，亦未便概保武职，应准照军功人员例议奖”。“学习监工、船主等事，非资性颖敏人不能”，“各子弟之学成监造者，学成船主者，即令作监工、作船主，每月薪水照外国监工、船主辛银数发给，仍特加优擢，以奖异能”①。这种从不拘出身、广求社会贤慧子弟，对学生优给廪饩，优奖劣汰，到优予拔擢，与洋员同等给薪等等规定和措施，集中到一点，就是加速培养优秀新式科技人员，以便将“彼之所长”转变为“我之长”，并进而达到“驾西人而上之”。毋庸讳言，在半殖民地半封建社会，洋务派的教育思想根本无法实施，自然也没有达到预期的目的。但它却猛烈地冲击了封建教育思想，并使中国的教育出现了新陈代谢的过渡形态。

当然，“中体西用”思潮的内容不仅包括以上几点，它还包括一些政治、军事和外交思想，这里就不一一论及了。

三、洋务运动的悲剧根源

对于“中体西用”思潮，我们仅从社会意识和社会思想角度来评判它的成败得失，恐怕很难得出正确答案。这里，我们转变一下视角，从研究洋务运动入手来认识“中体西用”思潮。洋务运动是“中体西用”思潮的实践，实践是检验真理的唯一标准。因此，深入研究洋务运动，探索洋务

① 《求是堂艺局章程》，《清末海军史料》第377—378页，海洋出版社1982年版。

运动的悲剧根源，必能加深我们对“中体西用”思潮的认识。

洋务运动，说到底，是近代中国学习西方文化的运动，在19世纪后半叶，它给人以力量，给人以希望。但它命途多舛，最后经甲午战争一役彻底失败了。历时30多年的洋务运动为何破产了？西方文化为何未能在中国落脚扎根？这对后人来说，不失为一个巨大的历史之谜。为真正揭破它的谜底，几乎从洋务运动失败开始直到现在，政治界和学术界的人士始终孜孜矻矻，不懈探索。这是值得的，因为真正揭破它的谜底，无论在历史上还是在现实中都具有重大的理论意义和实用价值。

何谓“文化”？这是中外学术界歧见较多的一个问题。据我们所知，最先界定文化的是英国的“人类学之父”泰勒。他认为：所谓文化或文明乃是包括知识、信仰、艺术、道德、法律、习惯以及其他人类作为社会成员而获得的种种能力、习性在内的一种复杂的整体。继泰勒之后，各家之说纷起，各执一端，五花八门。近年来，在我国的文化“热”中，也给文化下了各种各样的定义，更是见仁见智，令人扑朔迷离。据统计，目前有关文化的定义有200种之多。这当然不是坏事，因为正常的学术争鸣也是达到客观真理的一条光明大路。

我们认为，各家之说虽不尽完备，但都有可取之处，如果择其精华，则可给文化下这样一个定义：文化是人类的内在精神和这种内在精神的外在体现，是人的群体或类借以相互区别或与他类区别的依据。因为文化是伴随人类而来的。地球上本无人类，亦无文化，是融物质性和精神性于一体的劳动创造了人，人又通过劳动创造了文化。同时也由于有了文化，人类才成为了人类，人类中的各个民族才成了各个不同的民族。

那么文化有什么特点呢？据初步研究，我们认为，它主要有三个突出特点。一是内部结构的层次性。在文化发展史的漫长链条上，我们在任意处作一横断面剖析，都会发现它是由三个层次构成的。这三个层次包括：科技文化，主要指生产技术、劳动对象和物质产品，它是最低层次；制度文化，包括家庭组织、社会组织、劳动分工及阶级结构等，它是中间层次；人文文化，包括知识、信仰、宗教、艺术、道德、思想、习惯和价值等，它是最高层次。这三个层次互相制约，彼此作用，构成一个有机的文化整体。二是历史发展的阶段性。因为文化是人类的内在精神和这种内在精神的外在体现，而人类的内在精神和这种内在精神的外在体现又处于平稳发展和中断飞跃的两种状态，因而文化的发展也就呈现出明显的阶段性。截至目前为止，人类文化大致经历了上古文化、中古文化、近代文化和现代文化四个阶段。这四个阶段前后相继，首尾相衔，构成了一条川流不息的文化长河。三是实际分布的区域性，即各个地区有各个地区的文化。英国历史学家汤因比从现在的西欧文化、远东文化、基督教文化上溯到古代，举出20种文化。各个地区的文化星罗棋布，各具特点，构成了一个千姿百态的文化花园。

既然文化有着层次性、阶段性和区域性的特点，那么各种文化交流就是不可避免的。因为层次性是各种文化交流的可用框架，阶段性是各种文化交流的巨大驱动力，区域性是各种文化交流的天然基础。在历史上，由于高山大川的阻隔，各种文化可能天各一方，不相往来，但随着历史的发展，空间距离的缩短，它们的互相交流则是难以遏制的。事实也是如此，文化交流是一种普遍的现象，以致于在林林总总的文化丛林中，我们目前很难找到一株不受其他文化影响的、纯而又纯的文化之树。

纵观整个人类文化交流史，交流主要有两种情形。一种是异域同级的文化交流，一种是异域异级的文化交流。一般说来，异域同级文化交流比较顺利。因为异域同级文化内部各个层次发展水平相同，而且在具体表现形式上也不乏相似之处。因此，这两种文化进行交流并不影响对方的整个体系，甚至可以搞单层次嫁接。在这方面，汉唐时期印度佛教传入中国就是一个典型的例证。佛教作为一个文化因子，既然能够适应整个印度文化体系，那么也有适应中国文化体系的可能。事实也正是如此。早在佛教刚刚传入中国时的汉代，它与中国原有的方术相似，因而便依附于方术，并借此广泛传播。魏晋时期，以老庄思想为骨架的玄学本体论大为流行。

玄学讨论的中心是“本末有无”问题，而佛教般若学的中心为“空、有”问题，又与玄学接近。因而它又依附于玄学，并借此广泛传播。到唐宋时期，对于佛教来说，它在中国的文化体系中落脚扎根了，对于中国文化来说，它融化吸收了佛教，这种落脚扎根或融化吸收的表现，先是出现了中国化的佛教宗派，后来形成了宋明理学，即新的儒家学说。由此看来，在异域同级文化交流中，作为文化交流的主体——个人、派别或阶级，对于异源文化的某一层次或因子，不妨采取“拿来主义”的文化对策。

但是，异域异级文化交流的情形就截然不同了。因为异级文化内部各个层次的发展水平不同，某一文化层次或因子虽然能够适应自己的整个母体，但却不能适应比自己母体发展水平高或低的文化体系。因此，异级文化交流，特别是低级文化吸收高级文化，哪怕是吸收高级文化的某一层次或某一因子，都不能搞单层面嫁接，而必须调整自己的整个体系，对自己进行综合治理。在这方面，日本的明治维新便是一个成功的例证。日本明治维新时期，西方文化是近代文化，是高层次的；日本文化是中古文化，是低层次的。日本学习西方文化，并不是学习它的某一层次或某一因子，而是把西方的政治制度、宪法、法律、教育、学术思想、科学技术、军事技艺和装备看作一个有机的整体，进行全方位的学习。关于这一点，那些最早踏上欧洲土地的日本明治维新志士表现得最为突出。他们一开始就以战略的远见，从整体上学习西方文化入手，去寻求登堂入室的门径，并且很快地把注意力集中到政治制度、法律、学术和教育这些较高层次的文化因素上。与此同时，日本对于自己的民族文化体系也不是无动于衷，以旧迎新，而是进行综合治理。明治天皇发布的“五条誓文”实质上就反映了日本对内革旧维新的意图和行动。（一）广兴会议，万机决于公论；（二）上下一心，大展经纶；（三）公卿与武家同心，以至于庶民，须使各遂其志，人心不倦；（四）破旧有之陋习，立基于天地之公道；（五）求知于世界，大振皇基。结果时隔不久，日本顺利地从中古文化过渡到了近代文化，不仅把偌大的中国远远地甩在后面，就连欧美列强也不得不对它刮目相看了。明治维新的经验告诉我们，异域异级文化交流绝对不能搞单层面嫁接，必须对外进行全方位学习，对内进行整体性调整，实行综合治理。

那么，洋务运动时期，中西方文化是同级还是异级呢？应当采取哪种方式进行交流呢？很明显，洋务运动时期，中西文化是两种处于不同阶段的文化，西方文化已经冲破了中世纪的黑暗，踏上了近代文化的光明大道。从其内部结构的不同层次来看，科技文化主要是非动物性的动力资源和大机器生产；制度文化的核心是法治和民主；精神文化主要是与技术以及实证知识密切结合的自然科学和人文科学体系。而中国文化却仍在中世纪的黑暗中徘徊，且离近代文化的门槛还相当遥远。从其内部结构的各个层次来看，科技文化主要是牛耕人种，男耕女织；制度文化主要是封建君主专制及一整套封建官僚政治；人文文化的核心是以儒家为传统、道家为亚传统的思想体系。由此可见，近代西方文化是工业文化或城市文化，而中国文化则是农业文化或乡村文化。它们虽然都是文化发展的必经阶段，但在顺序先后或层次高低上却大不相同。工业文化是先进的，高层次的；农业文化则是落后的，低层次的。在工业文化与农业文化的两相比较中，前者不啻是一个开放、流动、刚强、好斗的男子汉，后者则似乎是一个封闭、文静、孱弱、自卑的少女，而少女的柔弱性格对于男子汉来说，则是一张永远有效的请柬。因而，它们之间的交流是必然的。

至于洋务运动时期中国应当如何吸收西方文化的问题，根据异域异级文化交流的规律和日本吸收西方文化的成功经验，当然不能搞单层面嫁接，而必须对外进行全方位学习，对内进行整体性调整，实行综合治理，遗憾的是，洋务派恰恰违背了这一点。结果，他们虽然从西方学来了一些科技文化，但中国旧有的制度文化和人文文化却极力排斥异己，保护原来的科技文化，最后使他们虽然煞费苦心，但却一事无成。有关这方面的事例，在整个洋务运动史上几乎俯拾皆是。这里略举一二，以展示中国的制度文化和人文文化排斥洋务派所引进的西方科技文化的具体过程。

洋务运动中，洋务派为“求强”“求富”创办了一大批民用企业，如轮船招商局、开平矿务局、天津电报局、基隆煤矿、漠河金矿、上海机器织布局等。这些企业在本质上是与封建制度格格不入的。封建制度凭着它特有的本能也清楚地意识到了这一点，因而对这些企业横加掣肘，并给它们抹上浓厚的封建色彩。如倡办和操纵这些企业的人都是头戴红缨帽的封建官吏，他们官气十足，使企业衙门气十足，经营管理极为腐败；同时，产品又往往服从于清政府的调配，首先满足官方或军事工业的需要，从而使它们很难积累资金，进行扩大再生产。这就不可避免地使民用企业内部充满了封建性和资本主义的矛盾。在封建性的严重束缚下这些民用企业往往好景不长，有的瘫痪停办，有的被帝国主义侵吞，有的被迫转手让给私人经营，真正能维持下去的十分罕见。这是封建制度对西方科技文化的排拒。

在封建制度阻挠西方科技文化时，封建政治思想也没有袖手旁观。这一点在张德彝身上表现得最为突出。张德彝是1862年第一批入同文馆学习的10名少年之一。他在同文馆学习了3年，于1865年经总署大考，被奏保为八品官。1866年清政府派学生出洋游历，他又是入选的3人之一。之后，他以译员身份，跟随志刚、崇厚、郭嵩焘等出洋当差。1884年充同文馆英文副教习。1889年又随洪钧到柏林使馆工作。1890年回国后任总署英文正翻译官，翌年又“侍德宗读英文，赐免拜跪”，当上了光绪皇帝的英文老师。此后，张德彝的官阶也不断上升，由“即选知府”到“即选道员”，1890年到伦敦使馆当参赞，1901—1906年任出使英、意、比国大臣，登上了职业外交官晋升的顶点。正常说来，基于张德彝学习英文的经历和英文给予他的报答，他是应该热爱英文的。但是，自从孟夫子时候起，“华夏正音”以外的语言就被贬为“鴃舌之音”，意思是并非人类的语言。读书人谁要学它，就是“下乔木而迁于幽谷”——自甘堕落。这种“华夏正音”的封建思想一直强烈地刺激着张德彝的心灵，使他一直对自己同文馆英文学生的出身耿耿难安，并对自己的职业抱有强烈的自卑感。

在《宝藏集序》中，他谆谆教导自己的儿孙："国家以读书能文（按指八股制艺）为正途……余不学无术。未入正途，愧与正途为伍；而正途亦间藐与为伍。人之子孙，或聪明，或愚鲁，必以读书（按指读传统的圣贤经书）为要务。"潘士魁为他作的墓志铭还写道："君虽习海外文字，或有咨询，每笑而不答，意非所专好也。"这不仅是张德彝一个人的悲剧，而且是整个洋务运动的悲剧。这是封建思想对西方科技文化的排拒。

在反对西方科技文化上，封建制度和封建思想有时各自为战，有时联合出击，在围攻同文馆时，它们就配合得极为紧密顺手。1861年洋务派为了培养翻译人才，奏请在北京成立一所新式外语学堂——同文馆。此议一出，立即遭到了守旧势力的反对。他们先是以"华夷之防"为武器，反对学习"鴃舌之音"；后是以手中的权力为铁腕，阻挠生徒入馆学习。后来同文馆经过九曲十八折虽然创办起来了，但在封建制度和封建思想的摧残下，它已经扭曲变形了。馆内历任的管理大臣和提调多是腐败的封建官僚，他们贪污公款，勒索学生，而置校务于不问；学生在馆3年，大考后保授八、九品官衔，如果真要做官，还得学习八股时文之类的封建糟粕；馆内还有一部包含三千条礼仪的书，要求学生人人必读，对学生进行封建道德习惯教育；"学生等在馆亦多任意酣嬉，年少气浮，从不潜心学习。间有聪颖异人者，亦只剽窃皮毛，资为谈剧。及至三年大考，则又于洋教习处先行馈赠，故作殷勤，交通名条，希图优等"。结果，同文馆从1862年开办到1902年并入京师大学堂40年中，并没有造就出像容闳、严复、马建忠那样真正"通晓西学"的人才，只不过为总理衙门培养了一批外语译员。其中虽有28人先后做到了驻外公使，但除了汪凤藻、庆常等极少数例外，这些人的成就极为有限，在外交上也谈不到有什么建树。这是封建制度和封建思想联合对西方科技文化的排拒。

由此可见，在异域异级文化交流中搞单层面嫁接，就是洋务运动失败原因这个历史之谜在文化领域内的谜底。对此，可能有人要问，如此说来是不是中国要吸收西方文化就只能全盘西化呢？当然不是。首先，在文化发展的漫长历史上，完全他化是从来没有先例的。因为，任何一个民族都不能在砸碎自己文化的废墟上安上其他区域的崭新文化体系。其次，这里所说的全面调整，指对民族文化系统本身的全面调整，即一种文化吸收了异质文化的先进因子，引起了自身内部某一层次的变动，那么，就要对其他层次进行相应的调整，以保持系统内部各个层次间的一致性，而不是全盘西化。

第三节　早期改良思潮

19世纪70—80年代，中国民族资本主义萌芽破土了。随着民族资本主义的产生和发展，中国社会掀起了一股带有反帝反封建性质的维新思潮。这股思潮，从本质上说，是资产阶级的改良思潮。与后来的维新变法思潮相对而言，我们将其称为早期改良思潮。

一、早期改良思潮的产生条件及代表人物

马克思主义认为：物质决定精神，社会存在决定社会意识。早期改良思潮是萌芽破土和初步发展的民族资本主义的反映，而民族资本主义的发展状况又决定着它的发展水平。

早在鸦片战争以前，中国封建社会内部的商品经济就有了相当程度的发展。鸦片战争以后，外国在通商口岸设立了一批近代企业，将资本主义生产方式带进了中国，这促进了中国资本主义工业的产生。洋务派创办的近代企业，一方面在客观上推动了民族资本主义的产生，另一方面又阻碍着民族资本主义的发展。

19世纪60—70年代，一部分官僚、地主、商人、买办开始投资于新式

企业；一些原来的旧式手工工场或大作坊开始采用机器生产。这些就是中国最早的民族资本主义工业。至1894年，除创办后夭折和失败的以外，还存有76家民族资本主义企业。这些企业的主要情况如下。

1866年广东香山人方举赞、孙英德在上海虹口创办发昌机器厂，实际上是为外商加工、打制船用零件的手工场。1869年开始使用车床，很快由一个手工锻铁作坊发展为近代企业。这是最早出现的民族资本主义企业，也是民族机器工业中规模最大的一家。19世纪80年代，在上海、广州、汉口出现几家民族资本的船舶修造厂，除上海均昌船厂能制造小型汽船外，其他只能从事船舶装配和修理。

1872年华侨商人陈启源在广东南海县创设继昌隆缫丝厂。以蒸汽机为动力，用机器煮茧，雇佣工人700余人。产丝精美，行销海外。两年后，广州附近创设4个缫丝厂，10年后，增至11家。

1878年，轮船招商局会办朱其昂在天津创办贻来牟机器磨坊，雇佣10余人，机器磨面，面色纯白，每年获利六七千两。80年代后，在上海、福州、北京也相继出现了机器磨面业。

80年代起，在上海、厦门、慈溪、天津、广州、太原、福州先后创办了一些火柴厂。其中1890年创办的上海燮昌火柴公司规模最大，资本5万两，雇工800人，原材料从国外输入，日产火柴50箱。

1890年在广州建立的机器造纸厂，资本15万两，工人100名，每周产纸40吨。1891年，李鸿章集商股在上海设立伦章造纸厂，资本11万两，工人约100名，月产纸60吨。1882年，徐润和徐鸿复在上海创办的同文书局是最早的民族资本主义印刷业，有工人500名，石印机12架，印书精美，专事翻印古籍善本书。1887年，李盛铎在上海创设蜚英馆石印局，有工人几百名，英国印书机十多架，专印供科场士子携带方便的图书。此外，在武昌、苏州、宁波、杭州、广东等地也相继出现石印书局。

1882年，在上海已开设几家机器轧花厂。其中棉利公司有资本1.5万两，轧花机40台。源记公司有资本20万两，轧花机120台。1887年，在宁波设立的通久源机器轧花厂，有资本5万两，新式轧花机40台，工人三四百人。机器棉纺织业的出现较晚。

采矿业主要有江苏徐州利国驿煤铁矿，安徽池州和贵池煤矿，湖北荆门煤矿等。金属采矿业开办较晚，大多是在土法开采基础上兴办的，仅个别工序使用机器，一般规模都很小。

从19世纪60、70年代至1894年，为中国民族资本主义工业产生时期，在这一时期创办的民族资本主义工业具有如下特点。

第一，中国民族资本主义工业的产生过程与西方资本主义国家不同。中国民族资本主义工业的产生，主要不是如西方资本主义国家那样，经过简单协作、工场手工业和机器大生产的阶段，而是在外国资本的入侵后，除了极少数工场手工业发展到机器生产外，大部分工场手工业遭到破坏和自然经济加速解体的情况下，由积累了相当资金的官僚、地主、商人、买办从外国输入机器和技术来创办民族资本主义工业。

第二，中国民族资本主义工业大多投资少、规模小、设备陈旧、技术落后。1894年以前，平均每个民族资本主义企业的资本不到9万元，而同时期官办和官商合办的洋务企业，平均每个资本为85万元，为民族资本企业资本的9倍多。如果将中国民族资本主义企业资本与外资在华企业资本相比，差额就更大了。中国民族资本的力量是非常薄弱的。设备陈旧、技术落后是民族资本主义企业的普遍现象，而在采矿业中尤为突出。

第三，中国民族资本主义企业分布很集中，主要设立在沿海、沿江通商口岸，尤其以上海为最多，广州、武汉、天津次之。这些城市交通方便，便于购买原料和销售产品，具有发展工业的有利条件。同时，这与中国民族资本主义依赖外国设备和技术有关，有的民族资本主义企业就是为原料出口加工而设立的。有的资本家甚至故意将工厂办在通商口岸的租界中，以求得外国人的所谓“保护”，避免中国封建势力的侵害。

第四，中国民族资本主义企业与外国资本势力、本国封建势力之间存在既依赖又矛盾的关系。民族资本主义企业在资金、设备、技术、原料和产品销售等方面，不同程度地依赖于外国资本势力。在企业开办、避免关税、厘金和专利权等方面，民族资本主义企业与本国封建势力或多或少地保持一定联系。但是，外国资本势力利用在华特权及其在政治经济上的优越地位，给民族资本主义企业施加种种压力，使民族资本主义企业的发展受到阻碍，生存受到威胁。本国封建势力本来就是民族资本主义企业的死对头，经常用苛捐重税等来盘剥、压制民族资本。所以，民族资本主义与外国资本势力和本国封建势力又有互相矛盾的一面。

这些民族资本主义企业的特点，是中国半殖民地半封建社会性质的一种反映。

民族资本主义企业的产生，在当时中国条件下，代表着中国社会发展的新方向。它的产生不能不对中国社会产生巨大而深刻的影响。随着中国民族资本主义企业的产生，中国出现了民族资产阶级。它主要由商人、地主、官僚、买办转化而来，是个带有两面性的阶级。一方面，它遭受外国资本主义的压迫、本国封建势力的束缚，同外国资本主义和本国封建势力有矛盾，因此具有反帝反封建的革命性。另一方面，由于它在经济上和政治上的软弱性，同外国资本主义和本国封建势力又有千丝万缕的联系，因此对帝国主义和封建势力具有妥协性。中国民族资产阶级的两面性，也是中国半殖民地半封建社会的特点之一。

随着民族资本主义的产生和发展，反映其政治、经济利益要求的早期资产阶级改良思潮也产生和发展起来了。由于民族资本主义和民族资产阶级的上述特点，所以早期资产阶级思潮只能采取温和改良的立场，而不敢呼唤资产阶级民主革命的疾风暴雨。

早期改良思潮的主要代表人物和著作，大略如下：

王韬：《弢园文录外编》9卷。

容闳：《西学东渐记》。

何启、胡礼垣：《新政真诠》7编。

汤震：《危言》4卷。

陈虬：《治平通议》8卷。

宋衡：《卑议》。

宋育仁：《时务论》。

陈炽：《庸书》。

康有为：《上清帝第一书》及《新学伪经考》。

郭嵩焘：《养知书屋遗集》。

薛福成：《筹洋刍议》1卷。

马建忠：《适可斋记言》4卷。

郑观应：《盛世危言》16卷。

这些人物，既不是民族资本家，也不是民族资本家家庭出身的子弟，而是代表新兴资产阶级利益的知识分子。他们大致可分为三个类型：第一类，到过外国，或者生活在英国人统治下的香港，直接受到资本主义文明的熏陶后，开始形成早期改良思想，如容闳、王韬、何启、胡礼垣。他们与外国人联系较多。第二类，一向接受封建教育，在发表早期改良思想之前没有到过外国，借助书本或别的方式间接地了解资本主义文明，他们是背离传统儒家思想的士大夫，如汤震、陈虬、宋衡、宋育仁、陈炽、康有为。第三类，本是洋务派头子特别是李鸿章培养出的洋务官僚，在实践中对洋务运动不满，因而分化出来，超出了洋务思想的范围，但他们与洋务派的联系仍很紧密，如郭嵩焘、薛福成、马建忠、郑观应。第一类人的主要活动地点在香港；第二类人的主要活动地点在北京；第三类人的主要活动地点在上海和天津。在这些人的著书立说和奔走呼号下，19世纪70—80年代，中国大地上掀起了一股早期改良思潮。

二、早期改良思潮的主要内容

19世纪七八十年代的早期改良思潮，是一个不断发展着的动态过程。从纵向发展上看，它大致可分为三个阶段：一是中法战争以前（约1875—1885年），它主要集中于经济上的“民主”——反对资本主义列强的条约特权及封建政权的官办政策，可以薛福成和马建忠为代表。二是中法战争以后（1885—1890年），它又进而提出了政治上带有“民主”倾向的要求——要求清政府设立一个咨询性质或顾问性质的议会机构，可以康有为、汤震、陈虬为代表。三是甲午战争以前（1890—1895年），它比较详细和系统地提出了反对君主专制的君主立宪主张，要求设立一个不仅仅是谘询性质，而且是权力机构的、可以否决皇帝意志的议会制度，可以何启、胡礼垣、陈炽、郑观应为代表。具体说来，早期改良思潮主要有以下几项内容。

第一，批判守旧思想和洋务思想。

在早期改良思潮产生和发展时，封建顽固守旧思想在中国大地上还有很大市场。因此，它首先对其展开了严厉的批判。他们指出：“闭关自守”时代已经一去不复返，必须发愤图强，进行改革，才能适应新的世界潮流。王韬痛斥顽固派“至此时而犹作深闭固拒之计，是直妄人也已，误天下苍生者必若辈也”[①]。郑观应谴责顽固派是一群自甘愚昧、祸国殃民的伪君子，“一事不为，而无恶不作”，“泥古不化……甘守固陋以受制于人”[②]。他们还揭露顽固派一方面拒绝接受一切新事物，反对西方的科学技术和机器生产，另一方面却欢迎外国消费品，以满足他们的奢侈生活。陈炽说：“今之论者，动以奇技淫巧诋泰西，而朝野上下之间，所用者触目皆是西人之物，不禁不革，仰给于人，力尽财殚，坐以待毙。”[③]他们对顽固守旧思想的批判，有利于西学在中国的传播。

此外，早期改良思潮还对洋务思想进行了批判。本来，早期改良派大都是洋务运动的支持者和拥护者，有的还直接参加了洋务活动。在七八十年代，他们对洋务运动曾提出过一些批评，但大都属于条陈或建议的性质，其目的是希望洋务运动开展得更好一些。那时，他们的思想同洋务派思想还没有显著的区别。如郑观应不仅为洋务派经营轮船招商局、电报局

① 王韬：《弢园文录外编·睦邻》第1卷，中华书局1959年版。

② 郑观应：《盛世危言·学校》第1卷，图书集成局1896年刊本。

③ 陈炽：《庸书·外编·赛会》第6卷，1887年刊本。

和上海机器织布局，而且是官督商办制度的鼓吹者。到80年代末和90年代初，随着社会经济的发展和客观形势的变化，早期改良派逐渐从洋务派中分化出来，开始批判洋务活动。他们指出：洋务派建立的海军“有南、北、闽、广之殊”，编练的陆军“有湘、淮、旗、绿之别”，这样的海陆军不但不能抵抗外国侵略，反而“见哂于外人”。他们对企业官督商办的态度由支持变为反对，纷纷揭露这种企业的腐朽性质，认为它不可能求得真正的富强。他们主张商办企业，认为这是发展民族工业的唯一道路。他们呼吁：“官办不如商办”，“商之必可以办，官之必不可以督”。他们对洋务派的批判，为民族资本主义经济的发展创造了良好的舆论环境。

第二，要求维护国家的独立和主权。

两次鸦片战争以后，外国侵略者逼迫清政府签订了一系列不平等条约。条约中的各种不平等条款，严重地破坏了中国的独立和主权，阻碍了民族资本主义经济的发展。为此，早期改良派对此提出了强烈的抗议。马建忠指出：“窃谓今日之中国，其见欺于外人也甚矣！道光季年以来，彼与我所立约款税则，则以向欺东方诸国者转而欺我。于是其公使傲睨于京师，以陵我政府；其领事强梁于口岸，以抗我官长；其大小商贾盘踞于租界，以剥我工商；其诸色教士散布于腹地，以惑我子民。”①同时，他们还对外国攫取的片面最惠国待遇、领事裁判权、协定关税等特权，进行了无情的揭露和谴责。如郑观应在《盛世危言》一书中指出：“一国有利，各国均沾之语，何例也？”②这是反对片面最惠国待遇。“税饷则例，本由各国自定；客虽强悍，不得侵主权而擅断。”③这是反对关税协定。“轮船飞驰于港汊，马车冲突于通衢，无事则带持军械，用人而克扣工资，空盘例账，袒庇教民，包揽关捐，掠贩人口，凡此种种妄为，亦西律所必禁，公法所不容。只以中国刑法不同，彼类反能趋避，遇有杀伤交涉

① 《戊戌变法》（资料丛刊）第1册，第167—168页，神州国光社1953年版。

② 《戊戌变法》（资料丛刊）第1册，第67页，神州国光社1953年版。

③ 《戊戌变法》（资料丛刊）第1册，第68页，神州国光社1953年版。

之事，华官以华法治华民，抵命之外，更断尝银，西官以西法治西人，罚钱之数且从轻减，如华官稍持公论，执公法条约以争，西官即回护故纵，并薄罚而不加，此尤事之大不平者也。”①这是反对领事裁判权。“京都特设总税务司，凡各口海关则设正副税务司，帮同监督，经理榷政。税务司下又有帮办，自头等以至四等，每等皆分正副，此外更有扦手，皆以西人承充，惟通事及办理汉文之书启，征收税项之书吏，始用华人。夫中外通商数十余载，华人亦多精通税则，熟悉约章，与其假手他人，袒护彼族，何若易用华人之为愈乎？”②这是反对殖民地半殖民地的海关行政制度。“咸丰八年十一月，中西重订条约，始定（洋人之）洋货土货一次纳税，可免各口征收者，每百两征银二两五钱，给半税单为凭，无论运往何地，他子口不得再征……斯乃体恤洋商，恩施格外，较之华人，其获厚利矣。于是洋商获利，华商裹足不前，追令纳费，洋人论厘捐之轻重，纳报费之多少，托其出名，认为己货，如洋人亏空，凡代华商报关之货，不能控追……且同一土货，从香港来，则准其报半税无厘捐，若由粤省来，则不准报子口税，必报厘捐。同一洋货，在洋人手则无厘捐，在华人手则纳厘捐，无异于为渊驱鱼，为丛驱雀……失保护己民之利权，于国体亦大有失碍也。”③这是反对子口税。他们一致要求通过修改条约来取消这些外国在华特权。此外，他们还看到了列强一再鼓吹的所谓国际公法的虚伪性和以强凌弱的反动性，用事实证明，如果国家太弱，虽有公法也不能免受欺侮，列强所作所为皆不合情理，公法究竟在哪里！

第三，要求发展民族资本主义。

中国是一个以农立国的国家，历来抑制工商业。洋务运动时期，洋务派所创办的官办和官督商办企业，也阻碍了民族资本主义的发展。因此，早期改良思潮发出了要求发展民族资本主义的呼声。他们认为，西方

---

① 《戊戌变法》（资料丛刊）第1册，第70页，神州国光社1953年版。

② 《戊戌变法》（资料丛刊）第1册，第79页，神州国光社1953年版。

③ 《戊戌变法》（资料丛刊）第1册，第77页，神州国光社1953年版。

国家都是借商以强国，借兵以卫商。只有发展了工商业，国家才会富强。王韬首先指出："若开掘煤铁五金诸矿，皆许民间自立公司，视其所出繁旺与否，计分征抽，而不使官吏得掣其肘。又如制造机器，兴筑铁路，建置大小轮船，其利皆公于民。要令富民出其资，贫民殚其力，利益溥沾，贤愚同奋……夫能与民同其利者，民必与上同其害；与民共其乐者，民必与上共其忧。"[①]比王韬较晚的何启、胡礼垣，对此阐述得更为透彻。他们主张经济方面的变法有三："一曰开铁路以振百为，二曰广轮舶以兴商务，三曰作庶务以阜民财。"这三方面，他们都主张竭力发展私人资本。关于铁路，他们攻击清政府不仅不加注意，"甚至民间有所倡设，官府亦多阻挠，务使其不能成而后已"。他们说："亦知泰西各国，凡民间有倡设铁路者，国家必多方资助，以底厥成乎？外国国家之用心如彼，宜其国势日进于富强；中国国家之用心乃竟如此，宜其国势日趋于衰弱也！……新政既行，宜令国中省、府、州、县俱设铁路，使民间纠合公司股份而为之。"关于轮船，他们说："夫轮舶之利，商贾家无不知之，而独不闻有纠合公司，倡设轮舶，周环天下以展鸿图者，其故何居？曰：此由朝廷无以振作之、兴感之之故也。不惟无以振作兴感，而又从而阻止之、遏抑之之故也。"这是攻击封建政权在官办企业之外不许民族企业的存在。关于工业（农业的资本主义经营也是一样），他们说："自今新政既行，凡民间有独出资本，或纠合公司以大开耕植树艺，或采取石炭金银，或兴贩畜牧鱼盐，或创设机器局厂，或鼓铸金银铜铁，如此等类，国家视其可行，则给以官地，略收薄值，畀其永业……其有独出心裁，制成一物，利便于人，为人赏鉴者，国家则给以功牌，畀以专权，独制独卖，使世其业，他人不得假冒。如此则庶物繁昌，民财必阜，而国库亦因之而裕矣。"[②]更为重要的是，早期改良派并不仅仅把发展民族资本主义看作是经济事宜，

① 王韬：《弢园文录外编》第1卷，中华书局1959年版。

② 何启、胡礼垣：《新政真诠》，《戊戌变法》（资料丛刊）第1册，第201—206页，神州国光社1953年版。

而是把它和抵御外侮、富国强兵紧紧地联系在一起。

第四，要求实行君主立宪政体。

早期改良派介绍西方资本主义的政治、法律，通过中外比较，初步认识到封建君主专制制度阻碍了国家的富强，要求实行君主立宪政体。在早期改良派中最早触及政体问题的是王韬。在《弢园文录外编》中，他相当明确地指出，中国的根本问题，并不是“坚船利炮”，而在于政治。政治的根本问题，也不在枝枝节节的官制改革，而应从根本上改变君主专制政体。在反思的基础上，王韬指出：“泰西之立国有三：一曰君主之国，一曰民主之国，一曰君民共主之国。如俄，如奥，如普，如土等，则为君主之国……如法，如瑞，如美等，则为民主之国……如英，如意，如西，如葡，如嗹等，则为君民共主之国……一人主治于上，而百执事万姓奔走于下，令出而必行，言出而莫违，此君主也。国家有事，下之议院，众以为可行则行，不可则止。统领（大总统——引者）但总其大成而已，此民主也。朝廷有兵刑礼乐赏罚诸大政，必集众于上下议院。君可而民否，不能行，民可而君否，亦不能行也，必君民意见相同，而后可颁之于远近，此君民共主也。”①那么，哪种政体最好呢？他认为：“论者谓：君为主，则必尧、舜之君在上，而后可久安长治；民为主，则法制多纷更，心志难专一。究其极，不无流弊。惟君民共治，上下相通，民隐得以上达，君惠亦得以下逮，都俞吁咈，犹有中国三代以上之遗意焉……泰西诸国，以英为巨擘，而英国政治之美，实为泰西诸国所闻风向慕，同以君民上下互相联络之效也。”②稍后，早期改良派对议院作了进一步的阐述。如陈炽指出：“今各国有君主者，俄罗斯、土耳其是已；有民主者，美利坚、法兰西、瑞士诸国是已；有君民共主者，英吉利、德意志、意大利诸国及东洋之日本是已。所谓君主者，有上议院无下议院，军国大事概掌于官，而民不得预闻焉者也。所谓民主者，有下议院而无上议院，

① 王韬：《弢园文录外编》第1卷，第22—23页，中华书局1959年版。

② 王韬：《弢园文录外编》第1卷，第23—24页，中华书局1959年版。

朝章国政及岁需之款，概决于民，而君亦几同守府者也。惟君民共主之国，有上议院，国家爵命之官也；有下议院，绅民公举之员也。院之或开或散，有定期。事之或行或止，有定论。人之或贤或否，有定评。国用有例支，有公积。例支以给岁费，公积以备不虞，必君民上下询谋佥同，始能动用……此所以……一心一德，合众志以成城也……英人刱之于前，德国踵之于后，所以威行海表，未艾方兴者，非幸也，数也。圣人复起，无以易之也。”[①]可见，他们所要求的议院，已不是咨询机构了，而是权力机关了。对于实行议院的好处，郑观应曾概括地指出：“议院兴而民志和、民气强耳”，“昏暴之君无所施其虐，跋扈之臣无所擅其权，大小官司无所卸其责，草野小民无所积其怨”[②]。他们要求实行政治改革，是想使自己所代表的民族资产阶级能够参与政权。

此外，他们还要求废除八股取士制度，兴办学校，进行文化教育方面的改革。

三、早期改良思潮的意义和局限

19世纪70—80年代，民族资产阶级刚刚产生，力量还不够强大，因此，反映它利益和要求的早期改良思潮既有着积极的历史作用，也有着不小的历史局限。

从历史作用方面看，早期改良思潮批判封建守旧思想和洋务思想，宣传西方资产阶级的政治思想和经济观念，给中国封闭的思想密室注入了新鲜空气，具有启蒙性。它主张抵御外国资本主义侵略，维护国家主权和民族独立，具有爱国性。它主张进行政治和经济改革，要求发展资本主义工商业，向往西方资产阶级君主立宪制度，具有进步性。早期改良思潮的重要功绩，在于它为后来的戊戌变法运动作了思想准备。仔细检查康有为、梁启超、严复、谭嗣同等人的变法思想和主张，其不少内容都来源于早期改良思潮。

① 《戊戌变法》（资料丛刊）第1册，第246页，神州国光社1953年版。

② 《戊戌变法》（资料丛刊）第1册，第56页，神州国光社1953年版。

从历史局限方面看，它反对外国资本主义的野蛮侵略，但对侵略者的本质缺乏认识，幻想通过谈判方式来取消列强在中国的特权，这不啻是与虎谋皮。它对清政府的封建统治不满，却不敢直接攻击封建君主专制的理论基础，反而主张维护传统的封建宗法道德和伦理观念，这便大大地削弱了它政治改革要求的锋芒和力度。它要求发展资本主义，却不敢触及阻碍资本主义发展的封建土地所有制，更没有提出发展资本主义的切实方案，因而，所谓发展“商务”，实行“商战”，都不过是坐而论道罢了。

无论如何，早期改良思潮是中国近代社会思潮的历史的、逻辑的一环，在整体中仍发挥了它部分的功能和作用。

第四节　维新变法思潮

1894年至1895年的中日甲午战争，使中国社会的半殖民地化程度进一步加深了。面对瓜分豆剖、亡国灭种的民族危机，以康有为为代表的资产阶级维新派，步履匆匆地走上了政治舞台，奔走呼号，推波助澜，掀起了一场规模宏大的维新变法思潮。维新变法思潮是对洋务思潮的否定与扬弃，是对早期改良思潮的继承与发展，是对民族危机的回应与反响。它以崭新的面貌出现在中国近代社会思潮的流程中，是中国近代社会思潮流程中的又一排涌浪。

一、维新派的诞生与特质

维新思潮与经世思潮和洋务思潮有着本质的不同。为此，我们在讨论维新思潮之前，必须首先对维新思潮的“原生点”——维新派作一番历史考察。只有弄清维新派与地道的地主阶级知识分子的差异、不同及特质，我们才能获得全面深刻地认识维新思潮的门径和通道。

中国封建社会的一个突出特点，就是政治结构与意识形态结构一体化，家庭结构与国家结构一体化，而这种双重一体化的实现，又是通过“士”来有机耦合的。也可能正因为如此，在传统的“士、农、工、商”四个阶层的排列顺序上，“士”阶层独占鳌头。

中国封建社会的“士”，即地主阶级知识分子，是与整个封建政治制度相始相终的。最初，士是从贵族和地主阶级中逐步游离出来的，后来，它慢慢地形成了一个阶层。由于他们主要来自地主阶级，优越的经济地位提供了有限的条件，使他们可以从小饱读诗书，熟悉儒家经典，游览名山大川，千里迢迢求教于名师，或在深山书院苦读。他们获取必要的知识后，其中一部分就通过科举或其他途径被选拔为国家的官员，另一部分人则驻足于祖籍，成为地方的“精英”。具体说来，中国封建社会的士阶层具有以下几个突出特点：

第一，他们对自己的文化传统感到满足。在他们看来，这种文化传统是天地间知识的唯一源泉，能提供指导人类心灵和社会活动的智慧和准则。因此，他们对自己的文化传统十分自豪，对从过去延续下来的思想源流有一种特别强烈的意识。如果士大夫有时也为自己与秉政当局之间的关系感到烦恼的话，那么他们之间的文化一体感是从来不动摇的。

第二，他们与封建国家存在着一种互相依赖的关系。国家需要他们将政治结构与意识形态结构、家庭结构与国家结构有机地耦合在一起，而他们的思想信仰和实际利益又使他们紧紧地依附于国家。因而，一般说来，他们往往不是政府的批评者，而是政府的支持者。

第三，他们从事政治活动仅限于政府官僚机构和地方社会中。当然，他们有时也被卷入其他政治组织活动中，如宋、明两代的书院就是这种活动的中心，又如结成自愿结合的团体，特别是组成类似东林和复社的团体。但是，另辟政治上的活动天地，抨击或背叛政府，从来就不是他们心甘情愿的事情。

第四，他们一般活动在家乡故土，在地方社会中履行重要的职责。对他们来说，背井离乡，云游四方，并不是一件愉快的事情。

因为封建士大夫具有这些特点，所以他们无论在治世还是在乱世，也无论是在顺境还是在逆境，都能对封建政治起到修复或强化的作用。有关这方面的例子多如牛毛，这里反举几端，以作说明。

诸葛亮是在乱世发挥作用的典型。他自幼饱读兵书，研究带兵治国之术，后隐居邓县隆中，留心世事，被称为“卧龙”。东汉灭亡，天下大乱，刘备三顾茅庐，向他请教。他向刘备提出占据荆益两州，谋取西南各族统治者的支持，联合孙权，对抗曹操，统一全国的建议，即所谓“隆中对”，从此成为刘备的主要谋士。后刘备根据其策略，联孙攻曹，取得赤壁之战的胜利，并占领荆益，建立了蜀汉政权。曹丕代汉，他说服刘备称帝，自任丞相，成为蜀汉皇基国祚的重要柱石。

魏征是在治世发挥作用的典型。他虽少时孤贫落拓，出家为道士，但熟读经史，兼及百家，富有雄才大略。唐朝建立之后，天下太平，他入廷为太子洗马。太宗即位，擢为谏议大夫。贞观三年，任秘书监，参与朝政，校定秘府书籍。他勇于进谏，前后陈谏二百余事，曾提出“兼听则明，偏信则暗”，多次劝太宗以隋亡为鉴，认为君好比舟，民好比水，“水能载舟，亦能覆舟”，必须“居安思危，戒奢以俭”，“任贤受谏”，“薄赋敛，轻租税”，“无为而理”，成为辅佐天子的贤臣良相。

屈原是在逆境中对国对君忠贞不渝的典型。他是战国楚人。初辅佐怀王，做过左徒、三闾大夫。主张彰明法度，举贤授能，东联各国，西抗强秦。对国对君一片忠心。后在同反动贵族子兰、靳尚等人斗争中，遭谗去职。顷襄王即位，更信谗言，将其流放到沅湘地区。虽遭谗受逐，但仍对国对君忠贞不二，所作《离骚》《九章》等篇，反复陈述他的政治主张，表现了他对楚国国事的深切忧念。后因楚国政治更加腐败，首都郢亦被秦兵攻破，他既无力挽回楚国的危亡，又深感政治理想无法实现，遂投汨罗江，殉身君国。

至于在顺境中报效君国的典型更不胜枚举，这里姑不赘述。

就是因为封建士大夫这种修复或强化、尽忠或尽节的作用，所以在漫长的历史进程中，封建王朝虽然几经改朝换代，但封建政治却连绵不断。因此，我们认为，封建士大夫与封建政治也存在着一种一体化的关系，即封建政治陶冶铸造了封建士大夫，封建士大夫又修复强化了封建政治。从某种意义上说，这也是中国封建社会长期延续的一个原因。

一般说来，封建士大夫与封建政治的耦合，是封建社会的一般分化力所无法摧毁的。但是，甲午战争以后，在西方文化的强大浪潮冲击下，中国社会出现了两股空前的分化力，它们不仅摧毁了封建士大夫与封建政治的耦合，而且使封建士大夫阶层发生了质的裂变。

其第一股力是空前的民族危机。梁启超那支常带感情的笔曾把它刻画得淋漓尽致。他指出："敌无日不可以来，国无日不可以亡。数年以后，乡井不知谁氏之藩，眷属不知谁氏之奴，血肉不知谁氏之俎，魂魄不知谁氏之鬼。及今犹不思洗常革故，同心竭虑，摩荡热力，震撼精神，致心皈命，破釜沉舟，以自保于万一。而犹禽视息息，行足走肉，毛举细故，瞻前顾后，相妒相轧，相距相离。譬犹蒸水将沸于釜，而鯈鱼犹作莲叶之戏；燎薪已及于栋，而燕雀犹争稻粱之谋，不亦哀乎！"①

其第二股力是清朝统治阶级的空前腐败。对此，梁启超也曾揭露得入木三分。他指出："越惟无耻，故安于城下之辱，陵寝之蹂躏，宗祐之震恐，边民之涂炭，而不思一雪。乃反托虎穴以自庇，求为小朝廷以乞旦夕之命。越惟无耻，故坐视君父之难，忘越镝之义，昧嫠纬之恤，朝睹烽燧，则苍黄瑟缩，夕闻和议，则歌舞太平。官惟无耻，故不学军旅而敢于掌兵，不谙会计而敢于理财，不习法律而敢于司李，瞽聋跛疾，老而不死。年逾耋颐，犹恋栈豆。接见西官，栗栗变色，听言若闻雷，睹颜若

① 梁启超：《南学会叙》，《饮冰室合集·文集之二》，中华书局1936年版。

谈虎……士惟无耻，故一书不读，一物不知，出穿窬之技，以作搭题，甘囚虏之容，以受收检。褒八股八韵，谓极宇宙之文；守高头讲章，谓穷人之奥。商惟无耻，故不讲制造，不务转运，攘窃于室内，授利于渔人。其甚者习言语为奉承西商之地，入学堂为操练买办之才，充犬马之役，则耀于乡闾；假狐虎之威，乃轹其同族。兵惟无耻，故老弱羸病，苟且充额。力不能匹雏，耳未闻谭战事，以养兵十年之蓄，饮酒看花，距前敌百里而遥，望风弃甲……”①

在这两股力的强烈作用下，封建士大夫不仅产生了文化危机感，而且产生了政治恐惧感，深深感到，再保持原来的特点，按照旧有的方式走下去，已是死路一条了。因而，他们为了谋求自身的生存和发展，自觉不自觉地开始了由封建士大夫向新型知识分子转变。这种转变固然悄然无声，但其轨迹却清晰可考。下面，具体分析一下几个人的转变过程。

曾朴，自幼接受儒家文化，少年科第，颇得翁同和赏识，踏上仕途。《马关条约》的奇耻大辱，使他“觉悟到中国文化需要一次除旧布新的大改革，更看透了故步自封的不足以救国，而研究西洋文化为匡时救国的要图”。他在上海与谭嗣同等人结为至交，共商维新大计。以后他先后投资实业，创办学校，后又从事卢梭、雨果等人作品的翻译工作。1904年，在上海创办小说林社，所作《孽海花》，震动文坛，从一个封建士大夫转变成了一个近代著名作家。

谭嗣同，“少年曾为考据笺注金石刻镂诗古辞之学”，用心虔诚，尽力不遑。甲午战争的隆隆炮声把他从封建故纸堆中惊醒，他悉去旧学，发愤提倡新学，并“不恤首发大难”，谋划改革，试图使中国“尽变西法”。他所撰《仁学》巨著，以仁——通——平等为核心，痛斥封建专制制度，热情歌颂西方文明。戊戌政变后，他勇而不逃，并泼洒鲜血以惊醒后人，从一个“通洋务”的“世家子弟中桀骜者”转变成了一位资产阶级斗士。

① 梁启超：《饮冰室合集·文集之二》，中华书局1936年版。

唐才常，甲午战争前两年，他在四川学政瞿鸿机家里教读兼任阅卷工作，全部生活只是“课读之暇，看书静坐而已”。《马关条约》的签订，犹如一个晴天霹雳，使他感到创巨痛深，他以愤激而沉痛的笔触写道：“中倭和议已成，可耻万分”。他自陈，战后的严重民族危机，对他“不啻当头一棒，使人猛省”，仿佛一潭水中蓦然投入一块巨石，激起了巨大的波澜，使他再也安不下心来，继续过那种平静的书斋生活了，从而开始走向社会，投身到维新变法运动中去，从一个摇首子曰诗云的塾师转变成了一位维新志士。

这种转变在许多人身上发生，虽然转变的方式不尽相同，但殊途同归，百川入海。因而，甲午之战以后，在西方文化的强烈冲击下，中国封建社会的母体中出现了一批异己的“新的社会类型的人”。他们虽是从封建士大夫脱胎而来，但与封建士大夫相比又都有着本质的不同。具体说来，他们具有以下几个突出特点：

第一，他们对自己的传统文化产生了疏远感，而对西方文化津津乐道，如醉如痴，只要能维新，能救国，不管西方的什么文化他们都学习。

第二，他们与政府的关系是一种紧张的、而不是同命运的关系。他们对政府要求的多，支持的少，批评的多，赞扬的少，其基本态度是与政府离心离德和抱有批判的意识。

第三，他们一般不以政府官僚机构和地方社会组织为活动舞台，而是聚集在自己创办的学会、学堂和报馆等民间组织里，团体意识较强。

第四，他们一般与家乡和祖籍断绝了联系，自由活动，趋向城市，并把较大的都市作为政治活动的理想场所。

由此可见，维新派是一种“新的社会类型的人”。“新的社会类型的人”和维新思想之间是一种双向作用的关系。“新的社会类型的人”的文化特质决定着维新思潮的深度、广度和力度，而维新思潮的内容和性质又倒映着他们的价值观念、行为准则、生活理想和心理态度。

二、维新变法思潮发端的历史契机

维新变法思潮兴起的原因固然是多重多种、错综复杂的。但从某种意义上来说，它却直接或间接地导源于日本的明治维新、中国的洋务运动和中日甲午战争的两种不同结局。

原来，在向西方学习这件事情上，日本的起步并不比中国早。对此，钟叔河先生曾把中、日两国与西方关系史上的大事列成一张对比表[①]，此表颇能说明问题，现摘录如下：

事件	中国	日本
欧人初来通商	葡萄牙（佛郎机）人始至澳门（1535年）	葡萄牙（南蛮）人始至种子岛（1543年）
传教士开始东来	耶稣会士、意大利人利玛窦（Mateo Ricci）东来中国（1581年）	耶稣会士、西班牙人方济各（Francisco）东来日本（1549年）
全面锁国和厉行“禁海”	康熙皇帝重新“禁海”，出外留居外国者“解回立斩”（1717年）	德川幕府全面锁国，严禁人员船只出海，违者处死（1635年）
最早译述西学	徐光启等译成《几何原本》（1606年）	杉田玄白等译成《解体新书》（1774年）
最早去西方有记述的人	水手谢清高因海难被“番船”救起，14年中遍历海外，归国后其见闻经人笔录成《海录》一书（1820年）	渔民津太夫漂流到俄国（1793年），11年后由欧洲回国，其见闻被别人记述成《环海异闻》一书（1807年）
最早研究西方的著作	魏源（1794—1857）审讯鸦片战争的英国俘虏，写成《英吉利小记》，并辑入《海国图志》	新井白石（1657—1725）审讯潜入日本的意大利教士，写成《西洋纪闻》《采览异言》
初次来使要求通商被拒绝	英国派使臣马戛尔尼来中国要求通商，不许（1793年）	俄国派使臣拉克斯曼到日本要求通商，不许（1792年）
被迫开放	英国发动鸦片战争，压迫中国订约开放五口通商（1840—1842年）	美国船队以“立即开战”逼迫日本立约开国通商（1853—1854年）

从这张比较表可以看出，中、日两国过去跟西方接触的水平是非常接近的，但后来的发展却截然不同。

① 钟叔河：《走向世界——近代中国知识分子考察西方的历史》第393—394页，中华书局1985年版。

从1868年开始，日本展开了学习西方、除旧布新、富国强兵的明治维新运动。为指导运动顺利进行，明治天皇颁布了“五条誓文”：1. 广兴会议，万机决于公论；2. 上下一心，大展经纶；3. 公卿与武家同心，以至于庶民，须使各遂其志，人心不倦；4. 破旧有之陋习，立基于天地之公道；5. 求知于世界，大振皇基。在此指导下，日本对西方文化进行全方位的学习，对自己的民族文化进行整体性的调整，历时不久，便顺利地从中古文化过渡到了近代文化，不仅把偌大的中国远远地甩在了后面，就连欧美列强也不得不对它刮目相看了。1894年，日本利用学习西方所赢得的成果，对中国发动了侵略战争。结果，“日本以寥寥数舰之舟师，区区数万人之众，一战而剪我最亲之藩属，再战而陪都动摇，三战而夺我最坚之海口，四战而威海之海军熸矣”①。打得个中华帝国落花流水，一败涂地。

与日本开始学习西方的时间大致相同，中国也开始了学习西方的洋务运动。到甲午战争时，洋务运动已历时整整35年。在一些人眼里，洋务派所自诩的“强”“富”大夏已在中国这块古老的大地上赫然矗立：自60—90年代，先后兴办了大约20个制造枪炮、船舰和弹药的工厂，仅福州船政局就造舰船34艘；江南制造局已建成一个综合性的军工中心；1888年，一支远非旧式南洋海军所能比拟的北洋海军建成，李鸿章就此宣称：“就渤海门户而论，已有深固不摇之势”；已建成铁路400公里；1880年创办的电报业，至1885年已有一万数千里的电讯线路；除了各种“官办”“官商合办”“官督商办”的企业外，1872年至1894年共兴办了100多个纯粹“商办”的民族资本主义近代企业；等等。可是，在甲午战争中日本侵略者的兵锋面前，这座“强”“富”大厦却海市蜃楼般地消失了：北洋海军覆没！割让辽东半岛、台湾全岛和澎湖列岛！赔偿日本军费白银2万万两！……中华帝国失败了！

甲午一战，一胜一负，立即将一个崭新而又深奥的课题提到了整个

① 《戊戌变法》（资料丛刊）第2册，第199页，神州国光社1953年版。

中华民族的面前：中日两国过去与西方接触的水平基本相同，开始学习西方的时间也大致相近，为什么一个学习卓有成效，成了胜利者，一个学习“淮橘为枳”，成了失败者？在五光十色的西方文化中究竟哪些东西是立国的根本？中国要富强应该从何处下手？这一课题犹如磁石吸铁般地吸引了整个中华民族的思维，各个阶层都做出了回答。不过，所答见仁见智，不尽相同。

有些人将战争失败的原因归之于清朝统治者的腐败无能。他们无情地鞭笞后党：“万寿无疆，普天同庆；三军败绩，割地求和”；并辛辣地嘲讽帝党，指摘翁同和“风流不让半闲堂”，有如南宋权奸贾似道。也有些人把战争失败的原因归之于日本的狂妄自大。他们认为日本是“蕞尔岛夷”，充满夜郎自大的虚骄之气，进攻中国是不知天高地厚。这些答案固然不乏爱国热情，而且愤慨之情溢于言表，但从反思历史的角度讲，他们都是站在洼地里的矮子，并没有抓住问题的实质。

资产阶级维新派慧眼独具，别树一帜，从中日两国学习西方文化的不同方式和结果上探求战败的原因。康有为对日本成功的原委作了认真的剖析，他指出：“日本之始也，其守旧攘夷与我同，其幕府封建与我异，其国君守府，变法更难。然而成功甚速者，则以变法之始，趋向之方针定，措置之条理得也。考其维新之始，百度甚多，唯要义有三：一曰大誓群臣以定国是，二曰立对策所以征贤才，三曰开制度局而定宪法。其誓文在决万机于公论，采万国之良法，协国民之同心，无分种族，一上下之议论，无论藩庶，令群臣咸誓言上表，革面相从，于是国是定而议论一矣。召天下之徵士贡士，咸上书于对策所，五日一见，称旨者擢用，于是下情通而群才进矣。开制度局于宫中，选公卿诸侯大夫，及草茅才士二十人，充总裁，议定宪法，请先参预之任，商榷新政，草定宪法，于是谋议详而章程密矣。日本之强，效原于此。”[①]梁启超深刻分析了洋务运动失败的原因，认为其关键是：“知有兵事而不知有民权，知有外交而不知有内治，

① 《戊戌变法》（资料丛刊）第2册，第199页，神州国光社1953年版。

知有朝廷而不知有国民，知有洋务而不知有国务……以为吾中国政教风俗，无不优于他国。所不及者唯枪耳、炮耳、机械耳，吾但学此，西洋务之能事毕也。”[①]严复放眼东西，对比中日，于1895年在《直报》上发表的《原强》一文指出：国家救亡运动应以收权练兵为“标”，开民智、兴民德、鼓民力为“本”。不治标“无以救急”，不治本则治标，“不久将自废”，如果本治好了，“标将自立”。

维新派的分析是深刻的，答案是有见地的。因为科技文化作为文化整体中的一部分，与制度文化、人文文化是不可分割的。要运用先进的科学技术必须有与之相宜的政治制度、习俗风尚、伦理道德规范。不然的话，就会出现“淮橘为枳”的不虞现象。这种现象在整个人类文化发展史上是屡见不鲜的。例如，哥白尼的巨著《天体运行》，由于他害怕教会的迫害而延迟到临终前才问世。此书一出，即被教会列为禁书，并严禁讲授哥白尼的理论。布鲁诺因宣传哥白尼的理论而犯禁，惨遭杀戮。伽利略因用望远镜发现了太阳有黑子而被教廷认为是对上帝的亵渎，于是关于太阳黑子的讨论也同样在各教会大学遭到禁止，有的大学甚至禁止了好几百年，而他本人也因证实了哥白尼的思想而长期身陷囹圄。这些事例说明，科学技术的重大发展除了其本身的逻辑力量外，还要有一个与之相适应的政治背景和文化背景。当然，维新派不能也不可能真正了解文化系统内部的这种层次性和整体性，但他们却本能地意识到了这一点。

维新派基于这种独到的认识，随后，他们或在著作、文章、上书、奏折中，或在讲演、辩论、作答、唱和中，阐发了一系列维新变法思想。这些维新变法思想借助学会、学堂、报刊、讲台等近代化的大众传播媒介，迅速扩展，很快形成了一股波澜壮阔、席卷全国的戊戌变法思潮。

三、维新变法思潮的主要内容

维新变法思潮从1895年发端，大约到1903年结束，前后浩浩荡荡地

① 梁启超：《李鸿章传》，载《饮冰室合集》，中华书局1936年版。

奔涌了9个年头。就其内容来说，几乎举凡政治、经济、军事、教育、文化、习俗等无所不包。这里仅择其荦荦大者，胪陈如下。

一是万国大势。当时，许多人从甲午战败和帝国主义加紧侵略的具体事实中，痛切感到“敌无日不可以来，国无日不可以亡”；但由于长期处于闭塞状态，对世界整个局势究竟是怎么一回事，事态到底会怎样发展，还是茫无所知的。世界知识的缺乏，是一个普遍的现象。维新派在这时，通过报纸和学会，竭力宣传他们当时所知道的一点万国大势，直截了当地指出亡国的危险，要求大家起来救亡。例如，《时务报》“译欧美报纸，载瓜分之说，以激励人心，海内为之震动”[①]。“天津报馆刊布瓜分中国图说，远近震恐”[②]。湖南的南学会每七天举行讲演会一次，“演说中外大势，政治原理”，产生很大影响。梁启超描写戊戌变法期间湖南的情形说：“自时务学堂、南学会等既开后，湖南民智骤开，士气大昌，各县州府私立学校纷纷并起，小学会尤盛。人人皆能言政治之公理，以爱国相砥砺，以救亡为己任，其英俊沈毅之才，遍地皆是。其人皆在二三十岁之间，无科第，无官阶，声名未显著者，而其数不可算计。自此以往，虽守旧者日事遏抑，然而野火烧不尽，春风吹又生，湖南之士之志不可夺矣。”[③]这个描写自然有夸大之处，但这种“以爱国相砥砺，以救亡为己任者遍地皆是”的情形，却是当时的事实。因此，对于万国大势的宣传，使广大知识分子看清了中国面临的严重民族危机，激发了爱国热忱，提高了民族觉醒的程度。

二是“变”的观念。在中国几千年的封建社会里，“天不变，道亦不变”的形而上学的思想，曾经长期地为腐朽的封建统治阶级所拥护。戊戌变法期间，维新派把“变”的观念的宣传放在相当突出的位置，作为他们变法主张的理论依据。康有为、梁启超等力图从中国传统古籍中

① 《戊戌变法》（资料丛刊）第4册，第249页，神州国光社1953年版。

② 《戊戌变法》（资料丛刊）第1册，第359页，神州国光社1953年版。

③ 《戊戌变法》（资料丛刊）第1册，第303—304页，神州国光社1953年版。

寻找这种宣传的依据。他们一再引述《易》中所说的“穷则变，变则通，通则久”的道理，并附会《公羊传》中“张立世”的观念来说明他们的具体变法主张。梁启超在他当时影响很大的《变法通议》这篇文章中写道：“变者，天下之公理也。”“变亦变，不变亦变。变而变者，变之权操诸己，可以保国，可以保种，可以保教。不变而变者，变之权让诸人，束缚之，驰骤之。呜呼！则非吾之所敢言矣！”[①]更加值得注意的是严复译述的《天演论》的发表。这是第一次把西方资产阶级的重要学术论著直接介绍到中国来。它震动了当时整个思想界，影响了几乎整整一代知识分子。它替当时求进步的中国人在世界观上提供了一种同传统儒家思想截然不同的新观念。《天演论》一开始就引导人们去深思：我们眼前的世界在几千年前是什么样子？它是怎么一步一步发展到今天的？支配这种变化的力量是什么？它用天文学、地质学、生物学的丰富材料，在读者面前展现出一幅与“天不变，道亦不变”这种传统观念完全不同的、充满着矛盾和变化的物质世界的图景：世界万物都充满着蓬勃的生气，彼此间进行着异常激烈的斗争。“数亩之内，战事炽然”。世界就是在这种激烈斗争中不断开辟着自己前进的道路。整个宇宙间充满“不可穷诘之变动”。“天道变化，不主故常”，“不变一言，决非天运”。这些今天看来平淡无奇的话，对当时许多人来说，却如当头棒喝，大大打开了他们的眼界，拓宽了他们的思路。《天演论》把“物竞天择”看成是支配世界的法则。它认为生物在进化的过程中，凡是同它周围的客观环境相适应的，就生存，就发展；反过来，凡是同它周围的客观环境不相适应的，就衰败，就灭亡。严复在按语中直截了当地指出：“自达尔文出，知人为天演中一境，且演且进，来者方将，而教宗抟士之说，必不可信。”这就从根本上否定了超自然的“造物主”的存在。究竟是人胜天，还是天胜人？严复在《天演论》中作出了“人胜天”的回答。它强调关键在于发挥“人治的作用”，“与天争胜”。

① 《戊戌变法》（资料丛刊）第3册，第18页，神州国光社1953年版。

当时先进的中国人，不甘心中国长期处于听任列强宰割的地位，迫切地要求救亡图存，奋发图强。严译《天演论》在卷终结语中语重心长地点出：生当今日，要使国家富强，就必须“早夜孜孜，合同志之力，谋所以转祸为福，因害为利而已”，“吾愿与普天下有心人，共矢斯志也”。这就是严复在甲午战后民族危机十分深重的时刻翻译发表《天演论》的原因所在。维新派所宣传的“变”的观念，帮助许多知识分子打开了眼界，对他们世界观的变化起了巨大的激荡作用。

三是“民权”思想。君君、臣臣、民民的纲常思想，是中国封建政治思想的根本和核心。对此，戊戌维新思想也进行了无情的冲击。维新派根据西方资产阶级的政治学说，阐明了君主的起源，论证了君民的关系，指出了兴民权、实行君主立宪的必要性和合理性。谭嗣同说：“生民之初，本无所谓君臣，则皆民也。民不能相治，亦不暇治，于是共举一民为君……夫曰共举之，则且必可共废之。”[①]意思是说，“君主”不过是人民群众举出来为大家办事的“公仆”，而且可以被人民废除，这就有力地批判了“君权神授”的反动谬论。汪康年把“民权”思想同救国之要求紧密地联结在一起，宣传得更为深刻生动，扣人心弦。他指出：“若夫处今日之国势，则民权之行尤有宜亟者，盖以君权与外人相敌，力单则易为所挟，以民权与外人相持，力厚则易于措辞。”“且夫民无权则不知国为民所共有，而与上相睽；民有权则民知以国为国，而与上相亲。”[②]从这一理论出发，康有为在上光绪皇帝书中一再指出“君民合治”的主张，梁启超在时务学堂课艺批语中一再强调“兴民权”的重要，严复在《辟韩》中对这个问题更做了痛快淋漓的阐发。更为重要的是，维新派还提出了“国民”这个概念，从此“国民”二字便降临到了中国封建古老的大地，并且日益深入人们的心灵。梁启超写道：“中国人不知有国民也，数千年来通行之语只有以国家二字并称者，未闻有以国民二字并称者。”“国民

① 《谭嗣同全集》下册，第339页，中华书局1981年版。

② 《戊戌变法》（资料丛刊）第3册，第148页，神州国光社1953年版。

者，以国为人民公产之称也。国者，积民而成，舍民之外，则无有国。以一国之民治一国之事，定一国之法，谋一国之利，捍一国之患，其民不可得而侮，其国不可得而亡，是之国民。”[1]同时，他们还把“国民”这个概念和“奴隶”的概念鲜明地对立起来，做了一个强烈的对比：“我国蚩蚩四亿之众，数千年受治于民贼政体之下，如盲鱼生长黑壑，出诸海而犹不能视”，“曾不知天地间有所谓民权二字。有语之曰：尔固有尔所自有之权，则且瞿然受惊，蹙然不安，掩耳而却走，是直吾向者所谓有奴隶性、有奴隶行者。又不唯自居奴隶而已，见他人之不奴隶者反而非笑之。呜呼，如此之民，而与欧西人种并立于生存竞争、优胜劣败之世界，宁有幸耶？”[2]因此，他们大声疾呼：一定要以“民权”的真理，日日灌输于“国民”的头脑中，使人人都能知自由的公理，养成独立的气质，国家才能富强。维新派对于“民权”思想和“国民”观念的宣传，对当时的思想界产生了巨大的影响。我们只要翻一翻20世纪初年发刊的《国民报》《国民日报》，还有《革命军》以及其他宣传资产阶级革命民主思想的报刊，以至五四以前的《新青年》，到处都可以看到，人们都以“国民”自许，反对形形色色的“奴隶”思想，而以往神圣不可侵犯的封建纲常思想，则成了文物古董，无人问津了。

四是君主立宪制度。鸦片战争以前，中国在政治上是统一、集权和专制的封建社会。在这种社会里，小农经济和宗法关系不仅造成了君主制度的长期存在，而且使君主集“天地君亲师”各项权力于一身，在政治上和思想上都达到了极为专制的程度。以君为师、以吏为师，确立了权力对认识的最高裁决权。各种思想只有为王权和封建秩序服务，并为统治者首肯，才有存在的价值。因此，封建社会的知识分子对于行政权力有着极大的依附性，他们的思维神经从不敢爬上政体形式问题，而只能为封建君主如何实行统治出谋划策。此外，中国古代社会与西方不同，西方历史上存

① 《清议报》第30册。

② 《清议报》第22册。

在过各种各样的政体形式，而且各种政体更迭交替，存废不定，哪种政体优哪种政体劣，一直是需要人们辨别判定的现实问题。因此，西方的政治思想就比较注重对制度问题的研究，而且各个历史时期的思想家都是通过对国家一般理论的研究和讨论，进而达到对理想政治制度的认识。而中国两千多年来则一直是君主制度，不存在政体问题。君主制度的最大特点，就是集权和专制，皇帝操一国权柄，说一不二，“天下之事无大小皆决于上”。这种集权与专制的时代，只能逻辑地演绎出臣下和子民忠君的脑袋，这种脑袋根本不存在思索政体问题的皮质和神经。基于以上两种原因，中国封建政治思想只注重治国之道，而不注重制度研究。从历史的横断面上看，各家各派都十分关心治国方法的问题。司马谈对诸子百家的分析就是很好的说明：“天下一致而百虑，同归而殊途。夫阴阳、儒、墨、名、法、道德，此务为治者也。”这就是说，诸子百家虽然观念不同，但目的却都在于提出一套治国安邦的方案。从历史的纵向上看，治国的方法也是各朝各代政治思想的重要内容。这不仅通过历史上长期存在的人治与法治、德治与礼治、君道无为与君道有为、王道与霸道等问题的争论表现出来，而且更深刻地反映在对“政治”涵义的理解上。中国古代仅把政治理解为对国家事务的管理，如“政者事也”，“治者理也”，“教不善则政治”等。这种只重治国之道而不重制度研究的政治思想，既是专制制度的产物，又是实行专制的有力工具。它的实际效应，只能是使伦理变成无理，使治道变成无道，使专制统治在治道不断发达中愈加自如，使民心在专制制度下日益消沉。但是，戊戌维新思潮锐不可当，它直接接触到了政治体制问题。早在1888年康有为《上清帝第一书》就提出了“变成法，通下情，慎左右”的三点变法主张。这三点主张互相联系，浑然一体。康有为认为，当时皇帝高高在上，下面有总督、巡抚、司道、县令，最低层才是百姓。这样，君民之间犹如“门堂十重，重重隔绝；浮屠百级，级级难通”，这种现象必须改革。怎样改革？他说：周文王“吾有嘉宾”，“与国人游”，在郊游时与他们讨论政事，汉代有光禄大夫、大中大夫，大夫即议郎，“专主言政”。因此，所谓“变成法，通下情，慎左右”就是“妙选仁贤及深通治术之士，与论治道，讲求变法之宜，而次第行之”[①]。这样，康有为便提出了议郎设置、议郎标准和议郎作用的问题。当然，这里只是一般的提出，还不具体，因此这是康有为君主立宪思想的最初萌芽。1895年，康有为在《上清帝第二书》（即《公车上书》）中对君主立宪思想作了进一步的阐发：“伏乞特诏颁行海内士民，令公举博古今，通中外，明政体，方正直言之士，略分府县约十万户而举一人，不论已仕未仕，皆得充选，因用汉制，名曰议郎，皇上开武英殿，广悬图书，俾轮班入值，以备顾问，并准其随时请对，上驳诏书，下达民词，凡内外兴革大政，筹饷事宜，皆令会议于太和门，三占从二，下施部行”，达到“君民同体，情谊交孚，中国一家，休戚与共”[②]。这里，康有为将议郎的标准、选法、名称、权限、工作地点及最终目的，阐述得淋漓尽致，是其君主立宪思想的进一步发展。随后，康有为在《上清帝第四书》中进一步提出了“设议院以通下情”的主张。具体是：“令天下郡邑十万户而推一人，凡有政事，皇上御门令之会议，三占从二，立即施行，其省府州县咸令开设，并许陈条，以通下情。”[③]这里又明确了议院的规模、层次、议事方法和作用。康有为的君主立宪思想至此基本成熟。此外，其他维新人士也从不同层次、不同侧面阐发了一些君主立宪思想。君主立宪思想是戊戌维新思潮的本质和核心，在当时产生了巨大的影响。它使随之兴起的戊戌变法运动不再囿于传统的封建政治框架，而是要求兴民权，设议院，实行君主立宪，变封建政体为资本主义政体。因此，从某种意义上说，君

① 康有为：《上清帝第一书》，载《戊戌变法》（资料丛刊）第2册，神州国光社1953年版。

② 康有为：《上清帝第二书》，载《戊戌变法》（资料丛刊）第2册，神州国光社1953年版。

③ 康有为：《上清帝第四书》，载《戊戌变法》（资料丛刊）第2册，神州国光社1953年版。

主立宪思想敲响了封建专制制度的丧钟。

五是西方资产阶级民主主义文化，其中包括社会学说和自然科学。鸦片战争以后，西学虽然已经渐次地传入了中国，但在相当长的时间内，一般知识分子认真地学习西学的却很少很少。直到中法战争以前，仍然是“朝士皆耻于言西学，有谈者诋为汉奸，不齿士类”。及“马江战败后，识者渐知西法之不能尽拒，谈洋务者亦不以为深耻。然大臣未解，恶者尚多，议开铁路，犹多方摈斥，盖制造局译出之书，三十余年而销售仅一万三千本，京师书肆尚无地球图，其讲求之寡可想矣，盖渐知西学而莫肯讲求”[①]。西方资产阶级文化在当时一般士大夫看来，仍然不能在所谓“大道”之中占半点地位。封建政治文化依然牢牢地禁锢着人们的思想。戊戌变法期间，维新派广泛宣传西方资产阶级民主主义，推动全国掀起了学习西方文化的热潮，使这种状况发生了重大变化。当时，各地学会纷纷成立，都要求“合众人之力以研究实学”。不少学会译印图书，刊布或推销报纸，举办讲演会，展览新式仪器，宣传西学。尤其严复的译著接连不断地出版，更将西方的哲学和社会科学介绍到了中国。从1894年前后到1914年的20年间，他先后翻译了密克的《支那教案论》、赫胥黎的《天演论》、斯宾塞的《群学肄言》、穆勒的《群己权界论》《名学》、甄克思的《社会通诠》、孟德斯鸠的《法意》、耶芳斯的《名学浅说》、卫西琴的《中国教育议》等10余部著作，对传播西方文化起了巨大的推动作用。随着西方文化的广泛传播，全国也出现了学习西方文化的热潮。其实，这二者是一种双向促进的过程，并驾齐驱。特别是“百日维新”中，废八股、试时务，对学习西方文化的热潮更起到了推波助澜的作用。这正像欧榘甲所描述的：“自八股之废也，翻译书籍出版者，人人争购，市为之空。家家言时务，人人谈西学，有力者则自请舌人译之，而快新睹。其时智慧骤开，如万流潏沸，不可遏抑也。及政变而八股复矣，然不独聪明英锐之士，不屑再腐心焦脑，以问津于此亡国之物，即于高头讲章舌耕口

---

① 《戊戌变法》（资料丛刊）第2册，第18页，神州国光社1953年版。

穑数十年，号为时艺正宗者，亦谓诵之无味，不如多阅报之为愈矣。是以士人应试，其数大减于常年。大抵一县常年四千人应试者，今则减至二千余；常年三千人应试者，今则减至一千余。夫前此科目之心何其热，而后此科目之心何其冷？则以渐通中外之故，即知不能不变，宁留此岁月以讲求有用之学，不愿再从事于蜉蝣之仕宦也。"①

这些思想，既为维新变法运动奠定了理论基础，也为整个中国近代社会思潮增添了新的内容。

四、维新变法思潮的特点

维新变法思潮沸沸扬扬、浩浩荡荡地奔涌了9个年头，是中国近代史上的第一次思想解放潮流。从总体上说，它不是空洞说教、远离现实、幽谷回声，而是把学习西方、批判现实、改革政治融为一体，将叙述国事、描绘危局、议论对策熔为一炉。因此，它既有文献色彩，又有哲理深度；既有时代感悟，又有历史观照，具有丰富知识、开启思维、激越热情、呼唤光明的特点。至于它的具体特点，我觉得，范士华先生在《戊戌维新——近代中国的一次改革》一书中，作了深刻、系统的研究，颇具学术价值，这里不妨掠美，摘录如下。该书指出：总起来说，维新思潮作为中国资产阶级第一次思想运动，具有以下特点：

第一，具有群众运动的规模。维新思潮的思想运动和维新变法的政治运动同时兴起，思想启蒙和政治斗争相互促进，用群众运动的声势将维新思潮推向全国，使维新思想成为全国舆论的中心，并以学会、学堂、报纸为阵地，有组织地进行宣传和启蒙教育，这比早期维新思想家个人的著书立说所产生的社会影响要大得多。戊戌政变使维新运动遭到镇压，然而，一批流亡国外的维新人士仍然进行有组织的思想宣传活动，把资产阶级的启蒙运动推向高峰。

第二，维新思潮从兴起到衰落的八年间，其思想水平随着时间的推移

① 《清议报全编》第3卷，第62—63页。

而逐步上升，其规模、加入的社会力量逐步扩大。《公车上书》是维新思潮兴起的社会标志，当时只有康有为的《新学伪经考》《孔子改制考》为其理论基础，这两部著作中的资产阶级思想被封建经学的外衣包裹着，削弱了它的战斗性。随着维新思潮的发展，思想更为激进的《仁学》、更具有资产阶级理论形态和学术水平的《天演论》陆续问世。《仁学》提出了更为鲜明的、要求冲决封建网罗的民主思想和反满口号，表明维新派左翼激进派的力量加入了这个思想运动的行列。《天演论》则完全抛弃了封建经学的外衣，把维新思潮的理论水平向前推进了一大步。戊戌政变后，除严复等少数人仍然留在国内从事艰苦的启蒙工作外，大批维新派人士流亡国外，有更多的机会接触西学，从而提高了他们的西方文化素养和政治理论水平。他们把戊戌变法失败的教训归结为“于新民之道未有留意焉者也”。他们认为，国民文明程度的高低关系到整个国家的强弱兴衰，“苟有新民，何患无新制度、无新政府、无新国家。非尔者，即虽今日变一法，明日易一人，东涂西抹，学步效颦，吾未见其能济也”。他们认识到“新民为今日中国第一要务”[①]。总之，他们认识到提高“民德”“民智”“民力”的重要性，所以自觉投身于思想启蒙的宣传教育。当时一批青年知识分子迅速成长。1899年我国留学日本的人数不满百人，1901年已达1500人。这些留学生思想活跃，朝气蓬勃，给维新思潮的思想运动注入了新鲜血液。革命派一部分人士也参加了这个思想运动。这就使得1900年至1903年的维新思潮又向前跨越了一大步，在思想水平、理论水平、参加的社会力量诸方面都达到了高峰。

第三，内容新颖而庞杂。维新思潮把西方各个时期、各个流派的学术思想，从希腊、罗马的古典文化到文艺复兴、启蒙运动的各种思想，以至帝国主义学说、空想社会主义乃至马克思主义，都介绍到中国来，打开了中国人的眼界，大大丰富了中国人的头脑。然而，人们来不及鉴别、吸收和消化，只能采取浮光掠影或者囫囵吞枣的办法，良莠不分，拾起来便用。在民族危机日益严重的特定历史条件下，人们来不及分清达尔文、赫

① 梁启超：《新民说》，《饮冰室合集》专集，第3册，第2页，中华书局1936年版。

胥黎学说的伟大贡献和斯宾塞学说的反动本质，将“物竞天择”“适者生存”的生物进化规律运用于社会发展，运用于解释帝国主义的侵略，激起人们奋发向上、力争自存的精神，唤起民族的觉醒。但是，由于斯宾塞的社会达尔文主义是为帝国主义弱肉强食的扩张政策服务的，所以，维新思想家们同时又有意无意地宣传了帝国主义侵略的合理性，这样只能把人们的思路引向变法图存，而不能引向反帝斗争。

第四，理论上的不成熟。维新思潮着力于介绍西方的各种学说，将西方学说生搬硬套地运用于中国。由于中国的国情与西方国家有着根本的区别，这就使一些即使在西方社会起过积极作用的学术思想在运用于中国时，也往往产生相反的社会效果。例如，自由放任的经济政策是古典政治经济学派的重要主张，对促进欧洲资本主义的发展起了重要作用，而中国是受帝国主义侵略的国家，在帝国主义向中国大量倾销商品和资本的历史条件下，维新思想家们生搬古典政治经济学学派的自由放任政策，主张中国敞开大门，实行自由贸易，反对保护关税，这对中国民族资本主义的发展是极为不利的。另外，维新思潮不仅杂有帝国主义的种族论、马尔萨斯的人口论，而且封建主义经学经过改造之后，也成为其重要组成部分，这就大大减弱了维新思潮的战斗性，使它在与帝国主义、封建主义思想的斗争中显得软弱无力。理论上的不成熟更表现在维新思想家们对中国国情，即对中国社会性质、阶级状况、政治斗争的阻力和动力等等问题盲目无知，他们在提出一个个具体方案上，如官制、教育、文化、经济的改革方面，有不少独到的见解，但是缺乏对中国社会问题的理论探讨和剖析，这就使得他们在运用西方思想文化方面缺乏融会贯通的能力，只停留在生搬硬套的水平，没能建立起系统而完整的中国民族资产阶级的思想体系。当然，“不成熟的理论，是和不成熟的资本主义生产状况，不成熟的阶级状况相适应的”[①]。追根溯源，理论上的不成熟是由中国民族资产阶级力量

① 恩格斯：《反杜林论》，《马克思恩格斯全集》第20卷，第283页，人民出版社1967年版。

的微弱所决定的。[1]

第五节　民主革命思潮

在中国近代社会思潮史上，20世纪初叶是一个骚动不安而又激动人心的时代。在这一时期里，资产阶级和小资产阶级知识分子群异军突起，革命宣传气势磅礴，革命思潮一日千丈，倾覆帝制、建立共和的呼声震天动地。一言以蔽之，“山雨欲来风满楼”，革命思潮的电闪雷鸣正预示革命暴风雨的即将到来。

一、“浮槎东渡起雄心”

追根溯源，民主革命思潮的兴起关键在于资产阶级和小资产阶级知识分子群的形成，而且它的品格素质还直接决定着民主革命思潮的广度、深度和力度。

宋代王安石《登飞来峰》诗曰：“飞来山上千寻塔，闻说鸡鸣见日升。不畏浮云遮望眼，只缘身在最高层。”这首诗的意思是：高高的飞来山上耸立着千丈高塔，听人说地面晨鸡初鸣时，在塔上便可以看到红日高升。登上去就不用担心浮云遮住远望的视线了，因为身在凌空的最高层。其实，不仅观察自然现象是如此，就是中国人对传统政治的认识亦然。早在戊戌变法时期，以康有为、梁启超为代表的维新派们，为什么会既要实行君主立宪，又念念不忘“圣上恩君”；既要传播西方文化，又要“保卫

① 范士华：《戊戌维新——近代中国的一次改革》第204—207页，求实出版社1987年版。

孔教”；既要变法维新，又担心“骤变致乱”呢？就是因为他们出身于封建士子或官宦家庭，自幼饱受传统文化熏陶，与封建统治阶级藕断丝连——“不识庐山真面目，只缘身在此山中”。那么，中国人怎样才能登上“飞来峰”上的“千寻塔”，透过层层“浮云”，认清封建政治的反动实质，发出改天换地的吼声呢？这当然不是一件易事。但是，历史总是能创造出它所需要的志士仁人。20世纪初，中国青年学生纷纷留学日本，在扶桑岛国迅速形成了一个中国的资产阶级、小资产阶级知识分子群。他们“浮槎东渡起雄心”，历尽艰难险阻，最后终于登上了“飞来峰”上的“千寻塔”，成了开创中国历史新纪元的一代新人。

按照史实严格地说，中国的资产阶级、小资产阶级知识分子群，是国内的青年学生和留日学生两部分构成的。但在这两部分人中，留日学生思想更敏锐，行动更激进，因而起的作用更大。

清政府向日本派遣留学生早在甲午战争以后就开始了。1896年，清政府开始派出第一批留日学生13人，在使馆学习，准备培养翻译人才。1898年，日本为了拉拢清政府，请清政府派遣学生到日本学堂学习，总理衙门奏准照办。这年冬天，“湖北南洋派学生四十余人至日本留学，陆军学生入成城学校，文学生由高楠顺次郎博士组织日华学堂，聘请教习，补受日语及普通科学……此外，浙江北洋派来自费生总计二十余人，一年余各分进正式学校”①。此后，留日学生便多起来，超过了留学欧美的人数。但是，整个说来，他们的人数还不多，在社会上的影响也不大。

可是，到了20世纪初年，中国留日学生骤然增多。不到几年时间，一支人数众多的中国资产阶级、小资产阶级知识分子群，就令人注目地在日本出现了。造成这个事实的主要原因有以下三点：

第一，20世纪初年严重的民族危机，使许多人产生了一种新的认识：“要救国，只有维新，要维新，只有学外国。”1903年，湖南《游学译编》上写道：“凡地球上国与种之被人所奴辱者，虽由列强之逼处，实由

① 章宗祥：《任阙斋东游录》第34页，民国初年刊本。

学界之不发达，以致不自知有国界，不自知有种界，以至受奴灭之风潮而不及警觉，愈奴愈愚，于是并不求有文明之事而甘于奴灭。”“某今又决言曰：惟游学外洋者，为今日救吾国唯一之方针。”[①]吴玉章先生慷慨激昂的诗句：“东亚风云大陆沉，浮槎东渡起雄心。为求富国强兵策，强忍抛妻离子情”，更生动地表现了当时许多留日学生的共同心情。在严重民族危机的威胁下，把游学看作寻求救亡道路的手段，这是留日学生迅速增加的根本原因。

第二，20世纪初年，孙中山在海外进行革命活动，这对国内的热血青年起了极大的吸引作用。以湖北为例，“鄂人因庚子汉口之大流血，如梦方醒，嗣经壬癸（按：1902年、1903年）海内外笔舌之战，结果，革命说为全国公认之救国途径。于是热烈之志士时时有一中山先生印相，盘旋牢结于脑海，几欲破浪走海外从之。不能得，则如醉如痴，甚至发狂。此实当日普遍情形”[②]。其实，这并不仅仅是湖北一省之情况，其他省区亦莫不如此。

第三，当时清政府废除科举，奖励游学，以功名为诱，这也是推动一部分人出洋游学的重要原因。即所谓“当今科举，作为三届裁完，已中试之进士，须入大学堂卒业，然后选官。向之极可慕恋之科举的虚荣者，今已为蕉梦矣。而出洋学成，量与出身，已见明谕，宦达之路、利禄之路、学问之路、名誉之路，胥于是乎在”[③]。因而，许多人纷纷出洋留学。

基于以上三点原因，出国留学可谓盛极一时。据统计，早在19世纪末，全国留日学生不过一二百人，而在1903年则达到1300多人，从1905年到1906年间，又激增至8000多人。若按省籍统计，以江苏、浙江、湖南、湖北、广东、四川等省为最多。

这些青年学生从中国来到日本，几乎是进入了一个新的世界。当时，

---

① 《游学译编》第6册，第2、8页。

② 张难先：《湖北革命知之录》第103页，上海商务印书馆1940年版。

③ 《游学译编》第6册，第12页。

日本经过明治维新已经一跃成为亚洲的强国，与中国相比，它政治民主，经济发达，思想解放。所以，日本的一切一切，几乎每时每刻都使他们感慨万千，激动不已。因此，在日本，他们除认真学习自己的专业知识外，还对凡是他们认为有用的新知识，如陆军、炮兵、警察、法政、师范、工业、商业、土木、铁道、测绘、物理、制药、外语、音乐、美术等等，无所不学。其中，尤对欧美和日本的社会政治学说爱不释手，抱有异常浓厚的兴趣。对此，我们无须按人来统计他们的阅读书目，只要看一下他们翻译和重印的著作就可一目了然了。1901年至1905年，中国留日学生翻译和重印的外国著作，仅择其荦荦大者而论，就有以下四类：

（一）有关西方政治学说的政论书籍

如卢梭《民约论》、约翰穆勒《自由原理》、孟德斯鸠《万法精意》、斯宾塞《代义政体》《社会学原理》《女权篇》、达尔文《天择篇》《物竞篇》、赫胥黎《天演论》等。

（二）介绍欧美资产阶级革命的书籍

如《美国独立战史》《佛（法）国革命战史》《法兰西革命史》《苏格兰独立史》《瑞士建国史》《义（意）大利独立战史》《意大利建国史》《葡萄牙革命史》《希腊独立史》以及《华盛顿》《林肯》等传记著作。

（三）揭露帝国主义侵略和奴役殖民地的书籍

如《俄国蚕食亚洲史略》《哥萨克东方侵略史》《美国垂涎中华近事》《西力东征史》《二十世纪之怪物帝国主义》以及《波兰衰亡史》《埃及惨状》《印度灭亡战史》《越南之国史》《清俄关系》等。

（四）介绍西方各种社会主义思潮的著作

如《近世社会主义》《无政府主义》《社会党》《虚无党》《女子新世界》《话青年》《俄罗斯的大风潮》，以及介绍国际形势、外交斗争的《十九世纪大势变迁通论》《极东外交感慨史》《支那国际论》《支那化成论》《广长舌》等。

可见，留日学生对西方文化犹如久旱逢甘露一般，汲取广泛，追求执着。

这样，虽然留日学生留学方式不同，留学目的各异，但在资本主义大千世界的现实力量的无情作用下，在资产阶级种种文化的立体熏陶下，他们的内心世界发生了深刻的变化，从而形成了一个与洋务派和维新派迥然不同的社会阶层。具体说来，他们具有以下几个特点：

第一，他们形成了一种很强的文化自我意识。所谓文化自我意识，就是人们对各种各样的异源文化的鉴赏力、吸取力和控制力。翻开人类文化发展史我们不难发现，任何一种文化的发展，都取决于人们能够对文化形成自我意识。因为只有具备这种自我意识，才能在选择一种新的文化观、摒弃旧的文化观时，头脑清醒，行动自觉，破立适宜。而且每个个体的文化自我意识的形成，又会带来群体乃至整个民族文化的发展。留日学生的文化自我意识的形成，突出表现在：对祖国传统文化不是盲目崇拜，而是冷静审视，对其糟粕无情批判；对西方的异质文化不是一概排斥，而是精心选择，对其精华大胆吸收。尤其是他们所大量宣传的并不是20世纪那些最时髦的资产阶级思想家的学说，而是18世纪资本主义上升时期的资产阶级思想家的学说，这些学说虽然年深日远，但却符合当时中国国情，这更表明了他们文化自我意识的力度和强度。留日学生的这种文化自我意识，无疑将是轰毁中国封建政治大厦的烈性炸药。

第二，他们或多或少地接受了一些资产阶级的政治学说和文化思想，开始形成了一种新的理想、新的衡量是非的尺度。当时，摆在中国人面前的主要问题是要实现民族独立和民主。在许多接受了资产阶级思想教育的知识分子看来，美国的独立和法国的革命仿佛是最出色地解决了这两个问题。于是，法国和美国就代替了戊戌变法时期的俄国和日本，成了不少人心目中追求的最高榜样。留日学生杨毓麟于1902年在《新湖南》一书中将他们向西方学到的新理论概括为民族建国主义和个人权利主义，其实，这两点也就是资产阶级的民族主义和民主主义。许多人从西方学来了进化论、天赋人权论和资产阶级共和国等思想武器和政治方案，也正是西方资产阶级在革命时代使用过的主要思想武器和政治方案。这种对西方资本主义文明的顶礼膜拜，无疑将激励他们为实现这些理想而奋斗。

第三，他们作为一种新兴的社会力量，对前途满怀着信心，对自己有着一种强烈的责任感。许多人以伏尔泰、孟德斯鸠、卢梭、罗伯斯庇尔、华盛顿自诩。不少人更认为："祖国之前途，其安危悉系乎留学生，夫人而知矣。是留学界者，对乎外为全体国民之代表，对乎内为全体国民之师资，责任之重，无有过于是者……留学界中人负全体国民的委托，为全体国民所属望，其言论行动影响于全体国民者甚大，又必人人具有完备之资格而以毅力雄心，勉图振奋，使彼政府视之，隐然一敌国在其境内。学成而后，尽出所能以过渡于全体国民，而共发达个人、国家、世界之三大主义，乃尽吾留学界之责任。"这种强烈的责任感，成为推动他们在政治上发挥更大作用的重要动力。

这样，留日学生既不是"畸形的产儿"，也不是"新的社会类型的人"，而是无论在身体上还是在思想意识上都登上了资本主义金字塔顶端的中国的资产阶级、小资产阶级知识分子群。他们居高临下，俯首审视，通过封建主义和资本主义的巨大反差，看清了中国封建政治的丑陋狰狞。因此，他们既不像洋务派那样，以"中学为体，西学为用"为文化对策，去修补封建统治的漏舟，也不像维新派那样，以改良变法为手段，来改变封建政治的框架，而是要效仿美国和法国，通过流血革命，来砸碎旧世界，建设新天地。

由此我们不难看出，中国留日学生"不畏浮云遮望眼，只缘身在最高层"，这本身就奏响了民主革命思潮的第一乐章。

二、"一日千丈"的革命宣传声浪

资产阶级和小资产阶级知识分子群一经形成，就立即展开了革命宣传活动。从1901至1905年间，他们创办和出版了一大批革命书刊，形成了一股强大的资产阶级民主革命思想潮流。其中较著名的报纸、期刊和书籍如下：

甲、报纸

报名	刊行时间	出版地	备注
《中国日报》	1900—1913	香港	1911年冬迁广州出版
《苏报》	1903	上海	创刊于1896年
《国民日日报》	1903	上海	
《俄事警闻》	1903—1904	上海	
《檀山新报》	1903—1907	檀香山	俗名《隆记报》，创刊于1905年前后
《俚语日报》	1903—1904	长沙	
《世界公益报》	1903—1904	香港	
《警钟日报》	1904—1905	上海	
《大同日报》	1904—1912	旧金山	
《图南日报》	1904—1906	新加坡	
《广东日报》	1904—1905	香港	
《有所谓报》	1905—1906	香港	又名《唯一趣报》

乙、期刊

刊名	刊行时间	出版地	备注
《中国旬报》	1900—1901	香港	
《开智录》	1900—1901	横滨	附刊于《清议报》
《国民报》	1901	东京	
《政艺通报》	1902—1906	上海	
《游学译编》	1902—1903	东京	
《大陆》	1902—1905	上海	
《女报》	1902—1903	上海	1903年易名《女学报》
《湖北学生界》	1903	东京	后易名《汉声》
《直说》	1903	东京	
《浙江潮》	1903	东京	

续表

刊名	刊行时间	出版地	备注
《江苏》	1903—1904	东京	
《童子世界》	1903	上海	
《党民》	1903—1904	金山	印刷于上海
《中国白话报》	1903—1904	上海	
《女子世界》	1904—1906	上海	
《萃新报》	1904	金华	
《安徽俗话报》	1904—1905	芜湖	
《二十世纪大舞台》	1904	上海	
《国粹学报》	1905—1911	上海	
《二十世纪之支那》	1905	东京	

丙、书籍

书名	编撰者	出版时间	备注
《革命军》	邹容	1903	翻印本甚多，题名不一。
《猛回头》	陈天华	1903	
《警世钟》	陈天华	1903	
《驳康有为论革命书》	章太炎	1903	
《訄书》	章太炎	1899年刻本	1902年以后多次重版
《攘书》	刘师培	1903	
《新湖南》	杨守仁	1903	
《黄帝魂》	黄藻（章士钊）	1903	编者自署：黄帝子孙之一个人。
《苏报案纪事》	章士钊	1903	
《国民日日报汇编》	东大陆图书局编	1904	
《教育界之风潮》	爱国青年	1903	
《中国民约精谊》	刘师培 林懈	1904	
《热血》	思想社	1903	
《自由血》	金一	1904	
《回天手段》	黄汉兴	1905	
《死法》	铁汉	1904	

资产阶级革命派创办的报刊和所出版的书籍，思想新颖，内容丰富，题材多样，它一问世，就受到了广大读者的热烈欢迎。1903年，《苏报》在东南地区各省城中最为闭塞的南昌发行200份。1904年，《警钟日报》在武昌发行300份，杭州发行200余份，南京发行40余份，没有代售处的泰州、泰兴、衢州也各发行3份。其他一些革命书刊，在武昌共发行260份，南京发行65份。杭州则自有《杭州白话报》，发行约1000份。1903年，《浙江湖》第1、2、3期第3版、第4、5、6期第2版、第7、8期初版，均印行5000册。《湖北学生界》发行量开始很小，后因当局查禁，反而每期增至数千册。邹容的《革命军》一书，更是印行数量巨大的典型。在短短的一两年内，各地翻印达20余版。为避免国内外当局的注意，翻印时多半把书名改掉，总印数超过百十万册。革命者还利用各省的《缙绅录》将《革命军》分寄各省、府、州、县衙门和北京总理衙门、翰林院等衙署。

革命书报的广泛传播，在封建统治者和立宪派中引起一片惊慌。立宪派在《革命驳议》一文中说："革命之说，非自今日始。然从前持此议者，仅三数人而已，近则其数渐多，血气未定膂力方刚之少年，辄易为所惑。又从前持此议者，仅自与其徒党议之于私室而已，近乃明目张胆于稠人广众之中，公言不讳，并登诸报章，以期千人之共见。是则主革命者，必以其说为不可易矣。"[①]这说明革命的宣传工作取得了巨大的成绩。

三、民主革命思潮的主要内容

20世纪初年，民主革命思潮一日千丈，内容花鲜果硕，异彩纷呈，令人难以把握和概括。这里，只能将几个主要人物的思想简要介绍一下。

（一）孙中山的三民主义思想

三民主义是孙中山从强烈的救国愿望出发，在政治实践的过程中，研究了中西有关思想资料的基础上提出来的。孙中山说："余之谋中国革命，其所持主义，有因袭吾国固有之思想，有规抚欧洲之学说事迹者，有

① 《辛亥革命前十年时论选集》第1卷，下册，第692页，三联书店1960年版。

吾所独见而创获者。”[①]

孙中山倡导的民族主义，是继承了中国历史上的民族主义传统，吸取了西方资产阶级争取民族独立与自由的民族主义思想而形成的。他主张“驱除鞑虏，恢复中华”，即以暴力革命手段，推翻清王朝的反动统治。孙中山在《民报》创刊周年庆祝大会上的演说中进一步申述，民族主义“并非遇着不同族的人便要排斥他”，“我们并不恨满洲人，是恨害汉人的满洲人，假如我们实行革命的时候，那满洲人不来阻害我们，绝无寻仇之理”。这里，孙中山虽然还不能把满族贵族统治阶级和一般满族人民区别开来，但却摒弃了笼统排满的民族复仇主义。

孙中山倡导的民权主义，主要来自西方资产阶级的“平等”思想和“民治”观念。他所主张的“建立民国”，就是建立资产阶级共和国。“我们推翻满洲政府，从驱除满人那一面说，是民族革命，从颠覆君主政体那一面说，是政治革命，并不是把它们分作两次去做。讲到那政治革命的结果，是建立民主立宪政体”。并明确宣告：“照现在这样的政治论起来，就算汉人为君主，也不能不革命。”“敢有帝制自为者，天下共击之！”这就不仅批判了保皇派君主立宪的反动主张，而且打破了推翻清王朝后重建汉族君主政体的陈腐观念。这样，把民族革命与政治革命结合起来，从理论上解决了当时资产阶级民主革命迫切需要解决的中心问题，即夺取政权与建立政权的问题。

孙中山倡导的民生主义，想用“平均地权”的办法，改良社会经济组织，防止后来的社会革命。这是根据美国亨利·乔治的“单税论”，结合中国当时的实际情况拟订的。孙中山“平均地权”的具体实施方法，是改良社会经济组织，核定全国地价。“其现有之地价，仍属原主所有，其革命后社会改良进步之增价，则归于国家，为国民所共享”。他把这种主张称之为“社会主义”，是用来解决“社会问题”的。在孙中山看来，欧美各国为什么不能解决社会问题呢？主要是因为没有解决土地问题。所以，

① 黄季陆编：《总理全集·论著》第35页，东亚书局1935年版。

他把“平均地权”的实现，称之为“社会革命”，说：“中国行了社会革命之后，私人永远不用纳税，但收地租一项，已成地球上最富之国。”①

三民主义是中国资产阶级的革命纲领，尽管由于时代和阶级的局限，它存在一些带有根本性的缺点，但它的本质是进步的、革命的，并在中国资产阶级民主革命运动中起到了积极的作用。

（二）章太炎的反改良思想

1902年春，康有为发表《答南北美洲诸华商论中国只可行立宪不可行革命书》一书，顽固坚持改良立场，反对民主革命。1903年，章太炎写了《驳康有为论革命书》一书，于同年6月刊印小册子发行，不久，经章士钊节录，以《康有为与觉罗君主之关系》为题，在同年6月29日《苏报》上发表，对康有为的反动谬论进行了严厉的批驳，同时也表现了章太炎的反改良思想。康有为认为中国只可行立宪，不可行革命有两点理由：一是“革命之惨，流血成河，死人如麻，而其事卒不可就”。章太炎用历史事实对此进行了驳斥，指出要改变君主专制政体，使人民取得政治上的权利，流血是不可避免的，英、奥、德、意各国都是经过多次暴动，人民才取得自由议政权利的。二是“公理未明，旧俗俱在”，中国人民还没有进行革命的资格。章太炎认为，革命是能够启发人们知识的。他指出：“公理之未明，即以革命明之；旧俗之俱在，即以革命去之”，革命不仅是“天雄大黄之猛剂”，而且还是“补泻兼备之良药”，只有通过革命才能对中国进行一翻彻底的改造。同时，针对康有为称光绪皇帝为“圣明英武”，章太炎还痛斥道：“载湉小丑，不辨菽麦”，是清朝之“亡君”，是人民之“公敌”②。这一声怒斥，震动远近，顽固派为之暴跳如雷，中间派为之目瞪口呆，而革命派为之扬眉吐气。章太炎的反改良思想，在革命派与改良派的理论斗争中，起到了巨大的作用。

---

① 参见孙中山：《同盟会宣言》《〈民报〉发刊词》《三民主义与中国前途》《民生主义与社会革命》等文，载《孙中山选集》上卷，人民出版社1956年版。

② 章太炎：《驳康有为论革命书》，载《章氏丛书文录》，浙江图书馆刊本。

（三）陈天华的反帝思想

陈天华在《猛回头》和《警世钟》两书中表现出了强烈的反帝思想。他首先指出了中国所面临的被瓜分的危机形势："俄罗斯，自北方，包我三面；英吉利，假通商，毒计中藏；法兰西，占广州，窥伺黔桂；德意志，领胶州，虎视东方；新日本，取台湾，再图福建；美利坚，也想要，割地分疆；这中国，那一点，还有我份；这朝廷，原是个，名存实亡"。接着，作者又指出，这种危机形势是中华民族的灭顶之灾："嗳呀！嗳呀！来了！来了！什么来了，洋人来了，洋人来了！不好了，不好了，大家都不好了，老的，少的，男的，女的，贵的，贱的，富的，贫的，做官的，读书的，做买卖的，做手艺的，各项人等，从今以后，都是那洋人畜圈里的牛羊，锅子里的鱼肉，由他要杀就杀，要煮就煮，不能走动半分。唉！这是我们大家的死日到了。"那么，怎样才能挽救中国的危局呢？他号召人们迅速行动起来："洋兵不来便罢，洋兵若来，奉劝各人把胆子放大，全不要怕它。读书的放了笔，耕田的放了犁耙，做生意的放了职事，做手艺的放了器具，齐把刀子磨快，子药上足，同饮一杯血酒，呼的呼，喊的喊，万众直前，杀那洋鬼子，杀那投降洋鬼子的二毛子。"①陈天华的《猛回头》和《警世钟》问世以后，成了革命派极为重要的宣传品，许多革命分子将它秘密翻印成千上万册，广为流传，对当时爱国思潮的广泛传播起到了巨大的作用。

（四）邹容的反封思想

邹容的反封思想集中体现在《革命军》一书中。其主要内容是：

第一，邹容从哲理的高度对"革命"作了解释。他指出："革命者，天演之公例也。革命者，世界之公理也。革命者，争存争亡过渡时代之要义也。革命者，顺乎天而应乎人者也。革命者，去腐败而存良善者也。革命者，由野蛮而进文明者也。革命者，除奴隶而为主人者也。"在他看来，革命是历史发展的必然，是天下最神圣的"宝物"。对中华民族来

---

① 陈天华：《警世钟》，《陈天华集》，湖南人民出版社1982年版。

说，它是“起死回生之灵药，返魂还魄之宝方”。因此，他向人们大声疾呼：“嗟乎嗟乎！革命革命！得之则生，不得则死。毋退步，毋中立，毋徘徊，此其时也！此其时也！”

第二，邹容详尽论述了中国必须革命的原因。他写道：“今试问吾侪何为革命？必有障碍吾国民天赋权利之恶魔焉，吾侪得而扫除之，以复我天赋之权利。”“有生之初，无人不自由，既无人不平等，初无所谓君也，所谓臣也。”“后世之人，不知此义，一任无数之民贼独夫，大盗巨寇，举众人所有而独有之，以为一家一姓之私产，而自尊曰君、曰皇帝，使天下之人无一平等，无一自由。”他还把“国民”与“奴隶”对峙而言，写道：“中国人无历史，中国之所谓二十四朝之史，实一部大奴隶史。”“自世界文明日开，而专制政体一人奄有天下之制可倒。”因此，要想“杀尽专制我之君主，以复我天赋之人权”，不可不革命！

第三，邹容详尽地探讨了进行革命的方法，提出了“革命之教育”“革命必剖清人种”和“革命必先去奴隶之根性”的主张。所谓“革命之教育”，就是要用资产阶级的社会政治学说，对人民进行思想教育，使人人认识到：（1）“当知中国者中国人之中国也”。（2）“当知平等自由之义”。（3）“当有政治法律之观念”。从而要求人们养成“上天下地，惟我独尊，独立不羁之精神”；“冒险进取，赴汤蹈火，乐死不辞之气概”；“相亲相爱，爱群敬己，尽瘁义务之公德”；“个人自治，团体自治，以进人格之人群”。在邹容看来，只有对全国国民进行这种“革命之教育”，才能“复我天赋之权利”，建华盛顿、拿破仑之事功。所谓“革命必剖清人种”，就是分清敌我，“内有所结，外有所排”，启发民族觉醒，反对民族压迫。这里，邹容虽然是从资产阶级的种族观念出发，而且掺杂着许多大汉族主义的偏见，但其主流毕竟是体现了对帝国主义的野蛮侵略、对清政府推行民族压迫和民族歧视政策的愤怒和抗议，同时也体现了中华民族不可侮的英雄气概。所谓“革命必先去奴隶之根性”，就是要人们站起来，反对“忠于君，孝子亲”等封建伦理，争平等，争自由，做国民不做奴隶。他以曾国藩、李鸿章为例，剖析了奴隶根性："柔顺也，安分也，韬晦也，服从也，做官也，发财也，中国人造奴隶之教科书也。"他还引用当时颇为流行的一首古乐府——《奴才好》，对奴隶根性进行辛辣的讽刺。歌词写道："奴才好，奴才好！勿管内政与外交，大家鼓里且睡觉。古人有句常言道，臣当忠，子当孝，大家且勿胡乱闹。"因此，他大声疾呼："吾愿我同胞，万众一心，肢体努力，以砥以砺，拔去奴隶之根性，以进为中国之国民。"

第四，在革命前途这一根本问题上，邹容明确提出了资产阶级共和国方案。他"模拟美国革命独立之义"的图样，制定了在中国建立独立自由的"中华共和国"的25条纲领。其主要内容是：（1）建立资产阶级民主政权，推翻清王朝的皇权统治，"以儆万世不复有专利之君主"。在新的政权下，全国人民不分男女，"一律平等，无上下贵贱之分"，享有言论、思想、出版等自由权利；同时，人人也有纳税、服兵役和忠于国家的义务。为了维护国家独立，明确宣布："对敌干预我中国革命独立之外国及本国人"，把反对中国革命的外国侵略者和国内反动派，一律当作敌人看待。此外还规定，政府的责任在于"保护人民有权利"，如果失职，人民就有权起来进行革命，更立新政府。（2）实行议会制度，各府州县都选举议员，总统"由各省总议员中投票公举"。（3）以美国的宪法和法律为蓝本，参照中国国情特点，制定自己的宪法和法律。[①]

邹容的反封建思想在当时的影响是巨大的。正如吴玉章先生纪念邹容烈士诗所云："少年壮志扫胡尘，叱咤风云《革命军》；号角一声惊睡梦，英雄四起挽沉沦。"[②]

（五）秋瑾的妇女解放思想

毫无疑问，早在太平天国革命时期，解放妇女的思想和实践就已有之，但那大都是男人们的声音，以妇女谋求妇女自身的解放，秋瑾却是中

① 邹容：《革命军》，载《辛亥革命》（资料丛刊）第1册，上海人民出版社1957年版。

② 吴玉章：《辛亥革命》，人民出版社1961年版。

国历史上的第一人。她的妇女解放思想的主要内容有以下几点：

1. 写尽女子惨世界

在熔诗、词、文、歌为一炉的弹词《精卫石》中，秋瑾用浓墨酣笔，和血含泪地控诉了封建制度及其各种纲常伦理、旧习恶俗对广大妇女的残酷压迫与束缚，生动形象地勾画了中国妇女从降生人间到葬身黄泉的种种悲惨遭遇，尖锐有力地驳斥了各种纲常伦理压迫妇女的谬论。

“唉！世界上最不平的事，就是我们二万万女同胞了。从小生下来，遇到好老子，还说得过，遇到脾气杂冒、不讲情理的，满嘴连说：‘晦气，又是一个没用的。’恨不得拿起来摔死。总抱着‘将来是别人家的人’这句话，冷一眼、白一眼地看待。”①——这是秋瑾对于中国女子降临人间的最初时刻就遇到的厄运所作的生动揭示。短短几句话，就向人们揭开了中国妇女悲惨一生的序幕。由此开始，她把妇女一生的苦难“逐层演出”，一幕幕地展现在读者面前：

“没到几岁，也不问好歹，就把一双雪白粉嫩的天足脚用白布缠着，连睡觉的时候，也不许放松一点，到了后来，肉也烂尽了，骨也折断了，不过讨亲戚、朋友、邻居们一声‘某人家姑娘脚小’罢了。”②这是秋瑾对中国妇女在步入孩童时代就劈头遭到的又一巨大灾难的生动而沉痛的描述。

“父母全凭媒妁言，婚姻草草便相联。”深受封建包办婚姻之害的秋瑾，怀着切肤之痛，以更加深沉的笔调，控诉了妇女在自己人生历程中继缠足之后遇到的又一个深重不幸：“到了择亲的时光，只凭着两个不要脸媒人的话，只要男家有钱有势，不问身家清白，男人的性情好坏、学问高低，就不知不觉应了。”③从此，“要是遇着男子虽不怎么样，却还安

① 《秋瑾集》第153页，上海古籍出版社1974年版。

② 《秋瑾集》第5、127页，上海古籍出版社1974年版。

③ 《秋瑾集》第5页，上海古籍出版社1974年版。

分，这就算前生有福今生受了”[①]；而如果遇到不好的男人和夫家，一连串的灾难就会纷至沓来地降到女子身上：“打骂凌虐常有事，宠妾凌妻多见之”，“更有那公婆遇了凶恶辈，阎王殿上不差池，憎媳妇，宠孩儿，任儿游荡反帮之”……在诸如此类的厄运面前，妇女只能逆来顺受，忍气吞声，悲苦凄惨地度日。秋瑾把妇女婚后的这种处境，比喻为“随鸦彩凤难飞展，入狱的囚徒遇赦难”[②]，永无出头之日。

由于广大妇女在婚姻上的遭遇是如此不幸，所以古往今来，无数不幸的妇女只得以“服砒吊颈与投河”，来了结自己痛楚的一生。然而，妇女的受压迫、受歧视，甚至直到死都还未完全到头：

“还有一椿不公的事：男人死了，女子要戴孝三年，不许二嫁。女子死了，男人只戴几根蓝丝线，自嫌难看，连戴也不戴；人死还没三天，就出去偷鸡摸狗；七还未尽，新娘子早已进门了。”[③]

秋瑾就这样把中国妇女从降生之时直到葬身黄泉的悲惨命运，甚至死后还要受歧视的历程，一一展示给读者，清楚、详尽、生动、深刻。她是用血和泪作墨水，写那些控诉妇女悲惨地位的文字的，正如她自己所说，在这些诗词文章中，须知“其中血泪多多少”！秋瑾以女子身份控诉妇女的悲惨命运，呼唤妇女解放，言之格外痛切，感人至深。

2. 号召妇女求学艺

秋瑾不但全面控诉了妇女的悲惨地位，愤怒驳斥了封建统治者鼓吹的种种谬论，而且更热情洋溢、坚持不懈地号召妇女们行动起来，为自身的自由、解放，为男女平权进行斗争。她对于当时广大妇女尚不觉悟十分焦急和痛心：“我的二万万女同胞，还依然黑暗沉沦在十八层地狱，一层也不想爬出来。足儿缠得小小的，头儿梳得光光的；花儿、朵儿，扎的、镶的，戴着；绸儿、缎儿，滚的、盘的，穿着；粉儿白白、脂儿红红的搽

① 《秋瑾集》第5页，上海古籍出版社1974年版。

② 《秋瑾集》第129页，上海古籍出版社1974年版。

③ 《秋瑾集》第5、154页，上海古籍出版社1974年版。

抹着。一生只晓得依傍男子，穿的、吃的全靠男子。身儿是柔柔顺顺的媚着，气虐儿是闷闷的受着，泪珠是常常的滴着，生活是结结巴巴的做着：一世的囚徒，半生的牛马！”[①]秋瑾把这种情景，概括为人世间“最凄惨、最危险二字，曰：‘黑暗’”，她每念及此，都不禁“悄然悲”“慨然起”，痛心不能自制。她殷切期望妇女们能摆脱这种奴隶地位：“处文明之世，吸文明之空气，当不甘为彼人之奴隶也。”

妇女要摆脱奴隶地位，应通过什么途径呢？秋瑾认真地分析了妇女受压迫、被凌辱的原因，有的放矢地提出了许多可贵的见解。

秋瑾看到：封建纲常伦理、旧习恶俗，固然是套在妇女身上沉重的枷锁，但造成妇女在家庭中地位低下的根本原因，还在于她们在经济上无力自立，亦即“都是女子不谋自己养活自己的学问艺业，反去讲究缠脚妆扮去媚男子，一身唯知依靠男子，毫无自立的性质的缘故”。她热情地希望广大妇女不要安于命运，“但凡一个人，只怕自己没有志气；如有志气，何尝不可求一个自主的基础，自活的艺业呢？”秋瑾这种从经济上获得自立的能力，以争取男女平等的思想，在当时的中国是非常先进的。

那么如何取得谋生手段，达到经济上能“自己养活自己”呢？秋瑾认为大兴女子教育，使女子有机会入校学习文化、科技知识，是达到这个目的最重要的途径。她认为女子受到必要的文化教育，毕业以后，就可以“做教习，开工厂”，从而既可以自己养活自己，还可获得社会和家庭的尊重。她曾在《精卫石》中，津津有味地描述了西方社会妇女从事各种职业的情景：“说起外国女同男，大家都入学堂的，教育无非彼此间，求得学艺堪自立，女儿执业亦同焉。有许多女子经商或教习，电局司机亦玉颜。铁道售票皆女子，报馆医院更多焉，银行及各家商店，开设经营女尽专，哲学理化师范等，普通教习尽婵娟。”……总而言之，妇女只要有了文化知识，就可以从事各项工作，从而“人人独立精神足，不用依人作靠山”，也就为自身的价值、平等提供了最重要的条

① 《秋瑾集》第6页，上海古籍出版社1974年版。

件。秋瑾为女子“读书—毕业—就业”这条路，描绘了一幅极为美丽的图景：“一来呢，可使家业兴隆；二来呢，可使男子敬重，洗了无用的名，收了自由的福。归来得家族的欢迎，在外有朋友的教益，夫妻携手同游，姊妹联袂而语，反目口角的事，都没有的。如再志趣高的，思想好的，或受高等的名誉，或为伟大的功业，中外称扬，通国敬慕。”她把这称为“美丽文明的世界”①。

3.“恢复江山劳素手”

秋瑾关于妇女解放的另一个重要思想是：妇女们只有依靠自己的团结斗争，才能争得男女平权，为此，广大妇女必须“合群”。所谓“合群”，即是指通过一定的组织，联合起来，团结斗争。

近代中国一些忧国忧民的志士仁人，鉴于中国不断遭到外敌侵略、国势日衰、人心涣散的情况，早已呼唤过“合群”。例如，戊戌变法时期，维新派中即已有人指出：“西人凡事得力在一‘群’字。我则家自为谋，人自为利，亿万人不啻亿万心也，安得不贫不弱？”②他们把中国两千年来“合群之公理湮塞弗明”，作为“至今日而有陆沉之惧”的根本原因。③秋瑾把这一“合群救国”的思想加以引伸，作为妇女争取解放的一个重要方面。她深深懂得：两千多年封建纲常伦理和旧习恶俗的统治和影响是根深蒂固的，妇女要想争取平等、解放，必然障碍重重，仅靠少数人的努力，是挣脱不了整个社会施加于广大妇女的压迫、束缚的，“天下事靠人是不行的，总要求己为是”④。别人不可能代替妇女们自己的团结、斗争。因此，秋瑾一直很重视和强调妇女们的联合斗争问题。1904年刚到日本留学不久，秋瑾就积极改组留日女生的组织“共爱会”，改名“实行共爱会”，并自任“招待”，打算把它办成一个团结二万万中国妇女的组

① 《秋瑾集》第128、15页，上海古籍出版社1974年版。

② 《皇朝蓄艾文编》第28卷，第29页，光绪二十八年刻本。

③ 《湘报》光绪二十四年四月初八日。

④ 《秋瑾集》第5、10页，上海古籍出版社1974年版。

织，以从事妇女解放斗争。从日本回国后，她努力创办《中国女报》杂志，目的不只是进行一般的宣传，还把它作为“联感情，结团体，并为他日创设中国妇女协会之基础”[①]。这个伟大的愿望当时虽然没有，也不可能实现，但是，在中国历史上，明确提出建立“中国妇人协会”亦即全国妇协的，秋瑾可算是最早的一个人了。仅此一点，秋瑾就已具有资格在中国妇女运动史上被大书一笔了。

然而，秋瑾关于妇女解放的思想中，最先进、最可贵的部分，还在于她把妇女解放与整个国家、民族的解放紧紧地结合在一起。作为一个资产阶级革命家，秋瑾知道中国妇女即使争取到了与男子相等的地位，也仍然没有挣脱清朝反动统治施加于全体人民的压迫，仍然没有获得国家和民族的解放。因此，她号召妇女们把争取自身的解放，同推翻清朝统治，争取国家和民族的解放结合起来。她在许多诗文中殷切期望“同胞姊妹，联袂而起”“我欲君为女杰”“英雄事业凭身造，天职宁容袖手观？廿纪风云争竞烈，唤回闺梦说平权”等等。特别是在《精卫石》中，她这样写道：“扫尽胡氛安社稷，由来男女要平权。人权天赋原无别，男女还须一例担……男和女同心协力方向美，四万万男女无分彼此焉。唤醒痴聋光睡国，和衷共济勿畏难。锦绣江山须整顿，休使那胡尘腥臊满中原。”在这里，秋瑾把“扫尽胡氛安社稷”“唤醒痴聋光睡国”的任务，亦即把推翻清朝的任务，与男女平权问题相提并论，号召妇女们与男子一起，在反清革命中“无分彼此”地共同承担责任，同心协力地投入斗争。这是秋瑾比其前人和同时代人（他们也有不少人呼喊过男女平权）先进和可贵之处。

为了扩大妇女解放斗争的宣传，秋瑾还用自己在留日期间学得的一些音乐知识，亲自作词谱曲，创作了一首《勉女权歌》，刊登在《中国女报》第二期上，其歌词如下：

---

① 《秋瑾集》第5、10页，上海古籍出版社1974年版。

吾辈爱自由，
勉励自由一杯酒。
男女平权天赋就，
岂甘居牛后？
愿奋然自拔，
一洗从前羞耻垢。
若安作同俦，
恢复江山劳素手。

旧习最堪羞，
女子竟同牛马偶。
曙光新放文明侯，
独去占头筹。
愿奴隶根除，
智识学问历练就。
责任上肩头，
国民女杰期无负。

她号召妇女们“奋然自拔”，像法国女英雄若安[①]那样，在民族解放事业中建立功业，在“恢复江山”的事业中建“素手”之功，即希望妇女们用自己的双手，亲自参加反清革命斗争，充当受人敬仰的女杰。

秋瑾以写尽女子惨世界、号召妇女求学艺和恢复江山劳素手为主要内容的妇女解放思想，在当时振聋发聩，惊世骇俗，为一日千丈的民主革命思潮增添了异彩。

以上几种思想交相辉映，构成了资产阶级民主革命思潮的主流。经过

① 若安（Jeanned Azc）一般译作“贞德”或“冉达克”，英法百年战争（1337—1453年）末期抗击英军侵略的法国女英雄。

这场民主革命思潮的洗礼，中华民族开始告别中世纪的黑暗，去迎接新时代的曙光。

四、民主革命思潮与中华民族觉醒

民主革命思潮沸沸扬扬，历时数载，如春雷乍响，似惊涛拍岸，不仅为辛亥革命奠定了思想和理论准备，而且促进了中华民族的觉醒。关于这一点，胡绳武、金冲及二位先生经多年研究认为，主要表现在以下几个方面。

第一，它对帝国主义侵略的形势和性质作了比过去深刻得多的揭露和分析。

1901年出版的革命派早期刊物《开智录》，发表了题为《论帝国主义之前途及二十世纪世界之前途》的文章，鲜明地指出："今日之世界是帝国主义最盛而自由败灭之时代也。""今世界之帝国主义"，"即强盗主义也"。《浙江潮》在1903年写道："帝国主义者，民族主义为其父，而经济膨胀之风潮则其母也。"[①]他们认为，帝国主义的侵略是以整个民族为基础，以整个国家的经济实力为后盾的。这些议论虽然有不少谬误的东西，但它指出：列强对中国实行的帝国主义侵略，不是偶然的暂时的现象，而是一种有着深刻背景的必然趋势，这对提高人们的民族觉醒是有益的。

它还着重揭露帝国主义的经济侵略，指出："经济上之竞争，其祸乃更毒于政治上。何以故？譬之是犹人也，朝割其一手，夕割其一足，其人必痛，而其惊醒也易，而其反抗之力大，而其人犹可以复生也。若举全身之精血而吸之，其犹茫然皇然莫知所由，未几乃病瘵以死矣。此言其术也。若夫于政治上，则未有经济之权既占，而政治上之权乃犹能以人者也。盖其资本所在之地，即其政治能力所到之地，征之于近

① 《国魂篇》，《浙江潮》第1期，第13页。

代，历历有明征也。”[1]这种认识，比起19世纪末年的认识也要深刻痛切得多了。

过去，人们对帝国主义的侵略的认识处在更为感性的阶段。往往在帝国主义欺侮得格外厉害的时候，清政府丧权辱国格外严重的时候，群众中那种反帝爱国的热情就迅速高涨起来，汇成斗争的热潮；而当这种危机相对有所缓和的时候，反抗也容易跟着松弛下来。这时，由于人们对形势的认识比过去深刻多了（尽管还不能作出科学的概括和分析），从而帝国主义侵略中国的任何进展都容易引起强烈的反应。大家觉得，不仅在帝国主义的欺凌逼到眼前的时候需要认真对付，就是对帝国主义可能采取的侵略步骤也不能不先为准备，因而反帝爱国运动也就有了更加深厚持久的基础。

第二，它指出清政府已经成为帝国主义统治中国的工具，因此，反对帝国主义的斗争必须同反对清政府的斗争密切结合起来。

过去长时间内，中国人民把外国侵略者和国内封建统治者常看作是两回事，不能联系起来作统一的考察，更不能认清两者之间的内在联系。而到20世纪初，事情开始起了变化。

1901年出版的《国民报》尖锐地指出：今日的列强有鉴于用猛力压制他国常常激起爆烈的抗拒，因此，就在中国改而利用政府官吏，作为他们任意地“擒之纵之威之胁之”的工具，这样，就可以“不劳兵而有人国”。因而，它大声疾呼：决不能“恃今日之政府官吏以图存”，必须丢弃一切幻想，依靠国民自己的力量，才能达到“图存”的目的。[2]

这以后不久，陈天华在《猛回头》中又一针见血地点明：“列位，你道现在的朝廷仍是满洲的吗？多久是洋人的了！”“洋人的朝廷”这个带根本性的问题被陈天华一语道破后，立刻在爱国人民中形成一种普遍的新的觉悟。

---

① 飞生：《俄罗斯之东亚新政策》，《浙江潮》第1期，第1页。

② 《二十世纪之中国》，《国民报》第1期，第2、3页。

把反对外国侵略者同反对国内反动统治者联结在一起，这在中国近代民族觉醒的进程中应该说是个重大的飞跃。

第三，它指出：只有采取革命的手段，才能将中华民族从危亡中挽救出来。

既然清政府已经完全成为帝国主义统治中国的工具，无数事实又反复教育了人们：在这个政府统治下，任何根本性的改革都是不可能实现的，这就迫使人们不能不得出结论：爱国，必须革命。如果不用革命的手段推翻卖国的清政府，就不可能把祖国从极端危急的局势中拯救出来，中国是没有希望的。这是当时无数爱国者从长期的实践和痛苦的思想斗争中引出的教训。事实很明显：在中国当时的具体条件下，要那个卖国的清政府实行日本明治维新式的改革，只能是一句空话。在爱国青年中，围绕着要不要推翻清政府这个救亡的中心问题，到处展开着异常激烈的争辩。《民报》同《新民丛报》的论战，从多方面反复论证了革命的必要性，坚决驳斥了改良派反对革命的种种谬论，在广大爱国人民中产生了巨大的影响。

中国人民是有志气的，是会作出正确的选择的。在半殖民地半封建的旧中国，要救亡，决不能期待反动政府的恩赐，必须不惜作出重大牺牲，坚决地采取革命的行动。这种认识，是中国近代民族觉醒中又一个重大的飞跃。

第四，它还满怀信心地指出：只要进行了革命，中华民族的前途是十分光明的。

孙中山1905年在日本留学生欢迎会上热情洋溢地说道：中国有五千年的古老文明，只是在近代落后了。现在只要急进直追，迎头赶上，“十年二十年之后，不难举西人之文明而尽有之，即或胜之焉，亦非不可能之事也”。在《〈民报〉发刊词》中，他甚至设想：“诚可举政治革命、社会革命毕其功于一役，还视欧美，彼且瞠乎后也。”[①]

半殖民地半封建国家那种环境，常常容易使人们在精神上受到压抑，

① 孙中山：《〈民报〉发刊词》，《孙中山选集》上卷，人民出版社1956年版。

造成一种民族自卑感。孙中山却在艰难困苦的岁月中，信心百倍地展望未来。深信中华民族终将站起来，以独立富强的姿态自立于世界民族之林。这种高度的民族自尊心和自信心，正是一个半殖民地半封建国家的人民所需要的。它成为在那些黑暗的年代里鼓舞中国人民奋发向前去夺取美好明天的巨大精神力量。

这些，都是中华民族在辛亥革命那个时期内从客观事实反复教育下获得的新认识和新觉悟，也是辛亥革命时期先进的思想家政治家们给我们留下的宝贵的精神财富。只要比较一下就可以看到，它比19世纪末人们的认识和觉悟是大大向前跨进了一步。

尽管民主革命思潮还有这样那样的弱点，尽管辛亥革命最后还是失败了，可是，一个民族一旦有了新的认识和新的觉悟，他就再也不会倒退到原来那种状态中去，只会在这个基础上继续前进，寻求新的救国真理。而这些新认识和新觉悟的合理部分自然会保存下来，得到丰富和提高，在以后的岁月中继续显示出它的力量来。①

第六节　新文化运动——民主科学思潮

20世纪初叶，新文化运动的英雄们高扬理性的口号与旗帜，在中国的大舞台上呐喊与战斗，演出了中国历史上最为壮观的一幕——新文化运动，掀起了一股发人深思、令人猛醒的民主科学思潮。新文化运动——民主科学思潮是中国近代社会思潮发展的最高峰，也是中国近代社会思潮的

① 胡绳武、金冲及：《从辛亥革命到五四运动》第33—37页，湖南人民出版社1983年版。

终结与转弯。

一、新文化运动的深层动因

新文化运动于1915年9月轰然炸开，自然有着多重多种、错综复杂的原因。对此，早在1920年年初，新文化运动的主将李大钊就曾指出：新文化运动并“不是几个青年凭空造出来的”，而是“应经济的新状态，社会的新要求发生的”。[①]李大钊这段基于切身体验的话，向人们道破了新文化运动爆发的深层原因。具体说来，其原因主要是中国民族工业的进一步发展。

从1915年至1918年，即第一次世界大战期间，中国民族资本主义得到进一步发展，出现了中国民族资本主义发展史上的第三次繁荣。其突出表现是：首先，工厂和资本在数量上迅速增加。据北京政府农商部统计，各种工业公司从战前1914年7月的16家至战后1920年增为418家，增加了186%；资本从4100万元增加到15800余万元，增加了285%。从各个部门发展情况来看，除个别部门外，几乎都有了发展，其中以轻工业，特别是纺织业、面粉业的发展最为显著，面粉厂1911年全国约为40家，1919年增至120家，资本由60多万元增至4500万元。其次，拥有巨额资本的大企业在数量上迅速增加。1912年资本在百万以上的大企业约有25个，1919年增加到43个。如上海申新纺织公司1916年开设时，原定资本不过30万元，1917年至1922年增设3个分厂，资本增加至600余万元。与巨额资本大企业增多相反，5万元以下的小企业则逐渐减少，由1914年的856个，减为1920年的356个。巨额资本大企业的出现和增多，有利于大规模地进行生产，使工业生产力有了进一步发展，并出现了许多新兴的工业部门，如制盐、制碱、橡胶、油漆、搪瓷等工业，都是从大战期间开始兴办的。中国民族资本主义的发展，使中国民族资产阶级的力量有所增加。1914年3月，中华全国商会联合会成立。民族资产阶级实力的增加，加深

---

① 李大钊：《由经济上解释中国近代思想变动的原因》，《新青年》第7卷，第2号。

了同帝国主义和封建势力的矛盾，他们一定程度上要求反对帝国主义和封建军阀。

随着中国资本主义的进一步发展，外国在华投资的增加，中国无产阶级队伍也日益发展壮大。辛亥革命前，中国近代产业工人不超过60万人，到1919年五四运动前已达200万人左右。他们的人数虽少，但非常集中，大多数在上海、武汉、广州、天津、青岛、济南等工业城市和矿区，并主要集中在铁路、矿山、航运、造船、纺织、面粉等企业中，这种集中性有利于工人阶级组织程度和斗争水平的提高。同时，中国工人阶级由于身受帝国主义、封建势力和资产阶级的三重压迫，所受的剥削和压迫的程度是世界各国所少见的。因此，从诞生之日起，就不断进行斗争。大战期间，中国工人阶级的罢工运动显著增加，1914年至1919年5月，全国罢工共有108次之多，相当于1871年至1911年罢工次数的总和。同时大战期间的工人罢工斗争又明显地开始由经济斗争转向反帝反封建的政治斗争，如1915年反对“二十一条”运动和1916年反对法国强占天津老西开的斗争，就是这一时期两次大规模的反帝反封建的政治斗争。总之，第一次世界大战期间，中国工人阶级的日益成长壮大，工人运动日趋高涨，表明中国工人阶级已开始由自在阶级向自为阶级转变。

以上我国民族资本主义的发展与工人阶级的成长壮大，为新文化运动的兴起提供了物质基础和阶级条件。

二、新文化运动的主要内容

1915年9月5日，陈独秀在上海创办《青年杂志》，是新文化运动兴起的标志。在创刊号上，陈独秀发表了《敬告青年》一文，公开举起了民主与科学的大旗，号召青年以“利刃断铁，快刀理麻”的精神，向封建思想文化发起进攻，吹响了新文化运动的号角。从第二卷起，《青年杂志》改名为《新青年》。1917年1月因陈独秀应蔡元培之聘任北京大学文科学长，《新青年》编辑部从上海迁到北京。在这以后，李大钊、胡适、刘半农、钱玄同等人也先后来到北大，鲁迅虽未到北大任教，但因长期在教育部，又和《新青年》杂志有联系，因而和北大也保持着密切联系。1918年1月，《新青年》杂志由陈独秀个人主编改为同仁刊物，由陈独秀、李大钊、鲁迅、胡适、钱玄同、刘半农等人轮流编辑。于是以《新青年》和北京大学为中心，形成了一个新文化阵营，掀起了新文化运动。

新文化运动的内容主要有以下几个方面：

（一）提倡民主

自从陈独秀在《青年杂志》创刊号，首先提出民主与科学这两面大旗后，提倡民主便成为新文化运动最基本的内容。新文化运动创始人所提倡的民主（人权）的基本内容和要求，就是每个人都“各有自主之权，绝无奴隶他人之权利，亦绝无以奴自处之义务”。他们说，“自人权平等之说兴，奴隶之名，非血气所忍受”，因而激励人们要树立进取精神，从封建专制和封建思想的奴役束缚下解放出来。具体地说，就是“破坏君权，求政治之解放也；否认教权，求宗教之解放也；均产说兴，求经济之解放也；女子参政运动，求男权之解放也”。而作为根本则是要确立个人独立平等的人格，他们说：“解放云者，脱离夫奴隶之羁绊，以完其自主自由之人格之谓也。我有手足，自谋温饱；我有口舌，自陈好恶；我有心思，自崇所信；绝不认他人之越俎，亦不应主我而奴他人；盖自认为独立自主之人格以上，一切操行，一切权利，一切信仰，唯有听命各自固有之智能，断无盲从隶属他人之理。”①这就是新文化运动创始人所提倡的民主。

民主就是实现个人的自主自立，新文化运动创始人对民主的这种理解显然高于维新派和资产阶级革命派。他们所要求和提倡的这种民主，就国家而言，是推翻君主专制统治，建立自由平等的资产阶级共和国，反对任何个人专制，“由专制政治，趋于自由政治；由个人政治，趋于国民政

① 陈独秀：《敬告青年》，《五四运动文选》第2—3页，三联书店1959年版。

治；由官僚政治，趋于自治政治”。一句话，“弃数千年相传之官僚的专制的个人政治，而易以自由的自治的国民政治”①。这种政治的理想榜样就是法国和美国的资产阶级民主共和国。“美利坚力战八年而独立，法兰西流血数十载而成共和，此皆吾民之师资。”②就个人而言，则不仅获得政治和经济上的民主，而且要获得人格独立、个性解放，即“法律上之平等人权，伦理上之独立人格，学术上之破除迷信，思想自由”③，也是以法国的人权学说为蓝本，认为法国大革命所发布的《人权宣言》，是法兰西人对人类近代文明的巨大贡献，认为“人类之得以为人，不至永沦奴籍者，非法兰西人之赐而谁耶？”④

新文化运动的创始人，不仅提出了民主的口号，而且号召青年为实现民主而“自觉奋斗”。首先是反对封建专制，因为专制与民主是极不相容的。李大钊说：“盖民与君不两立，自由与专制不并存，是故君主生则国民死，专制活则自由亡。”⑤他揭露辛亥革命所建立的民国，不过是徒具形式的“假共和”，是“今之所谓共和，所谓立宪者，乃少数政党之主张，多数国民不见有若何切身利害之感而有所取舍也”，“共和立宪而不出于多数国民之自觉与自动，皆伪共和也，伪立宪也”。因此号召人们在政治上觉悟起来，抛弃封建社会那种“惟官令是从”的奴隶思想，和对政治“若观对岸之火”的中立态度，置身政治潮流之中，“自居于主人的主动地位”，“必弃数千年相传之官僚专制的个人政治，而易以自由自治的国民政治”⑥。其次是反对封建的宗法制度和伦理道德，特别是反对儒家的三纲之说。他们认为：“三纲之根本义，阶级制度是也。所谓名教、所

① 陈独秀：《吾人最后之觉悟》，《五四运动文选》第16页，三联书店1959年版。

② 陈独秀：《议抵抗力》，《青年杂志》第1卷，第2号。

③ 陈独秀：《袁世凯之复活》，《五四运动文选》第58页，三联书店1959年版。

④ 陈独秀：《法兰西人与近世文明》，《青年杂志》第1卷，第1号。

⑤ 《民彝与政治》，《李大钊选集》第56页，人民出版社1954年版。

⑥ 陈独秀：《吾人最后之觉悟》，《五四运动文选》第15—16页，三联书店1959年版。

谓礼教，皆以拥护此别尊卑、明贵贱之制度者也。”而“共和立宪制，以独立、自由、平等为原则，与纲常阶级制为绝对不可相容之物，存其一必废其一”，因而号召人们挣脱封建宗法制度和伦理道德的羁绊，实现“伦理的觉悟”①。

（二）提倡科学

提倡科学，是五四新文化运动的另一面大旗。陈独秀说：民主和科学“若舟车之两轮”，必须“并重”。“科学之兴，其功不在人权说下”，因为一个人只做到自主独立，如果不懂科学，不能正确对待客观事物，就会“无知妄作”，不论士、农、工、商、医，都将受害不浅。陈独秀认为“近代欧洲之所以优越他族者”，就在“科学之兴”。中国人民要脱离蒙昧时代，“凡此无常识之思维，无理由之信仰，欲根治之，厥为科学”②。

所谓科学，就是运用近代自然科学和唯物主义的观点看待事物，“举凡一事之兴，一物之细，罔不诉之科学法则，以定其得失从违”；就是“以科学说明真理，事事求诸实证”③。

为此，他们首先以自然科学为武器，反对迷信，狠狠打击鬼神论。中国在几千年的封建专制统治之下，封建迷信一直很盛行。辛亥革命之后，反动统治阶级一面大搞复古主义，提倡尊孔读经，一面大力宣传鬼神之说，在部分知识分子当中也流行“祀天、信鬼、修仙、扶乩”等封建迷信活动，上海还设立灵学会，编发《灵学》丛志，宣传鬼神之存在，能用“科学”方法证明，说什么“鬼神之说不张，国家之命遂促”。针对这些谬论，《新青年》在1918年发表了一系列文章，其中陈独秀的《有鬼论质疑》向有鬼论者提出八个问题，揭穿他们的矛盾，使之不能自圆其说；指出“灵学”完全是奸民所为，用以欺人牟利的骗人之谈，提倡“灵学”

---

① 陈独秀：《吾人最后之觉悟》，《五四运动文选》第17页，三联书店1959年版。

② 陈独秀：《敬告青年》，《五四运动文选》第7页，三联书店1959年版。

③ 陈独秀：《敬告青年》，《五四运动文选》第7页，三联书店1959年版。

的人完全是一群妖孽，号召青年“如果你还想在二十世纪做一个人，你还想中国在二十世纪做一个国家，你自己承认你有脑筋，你自己还想研究学问，那么，赶紧鼓起你的勇气，奋发你的毅力，剿灭这种最野蛮的邪教和这班兴妖作怪胡说八道的妖魔”[①]。鲁迅也指出：“现在有一班好讲鬼话的人，最恨科学，因为科学能教道理明白，能教人思路清楚，不许鬼混，所以自然而然地成了讲鬼话人的对头。”[②]他们坚信：“人类将来真实之信解行证，必以科学为正轨。一切宗教，皆在废弃之列。”[③]

在批判和反对有鬼论的同时，他们还反对偶像崇拜，主张“崇拜真理”，树立真理的权威。封建迷信总是与偶像崇拜连在一起，封建社会人们所崇拜的偶像是从天、地、神、佛到名哲圣贤，多得数不胜数。对这些偶像，陈独秀形容他们是：“一声不做，二目无光，三餐不吃，四肢无力，五官不全，六亲不靠，七窍不通，八面威风，九（音同久）坐不动，十（音同实）是无用。”指出：“偶像何以应该破坏？这几句话可算说得淋漓尽致了。但是世界上受人尊重，其实是个无用的废物，又何只偶像一端？凡是无用而受人尊重，即是废物的，都算是偶像，都应该破坏。”不把宗教上、政治上、道德上自古相传的那些虚伪的偶像破坏，“宇宙间实在的真理和吾人心坎儿里彻底的信仰永远不会合一”。因此陈独秀连呼：“破坏！破坏偶像！破坏虚伪的偶像！吾人信仰，当以真实的合理的为标准。”[④]

李大钊则发表了《培根之偶像论》一文，介绍英国17世纪唯物主义哲学家培根的“偶像”说。培根为了打破经院哲学对人们思想的禁锢，曾提出四种偶像，即：“岩窟之偶像”“剧场之偶像”“市场之偶像”“种性之偶像”，李大钊发表此文目的在于反对中国的偶像崇拜，使“举国

① 《新青年》第4卷，第5号。

② 《随感录》，《新青年》第5卷，第4号。

③ 《独秀文存》第1卷，第129页，安徽人民出版社1987年版。

④ 《五四运动文选》第154—156页，三联书店1959年版。

昏昏为崇拜偶像之人，闻培氏说其亦知所感奋乎”[①]。另外李大钊又写了《自然的伦理与孔子》一文，对包括孔子在内的各种偶像崇拜进行了分析批驳，揭露其虚妄与荒谬。李大钊指出：“吾人生于今日之知识世界，唯一自然之真理外，举不足劳吾人之信念，故吾人之真理观，即基源于此唯一自然之真理也。”根据这种伦理观，他分析了古今中外各种偶像崇拜：“历稽中国、印度乃至欧洲之自古传来之种种教宗哲派，要以宇宙有一具绝对理性、绝对意识之不可思议的神秘大主宰。曰天、曰神、曰上帝、曰绝对、曰实在、曰宇宙本源、曰宇宙本体、曰太极、曰真知，名称虽殊，要皆指此大主宰而言也。”这些“教宗哲派”，“或本宗教之权威，或立理想之人格，信为伦理之渊源而超乎自然之上，厥说盖非生于今日世界之吾人所足取也”。因为宇宙的万事万物，是按照自然法则“渐次发生渐次进化”的，道德也是如此，它也必须适应自然和社会的发展进化而变迁。所有这些，“断非神秘主宰之惠与物，亦非古昔圣哲之遗留品也”。李大钊对宗教迷信与偶像崇拜产生的社会原因，所作出的上述解释尽管不十分科学，但他以朴素的唯物观点，断然否定了各种偶像存在的根据，号召青年坚决破除偶像崇拜，为着追求真理，“虽冒毁圣非法之名，亦所不恤”[②]，是十分可贵的。

反对盲从，号召青年对自身与社会作出理性的审视和决断，是新文化运动创始人提倡科学的又一重要内容。他们告诫青年，“一切操行，一切权利，一切信仰，唯有听命于各自固有之智能，绝不能盲从他人”[③]。他们号召青年“奋其智能”，“一遵理性”，凡违背真理者，都排之以去，“冲决过去历史之网罗，破坏陈腐学说之囹圄”。他们鼓励青年充分认识自身的价值，克服自视卑贱的保守退缩心理，要相信“现在必胜于过去，

① 《晨钟报》1916年8月21日。

② 《李大钊选集》第79—80页，人民出版社1954年版。

③ 《五四运动文选》第3页，三联书店1959年版。

青年人必胜于老年”[1]。老年人往往昏聩，青年则多有真知灼见，公开宣称，“倘由知力之深浅而判尊卑，则吾国之老人，当敬礼少壮”[2]。所有这些，都意在使青年用科学的态度观察世界，用科学的态度批判现实，不盲从，不武断，依据真理在“精神上别构真实新鲜之信仰”。

（三）提倡“文学革命”

新文化运动的倡导者们，在向封建主义和愚昧迷信思想猛烈进攻的同时，也向它的表现形式，即当时的旧文风发起了攻击。这是由胡适提倡白话文而引起的，并迅速形成以“文学革命”为内容的新文学运动。

中国最早提倡白话文并不自胡适始。早在1901年，裘廷梁在《论白话为维新之本》一文中，即首举“崇白话而废文言”的大旗，认为流行中国两千多年的文言是蔽人“聪明才力”的“愚天下之具”，疾呼“文言兴而后实学废”，“白话行而实学兴”，奠定了晚清白话文运动的理论基础。次年陈荣衮又发表《论报章宜改用浅说》一文，提出“变法以开民智为先，开民智莫如改革文言”，主张以“文白参半”作为过渡。在此前后，长江上下游地区陆续出版了8种白话报纸，《安徽俗话报》即为其中一种。

《安徽俗话报》是1904年由陈独秀在芜湖创办的。胡适因与陈独秀同乡，是其撰稿人之一。《新青年》创刊后，胡适虽留学美国，仍与陈独秀经常通信，并已开始讨论白话文问题，将其有关“文学革命”的8条基本要领告诉陈独秀。陈独秀得信后极表赞成，要求胡适将其写成一文“以告当世”。胡适遂将这8条写成《文学改良刍议》一文，发表在《新青年》1917年1月刊行的第2卷第5号上。这8条是：①须言之有物；②不慕仿古人；③须讲求文法；④不作无病之呻吟；⑤务去烂词套词；⑥不用典；⑦不讲对仗；⑧不避俗字俗语。胡适在文章中特别强调，为文第一是要言之有物，即要有“真挚之感情”和“高远之思想”，第二是要使白话

① 鲁迅：《呐喊序》，人民出版社1973年版。

② 陈独秀：《按语》，《新青年》第3卷，第2号。

文成为中国文学之正宗，是将来文学必用的锐利武器。[①]

胡适的文章发表后，陈独秀接着写了《文学革命论》，提出了文学革命的三大主义，即推翻雕琢的、阿谀的贵族文学，建设平易的、抒情的国民文学；推翻陈腐的、铺张的古典文学，建设新鲜的、立诚的写实文学；推翻迂晦的、艰涩的山林文学，建设明了的、通俗的社会文学。文章明确表示，“今欲革新政治，势不得不革新盘踞于运动比政治者精神界之文学”[②]，从而使文学革命的目标更加明确。

胡适、陈独秀的文章发表后，钱玄同、鲁迅、李大钊、刘半农等人，也先后发表讨论文章和文学作品，从理论和实践上，声援赞助和参加“文学革命”的运动。鲁迅的《狂人日记》就是在这一背景下写成的，它的内容和形式的完美结合，为白话文运动和文学革命树立了光辉的典范，其影响远远超出了文学界。《新青年》杂志本身，从1918年开始也完全改为白话文，从此以主张白话文为形式的新文化运动便气势磅礴地开展起来。

（四）打倒孔家店

不论是提倡民主与科学，还是提倡白话文，势必促使新文化运动的倡导者们，把批判的锋芒指向以维护封建主义为己任的孔教与孔学。“孔家店”是民主与科学的大敌，“打倒孔家店”就成为新文化运动的又一响亮口号。

陈独秀在批判中，首先着重揭露了孔学的封建性质及其与民主思想、共和制度的根本对立。他说：“‘孔教’本失灵之偶像，过去之化石”，孔子所“提倡之道德”，“垂示之礼教”，“主张之政治”，都是维护封建制度的，“其范围不越少数君王贵族之权利与名誉，于多数国民之幸福无与焉”[③]，与民主制度，大多数人的利益绝不相容。“民主共和的国家组织、社会制度、伦理观念，和君主专制的国家组织、社会制度、伦理观

---

① 《五四运动文选》第65—77页，三联书店1959年版。

② 《五四运动文选》第80—83页，三联书店1959年版。

③ 《五四运动文选》第64页，三联书店1959年版。

念全然相反——一个是重在平等精神，一个是重在尊卑阶级——万万不能调和的”，所以，“要拥护那德先生，便不得不反对孔教、礼法贞节、旧伦理、旧政治；要拥护那赛先生，便不得不反对旧艺术、旧宗教；要拥护德先生又拥护赛先生，便不得不反对国粹和旧文学”[①]。

接着，陈独秀又从经济角度分析了现代生活，指出孔教与现代生活之格格不入。他说：“个人独立主义，乃为经济学生产之大则，其影响遂及于伦理学。故现代伦理学之个人人格独立，与经济学上之个人财产独立，互相证明，其说遂至不可动摇。”于是在现代生活中，每个人“莫不发挥个人独立信仰之精神，各行其事，子不必同于父，妻不必同于夫”。而封建伦理道德却要求“父死三年，尚不改其道；妇人从父与夫，并从其子”，结果“既失个人独立之人格，复无个人独立之财产”，根本不能适应现代的生活与要求，如果强行推行提倡，“以为空间上人人必由之道，时间上万代不易之宗，此于理论上决为必不可能之妄想”[②]，其结果只能遭到失败。

李大钊在《孔子与宪法》文章中，则着重回击了当时尊孔复古的逆流，指出：“孔子者，数千年前之残骸枯骨也；孔子者，历代帝王专制之护符也。”[③]“历代君主，莫不尊之祀之，奉为先师，崇为至上，而孔子云者，遂非复个人之名称，而为保护君主政治之偶像矣”。为此他强调，“故余之掊击孔子，非掊击孔子之本身，乃掊击孔子为历代君主所雕塑之偶象的权威也；非掊击孔子也，乃掊击专制政治之灵魂也”[④]。

吴虞则在《家族制度为专制主义根据论》等文章中，着重抨击了封建家族制度和儒家伦理学说。他说：“儒家以孝悌二字为二千年来专制政治、家族制度联结之根干，贯彻始终而不可动摇。”接着他分析孝、忠、

① 《五四运动文选》第194—195页，三联书店1959年版。

② 《孔子之道与现代生活》，《五四运动文选》第60—62页，三联书店1959年版。

③ 《五四运动文选》第78—79页，三联书店1959年版。

④ 《自然的伦理与孔子》，《李大钊选集》第80页，人民出版社1954年版。

礼、刑之间的相互关系及其作用，这就是：忠由孝而生，忠是孝的反射，“他们教孝，所以教忠，也就是教一般人恭恭顺顺地听他们一干在上的人的愚弄，不要犯上作乱，把中国弄成一个制造顺民的工厂”[①]。为了维护忠孝，又制造出礼来，以礼拴住人们的头脚。然而礼往往拴不住人，于是又订之以刑，所谓“五刑之属三千，罪莫大于不孝”。从孝着手，归根结底是为了维护封建专制。孝——忠——礼——刑，这就是儒家思想之维护封建专制的妙用，危害之大，“其流毒诚不减于洪水猛兽矣”。

在“打倒孔家店”的斗争中，鲁迅则以小说、杂感等文艺形式，通过对不同人物命运的描述和对不同事件的评论，反复强调一个思想：旧势力的凶恶残暴，不在真刀真枪，而在杀人不见血的旧的意识形态，特别是旧的封建礼教对人的侵袭和腐蚀，因此在五四时期反对封建礼教的斗争中，鲁迅是个勇猛的斗士。

1918年发表的《狂人日记》，是鲁迅射向封建礼教的第一枪。在这篇小说中，鲁迅愤怒揭露封建礼教的吃人本质，并以深邃的思想，揭示了封建礼教的根深蒂固与害人之深：“自己想吃人，又怕被人吃了，都用着疑心极深的眼光，面面相觑……”，“四千年来，时时吃人的地方，今天才明白，我也在其中混了多年”。“没有吃过人的孩子，或许还有，救救孩子！”鲁迅对封建礼教的控诉，在人们的思想上引起了强烈震动。

在《我之节烈观》一文中，鲁迅又对夫权主义进行了批判。宣扬节烈是吃人的封建礼教的重要组成部分，1913年，在尊孔的逆流中，各地又出现了不少节烈碑、贞节坊，报刊也经常刊登颂扬“节妇”“烈女”的诗文，为封建复辟制造舆论。鲁迅对在“节烈”名义下无谓牺牲的妇女表示了极大的同情，文章通过层层分析、辩驳，揭露节烈给妇女造成的一系列灾难，“断定节烈这事是：极难、极苦、不愿身受，然而不利自他，无益社会国家，于人在将来又毫无意义的行为，现在已经失去了存在的生命和价值”，号召人们“除去这于人生毫无意义的苦痛，要除去制造并赏玩别

① 《吴虞文录》卷上，第15页，亚东图书馆1939年。

人苦痛的昏迷和强暴”①。

在《我们现在怎样做父亲》一文中，鲁迅又对父权主义进行了深刻批判，指出父亲必须正确教育孩子，使今后的孩子超越自己，超越过去，为了实现这一点，必须使孩子从封建的父权主义下解脱出来。鲁迅号召：“先从觉醒的人开始，各自解放了自己的孩子，自己背着因袭的重担，肩住了黑暗的闸门，放他们到宽阔光明的地方去，此后幸福的度月，合理的做人。”②

新文化运动创始人在“打倒孔家店”的口号声中，对封建思想、封建道德、封建礼教所作的上述批判，表现了可贵的革命精神，其影响远远超出了思想文化领域。

三、新文化运动的历史评价

如何评价新文化运动，几乎从它一开始直到今天，历来是见仁见智，看法不一。

第一，新文化运动的历史地位。

以往，在研究和评价新文化运动时，人们往往仅着眼于它本身，把它作为一个孤立的历史事件来看待，重点探讨它的背景、流程、性质、意义等具体问题。当然，这种致思方法并不失为认识和评价五四新文化运动的一个途径。但我们觉得，把新文化运动放到整个中国近代化运动中去考察和研究，必须获得更深的教益和启迪。

中国近代化运动早在1840年鸦片战争后就开始了，在其发展过程中，有着明显的阶段性。从洋务运动（生产技术近代化）开始，中经戊戌变法和辛亥革命（政治制度近代化），最后到新文化运动（思想文化近代化），由浅入深，从低到高，完成了它的整个发展过程。因此我们认为，新文化运动是中国近代化运动的峰巅。对此，早在1922年4月梁启超就指

① 《鲁迅全集》第1卷，第244页，人民出版社1981年版。

② 《鲁迅全集》第1卷，第257页，人民出版社1981年版。

出："近五十年来，中国人渐渐知道了自己的不足了。这点子觉悟，一面算是学问进步的原因，一面也算是学问进步的结果。第一期，先从器物上感觉不足……第二期，是从制度上感觉不足……第三期，便是从文化根本上感觉不足。第二期所经过时间，比较的很长——从甲午战役到民国六七年止……革命成功将近十年，所希望的件件都落空，渐渐有点废然思返，觉得社会文化是整套的，要拿旧心理运用新制度，决计不可能，渐渐要求全人格的觉醒……所以最近两三年间，算是划出一个新时期来了。"①

但是，新文化运动即是中国近代化运动的峰巅，也是中国近代化运动的终结。因为，从整个新文化运动发展的历程看，俄国十月社会主义革命以后，尤其是五四运动以后，它开始传播马克思主义，为中国共产党的成立做好了思想准备。从这一点上说，它是一座庄严的历史界标，标志着中国新民主主义革命的开始。但在前期，它所打起的民主与科学的旗帜、提出的"打倒孔家店"的口号以及发出的"文学革命"的号召，却正如毛泽东同志所说，仍属资产阶级旧民主主义革命范畴。它和洋务运动、戊戌变法、辛亥革命的结果一样，也没有使中国实现近代化。更为重要的是，从此以后，中国人民再没有沿着旧的路子走，而是在中国共产党的领导下，奔向了新的征程。

第二，新文化运动的历史作用。

首先，新文化运动是一个启蒙运动。它是在二次革命失败后，袁世凯阴谋称帝，反动势力大造尊孔复古舆论，国民招牌也摇摇欲坠的情况下发生的。这个运动的直接目的，是企图通过揭露批判封建思想，肃清它的影响，唤醒人们特别是青年的觉悟，起来维护共和制度，巩固辛亥革命的成果，真正建立起一个法、美式的资产阶级民主共和国。它是辛亥革命在思想领域的继续和深入。如果说在辛亥革命前，中国的资产阶级民族民主革命运动，缺乏一个像法国资产阶级革命以前那种思想启蒙运动来做准备的话，那么在辛亥革命失败之后，补上这一课，无疑是极端需要的。

① 梁启超：《五十年中国进化概论》，载《饮冰室合集》，中华书局1936年版。

其次，新文化运动在封建专制的年代，在封建伦理道德、宗法思想、传统观念网罗密布的黑暗社会，犹如狂飙突起，发出打碎奴隶枷锁和专制制度，要独立自主之人格和平等之人权的呼喊，打击了封建思想，启发了人们的觉悟，使人们从封建思想的束缚下解放出来，唤起了人们对国家民族命运的关心。因此，当巴黎和会中国外交失败的消息传来，在民族处于危亡的紧要关头，觉醒了的中国人民就愤然而起，爆发了伟大的爱国运动。可以说，新文化运动为五四爱国运动准备了一定的思想条件。

最后，新文化运动在思想界特别是青年知识分子中，掀起了要求进步，寻求真理，追求解放的热情，使他们清楚地认识到学习科学和革命思想的迫切性。因此，当资产阶级共和国在中国行不通、西方资本主义社会矛盾更加尖锐的时候，在思想解放基础上努力寻找新出路的先进分子，从俄国十月革命中看到了新曙光和新希望，从而开始接受十月革命的影响，学习和宣传马克思主义。新文化运动为中国人民接受十月革命影响准备了条件，为马克思主义的传播开辟了道路。

第三，新文化运动的历史局限。

从新文化运动的主要内容上看，新文化运动的战士所使用的武器，一般说来，是资产阶级民主主义即资本主义上升时期的人权平等自由说，在社会观上，主要的还是进化论，还不是马克思主义的阶级论。因此，新文化运动是资产阶级旧民主主义的思想革命。这样，它就难免存在某些致命的弱点。例如，他们提倡的民主，具有浓厚的资产阶级人文主义的色彩；他们所要建立的西方式的“新国家新社会”即所谓“共和国宪制”，在中国实际上已宣告了破产；他们所提倡的科学，除了介绍自然科学外，主要是提倡一种求实精神和理性主义，并没有向人们提供一种科学的世界观和方法论，相反，却使胡适在“科学”的名义下，向中国人民贩卖了实用主义；他们的批孔，尽管十分激烈，由于思想方法的片面性和绝对化，没有历史唯物主义的批判精神，没有也不可能消除封建主义的思想统治，更没有彻底清除封建思想的流毒，等等。当然，这些弱点是历史框定，国情使然，我们对这些不应苛求。

诚然，在中国近代社会思潮史上，堪称为“思潮”的思想潮流并不止于以上几种，此外如：文化保守主义思潮、民族主义思潮、进化论思潮、佛教复兴思潮、无政府主义思潮和人道主义思潮等，都在中国近代社会思潮史上占有重要地位，并产生了深远影响。

第四章　思想巨人与社会思潮

历史需要巨人，历史也创造巨人。在中国近代史的各个发展时期，历史造就了一代又一代思想巨人。他们站在历史潮头，“指点江山，激扬文字”，对中国近代社会思潮有催生助长之功，有推波助澜之绩。认真研究思想巨人的思想，是我们深入认识中国近代社会思潮的路标和门径。本章仅选择几位与中国近代社会思潮的主流正脉联系紧密的思想巨人，进行分析和论述。

第一节　魏源与经世思想复兴

所谓“经世”，就是指济世利民、经邦安国、建功立业。经世思想是中国传统文化的精华，也是中国传统知识分子一以贯之的价值取向。具体说来，它包括以下三个互相联系的内涵：一是积极入世的价值观；二是政治本位的人生观；三是佐君教民的事业观。但作为一种整体的思维指向、思想品质、思想方法、学术作风和文化现象表现出来，其外延又极其广泛。从共时态看，有政治、军事、经济、史学、学术等经世思想；从历时态看，有统一、分裂、和平和战争时期的经世思想；从空间分布看，有民族、区域和国家的经世思想。因此，透过历史表象，在理性层次上考察中国历史上一切政治家、军事家、科学家、文学家、艺术家以及民族英雄所成就的一切事业的内驱力，几乎都与经世思想牵牵相结，紧密相连。从这个意义上讲，在坎坷曲折的历史古道上，经世思想与历史发展大势同潮共涌，推动了历史车轮的前进。

但是，清王朝建立以后，为了巩固和维护其异族统治，对知识分子的经世思想进行了残酷的摧折。其手段主要有二：一是以文字狱镇压，一是以科举考试拉拢。在这种情况下，知识分子被迫走上一条脱离实际、逃避现实的道路，转而埋头古籍的考证与整理，形成了为考据而考据的乾嘉学派。乾嘉学风犹如恢恢法网一般，疏而不漏地禁锢了知识分子的经世思想。“避席畏闻文字狱，著书都为稻粱谋”，龚自珍这一词锋凌厉的诗句，就是对那个高压时代思想文化界情况的真实写照。

鸦片战争前后，在农民起义火光的惊照下，尤其是在“海警飙忽，军问沓至”的刺激下，魏源异军突起，高扬经学经世、史学经世、学术经世的大旗，并究心现实问题，开创了经世思想复兴的契机。与此同时，贺长龄、龚自珍、林则徐、黄爵滋、姚莹、徐继畬、包世臣、张穆等一批敏于时事的封建士大夫也将视野从故纸堆转向矛盾丛生、危机四伏的现实世界。由是，一股生机勃勃的经世思潮蔚然兴起。魏源的经世思想是鸦片战争前后经世思潮中的一排巨浪，也对经世思想的复兴具有启动之功。其主要内容大致有以下几个方面。

一、经学经世

经学是中国传统知识分子经世治国的基本理论。所谓“以《诗》观察民情舆论，以《书》考验世势变化，以《礼》导化民风世俗，以《春秋》断狱决讼”，就是对经学经世的概括和总结。但清朝统治者出于维护其极端专制的需要，却罢黜儒学内部其他各派，独尊程朱理学一家。如康熙皇帝就曾吹捧朱熹："文章言谈之中，全是天地之正气，宇宙之大道。朕读其书，察其理，非此不能知天人相与之奥，非此不能治万邦于衽席，非此不能仁心仁政施于天下，非此不能外内为一家。"[①]同时，清朝统治者还提倡考据之学。因而，宋学汉学一统经学殿堂，经学完全走进了空谈义理、抱残守缺、逃避现实、与世无补的逆流中。对此，魏源大声疾呼经学经世，力挽狂澜般地扭转了经学研究的方向。

魏源的经学经世思想，突出表现在他的"通经致用"上。怎样学习才能做到"通经"？魏源认为，首先要有一个明确的学习目的，要"先立其大者"。所谓"大者"，就是关系到"天下之治"的学问。他认为，要"通经"，就要着重学习像《尚书·洪范》那种对国家大政具有指导意义的经书，把它学懂弄通。这些经书学不好，那些讳言兵食，只讲义利的书读得再多也无用。其次，在学习方法上，魏源主张学习经学要直观经义，不要借助后世的传注，要直接研究东汉的典章制度，由东汉的典章制度再进一步阐发西汉的微言大义。以上二者结合起来，才能做到"通经"。最后，将经学、政事、文章统一起来，救裨现时当世，服务国计民生，才真正达到了"通经致用"的目的。

为此，魏源在经学领域进行了艰辛的探索。当时，齐鲁魏三家诗为今文经，颇遭冷遇，而毛诗为古文经，则独领殊荣。魏源继承了今文经"微言大义"之家法，对齐鲁魏毛之诗一起研究，欲从《诗经》中探求到三代政风之"深微"。"此所谓深微者也，深微者何？无声之礼乐，志气塞乎天地，此所谓与观群怨可以起之诗，而非徒章句之诗也。"[②]沿此思路，魏源于1829年著成《诗经》研究一书，其名曰《诗古微》。魏源自释《诗古微》道："《诗古微》何以名？曰：所以发挥齐、鲁、韩三家《诗》之微言大谊，补苴其罅漏，张皇其幽渺，以豁除《毛诗》美刺正变之滞例，

① 《朱子全书·序》，古香斋乾隆十一年刻本。

② 《古微堂内外集》第7卷，第63页，淮南书局光绪四年刻本。

而揭周公、孔子制礼正乐之用心于来世也。”[①]可见魏源治诗，虽亦注重经文与版本，但尤注重主观之体验，寻求思想之内涵。在同一年，魏源又撰成《董子春秋发微》一书。魏源颇憾何休之注《春秋》，未言及董仲舒之《春秋繁露》。而“近日曲阜孔氏、武进刘氏皆《公羊》专家，亦止为何氏拾遗补阙，而董生之书〔莫〕之详焉”。因此，魏源除重视董仲舒著作的学术价值之外，更注重其思想价值。他指出：“若谓董生疏通大诣，不列经文，不足颉颃何氏，则其书三科九旨，灿然大备，且宏通精淼，内圣而外王，蟠天而际地，远在胡母生、何邵公章句之上。盖彼犹泥文，此优柔而餍饫矣。彼专析例，此则曲畅而旁通矣。故抉经之心，执圣之权，冒天下之道者，莫如董生。”[②]1830年，魏源与龚自珍同为前一年逝世的刘逢禄刊校遗书。事毕后，魏源撰《两汉经师今古文家法考叙》，指出：“两汉经师承七十子微言大义，皆以自得之学，范阴阳，矩圣学，规皇极，斐然与三代同风；而东京亦未有闻焉。”[③]因此，魏源服膺今文经，不仅是对乾嘉考证训诂之反动，而且欲在经学的范畴内，探求学术治体之本原，一如董仲舒等西汉经师之以“自得之学，范阴阳，矩圣学，规皇极，斐然与三代同风”。

这样，魏源的《诗古微》《董子春秋发微》两书和《两汉经师今古文家法考叙》一文，便上承庄存与的《春秋正辞》，下启康有为的《新学伪经考》和《孔子改制考》，成为晚清今文经学发展史上的一座里程碑。从此，以往气息奄奄的经学又散发出了时代气息。

二、史学经世

史学是中国传统知识分子经世治国的重要工具。如司马迁就自称他研究历史，是为了“究天人之际，通古今之变”。司马光把《资治通鉴》进

---

① 《古微堂内外集》第7卷，第62页，淮南书局光绪四年刻本。

② 《古微堂内外集》第7卷，第63页，淮南书局光绪四年刻本。

③ 《古微堂内外集》第1卷，第35页，淮南书局光绪四年刻本。

献给北宋皇帝，也为的是“鉴前世之盛衰，考当今之得失，嘉善矜恶，取是舍非”[①]。章学诚更明确提出了“史学所以经世”的主张。他在阐发这一主张时说：“或问：事功气节，果可与著述相提并论乎？曰：史学所以经世，固非空言著述也。且如六经同出于孔子，先儒以为其功莫大于《春秋》，正以切合当时人事耳。后之言著述者，舍今而求古，舍人事而言性天，则吾不得而知之矣。学者不知斯义，不足言史学也。”[②]正因为如此，在中国历史上，史学与历史构成一种互相激荡的关系，伴随历史发展而不断发展，并时时与现实生活对话，起到了鉴往知来、嘉善矜恶、取是舍非的经世作用。

清朝建立以后，为巩固异族统治，在残酷阉割经学精义的同时，也对史学进行了无情的摧折。乾隆年间，清政府以征集遗书、编纂《四库全书》为招牌，在全国展开了大规模的图书集中运动。为确保民间将藏书全部交出，乾隆还亲下上谕催征。[③]据清人统计，在清政府的严词恫吓和各级官吏的强收硬缴下，从乾隆三十七年开始征集遗书，至乾隆三十九年，三年中共征书13781种。对于这些书籍，清政府主要采取两种处理方法：一种是抽毁，即将有“夷”“胡虏”“戎”等“触违字样”的书籍，或改正字句，或删除有关段落；一种是全毁，即将“词意抵触”“违碍”“狂悖”之书整本销毁。在毁书的同时，文字狱自然迭兴不断。在乾隆这种血腥的文化专制统治下，知识分子时常提心吊胆，不敢议论当时的社会问题，更不敢编辑历史。梁启超说：“文字狱频兴，学者渐惴惴不自保，凡学术之触时讳者，不敢相讲习。”[④]鲁迅先生更犀利地指出：“为了文字狱，使士子不敢治史，尤其不敢言近代事。”[⑤]

---

① 《资治通鉴·进书表》，中华书局1956年点校本。

② 章学诚：《文史通议》，内篇二，《浙东学术》，道光十二年刊本。

③ 《清实录·高宗实录》第946卷，台湾华文书局1964年影印本。

④ 梁启超：《清代学术概论》，中华书局1954年版。

⑤ 鲁迅：《买小学大全记》，载《且介亭杂文》。

鸦片战争前后，魏源在揭橥经学经世大旗的同时，也发出了史学经世的呐喊，向死气沉沉的史学界发起了挑战。他强调研究历史要为解决现实问题提供历史借鉴，指出“今必本夫古”，没有古就没有今，古今之间一脉相通、不可割断。因此他认为：要通今，必知古，“盖欲识济时之要务，须通当代之典章，欲通当代之典章，必考屡朝之方策”①；要救治当世之弊，也必须“质之往古”，这是由于“今昔病药之相沿，常以对治而益著”②。由此而形成了他的“史学经世”思想。从这一思想出发，魏源先后撰成《圣武记》《道光洋艘征抚记》和《元史新编》等三部饱含经世意蕴的历史著作。

1840年6月，鸦片战争爆发，魏源参加裕谦幕府，在浙江抗击英国侵略军，由于投降派操纵权柄，使战争归于失败。魏源对此极其不满，他愤国事之日非，慨世情之日下，“有感而著《圣武记》”。《圣武记》为纪事本末体裁，前10卷叙事，分述清初建国、平定三藩、绥服蒙古、戡定回疆、抚绥西藏、戡定金川等等，将其始末说得非常清楚。后4卷则为作者的议论，对于练兵之方、整军之策、筹饷之法、应敌之略等等，记述尤为详细。在鸦片战争失败以后，魏源歌颂清初的“盛世”武功，畅谈自己的经世方略，旨在证明欲振萎靡之人心，莫如行军法之治，所谓“帝王处蒙业久安之世，当涣汉大号之日，必虩然以军令饬天下之人心，皇然以军食延天下之人材。人材进则军政修，人心肃则国威遒。一喜四海春，一怒四海秋。五官强，五兵昌，禁止令行，四夷来王，是谓之战胜于庙堂，是以后圣师前圣，后王师前王。师前圣前王，莫近于我列祖列宗矣”③。魏源的这种爱国主义思想和史学经世意识，对当时的思想界震动很大。因此，当《圣武记》于1842年以古微堂名义刊出后，立刻受到读者欢迎，正如他在自记中所说：“是《记》当海疆不靖之时，索观者众，

① 《魏源集》第160页，中华书局1983年版。

② 《魏源集》第163页，中华书局1983年版。

③ 魏源：《圣武记》第2页，上海申报馆光绪四年刊本。

随作随刊。”

魏源在完成《圣武记》一书的同时，还撰著了《道光洋艘征抚记》一书，但成书后没有立即刊刻问世，直到1846年《圣武记》第三次重订时才“补刊”出版。《道光洋艘征抚记》一书分上下两篇，主要记述鸦片战争的经过，揭露英国走私鸦片、发动鸦片战争、侵略中国的种种罪行；赞扬林则徐、邓廷桢等人的坚决抵抗和三元里人民的抗英斗争；同时对清廷昏聩、官兵腐败，特别是琦善、奕山割地赔款、卑怯求和的丑行，也依据事实，秉笔直书。《道光洋艘征抚记》一书的真正历史意义，不仅在于它及时准确地记录了鸦片战争的历史，而且在于它开导了纂修当代历史、把脉时事走向的先河。

此外，魏源面对西北边事的紧迫和国人对西北边疆沿革的无知，尤其是面临清王朝的衰弱和国内民族矛盾的激化，亦感慨万千。为总结元朝灭亡的教训为清廷提供借鉴，他于1853年又编著《元史新编》一书。该书凡14本纪、42列传、7表、32志，总计95卷，逾100万字。其中除列传中《元末群盗》和《释老传》《遗逸传》有目无文外，体例基本统一贯通。在该书中，魏源指责元代民族歧视，“内北外南”，赞成满汉地主联合；痛斥奸臣叛将，主张整顿吏治，改革官僚机构；崇尚实政，“留意经济之学”；宣扬“正统论”，鼓吹“天道循环”，希冀转衰为盛。该书撰成后，不仅为官僚士大夫了解边疆史地掌故提供了丰富的资料，而且通过有元一代的盛衰兴亡为现实提供了一面镜子。

总之，魏源《圣武记》《道光洋艘征抚记》和《元史新编》三书的出版，举起了史学经世的旗帜，使中国史学经过一段弯路以后，又重新走上了鉴往知来、嘉善矜恶、取是舍非的经世道路。

三、学术经世

学术经世是一个大范畴，它理应包括经学经世、史学经世等。但为了论述的清晰和方便，我们这里仅从狭义上将学术经世单独开列出来。

魏源的学术著作主要有两部，一部是《皇朝经世文编》，一部是《海国图志》。这两部著作比较集中和突出地反映了魏源的经世思想。

《皇朝经世文编》名义上由贺长龄主持，实际上是由他的幕僚魏源编辑的。魏源编辑《皇朝经世文编》虽略仿明代的经世文编和陆耀的《切问斋文钞》，但在整个编辑原则上却以经世思想一以贯之。他代贺长龄所作的《皇朝经世文编·叙》，不啻为晚清经世思想复兴的一份公开宣言。文中所提观点，虽皆从一般所熟知的观念开始，但笔锋一转，新思想新观念又随之而生。一曰："事必本夫心……然无星之秤不可以程物，轻重生权衡，非权衡生轻重。善言心者必有验于事矣。"二曰："法必本夫人……然恃目巧，师意匠，般尔不能闭造而出合。善言人者必有资于法矣。"三曰："今必本夫古……然昨日之历今日而不可用，高曾器物，不如祖父之适宜。时愈近，势愈切……善言古者必有验于今矣。"四曰："物必本夫我……然两物相磨而精出焉，两心相质而疑形焉，两疑相难而易简出焉……善言我者必有乘于物矣。"[①]魏源在《皇朝经世文编》编辑《五例》中，更明确提出了注重功效与应变技术的经世主张："盖土生禾，禾出米，米成饭，而耕获舂饮之节次，宜各致其功，不可谓土能成饭也；脉知病，病立方，方需药，而虚实补泻之万变，宜各通其要，不得谓一可类推也。"[②]根据这一思想，魏源选录从清初到道光三年各家（702人）奏议、文集、方志、文献中"存乎实用"的篇章，分门别类，汇集成《皇朝经世文编》一书。全书共选录文章2236篇，分为"学术""治体""吏治""户政""礼政""兵政""刑政""工政"等八门。每门再分为若干子目，如"治体"门类又分为"原治""政本""治法""用人""臣职"等5个子目。全书共65个子目。魏源重视现实问题，选录主要依据经世致用的标准，取材及"硕公庞儒，俊士畸民"[③]，不仅限于高官名位。

① 《皇朝经世文编·叙》，道光七年刊本。

② 《皇朝经世文编·五例》，道光七年刊本。

③ 《皇朝经世文编·重校本序》，道光七年刊本。

全书正文之前，列有《姓名总目》，分别介绍作者700多人的简历和专集，便于读者进一步检索。该书出版后，影响颇大，前后多次翻印，“舟车携随”①。在其影响下，此后又有张鹏飞的《皇朝经世文编补》和饶玉成的《皇朝经世文编续集》出版问世。这些著作，是鸦片战争前后知识界提倡经世致用风气的开篇，有力地促进了一代知识分子“务实”“改革”思潮的兴起。

魏源撰著《海国图志》的目的更为明确，他在卷首就指出：“是书何以作？曰：为以夷攻夷而作，为以夷款夷而作，为师夷长技以制夷而作。”②在这部书中，魏源首先提出了“师夷长技以制夷”的伟大口号。“夷之长技者有三，一战舰，二火器，三养兵练兵之法”，中国不师夷长技，就不能战胜夷敌。魏源不仅主张学习西洋武器，而且还注意到夷人的生产技术。“今西洋器械，借风力、水力、火力，夺造化，通神明，无非竭耳目心思之力，以前民用。因其所长而用之，即因其所长而制之”。因此，他主张开局设厂，对于“量天尺、千里镜、龙尾车、风锯、水锯、火轮机、火轮舟、自来水、自转碓、千斤称之属，凡有益民用者，皆可于此造之”。更为重要的是，《海国图志》虽成书于“夷艘方出江甫逾三月”之时，但它仍注意到改革内政远比驭夷更为重要。“明臣有言：‘欲平海上之倭患，先平人心之积患’。人心之积患如之何？非水，非火，非刃，非金，非沿海之奸民，非吸烟贩烟之莠民……去伪，去饰，去畏难，去养痈，去营窟，则人心之寐患祛，其一。以实事程实功，以实功程实事，艾三年而蓄之，网临渊而结之，毋冯河，毋画饼，则人材之虚患祛，其二。寐患去而天日昌，虚患去而风雷行”。最后，魏源满怀信心地指出：中国若学习西方，改革内政，必会“风气日开，智慧日出，方见东海之民犹西海之民”③。《海国图志》是在划时代的历史事变中所诞生的一部划时代

① 《海国图志·序》，平庆泾固道署光绪二年重刊本。

② 《海国图志·序》，平庆泾固道署光绪二年重刊本。

③ 《海国图志》第1卷，第45页，平庆泾固道署光绪二年重刊本。

的学术著作。它出版以后，产生了深远的影响。30年后，专门从事精神生产的王韬指出："近来谈海外掌故者，当以……魏默深司马之《海国图志》为嚆矢，后来作者弗可及也。"[①]50年后，一代维新大师康有为亦将其作为讲"西学"的基础。[②]

魏源《皇朝经世文编》和《海国图志》两书的出版问世，震动了学术界。从此，学术界开始激荡起来了。

四、究心现实问题

魏源不仅治经世之学，而且为经世之业。鸦片战争前后，清政府的统治几乎是有政皆弊，但窳败最深的还是漕运、盐法、河工和兵饷等"四大政"。因此，魏源在以经学、史学和学术经世的同时，也对如何改革"四大政"提出了自己的建策和主张。

清代的漕运主要是通过大运河。由于漕运的各级漕米机构在征收、运输和入库等各个环节上反复转手，层层剥皮，使南漕运耗费惊人，成了清代的一大苛政。对此，魏源在1825年和1829年先后著成《筹漕篇上》《筹漕篇下》，并代江苏布政使贺长龄撰写《海运全案序》《海运全案跋》《道光丙戌海运说》《复魏制府询问海运书》《复蒋中堂论南漕书》等文，积极主张变漕运为海运，并指出：海运"利国、利民、利官、利商"，唯不利从中渔利者。根据魏源的建议，清政府改河运为海运。海运效果甚佳，每石漕粮运费仅是河运的十八分之一。

清代盐法承袭明制，食盐由政府和专利商人共同垄断。结果，盐官和盐商相勾结，一面哄抬盐价盘剥民众，一面以私盐逃避缴税，使国家盐税大减。为解决这一问题，魏源不仅撰写《筹鹾篇》《淮南盐法轻本敌私议序》等多篇论文，揭露盐引法的弊端，阐述票盐法的益处，而且协助两江总督陶澍在两淮地区进行改革，以手续简便的"票盐"代替"引盐"。结

① 《弢园文录外编》第9卷，第273页，中华书局1959年版。

② 《戊戌变法》（资料丛刊）第4册，第115页，神州国光社1953年版。

果，不仅政府盐课大增，老百姓也吃到了廉价的食盐。

河工主要是指治理黄河。黄河水害是困扰有清一代的一个大问题。嘉道之际，黄河因河床日高，决堤数十次。朝廷虽设河道总督专理河工，并拨给巨额银两，疏浚河道河口，但因官僚们贪污和愚蠢，河患非但没有稍少，而且有日趋严重之势。道光二十二年，黄河水患震动全国，魏源著《筹河篇》尖锐批评朝廷河政。他指出："但言防河，不言治河，故河成今日之患；但筹河用，不筹国有，故财成今日之匮。"他揭露乾、嘉以降主持河工的官吏们，贪污浪费，中饱私囊，造成"费浮自上"；同时，"河臣不治海口……海口渐淤，河底亦增高，则又唯事增堤"，如此敷衍塞责，上下欺蒙，堤工费银甚多，而河患并不稍减，又造成"费增自下"。他在对黄河下游的地理形势作认真考察的基础上，大胆地提出了自己的治河意见。当政者对他的意见虽未予以重视，但大自然的规律却证明了他的真知灼见。

兵饷，亦称军储，实际是财政问题。嘉道以降，军费日增，统治阶级追求奢华，贪污成风，国库日趋短绌，财政危机愈益加深。对此，魏源提出了"除弊""节用""塞患"和"开源"四法。所谓"除弊"，即革除漕运、盐法弊政，使中饱私囊者无机可乘；所谓"节用"，即减少庆典，精兵简政；所谓"塞患"，即禁绝"耗中国之精华"的鸦片流行；所谓"开源"，即屯垦、采金、更币。为了开辟财源，魏源还力主开矿，并提出用屯垦的办法解决"八旗生计"。

魏源究心现实问题的经世事业，比起经世思想更为重要，它从实践角度更为有力地启动了经世思潮的复兴。

"千尺丝纶直下垂，一波才动万波随"。魏源以经学、史学和学术经世的经世思想及其究心现实问题的经世实践，恰似那垂钓者的千尺丝纶投入水中，使当时一潭死水的学术界出现了"一波才动万波随"的美妙景观。从此，在中国社会结构的各个层次中，思想文化领域率先从中世纪的黑暗跨入了近代的门槛。

魏源的经世思想有两个突出特点：一是批判旧学，摆脱传统束缚；二是以实用为标准，追求功利价值。前者为经世思潮的复兴扫清了前进的障碍，后者为经世思潮的发展找到了生命的支点。

魏源的经世思想不仅对鸦片战争前后经世思潮的复兴具有启动之功，而且在尔后兴起的洋务思潮、早期改良思潮和维新变法思潮中，仍然闪动着它的影子。如果说前者难能可贵的话，那么后者更值得大书特书。

第二节　洪秀全与平均平等思想兴衰

洪秀全是太平天国农民革命的伟大领袖。1851年1月，他率领广大农民在金田怒举长缨，挥师北上，替天父行道，据半壁江山，在南京建立起了与清政府对峙的历时14年之久的农民政权。太平天国农民政权建立后，洪秀全根据“四有两无”这一基本原则，提出了一整套平均平等思想，并在某些时期和某些地区将其付诸了实施。在当时，洪秀全的平均平等思想所迸射出的火花，给广大贫苦农民带来了无限的希望；它在某些地区和某些时期的实施，给广大贫苦农民带来了一定的实惠；但它的最后失败，也给广大贫苦农民留下了一片令人更加难熬的黑暗，因此，洪秀全的平均平等思想及实践，实质是一个既有理想又有空想、既有胜利又有失败、既有欢乐又有忧伤的矛盾物和多面体。也正因为如此，后人对它的价值判断一直争论不休，有些观点甚至针锋相对，相去甚遥。我们认为，这种争论是必要的，也是值得的，因为中国是一个农业国，农业人口是中华民族的旺族，如果不对农民阶级的平均平等思想作出正确的价值判断，它便会在人们时髦考究的服装下，走入现代社会，影响我们的事业和生活。

一、平均平等思想产生的历史条件

古今中外的思想发展史表明，任何一种思想的产生和发展，都必须具备两个条件：一是怨声载道的社会现实，二是充足富厚的思想养料。当这两者在特定的历史条件下交织在一起的时候，一种新的、英气贯身的思想就产生了。洪秀全的平均平等思想也不例外。简言之，它是当时土地兼并严重的社会现实和源远流长的平均平等思想交锋碰撞的产物，是历史的必然。

太平天国革命前夕的中国，古老的封建社会虽然由于外国资本主义的入侵而正在开始瓦解，但对当时整个中国社会起支配作用的依然是封建的经济关系和封建的政治制度。封建社会生产关系的决定性的特点和基础乃是地主阶级土地所有制，此外，还存在以个体劳动为基础的农民和手工业者的个体所有制。在封建制度下，地主通过三种地租形式，即劳动地租、产品地租和货币地租对农民进行剥削；但在当时中国占统治地位的地租形式乃是产品地租，而劳动地租和货币地租只是作为产品地租的一种补充。地主直接从农民那里榨取的产品地租，不仅包括农民的全部剩余生产物，并且还包括一大部分必要的生产物。近代中国的产品地租量，一般来说是，田之所出，地主得其半，耕者得其半；地租率的数目约占生产物的50%。由于土地是封建社会中最重要的生产资料，是地主阶级赖以剥削农民最重要的资本，因此它就必然成为地主阶级疯狂追求猎取的对象，而大量兼并的结果，又引起土地的高度集中，造成了“富者田连阡陌，贫者无立锥之地”的贫富悬殊越来越尖锐的局面。在漫长的中国封建社会，虽然农民阶级用大刀长矛一次又一次地改变了这种局面，但它却像手术不净的癌瘤一样，总是周期性地出现。太平天国革命前夕，这种现象又出现了。鸦片战争以前，地主官僚兼并了全国一半以上的土地，“田之归富户者，大约十之五六。旧时有田之人，今俱为佃耕之户，每年所入，难敷一年口食”[①]。鸦片战争以后，土地集中情况就全国来说有增无减：根据河北、江苏、浙江、山西、河南、陕西、山东、江西、福建、广东、广西和东北等14省材料说明，全国土地有70%—80%集中在10%—30%的少数人手中，60%—90%的多数人则没有土地。就太平天国所在地金田地区及附近来说，情况尤为严重，桂东南各县官僚地主霸占的土地，普遍超过当时耕地面积的80%—90%。那时，金田村的750亩耕地，地主霸占了662亩，占88.3%；农民有88亩，仅占11.7%。地主阶级利用手中的土地，对农民阶级进行残酷的经济剥削。农民阶级经年劳作，不得温饱，一遇荒年歉岁，更是哀鸿遍野，饿殍满地。

除土地大量兼并以外，清政府还实行了一系列民族压迫政策。第一，在政权方面，差不多完全集中在皇帝和满族贵族手中。第二，他们在入关后，立即发布最伤民族感情的剃发令，强迫汉人剃发以表示他们被征服的地位。第三，清政府还大兴文字狱以造成恐怖，编纂《四库全书》以销毁历代反侵略反封建的革命文献。至于对国内其他少数民族，清朝统治者则从17世纪到18世纪进行了将近100年的征服战争，利用宗教信仰、挑拨离间以及“改土归流”等方法，来控制和镇压他们。因此，民族歧视和民族压迫是清朝政治统治的一个突出特点。

这样，土地兼并造成的经济不平均和民族压迫造成的政治不平等，就犹如两把锋利的尖刀，同时剜着广大被压迫被剥削人民的心。他们怒目圆睁，上下求索，恨不能把不平均不平等的社会现实一下子扫到九霄云外。洪秀全就是其中的一个突出代表，他挥起平均平等的思想巨斧，勇猛地砸向不平均不平等的社会现实。虽然它没有把平均平等真正撒向人间，但它却迸射出了一束令人感奋的寒光。那么，洪秀全平均平等的思想巨斧是怎样浇铸而成的呢？概括起来，就是以下三种思想在不平均不平等的严酷现实面前汇结通融的结果。

---

① 贺长龄：《皇朝经世文编》第39卷，道光七年刊本。

一是中国传统文化中的“大同”思想。在中国传统文化中，“大同”思想得到了充分的阐发。例如，《礼记·礼运篇》中就有一段对大同世界的著名描述：“大道之行也，天下为公，选贤与能，讲信修睦，故人不独亲其亲，不独子其子，使老有所终，壮有所用，幼有所长，鳏、寡、孤、独、废疾者皆有所养。男有分，女有归。货恶其弃于地也，不必藏于己；力恶其不出于身也，不必为己。是故谋闭而不兴，盗窃乱贼而不作。故外户而不闭，是谓大同。”[①]洪秀全是一个农村知识分子，为了考取功名，从小就攻读四书五经，儒家思想在他头脑中打下了深深的烙印。因而，他吸收了中国传统文化中的“大同”思想。

二是中国历史上农民阶级的平均思想。中国历史上有大小无数次农民起义，从陈胜、吴广到李自成，他们在自己的战斗旗帜上无不直接书写着平均字样或间接渗透着平均精神。平均主义是农民阶级反对封建主义的理论武器和斗争传统。尤其是天地会“忠义堂前无大小，不贪富贵不欺贫”的平等观念，在两广地区更有强大的影响。洪秀全从小生活在农村，并参加过生产劳动，对农民阶级所受的剥削和压迫有亲身的感受，对农民阶级摆脱贫困的愿望有深切的体会。因而，他吸收了中国历史上农民阶级的平均主义思想。

三是基督教教义中的平等思想。毫无疑问，神学宗教实质是一种精神鸦片。但在早期基督教的教义中，却存在着不少朴素的平均平等的思想因素。诸如：不杀人不害人，不奸淫邪乱，不偷窃抢劫，不贪财受私，等等。洪秀全很早就接触到基督教教义，先是读了《劝世良言》，后又读了《新旧约全书》，在基督教教义的熏陶下生活了多年。因而，他吸收了基督教教义中的平等思想。

现实是潜在意识发展成为思想体系的触媒。在不平均不平等的严酷现实刺激下，洪秀全将中国传统文化中的大同思想、历代农民阶级的平均思想和基督教教义中的平等思想融汇在一起，构筑起了自己独特的平均平等

---

① 《礼记·礼运》，江南书局光绪十九年重刻本。

的思想框架，浇铸成了自己的杀向不平均不平等社会的思想巨斧。

二、平均平等思想的主要内容

洪秀全的平均平等思想是一个宏富庞杂的体系，举凡政治、经济、文化、教育、外交、妇女等几乎无所不包。但《天朝田亩制度》是洪秀全平均平等思想的重要载体，这里仅根据《天朝田亩制度》将洪秀全的平均平等思想胪陈如下。

《天朝田亩制度》是洪秀全在太平天国定都南京后于1853年冬颁布的。它主要针对农村，其中心内容是彻底废除封建土地制度，把土地按人口平均分配给农民，也包括了建设地方政权、规定生产和生活方式等许多内容。它是太平天国的一个纲领性文件，是人间天国理想的具体化和纲领化。其最主要的内容如下：

一是废除封建土地所有制，把天下土地平均分配给广大农民。《天朝田亩制度》把作为地主财产的最主要的生产资料——田地看成是上帝的财产，“天下皆天父上主皇上帝一家，天下人人不受私，物物归上主”，从而规定“凡天下田，天下人同耕”。如何同耕？《天朝田亩制度》从以下三个方面作了具体规定：（1）“凡分田，照人口，不论男女，算其家口多寡，人多则分多，人寡则分寡，杂以九等”。所谓“杂以九等”，即“凡田分九等。其田一亩，早晚两季可出一千二百斤者为尚尚田；可出一千一百斤者为尚中田；可出一千斤者为尚下田；可出九百斤者为中尚田；可出八百斤者为中中田；可出七百斤者为中下田；可出六百斤者为下尚田；可出五百斤者为下中田；可出四百斤者为下下田。尚尚田一亩当尚中田一亩一分，当尚下田一亩二分，当中尚田一亩三分五厘，当中中田一亩五分，当中下田一亩七分五厘，当下尚田二亩，当下中田二亩四分，当下下田三亩……（分田时）杂以九等，如一家六人，分三人好田，分三人丑田，好丑各一半”。（2）“凡男妇每一人自十六岁以尚，受田多逾十五岁以下一半。如十六岁以尚分尚尚田一亩，则十五岁以下减其半，分尚尚田五分”。（3）“凡天下田，天下人同耕。此处不足，则迁彼处，彼处不足，则迁此处。凡天下田，丰荒相通，此处荒则移彼丰处，以赈此荒处；彼处荒则移此丰处，以赈彼荒处”。以此来把天下土地平均地分给农民。

二是按照太平天国军事组织体系把全国人民组织起来，建立地方政权。即“每一万三千一百五十六家先设一军帅，次设军帅所统五师帅；次设师帅各所统五旅帅，共二十五旅帅；次设二十五旅帅各所统五卒长，共一百二十五卒长；次设一百二十五卒长各所统四两司马，共五百两司马；次设五百两司马各所统五伍长，共二千五百伍长；次设二千五百伍长各所统四伍卒，共一万伍卒。通军人数共一万三千一百五十六人”。从军帅到伍长，都由人民选举本地人充任，所以叫作乡官。在农村生活中，统率25家的两司马负有组织生产、管理财政等方面的责任，是农村生活的组织者和领导者。两司马所在的地方，设立一个国库，在收成的时候，由两司马督伍长“除足其二十五家每人所食可接新谷外，余则归国库。凡麦、豆、苎麻、布帛、鸡、犬各物及银钱亦然”。25家的婚娶吉喜事，由两司马根据规定用国库财物来办理。鳏寡孤独废疾者，亦则国库所养。至于25家的陶冶木石等匠，则用伍长及伍卒充之，农隙治事。每人都必须参加农业劳动，“凡二十五家中力农者有赏，惰农者有罚”。当各家有争讼的时候，由两司马听其曲直，不服可以一直上告。在保举方面，亦由两司马每年根据遵守十款天条、遵守命令尽忠报国和积极参加农业劳动等三个标准进行一次保举，“以补诸官之缺”。以此来使广大农民过上“通天下皆一式”的生活。

三是实行义务教育。《天朝田亩制度》规定：“其二十五家中童子俱日至礼拜堂，两司马教读《旧遗诏圣书》《新遗诏圣书》及《真命诏旨书》焉。”从这条规定可以看出洪秀全对教育制度作了三项改革：第一，废除了私塾和书院制度，实行政教合一，由两司马兼任老师。第二，教学内容废除了四书五经等孔孟经书，改为太平天国的宗教理论和方针政策。

《真命诏旨书》大概就是《天命诏旨书》，它是癸亥三年正月以前太平军发布的天父天兄下凡诏旨和天王诏旨的汇编，是一部政治性文件。第三，25家的童子都去读书，其中包括女童，实行了幼童普及教育。此外，洪秀全还特别重视成人教育。《天朝田亩制度》规定：凡礼拜上帝那一天，“伍长各率男妇至礼拜堂，分别男行女行，听讲道理，颂赞祭奠天父上主皇上帝焉”。这是每七天对全体成年男女进行的一次政治思想教育。

四是解放妇女。《天朝田亩制度》除规定“凡分田，照人口，不论男女”、在经济上实行平等外，还强调“凡天下婚姻不论财”，废除封建买卖婚姻；允许妇女从事参军打仗、科举考试和政权管理等项工作。此外，还禁止缠足、禁止买卖奴婢、废除娼妓制度。

一言以蔽之，洪秀全平均平等思想的核心，就是推翻经济不平均、政治不平等的现存社会，建立一个“有田同耕，有饭同食，有衣同穿，有钱同使，无处不均匀，无人不饱暖”的理想社会。

三、关于平均平等思想的几点评说

毫无疑问，在半殖民地半封建社会，农民阶级因为没有土地而备受压迫和欺凌，因此，他们把斗争矛头直指封建土地私有制是顺理成章的，他们要求“凡天下田，天下人同耕”也是无可非议的，他们的思想和行动有这样或那样的缺点和错误亦是不应苛求的。但问题在于，从《天朝田亩制度》提出到现在，已经过去了150多年，今天我们应如何分析评判它，这却是一个不可等闲视之的事情。因为在思想文化发展的长河中，一代一代人就是一个一个接收站和传递站，人的思想水准、鉴赏眼光和选择能力如何，直接影响着思想文化的走向和水平。如果人浑浑噩噩，对传统文化全盘接受，照旧传递，那么思想文化只能走向僵化，趋于没落，并使历史悲剧不断重演。而如果人理智清醒，对传统文化抛弃糟粕，接受和传递其精华，那么思想文化就会走向进步，趋于完善，并使历史顺利发展。因此，我们必须对源远流长、影响深重的农民阶级的平均平等思想有一个清醒的认识。

目前，史学界和社会上对洪秀全的平均平等思想众说纷纭，莫衷一是。有人认为它是革命的，因而对此倍加歌颂和赞扬；也有人认为它是反动的，因而对此极力诅咒和鞭挞。为何会这样呢？就是因为评论者们深深地陷在历史与道德的二律背反中各执一端，分庭抗礼。我们认为，无论是评价人物或思想，还是评价事件或运动，都必须坚持历史和道德的双重标准。所谓历史标准，即从历史发展的角度作评价；所谓道德标准，即从伦理道德的角度作评价。这两种评价有时是吻合的，有时是背离的；吻合的时候不应偏废一方，背离的时候不可强求一致。如果这样，我们对洪秀全的平均平等思想的评价问题就不会是一个无解方程，而充其量只能是一个多解方程罢了。

第一，从反封建的角度看，它是革命的。当时中国是一个半殖民地半封建社会，其中半封建占着主导地位。在这种社会里，一切矛盾的根源是封建土地私有制。由于土地私有，地主阶级享尽人间福乐，而农民阶级则受尽世上苦难。那么，当时哪一种思想才是对这种不平的大声呼喊呢？哪一种思想才是对这种不平的无情批判呢？列宁曾经指出：“平等思想一般是反对旧专制制度中，特别是反对旧农奴主大土地占有制斗争中最革命的思想。”[①]洪秀全的平均平等思想，主张“凡天下田，天下人同耕”，要求“有田同耕，有饭同食，有衣同穿，有钱同用，无处不均匀，无人不饱暖”，斗争矛头直指封建土地私有制，集中地反映了在清朝封建政权统治下千百万无地少地农民，千百万终年处于饥寒线上的农民的要求和愿望，“表现着反封建反农奴制不平等关系的斗争”。因此，它正是列宁所说的那种“平等思想”，从反封建的角度看是革命的。这不仅是逻辑的，而且是历史的。洪秀全平均平等思想所迸射出的革命光彩，极大地鼓舞了广大

① 列宁：《社会民主党在1905年至1907年第一次俄国革命中的土地纲领》，载《列宁选集》第2卷，人民出版社1972年版。

农民群众的反清斗志，使太平天国革命在其发展过程中，虽然屡遭挫折，但却保持了常新不竭的生命力，这个生命力的源泉，就是广大农民群众的支持和拥护。1853年3月30日太平军占领徽州府（歙县）后，“岭北人送礼于贼者，送以蜜枣、大枣一箭，曰早早一统；筷子、灯笼，鸡九十五只，曰快登九五基；一箭笋十三枝，曰一统十三省。其人素闻明时两京十三省，而又忘两京，故云云也”[①]。从汪士铎这个耳闻目睹的记载中可以看出，当时皖南人民对太平天国革命是何等的拥护和支持，他们又是何等迫切地希望太平军尽快地解放全中国，以便解放他们的阶级弟兄。正是在广大农民群众的支持和拥护下，太平天国革命才以疾风暴雨之势，雷霆万钧之力，先后攻克600余城，席卷半个中国，沉重地打击了中国封建统治阶级和外国资本主义侵略者，在中国历史上写下了光辉不朽的篇章。

第二，从实践的角度看，它是空想的。洪秀全的平均平等思想无疑充满了大胆的构思和天才的设想，反映了农民阶级的聪明和智慧。但是同时，它也始料不及地制造出了三个矛盾，而且这三个矛盾在它与实践之间筑起了一道不可逾越的万里长城，使它根本无法实施。即使依靠政治的、军事的和其他什么强制的力量将它付诸实施，那么也好比是将纸质的轮船推入汪洋大海，汹涌澎湃的波涛很快就会把它打得七零八落。这三个矛盾：一是个体生产与集体消费之间的矛盾。一般说来，生产决定消费，有什么样的生产方式就有什么样的消费方式。洪秀全主张个体生产，集体消费，抹杀了生产与消费之间的天然联系，这样便会从消费倒过来瓦解生产。二是个体生产的财富与集体消费的需要之间的矛盾。个体生产，生产力水平低下，产品有限，因而无法做到人人饱暖。三是具体规定与客观实际之间的矛盾。例如，各地的土地每年生产的产品品种不一样，怎么能以产粮数来划分土地的优劣；各地的土地优劣不一样，怎么能“丰荒相通”“好丑各半”；各地人均占有土地量不一样，怎么能使全国各地的人

① 汪士铎：《乙丙日记》第2卷，第4页，咸丰年间刻本。

口平均占有土地；总人口数或增或减时有变化，而总土地量虽有增减但相对稳定，怎么能使人口与土地之间保持平衡；等等。这些矛盾使洪秀全的平均平等思想根本无法付诸实施。因此，从实践的角度看，它是空想的。同时，从这里我们也可以悟出一个道理：规定得越是详细的东西，越是空想的东西。

第三，从历史发展趋势的角度看，它是反动的。马克思主义认为，人类历史的发展规律是，从原始社会到奴隶社会，到封建社会，到资本主义社会，再到共产主义社会。规律是不可抗拒的。在历史发展的长河中，谁顺应了这个规律，谁就是进步的；谁违背了这个规律，谁就是反动的。那么，太平天国革命时期，中国的历史发展处于一个怎样的时期呢？简言之，就是封建的自然经济开始解体，新生的资本主义经济开始萌芽。这种特殊的历史时期，正需要志士仁人们去冲破封建经济的束缚，为资本主义发展推波助澜，开拓道路。可是，洪秀全从农民阶级狭隘的眼光出发，要把生产和生活框定在“通天下皆一式”的模式中，把农民永远限制在自给自足的经济活动中，也就是要用古老的、应该抛弃的生产关系来代替正在萌芽的新的生产关系，要把萌芽状态中的资本主义强行圈制在几千年来顽固地残留下来的公社制度的框子里。在他所勾画的太平乐园里，社会上不能有任何性质的私有财产，不能有分工的发展，也不能有市场的扩大和商品经济的活跃。这样，洪秀全的平均平等思想就违背了历史发展的规律和趋势，因此，它是反动的。

以上就是我们以历史和道德的双重标准，对洪秀全平均平等思想所做的评价。对此可能有人要问，革命的、空想的、反动的，究竟哪一方是主要的呢？我们认为，在诸多事物中，有时存在主要的，有时根本就没有主要的，这主要取决于它们的空间位置和互相关系。一般说来，在处于同一平面、属于同一范畴的诸多事物中，存在着主要的。例如，在半殖民地半封建的中国，有国内民族矛盾、阶级矛盾和中华民族同帝国主义的矛盾。因此，在它们中存在着主要的，即中华民族同帝国主义的矛盾，它影响和制约着其他矛盾。而处在不同平面、属于不同范畴的诸多事物中，就不存在主要的。例如，某个人有许多特点：学习优秀、身体健康、孝敬父母、喜欢集邮等。这些特点就是处于不同平面、属于不同范畴的东西，因此，就不存在主要的。这样，我们在抓主要事物或矛盾的时候，就必须首先弄清诸多事物或矛盾是否处于同一平面，属于同一范畴。如果存在着主要事物或矛盾我们不抓，就会坠入十里云雾，弄不清问题的实质；如果不存在主要事物或矛盾我们硬抓，就会走向极端，挂一漏万，顾此失彼。那么，我们所说的洪秀全平均平等思想的革命性、空想性或反动性，是不是处于同一平面、属于同一范畴呢？当然不是。因为它们是对不同的参照系而言的，它们好比钻石上的不同面，各有各的位置，各有各的方向，因此它们既不是板块关系，也不是主从关系，更不是子母关系。这样，它们之间根本无法进行比较，自然也就不存在谁主谁从的问题。在这种情况下，如果我们非抓主要不可的话，那么我们就只能像以往那样，各执一端，分庭抗礼，徒打笔墨官司，而对它的价值永远做不出正确的判断。

第三节　康有为与儒家思想近代化

关于儒家思想发展历程问题，近几年来，一般论者皆持“三段说”，即先秦儒学是儒学发展的第一阶段，宋明理学是儒学发展的第二阶段，现代儒学是儒学发展的第三阶段。此说自然有着一定的缘由和依据。但考诸史乘，笔者认为，在19世纪末20世纪初，康有为将儒家思想与西方文化相对接，进行调融、重塑和创造，使儒家思想实现近代化，亦是儒家发展史上的一个重要阶段，不可忽视。

一、儒家思想近代化的主要内容

康有为推动儒家思想近代化的内容是多重多种的，而且各个层面的进展程度也是参差不齐的。但从宏观上考察，它的主要内容和基本行程大致如下。

（一）重塑孔子形象，是儒家思想近代化的开端

经是儒学的灵魂，秦始皇焚书以后，孔子所编纂的六经颇多残缺散佚。古文经学派重视训诂名物，而今文经学派则主张“探索微言大义于语言文字之外”，强调读书要“通于天道人事，志于经世匡时”。起初，两派并没有明确的畛域。后因刘歆要将古文经立于学官，遂发生了今古文经之争。两派争论长达200余年之久，直到郑玄、王肃混淆今古文“家法”后，这场争论才渐渐熄灭。结果是古文经日鼎经学殿堂，一统天下，今文经随文衰替，难有席暖之地。到清代，考据学风骤兴，宋明理学日盛，更使儒家学说局限在名物训诂和空谈性命的狭小天地内，完全窒息了它自身发展的内在活力，使其与社会政治和现实斗争彻底绝了缘。

针对这种情况，康有为撰写《新学伪经考》一书，来为今文经翻千年之案。在康有为看来，一般人认为真实可靠的先秦经典（如《周礼》《左传》《毛诗》）只是一些攀龙附凤之徒，如刘歆等，为拥戴王莽篡权称帝而假造出来的伪经。一般人所说的汉学，实在只是王莽的“新”学。因此，一般人过去认为可靠的汉学真经，只不过是最不可靠的新学伪经。该书指出：“始作伪，乱圣制者，自刘歆。布行伪经，篡孔统者，成于郑玄。阅二千年岁月日时之绵暖，聚百千万亿衿缨之问学，统二十朝王者礼乐制度之崇严，咸奉伪经为圣法，诵读尊信，奉恃施行，违者以非圣无法论，亦无一人敢违者，亦无一人敢疑者……刘歆之伪不黜，孔子之道不著，吾虽孤微，乌可以已！窃怪二千年来，通人大儒，肩背相望，而咸为

瞀惑，无一人焉发奸露覆……其于孔氏之道，庶几御诲云尔！”[①]两千年来读书人所习诵的圣人经典既然都是伪造的，那么真实可靠的圣人经典又在哪里呢？该书明确指出：就是今文经！

在此基础上，康有为又作《新学伪经考》的姊妹篇——《孔子改制考》。该书认为：根据唯一幸存的今文经籍《春秋公羊传》来看，孔子不是一个主张守旧的圣人，而是一个主张维新的圣人；《公羊传》并不斤斤于训诂名物之烦琐，而一心求圣人的微言大义，即从孔子因事所发的微言中，看出他治国平天下的大道理，亦即何休所谓的“非常异义可怪之论”。康氏还指出：根据《公羊传》，孔子是主张“通三统”的。所谓“通三统”，就是说，夏、商、周三代是一脉相通因时变革的，并不是几千年一成不变的。这种变化发展的次第，就是“据乱世”“升平世”“太平世”，也就是所谓“张三世”。社会是逐渐行进的，最后到达“太平世”，也就是人们一心向往的最美满的民主的大同世界。

可见，《新学伪经考》主破，推翻了古文经，破坏了一个旧孔子；《孔子改制考》主立，弘扬了今文经，建立了一个新孔子。当然，康有为这样解释孔子是唯心主义的，其考据亦多牵强附会。但是，经过康氏这番翻案，以往局促、封闭、静态的儒家思想立即活化了，开放了，可塑了。然后，康有为便以西方文化重新疏解儒家经典，使儒家思想拉开了通向近代化的大门。因此，重新塑造孔子形象成了儒家思想近代化的开端。

（二）用西方资产阶级的契约论、平等观、民权说和进化论重新解释儒家经典，是儒家思想近代化的核心

康有为对儒家经典几乎全都做了重新解释，如《礼运注》《中庸注》《大学注》《论语注》《孟子微》等书，涉及内容相当广泛，但事关儒家思想近代化者主要有以下几个方面。

首先，康有为用西方资产阶级的社会契约论重新解释中国传统的君民关系。他在解释《孟子》“民为贵，社稷次之，君为轻”时指出：“此孟

① 《新学伪经考》，《康有为政论集》上册，第92—93页，中华书局1981年版。

子立民主之制、太平法也……所谓君者，代众民任此公共保全安乐之事，为众民之所公举，即为众民之所公用。民者，如店肆之东人，君者，乃聘雇之司理人耳。民为主而君为客，民为主而君为仆，故民贵而君贱，易明也。众民所归乃举为民主，如美法之总统。然总统得任众官，众官得任庶僚，所谓得乎丘民为天子，得乎天子为诸侯，得乎诸侯为大夫也。今法、美、瑞士及南美各国皆行之，近于大同之世，天下为公，选贤与能也。孟子早已发明之。”[①]可见，康有为将君民关系解释成一种社会契约关系，民可举君，亦可废君，君的合法性只在于民的委任。既然君民之间是一种社会契约关系，那么人人平等自由就是顺理成章的事情了。因此，康有为又用西方资产阶级的平等观来解释儒家经典。他解释《孟子》“万物皆备于我”时指出：“人人独立，人人平等，人人自主，人人不相侵犯，人人交相亲爱，此为人类之公理，而进化之至平者乎。”此外，他还曾指出：“人人皆可为尧舜，乃孟子特义，令人人自立平等，乃太平大同之义，纳人人于太平世者也。”[②]在康有为的笔下，传统的天命论和等级观云消雾散了。

君与民之间是社会契约关系，人与人之间是自由平等关系，那么兴民权、设议院也就势在必行了。因此，康有为在此基础上又把西方资产阶级的民权和议院思想注入了儒家经典。他在解释《孟子》“所谓有故国者非谓有乔木之谓也”时指出：“盖今之立宪体，君民共主法也。今英、德、奥、义、日、葡、比、荷、日本皆行之。左右者，行政官及元老顾问官也；诸大夫，上议院也。一切政法以下议院为与民共之，以国者国人公共之物，当与民公任之也。孔子之为洪范曰：‘谋及卿士、谋及庶人’是也；尧之师锡众曰：‘盘庚之命，众至庭’。皆是民权共政之体，孔子创立，而孟子述之。”[③]在康有为看来，“孔子创立，而孟子述之”的“民

① 《孟子微》第1卷，民国十年刊本。

② 《孟子微》第1卷，民国十年刊本。

③ 《孟子微》第1卷，民国十年刊本。

权共政之体”应该实施。

那么，为什么要兴民权，设议院，实行君主立宪呢？康有为为寻求理论根据，又用西方的“进化论”对儒家的历史发展观做了重新解释。他在解释《孟子》“禹稷当太平”时指出：“春秋要旨分三科：据乱世，升平世，太平世，以为进化，《公羊》最明。孟子传《春秋》《公羊》学，故有平世乱世之义，又能知平世乱世之道各异……乱世各亲其亲，各私其国，只同闭关自守；平世四海兄弟、万物同体，故宜饥溺为怀……以乱世民智未开，必当代君主治之，家长育之，否则团体不固，民生难成……平世，文明大进，民智日开，则不必立纲纪，限名分，必令人人平等独立，人人有权自主，人人饥溺救人，去其塞，除其私，放其别，而用通、同、公三者，所谓易地则皆然。”①历史发展的顺序是拾级而上，不能躐等。他所处的时代是由据乱世向升平世过渡的时代，因此必须兴民权，设议院，实行君主立宪。

儒家思想涵盖广泛，举凡政治、经济、文化、教育、人伦、掌故等几乎无所不包，但它归根到底仍是一种政治型文化。因此，康有为通过重新解释，使其释放出民主、平等、自由、议院等时代信息，是其近代化的核心。

（三）高悬大同理想，是儒家思想近代化的归宿

大同思想是儒家思想的一个重要组成部分，并在许多儒家经典中得到了阐发。康有为不仅赞同儒家的大同思想，而且还用公羊三世说和进化论思想对其进行了阐发。早在《康子内外篇》和《实理公法全书》中，他就通过对传统的仁、义观念的重新体认，勾勒了大同思想的雏形。1884年，他又“参中西之新理，穷天人之赜变”，构思《大同书》的初稿《人类公理》。次年，“手定大同之制，名曰人类公理”，1889年撰成。戊戌政变后，康有为逃亡国外，盖以游历所得见闻，加以增改，1901—1902年正式写成《大同书》的定稿。1913年，在《不忍》杂志上

---

① 《孟子微》第1卷，民国十年刊本。

发表该书的甲、乙两部分。康有为死后的1935年该书全部问世。在《大同书》中，康有为描绘了一个尽善尽美的理想境界。他首先指出："大同之道，至平也，至公也，至仁也，治之至者，虽有善道，无以加此矣。"随后，他进行了详细的描绘。

大同社会的物质生活，几乎达到了随心所欲的程度。生产力这样的高，"一人作工之日力，仅三四时或一二时而已足，自此外皆游乐读书之时矣"。这时候，大家都过着极富裕的生活。譬如住的房子，早已没有单家独院的小房子，而都是公所或大旅店。房中的设备一应俱全，"夏时皆置机器，激水生风，凉气砭骨。冬时皆通热电，不置火炉，暖气袭人，令气侯皆得养生之宜焉"。其他饮食服饰之美，可以类推。所以大同社会中的人们，身体都非常健康。"太平之世，人皆乐游，无有忧虑，体极强壮，医视详密，故太平世无疾"。并且，"男女皆熏香含泽，日浴数次，体气香洁，清净妙美，传种既久，自然香洁……故太平之世，人人皆色相端好，洁白如玉，香妙如兰，红润如桃，华美如花，光泽如镜，今世之美人尚有不及太平世之丑人也"。大同社会的社会生活是一切财产都归公有。关于农业，"举天下之田地皆为公有，人无得私有而私买卖之"。关于工业，"天下之工必尽归于公，凡百工大小之制造厂、铁道、轮船皆归焉，不许有独人之私业矣"。关于商业，"大同世之商，不得有私产之容，举全地之商业皆归公政府商部统之"。所以，那个时候，世界上已没有剥削和被剥削者。至于政治生活，大同社会不仅没有私产，没有家庭，并且没有国家，因此也就没有战争，没有刑罚。"大同之世，百司皆有，而无兵刑两官"。因此，政府就只是一个管理经济事业及文化事业的机构，不再是一个强制压迫的暴力机器。①

可见，康有为所描绘的大同社会已与传统儒家经典所描绘的大同社会不尽相同，它已从古代飞跃到了近代。但他也明确指出，方今为"据乱"之世，只可言"小康"，不能言"大同"，言则陷天下于洪水猛兽。至

① 详见《大同书》，中华书局1935年版。

此，儒家思想近代化完成了它最后的逻辑一页。

二、儒家思想近代化的主客观原因

儒家思想宏富驳杂，源远流长。在漫长的历史发展过程中，经历代儒者诠释、疏解和阐发，它虽然呈现出一种流动发展的态势，但却从未发生质变或飞跃。那么，19世纪末20世纪初，康有为为何能对其作出近代意义上的解释，使其向前发展，并使其为当时的社会生活服务呢？换句话说，也就是康有为为何能使儒家思想实现近代化呢？毫无疑问，这是中国近代史上的一种极其特殊的思想文化现象，其中原因固然千头万绪，错综复杂。但择其荦荦大者，主要有以下三端。

（一）儒家思想本身可塑

毫无疑问，儒家思想与社会历史、传统文化和政治掌故一样，或载于典籍，或存于实物，是凝固不可改变的。但纵观整个儒家思想发展史却不难发现，各个朝代的儒生根据各个时期的不同社会问题和各个朝代的不同政治需要，对儒家思想作出了旨趣大异的诠释和论析，使儒家思想与现实社会构成一种互相激荡的关系，从而促使其随着社会不断发展而不断衍变和延伸。有关这方面的事例俯拾皆是。如对《孟子》一书的解析。孟子生于战国末期，在当时政治权威多元化发展的形势下，他的思想富有相当浓厚的民本色彩，强调政权的转移取决于民心的向背。但到汉代，政治权威一元化的局面基本确立，与战国末期的形势大不相同。因而赵岐疏解《孟子》，对其基本思想避而不彰，而专强调君主的作用。例如，孟子曰："大人者不失其赤子之心。"赵注云："大人谓国君，国君视民，当如赤子，不失其民心之所谓也。"[①]突出君主的德行。赵氏还以周公为历史的分界线，"古者，谓周公以前"[②]，"中古，谓周公制礼以来"[③]，

---

① 《孟子》第8卷，《离娄章句下》第65页，中华书局1962年版。

② 《孟子》第4卷，《公孙丑章句下》第36页，中华书局1962年版。

③ 《孟子》第4卷，《公孙丑章句下》第34页，中华书局1962年版。

注重周公的功业。而到清代情形又不同了。戴震面对“今既截然分理欲为二，治己以不出于欲为理，治人亦必以不出于欲为理，举凡民之饥寒愁怨、饮食男女、常情隐曲之感，咸视为人之甚轻者”的社会政治背景，他著《孟子字义疏证》则特就当时政治社会中“以理杀人”的状况大加攻排。历代儒者根据不同需要不仅对儒家的整部典籍解析各异，就是对儒家典籍中的某些字句的诠释也不同。如对“与民同乐”的解析。林慎思生于唐末，目睹兵连祸结、赋税苛重、民不聊生的社会现实，他将“与民同乐”解析为：“与民同者，均役于民，使民力不乏；均赋于民，使民常足；然后君有余而宴乐，民有余而歌咏。夫若此岂不谓与民同邪？”①旨在呼唤仁政。

康有为生于近代，面对西方文化的冲击，他将“与民同乐”疏解为：“独乐不如与人乐，少乐不若众乐，实是人情。故非地球太平大同，人人独立平等，民智大开，尽除人患而致人乐，不能致众乐也。孟子一通仁说，推波助澜，逢源左右，触处融碎……孟子为平等大同之学，人己平等，各得其乐，固不肯如暴君民贼，凌虐天下，以奉一己之体，而但纵一人之欲；亦不肯为佛氏之绝欲、墨子之尚俭，至生不歌、死无服，裘葛以为衣、跂跻以为服，使民忧、使民悲也。”②意在提倡平等。

以上事例说明，高度抽象的儒家思想是可塑的。历代儒者根据不同需要对其作出不同的诠释、疏解和论析，使其不断地释放出新的信息，时时与现实生活对话。儒家思想的这种可塑性，是其实现近代化的根本原因。

（二）康有为学贯中西

在历史上，儒者成千上万，论析儒学的著作汗牛充栋。仅就阮元所辑《皇清经解》和王先谦所辑《皇清经解续编》两书而论，收录诠释儒学的论著389种之多，亦可谓洋洋大观。但是，一代一代的儒者如此孜孜不倦地诠释、疏解、阐发儒家著作，却为何未能使儒家思想实现近代化呢？

---

① 《续孟子·乐正子》第3页。

② 《孟子微》第4卷，第16页，民国十年刊本。

这一问题深奥复杂，尚须缜密求索，但其与注疏者知识结构陈旧有关这一点却毫无疑义。以往儒者学儒学，注儒学，整个知识结构与致思路线都没有超出儒家思想体系的基本框架。因而他们的传、注、疏、解只能是无限制地扩大儒家思想的物质载体，而不能使其释放出任何具有新质点的信息。而康有为的知识结构和致思方法却与之大不相同。康有为在浪迹四海以前，就已经有了广博的中西学知识。他自幼在家读四书五经，习八股文。19岁时，因祖父介绍，从粤中大儒朱九江学，扫除汉宋两学门户，归宗孔子。三年后回家自学，又精心研读《皇清经解》《二十四史》《朱子全集》《文献通考》《经世文编》《天下郡国利病书》《读史方舆纪要》等书。因之他对传统儒学有着深深的造诣。与此同时，他还慢慢接触到了一些西方资本主义国家的政治措施和思想文化。1874年，他读到《海国图志》《瀛环志略》等书，始知世界地理，万国情势。1879年，他得到《西国近事汇编》《环游地球新录》等数种西书，同时漫游香港，“览西人宫室之瑰丽，道路之整洁，巡捕之严密”，“乃始知西人治国有法度”①。1882年，他途经上海，再购西书；次年，又购得《万国公报》，学习声、光、电、化及各国史地。更为重要的是，由于梁启超的缘故，他还获读了严复翻译的《天演论》一书，对其中“生存竞争”“优胜劣败”的道理知之甚详。由是，康有为在艰深的儒家文化基础上又建立起了雄厚的西学知识储备。由于康有为如此学贯中西，因而他完全抛弃了以往儒者以儒解儒的传统方法，而是将儒家思想与西方文化对接起来，然后再调融、重塑和创造，从而使儒家思想的大家族增添了全新近代的族员，收到了“化腐朽为神奇”的功效。因此，康有为学贯中西是儒家思想近代化的必要条件。

（三）现实斗争迫切需要

在康有为以前，学贯中西者已不乏其人。例如，明末清初徐光启、王锡兰、梅文鼎，清末之魏源、姚莹、徐继畬、冯桂芬、薛福成、马建忠

① 《康南海自编年谱》，《戊戌变法》（资料丛刊）第4册，第115页，神州国光社1953年版。

等，对中西之学都有较深的造诣。那么，他们为什么未能像康有为那样将儒家思想与西方文化对接起来使其实现近代化呢？这个问题固然三言两语难以说清，但其根本原因是现实斗争还没有这种需要。毫无疑问，从明末清初到甲午战争前，中西方的历史发展已逐渐出现了高低差，但中国封建专制制度的腐朽还没有充分暴露出来，振衰起弱的现实斗争还没有提出对近代自由、平等、民权、议院的要求。因此，徐光启、王锡兰、梅文鼎等人只注重西方的天文历算和水利农务，开创了传统经世学派中的技术支派；魏源、姚莹、徐继畬等人只发出了“师夷长技以制夷”的呼声，成了近代中国开眼看世界的第一批人；冯桂芬、薛福成、马建忠等人只提出了“中体西用”的思想，成了洋务派的理论家。由于没有现实斗争的迫切需要，他们谁也没有成为儒家思想的近代化者。甲午战争以后，情势迥然不同。一方面，日本明治维新成功，中国洋务运动破产；另一方面，在甲午战争中日本攻城略地，中国一败涂地。这种严酷的现实告诉人们：要救国只有维新，要维新只有学习西方。正是在这种严酷现实的刺激下和救亡斗争的召唤下，康有为为寻求救亡图存的思想武器和建立维新变法的理论基础，将儒家思想与西方文化有机地对接起来，然后进行调融、重塑和创造，从而使儒家思想实现了近代化。因此，现实斗争的迫切需要是康有为实现儒家思想近代化的烈性触媒。

三、儒家思想近代化的历史意义

如前文所述，儒家思想近代化是儒家思想发展史上的一座里程碑，也是中国近代史上的一种特殊的思想文化现象。因此，它无论是对儒家思想自身，还是对当时的政治斗争，抑或是对儒家思想的未来走向，都有着特殊的意义。

首先，儒家思想以自身不断发展的历史及近代化的历程说明，它是一种开放的、发展的文化。近几年来，或者说几十年来，再远一点也可以说近几百年来，研究儒家思想的人士和论著几乎数不胜数。但他们有的是远远地站在儒家思想的殿堂以外，仅朦朦胧胧地看到它高窗紧闭，大门严合，就断言它是一种封闭的、静态的文化。也有的是翼翼地匍匐在儒家思想的殿堂之内，仅孤孤零零地看到它的一砖一石、一瓦一木，就认定它是古老的、僵死的文化。通过以上考察我们不难发现，儒家思想是一个开放、发展的系统。一方面，它内蕴深邃，涵盖百端，不同时代的政治思想家都根据不同时代的社会任务和政治需要对它作出了不同的诠释和阐发，使其为现实服务，伴历史发展。另一方面，它胸襟广阔，吸收百川，将不同时代的不同阐发都沉淀在自己的体系内，使自身内容不断丰富，外延不断拓展。因此，一部儒家思想史就是一个动态发展的过程——先秦的儒学，两汉的汉学，魏晋的玄学，宋明的理学，清末的儒家思想近代化等。它恰似一条川流不息的江河，从古代流到近代，从近代流到今天，还必将从今天流向未来。

其次，儒家思想近代化是戊戌变法的理论源头。戊戌变法作为一场政治运动，原因固然错综复杂，诸如帝国主义瓜分中国的狂潮、民族资本主义发展和民族资产阶级上层形成、国内阶级矛盾激化、帝后党争加剧、常州今文经学兴起等，都与戊戌变法有着这样那样的关系。但在这些具象原因之下的更深层次上，儒家思想近代化则是戊戌变法的理论源头，它在某种程度上决定了戊戌变法的内容、性质、流程及走向。例如，由于康有为将儒家思想与西方文化对接在一起，用西方的进化论解释传统的公羊三世说，创建起一套主张“渐变”反对“骤变”的理论，因而戊戌变法在实践中采取了改良主义的路线。也由于康有为用西方的民主、平等、自由、议院等解释儒家的“民本”思想，创建起一套不中不西、又中又西的“民主”理论，因而戊戌变法在政治上提出了断发、易服、改元、兴民权、设议院、实行君主立宪的变法主张。

再次，还由于他们的“渐变”理论，当革命热潮兴起时，成了拉历史车轮倒退的能手。由此我们可以认识到，出于儒家思想近代化的理论源头，戊戌变法既不是旧式的农民战争，也不是近代的资产阶级革命，在中国人民的革命斗争史上，它犹如模糊数学中的从1到0之间的过渡，是从旧式农民战争到近代资产阶级革命的新陈代谢的过渡形态。

最后，儒家思想近代化表明，中西文化之间存在着巨大的互容性。毫无疑问，中西文化是两个不同的系统。那么，其二者交锋以后的关系将如何呢？儒家思想近代化表明，它们之间并不是你死我活、非此即彼的关系，而是存在着巨大的互容性。基于此，我们认为，在中西文化接触以后，中华民族的文化对策，既不应是简单的“中体西用”，也不应是片面的“国粹主义”，更不应是绝对的“全盘西化”，而应是纵向继承，横向汲取，古为今用，洋为中用，基于古今中外，进行重构创造。

第四节　梁启超与新民思想鼓荡

梁启超的思想具有百科全书般的内容，在中国近代史上产生了巨大影响。而其新民思想体系完整，新颖泼辣，在其整个思想中占有重要地位。同时，与孙中山、邹容、李大钊、陈独秀、蔡元培、鲁迅等医治国民性的国手大师们相比，梁氏的新民思想别具特色，在19世纪末20世纪初沸沸扬扬的改造国民性社会思潮中亦占有一席之地。因此，深入研究梁启超的新民思想，对于我们进一步认识梁氏的整个思想及19世纪末20世纪初的改造国民性思潮有着重要意义。

一、新民之缘由

本来，由于闭塞的自然经济和长期的强国地位，中国人逐渐形成了一种自满自尊自大、责人不责己的恶习。正如鲁迅所说：“中国人总不肯研究自己。”在这种近乎凝固的文化氛围中，梁启超率先提出“欲维新吾国，当先维新吾民”[①]的全新命题，原因固然多重多种，但归根结底，它是中国近代化运动的历史需要，是梁启超对中国近代化运动积极反思的思想结晶。

从19世纪60年代到90年代，地主阶级洋务派展开的洋务运动，是从器物层面上实现近代化，结果失败了。对于洋务运动失败的原因，时人看法不尽相同。梁启超以为：其关键是洋务派“知有兵事而不知有民权，知有外交而不知有内治，知有朝廷而不知有国民，知有洋务而不知有国务……以为吾政教风俗，无不优于他国，所不及者唯枪耳、炮耳、机械耳。吾但学此，西洋务之能事毕矣”[②]。这是梁启超对洋务运动的否定与扬弃。

否定和扬弃洋务运动的直接后果，是梁启超步履匆匆地踏上维新变法的征程，并大声疾呼：“变法之本，在育人才；人才之兴，在开学校；学校之立，在变科举；而一切要其大成，在变官制”，把官制即政治制度的变革视为根本和急务，由此成为维新变法运动的中坚和骁将。维新变法是从制度层面上实现近代化，结果亦悲剧一场。戊戌变法失败后，梁启超又对维新变法进行了积极的反思和总结，指出：“苟有新民，何患无新制度，无新政府，无新国家。非尔者，则虽今日变一法，明日易一人，东涂西抹，学步效颦，吾未见其能济也。夫吾国言新法数十年，而效不睹者何也？则于新民之道未有留意焉者也。”[③]这是梁启超对戊戌变法的超拔与跨越。

基于洋务运动和戊戌变法失败的惨痛教训以及对其失败原因的深刻总结，梁启超在1902年明确揭橥了“新民”的大旗，并对“新民”的必要性和重要性进行了全面深刻的阐述。

第一，他以近代化为坐标，对“民”在国家中的地位作了明确的界定。他指出：“国民者，以国为人民公产之称也。国者积民而成，舍民之

---

① 《新民丛报》第1号。

② 梁启超：《李鸿章》，载《饮冰室合集》，中华书局1936年版。

③ 《新民丛报》第1号。

外，则无有国，以一国之民治一国之事，定一国之法，谋一国之利，捍一国之患，其民不可得而侮，其国不可得而亡，是之谓国民。”[①]1902年，在《政府与人民之权限》一文中，他又进一步指出：“政府与人民，皆构成国家之要具也。”[②]这样，梁启超心目中之民，已不是封建专制国家统治下的部民百姓，而是资产阶级立宪国家中的国民了。

第二，他从国事与国民的有机关系中，论证了新民的必要性。1899年，他在《自由书》一文中指出：“国之治乱，常与其文野之度相比例，而文野之分，恒以国中全部之人为定断，非一二人之力所能强夺而假借也。故西儒云：国家之政事，譬之则寒暑表也；民间之风气，譬之则犹空气也。空气之燥湿冷热，而表之升降随之，丝毫不容假借。故民智、民力、民德不进者，虽有英仁君相，行一时之善政，移时而扫地尽矣……故善治国者，必先进化其民。”[③]在这里，梁启超改变了以往那种改变官制为“一切要其大成”的公式，而是把“进化其民”视为改革政治的启动点。

第三，他把人的改造与法的建设两者相较，阐述了新民的重要性。1908年，他在《上摄政王书》中引用荀子的话说：“有人治，无法治”，指出：“治道之迹，虽东西古今不无异同，若其本原，则一而已。本原维何？曰养人才，曰正人心”，“苟非某人，虽有良法，安所丽焉”。接着，他以波斯、土耳其、南美、中美诸邦为例，指出这些国家与英、美、德、意、法、奥、俄等国均属资产阶级立宪国家，宪法条文、国会制度大致相同，但其政治举废、国势强弱却有天壤之别。因此他得出结论道：“法令者，治之具，而非制治清浊之原”，今日之中国“以如此之风俗，无论若何良法美意，一经其手，便成弊原。变法云云，立宪云云，徒以供彼辈藏垢纳污之用耳”[④]，认为在社会进步中，人的改造比法

① 《清议报》第30册。

② 《新民丛报》第3号。

③ 《饮冰室合集·专集》第2册，第2卷，中华书局1936年版。

④ 李华兴、吴嘉勋编：《梁启超选集》第549页，上海人民出版社1984年版。

的建设更重要。

第四，他衷心希望中国人民振奋民族精神，发扬中国固有的优秀道德，博采世界各国的先进道德，以一个崭新的面貌出现于亚洲大陆。他说：“凡一国之进步也，其主动者在多数之国民，而驱役一二之代表人以为助动者，则其事罔不成；其主动者在一二代表之人，而强求多数之国民为助动者，则其事鲜不败！故吾所思所梦所祷祀者，不在轰轰独秀之英雄，而在芸芸平等之英雄。”①这表明他对一个火中新生的伟大民族的渴望与追求。

诚然，梁启超的新民思想与其君主立宪的政治立场从未发生过位移，而且其中不少内容还包含着抵制革命之意，但在“爱国的自大”充斥人心的年代，高扬“新民”的大旗仍具有重要的历史意义。一方面，从梁启超自身思想的发展过程看，他由热衷于政体转型到注重国民文化心理结构的重构，是其近代化思想的升华与飞跃。另一方面，从近代中国社会思潮的发展走向看，梁启超的新民思想先声夺人，开导了19世纪末20世纪初改造国民性社会思潮的先河。因此，新民思想是近代历史留给后人的一笔宝贵财富。

二、国民性大曝光

毫无疑问，所谓新民，就是民族文化心理结构的一场自我解剖、自我挑战、自我重构和自我升华。梁启超在深刻阐述新民的必要性和重要性的同时，还先后发表了《自由书》《呵旁观者文》《中国积弱溯源论》《十种德性相反相成义》《新民说》《论政府与人民之权限》和《新民议》等文章，对中国民族特性进行了充分曝光，为改造国民性指出了明确对象。在以上诸篇文章中，《呵旁观者文》和《新民说》两文互为表里，珠联璧合，把中国国民性暴露得淋漓尽致。

1900年，在《呵旁观者文》中，梁启超以“深文刻薄之言”，以“不

① 《清议报》第83册。

忍旁观区区之苦心”，春雷炸响般地发出了“中国四万万人，皆旁观者也”的呐喊。同时，他还把中国巨大的“旁观者”群划分为六大派，并对六大派分别进行了入木三分的描绘、刻画和剖析。

一曰混沌派。此派者“可谓之无脑筋之动物也”，“饥而食，饱而游，困而睡，觉而起，户以内即其小天地，争一钱可以陨身命，彼等既不知有事，何所谓办与不办？既不知有国，何所谓亡与不亡？譬之游鱼居将沸之鼎，犹误为水暖之春江；巢燕处半火之堂，犹疑为照屋之出日”。梁启超认为：“四万万人中属于此派者，殆不止三万五千万人。”

二曰为我派。此派为“俗语所谓遇雷打尚按住荷包者也”。他们“以老聃为先圣，以杨朱为先师，一国之中无论为官、为绅、为士、为商，其据要津、握重权者皆此辈也”。而其他人对此效仿，遗毒遍于天下。梁启超认为，这些人是旁观者中最有魔力者。

三曰呜呼派。此派是“以咨嗟太息、痛哭流涕为独一无二之事业者也”。“其面常有忧国之容，其口不少哀时之语”，但穷诘之如何济世匡时，他们又以“无可奈何”四字一推了之，“如见火之起不务扑灭，而太息于火势之炽炎；如见人之溺，不思拯救，而痛恨于波涛之澎湃”。梁启超挖苦他们道：“彼辈非不关心国事，然以国事为诗料；非不好言时务，然以时务为谈资。”呜呼派主要是指那些号称名士之人。

四曰笑骂派。此派即“常立于人之背后，而以冷言热语批评人者也”。他们“不唯自为旁观者，又欲逼人使不得为旁观者；既骂守旧，又骂维新；既骂小人，亦骂君子；对老辈则骂其暮气已深，对青年则骂其躁进喜事；事之成也，则曰竖子成名；事之败也，则曰吾早料及”。此辈为何常自立于无可指摘之地？梁启超一语道破了他们的天机：“不办事故无可指摘，旁观故无可指摘！”

五曰暴弃派。此派者“以我为无可为之人也”。他们认为：“一国四百兆人，其三百九十九兆九亿九万九千九百九十九人中，才智不知几许，英杰不知几许，我之一人岂足轻重。”梁启超称他们是“人道之罪人”。

六曰待时派。他们的最大特点是：“待至可以办事之时，然后办之。若终无其时，则是终不办也。”梁启超认为：待时者为“旁观派中之最巧者也”。

在以上分派刻画剖析的基础上，梁启超最后总结道：“以上六派，吾中国人之性质尽于是矣。其为派不同，而其为旁观者则同……六派之中，第一派为不知责任之人，以下五派为不行责任之人，知而不行，与不知等耳。且彼不知者犹有冀焉，冀其他日之知而即行也。若知而不行，则是自绝于天地也。故吾责第一派之人犹浅，责以下五派之人最深。”①

如果说《呵旁观者文》对中国国民性的揭露还仅仅囿于“外形”的话，那么《新民说》则达到了较深的层次，在该文中，梁启超以资产阶级民主思想和国民资格为标准，对中国几千年封建文化积淀在民族心灵深处的劣根性进行了深刻的揭露和无情的鞭挞。归纳起来，主要有以下几个方面。

第一，缺乏国家思想。梁启超认为：“国家思想者何？一曰对于一身而知有国家，二曰对于朝廷而知有国家，三曰对于外族而知有国家，四曰对于世界而知有国家。”但“吾中国人之无国家思想也。其下焉者，唯一身一家之荣瘁是问；其上焉者，则高谈哲理以乘实用也；其不肖者且以他族为虎，而自为其伥”。无国家思想是民族之不强、国家之不昌的重要原因之一。

第二，缺乏社会公德。梁启超认为：“公德者何？人群之所以为群，国家之所以为国，赖此德焉以成立者也。人也者，善群之动物也。人而不群，禽兽奚择？而非徒空言高论曰‘群之，群之’，而遂能有功者也；必有一物焉贯注而联络之，然后群之实乃举，若此者谓之公德。”但在封建政治统治下，《皋陶谟》《洪范》《论语》《大学》《中庸》《孟子》等经典所宣扬的温良恭俭让、反身强恕等道德规范，皆属私德，而非公德。结果造成中国社会“束身寡过之善士太多，享权利而不尽义务……人虽

① 以上引文均见《呵旁观者文》一文，该文载《清议报》第36册。

多，曾不能为群之利，而反为群之累”。因此，不对封建私德犁庭扫穴，社会公德就不能蔚然兴起。

第三，缺乏权利观念。梁启超认为：“号称人类者，则以保生命、保权利两者相倚”，否则与禽兽无异。然而，中国的传统观念却以“百忍成金”“唾面自干”为信条，使人们成了“无骨无血无气之怪物”，“勇者日即于销磨，而怯者反有所藉口，遇势力之强于己者，始而让之，继而畏之，终而媚之。弱者愈弱，强者愈强，奴隶之性，日深一日”。结果，中国人只能希冀“仁政于君上也”。

第四，缺乏自由思想。梁启超认为：“自由者，权利之表证也。凡人所以为人者有二大要件，一曰生命，二曰权利。二者缺一，时乃非人。故自由者，亦精神界之生命也。”但在封建专制统治下，中国人仅有“交通”“居住行动”“置管产业”等自由的“自由之俗”，而没有思想自由的“自由之德”，即“仅有形质界之生命，而无精神界之生命”。在这方面，他主要指出中国人有四大弱点：一是为古人之奴隶，即“于古人之言论行事，非唯辩难之辞不敢出于口，抑且怀疑之念不敢萌于心”，且“自欺欺人以逞其狐威”。二是为世俗之奴隶，即从众随众，毫无主见，一犬吠影，百犬吠声，“城中好高髻，四方高一尺，城中好广袖，四方全幅帛”，亦步亦趋如同戏猴随其主人跳掷舞笑一般。三是为境遇之奴隶，即听天凭命，随遇而安，“天下善言命者，莫中国人若，而一国之人，奄奄待死矣。有力不庸，而唯命是从。然则人也者，亦天行之刍狗而已，自动之机器而已”。四是为情欲之奴隶，即沉湎于宫室之美，妻妾之奉，甘为“五贼”驱使，既无终极关怀，又无现实行动。最后他总结道：“甚矣，人性之弱也！”

第五，缺乏自治能力。梁启超认为，中国人缺乏社会公德、法律观念，互相忌妒，自伐于国内，甚至傲慢、执拗、放荡、嗜利、寡情，这些弱者造成了中国人自治能力极差的现状。他还以精神面貌、卫生环境、作息制度、商业管理等方面存在的落后、混乱现象为例，论说中国人散漫、自私、缺乏自我管理能力，甚至尖刻地说中国人“只能受专制不能享自由”。[1]

国家思想、社会公德、权利观念、自由思想和自治能力等，是资产阶级启蒙思想的重要组成部分，是资产阶级理想公民的必备素质，也是半殖民地半封建社会里的国人所缺乏的东西。因此，梁启超在《新民说》一文中的分析，可谓是既抓住了普遍性问题，又抓住了根本性问题。

不过，梁启超的《呵旁观者文》和《新民说》发表以后，几乎直到今天，人们一直对其聚众纷纭，毁誉参半。笔者认为，对此应从以下两个方面来评价：从阶级立场角度讲，梁启超是站在资产阶级立场上，以资产阶级的民主思想和国民标准为尺度，来衡量中国人的国民性，缺乏阶级分析的科学方法，把统治阶级愚弄的结果和被统治阶级的历史局限混为一谈，而且其中不乏偏颇激越和责骂贬诋之词，从整体上讲确有不恰当甚至错误之处。从民族立场角度讲，梁启超无情地揭露中国人的劣根性，是出于对他“所敬、所爱、所恋、所崇拜、所服从之四万万国民”[2]的一片殷诚，哀其不幸，怒其不争，含着眼泪进行鞭挞，旨在促其自觉、自省、自尊、自重、自立、自强，因此它又是对中华民族的一种深深的爱。正如陈高原先生所说：“如果说赞美是爱的一种表现形式，那么批评、鞭策则是其不可缺少的补充形式。”[3]

三、新民的路径与方法

要新民就要有新民的途径和方法。为此，梁启超以古道衷肠，几乎上下求索了一生。综其视为重要并为之竭诚尽力者，主要有以下三个方面。

第一，以教育新民。为使教育成为“制造国民之具”，梁启超对教育的定义、内容、方法和目的等都作了重新界定。1922年，他在《教育与

① 以上引文均见《新民说》一文，该文共20节，连载于《新民丛报》第1、3、4、7、8、10、38、39、40、41号。

② 《新民丛报》第25号。

③ 陈高原：《论近代中国改造国民性的社会思潮》，载《近代史研究》1992年第1期。

政治》一文中指出："教育是什么？教育是教人学做人——学做现代人。教育事业虽然很复杂，目的总是归到学做人这一点。""人不是单独做得成，总要和别的人连带着做。无论何人，一面做地球上一个人，一面又做某个家族里头的父母或儿女、丈夫或妻子……尤其不能免的是无论何人总要做某个国家的国民……不会做这种种脚色，想做单独的一个人决然是做不成的。"[①]很明显，在梁启超看来，教育的目的是培养现代国民。在此基础上，他猛烈抨击封建教育只知传授"格致之学""物理之学"和"翻译之学"，"舍翻译之外无学问，舍升官发财之外无思想"，结果培养出"若干有学问有智识之汉奸奴隶"，而积极主张把爱国、独立、自由、合群等思想教育放在整个教育的首位。此外，他还提出一系列兴办教育的措施，诸如征收专税，以校区为单位设立"教育会议所"，公举议员管理教育事业；"对贫困子弟免费入学"；统一全国教育章程和教材；等等。希图通过教育，使受教育者"备有人格，享有人权，能自动而非木偶，能自主而非傀儡，能自治而非土蛮，能自立而非附庸，为本国之民而非他国之民，为现今之民而非陈古之民，为世界之民而非陬谷之民"[②]，也就是要培养出具有国家思想、权利思想、进取精神、自治能力的合乎新民标准的现代国民。大概正是由于这个缘故，梁启超的一生与教育结下了不解之缘。他早年曾在长沙主讲湖南时务学堂，蜚声国内。其后也向以说教为本，晚年退出政界后又以教书为业，并到处讲学，创立"文化学院"，参与筹办"中国职业教育社"，所从事教育事业终其一生。因此，他虽然没有被后人正式称为教育家，但给予教育家的称号，他是当之无愧的。

第二，以报刊新民。梁启超认为："报馆者，国家之耳目也，喉舌也，人群之镜也，文坛之王也，将来之灯也，现在之粮也。"[③]而报纸的

---

① 《饮冰室合集·文集》之三十八，第68页，中华书局1936年版。

② 《饮冰室合集·文集》之十，第61页，中华书局1936年版。

③ 《饮冰室合集·文集》之六，第49页，中华书局1936年版。

作用主要有两点："一曰对于政府而为其监督者，二曰对于国民而为其响导者。"所谓"响导国民"，他曾多次指出：由于我国风气未开，民智未进，对世界大势和国内诸事了解甚少，所以需要响导。能充响导者，除报刊外，还有学校和著书。但"报馆之所以响导国民也，与学校异，与著书亦异。学校者筑智识之基础，养具体之人物者也；报馆者作世界之动力，养普通之人物者也；著书者规久远明全义者也，所报者救一时明一义者也"①。报刊对于响导国民有着特殊的功能和效用。因此，梁启超一生特别重视报刊宣传工作。据钟珍维、石发云二位先生统计："他一生亲自创办和主持的报刊有11种，得到他支持和指导的报刊有6种，拟办而没有办成的报刊有8种，还有许多报刊经常请他撰稿。除未办成的不计外，和他有关系的报刊近30种。这在中国新闻史上，是前无古人的。从1895年他参加《中外纪闻》的办报工作开始，至1922年《改造》停刊为止，他的办报活动前后长达27年。就是在1922年基本结束办报活动之后，仍为北京《晨报》和上海《申报》等写稿。"②他对自己在不同时期所创办的不同报刊，提出过各种不同的宗旨。如《时务报》的宗旨是：广译五洲近事，详录各省新政，博搜交涉要案，旁载政治学艺要书；《国风报》的宗旨是：忠告政府，指导国民，灌输世界之常识，造就健全之舆论，等等。但从总体上看，他的办报宗旨是："睿牖民智，熏陶民德，发扬民力，务使养成共和法治国民之资格"③，即广民智，振民气，争取中国的独立富强。因此，梁启超的办报宣传工作，既为"维新吾民"做出了积极贡献，也在中国报刊史上树起了一座丰碑。

第三，以新史学和新小说新民。梁启超认为，中国是史学出现最早和最发达的一个国家，但汗牛充栋的封建史书的核心是"帝王中心论"和"封建正统观"，人们阅读此书，只能造成"知有朝廷而不知有

---

① 《饮冰室合集·文集》之十一，第38页，中华书局1936年版。

② 参见钟珍维、石发云著：《梁启超思想研究》第176页，海南人民出版社1986年版。

③ 《饮冰室合集·文集》之二十九，第4页，中华书局1936年版。

国家”“知有个人而不知有群体”“知有陈迹而不知有今务”“知有事实而不知有理想”的恶果。因此，为“维新吾民”，他提出了“史界革命”的口号，并热切希望通过“革命”后的新史学能够成为“国民之明镜”“爱国心之源泉”[①]。为达此目的，他先后撰写了《中国史叙论》《新史学》《中国历史研究法》《历史统计学》《研究文化史的几个重要问题》《中国历史研究法（补编）》等论著，为资产阶级新史学代替封建主义旧史学做出了积极贡献，他本人也由此而成了中国资产阶级史学的创始人。除史学以外，梁启超还认识到，小说具有“熏”“浸”“刺”“提”等感染效果，“浅而易解”，“乐而多趣”，能够引吸广大读者，可以产生巨大的社会作用。因此，他指出：“欲新一国之民，不可不先新一国之小说，故欲新道德，必新小说；欲新政治，必新小说；欲新风俗，必新小说；欲新宗教，必新小说；欲新学艺，必新小说；乃至欲新人心，欲新人格，必新小说。”[②]为使小说真正发挥新民的作用，他亲自主办《小说报》，并撰写《新中国未来记》等新小说，拉开了“小说界革命”的帷幕。

毫无疑问，梁启超兴教育、办报刊、提倡“史界革命”和“小说界革命”，对于改造中国国民性是有积极意义的。但在不根本改变小农经济、专制政治和封建文化的大前提下，仅以教育、报刊、史学和小说来改造国民性是行不通的。而且，当人们在中国共产党的领导下，在反帝反封建的伟大斗争中真正觉醒时，他又看不到由此而升起的新时代的曙光，反而抱着极端敌视的态度，面对第一次大革命，无限悲哀地叹道：“今忽七年，又何世界？满眼依然鬼魅场。”[③]因此我们说：梁启超提出了新民的课题，但却没有真正找到新民的路！

---

① 《饮冰室合集·文集》之九，第1页，中华书局1936年版。

② 《饮冰室合集·文集》之十，第6页，中华书局1936年版。

③ 《饮冰室合集·文集》之四十五，下，中华书局1936年版。

第五节　孙中山与三民主义创树

孙中山是中国资产阶级民主革命的伟大先行者。在如火如荼的革命斗争实践中，他大胆吸收中国传统文化和西方近代文化的积极因素，密切结合中国革命的实际情况，提出了一套体系完整、内容丰赡的资产阶级民主革命理论。从某种意义上说，三民主义就是这套理论的本质和精义。三民主义的建构是一个创举，它既为资产阶级革命派提供了一面战斗旗帜，也为中国近代社会思潮增添了一项全新的内容。

一、三民主义的形成过程

在理论逻辑上，三民主义是一个血肉相连的有机体，密不可分，但在历史时序里，三民主义并不是同时产生的，而是有一个形成过程。早在1893年冬，孙中山纠合同志，会议于广州城南广雅书局南园的抗风轩，到会者有程耀宸、程璧光、陆皓东、魏友琴、郑士良、尤少纨诸人。在会上，孙中山提出了“驱除鞑虏，恢复华夏”的斗争口号。这时还仅仅是一民主义。1894年11月，孙中山在檀香山建立兴中会。在会员的入会誓词中提出：“驱除鞑虏，恢复中国，创立合众政府”。这时，由一民主义发展到了二民主义。1903年，孙中山在日本青山军事学校的学员誓词中又提出：“驱除鞑虏，恢复中华，创立民国，平均地权”。至此，三民主义基本形成。1905年10月，同盟会机关报《民报》创刊，孙中山在《〈民报〉发刊词》中，将“驱除鞑虏，恢复中华，创立民国，平均地权”概括为民族、民权、民生“三大主义”。冯自由在香港《中国日报》“广告栏”作介绍时，又把这三大主义简称为“三民主义”。从此以后，三民主义便成了一个专用名词，并为国内外所公认了。一年后，在《民报》创刊周年庆祝会上，孙中山作了《三民主义与中国前途》的演说，对三民主义再一次进行了详细的论述，使之成了一个有血有肉的完整的理论体系。

二、民族主义

民族主义是三民主义的首要问题，也是实现民权主义和民生主义的重要前提。

孙中山的民族主义，是中国近代社会特殊历史条件的产物。鸦片战争后，清政府由对外国资本主义侵略者屈膝投降到和帝国主义相勾结，共同镇压中国人民。《辛丑条约》签订以后，它又以“量中华之物力，结与国之欢心”为基本国策，完全堕落成为帝国主义统治中国人民的走狗和工具。辛亥革命时期，孙中山对此已有一定认识。他指出：“今有满清政府为之鹰犬，则彼外国者，欲取我土地，有予取予携之便矣。故欲免瓜分，非先倒满洲政府，则无挽救之法也。”①

孙中山的民族主义的理论依据，是西方资产阶级的社会学说。他把“民族”和“国家”区分为两个不同的概念，认为国家是“用武力造成的”，而民族则是由“天然力造成的”。他说，形成民族的自然力有5种，即“血统”“生活”“语言”“宗教”和“风俗”，其中最大的力是“血统”。这种说法，显然不同于中国传统的“夷夏之防”的封建观念，而具有鲜明的西方资产阶级人种理论的色彩。孙中山民族主义思想也是对太平天国和会党中的农民、小资产阶级的反满思想的继承和发展。早在童年时代，孙中山就有做“洪秀全第二”的志向，从太平天国农民战争的英雄事迹中汲取了“反满”思想。以后两广会党起义的“反清复明”思想，特别是义和团强烈的反帝思想，都在不同程度上对他产生了影响。但孙中山的民族主义比他们的反满思想大大前进了一步。

民族主义，把“驱除鞑虏，恢复中华”“颠覆满清政府”“还我主权”作为目标。孙中山对满族贵族在中国长达260年野蛮、落后、泯灭人性的腐败统治和民族压迫政策给予了淋漓尽致的揭露与深刻的批判。在《中国问题的真解决》一文中，他列举了清政府的11条罪状：

---

① 《总理全集》第1019页，上海民智书局1930年版。

（一）满洲人的行政措施，都是为了他们的私利，并不是为了被统治者的利益。

（二）他们阻碍我们在智力方面和物质方面的发展。

（三）他们把我们作为被征服了的种族来对待，不给我们平等的权利与特权。

（四）他们侵犯我们不可让与的生存权、自由权和财产权。

（五）他们自已从事于、或者纵容官场中的贪污与行贿。

（六）他们压制言论自由。

（七）他们禁止结社自由。

（八）他们不经我们的同意而向我们征收沉重的苛捐杂税。

（九）在审讯被指控为犯罪之人时，他们使用最野蛮的酷刑拷打，逼取口供。

（十）他们不依照适当的法律程序而剥夺我们的各种权利。

（十一）他们不能依责保护其管辖范围内所有居民的生命与财产。①

孙中山揭露清政府侵犯和剥夺广大汉族人民的各种权利和自由，指出这是一个极端自私、残暴、黑暗、腐朽的政府，只有下决心用革命的手段推翻它，才能有光明的前途。

“驱除鞑虏，恢复中华”有两层涵义：一是反满，也就是推翻清政府，并且改变它一贯推行的民族歧视和民族压迫的反动政策。《军政府宣言》直截了当地指出：“清政府穷凶极恶，今已贯盈。义师所指，覆彼政府，还我主权。”②表现出武装夺取政权的坚强信心。二是独立。《军政府宣言》声明：“中国者，中国人之中国；中国之政治，中国人任之。驱除鞑虏之后，光复我民族的国家，敢有为石敬瑭、吴三桂之所为者，天下共击之”③，并要求民族平等。可见，民族独立和平等的愿望是强烈

① 《孙中山选集》（合订本）第65—66页，人民出版社1981年版。

② 《孙中山选集》（合订本）第78页，人民出版社1981年版。

③ 《孙中山选集》（合订本）第78页，人民出版社1981年版。

的，建立“民族的国家”的目标是明确的。在倾覆清政府之后仍然强调严防石敬瑭、吴三桂之流的出现，意在反对屈服于帝国主义列强的民族投降主义。

民族主义的根本问题是政权问题，它不是一般地反对异族统治，而是要以新的资产阶级民主的国家，代替旧的封建专制的国家。这是民族主义的精髓。孙中山针对当时革命党内部存在的狭隘的“反满”思想观点，明确指出：“民族主义，并非是遇着不同族的人便要排斥他，是不许那不同族的人来夺我民族的政权。民族革命的原故，是不甘心满洲人灭我们的国，主我们的政，定要扑灭他的政府，光复我们民族的国家。这样看来，我们并不是恨满洲人，是恨害汉人的满洲人。假如我们实行革命的时候，那满洲人不来阻害我们，决无寻仇之理。”①可见，孙中山的民族主义与单纯的“反满”不同，亦与民族复仇主义相异。它的目的是争取民族解放和独立，是资产阶级的民主主义要求。

清政府的民族压迫政策，是孙中山要推翻它的一个重要原因。在推翻清政府以后，当然要清除国内的民族压迫，实现民族平等。所以在辛亥革命后，他又提出了“五族共和”的口号，以此作为解决国内民族问题的准则。这是难能可贵的。更应该指出的是，在清政府完全堕落成为帝国主义在华统治工具的历史条件下，清政府的统治又出现了封建压迫和帝国主义压迫的两重性。因而，在这样特殊的社会政治现实面前，孙中山的民族主义在客观实践上已具有反满、反封、反帝的三重意义。

三、民权主义

民权主义是三民主义的核心和重点。从兴中会笼统提出的“创立合众政府”到同盟会明确规定的“创立民国”都属于民权主义范畴。民权主义的基本原则是推翻封建君主专制制度，建立资产阶级民主共和国。

民权主义的基本纲领是《军政府宣言》中所设计的资产阶级共和国

① 《孙中山选集》（合订本）第80—81页，人民出版社1981年版。

方案：“由平民革命以建国民政府，凡为国民皆平等以有参政权。大总统由国民公举。议会以国民公举之议员构成之，制定“中华民国宪法”，人人共守。敢有帝制自为者，天下共击之！”[①]很明显，这是孙中山从他的西方资产阶级前辈思想家、政治家的著作里，如孟德斯鸠的《论法的精神》、卢梭的《社会契约纶》等，学来的资产阶级共和国方案，以此作为与封建主义战斗的精神武器和建设未来本阶级专政的蓝图。民权主义纲领的指导思想是“凡为国民皆平等以有参政权”。它导源于《社会契约论》，并模仿了1776年美国的《独立宣言》和1789年法国的《人权宣言》。其基本原则是：人是生而自由平等的，国家只能是自由的人民自由协议的产物，如果自由被强力所剥夺，人民就有权利经过革命夺回自由。其他如普选制、选举总统、议员、议会、制定宪法等等，都是从西方资产阶级革命时代的武库中学来的。

孙中山的民权主义的资产阶级共和国方案包括以下两方面内容：

（一）创立民国的途径——以革命手段推翻专制制度，于民族革命的同时，进行政治革命

“创立民国”是以孙中山为代表的资产阶级革命派推翻清王朝的目的。他也曾有过改良主义的思想和行动，希望通过“请愿上书等方法，冀九重之或一垂听，政府之或一奋起也”[②]。1894年，他上书李鸿章陈述国事，提出“人能尽其才，地能尽其利，物能尽其用，货能畅其流”的政治主张，要求清政府效法西方，实行自上而下的改革，坚信“以中国之人力财力，而能步武泰西，参行新法，其时不过二十年，必能驾欧洲而上之”[③]。但是，这次上书吃了闭门羹，“打仗完了以后再见吧”，是李鸿章对上书的唯一答复。第二年，甲午战争结束了，仗是打完了，结果是《马关条约》的签订，并悍然下诏，“不特对于上书请愿之人加以谴责，

① 《孙中山选集》（合订本）第78页，人民出版社1981年版。

② 《孙中山选集》（合订本）第19页，人民出版社1981年版。

③ 《孙中山选集》（合订本）第9页，人民出版社1981年版。

且谓此等陈请变法之条陈，以后概不得擅上”[1]。严峻的现实促使孙中山等有识之士“知和平之法无可复施……积渐而知和平之手段不得不稍易以强迫”[2]，以革命的暴力手段，解救中国危机。孙中山把民权和武装夺取政权联系在一起，坚信只有用暴力革命的手段、才能推翻腐朽反动的清朝君主专制制度，建立资产阶级民主共和国。

民权主义是君主专制的对立物。孙中山认为，封建君主专制是资产阶级民主共和制不可调和的敌人，二者是水火不相容的。就是说，推翻帝制乃是国民革命的首要目标，是建立资产阶级民主共和国的基本前提。孙中山揭露和批判了封建专制主义的清王朝，他说：“至中国现行之政治，可以数语赅括之曰：无论为朝廷之事，为国民之事，甚至为地方之事，百姓均无发言或与闻之权；其身为民牧者，操有审判之全权，人民身受冤抑，无所吁诉。且官场一语等于法律，上下相蒙相结，有利则各饱其私囊，有害则各委其责任。婪索之风已成习惯，官以财得，政以贿成。”[3]他还说：“中国数千年来都是君主专制政体，这种政体，不是平等自由的国民所堪受的。要去这种政体，不是专靠民族革命可以成功……不是（做）政治革命是断断不行的……我们推倒满洲政府，从驱除满人那一面说是民族革命，从颠覆君主政体那一面说是政治革命，并不是把它分两次去做。讲到那政治革命的结果，是建立民主立宪政体。照现在这样的政治论起来，就算汉人为君主，也不能不革命。”[4]孙中山在提出民族主义的同时提出了民权主义，主张民族革命与政治革命同时进行，这是完全正确的。而且，孙中山推翻的不仅是满洲的统治，而且是封建的君主专制政体，其结果“是建立民主立宪政体”，而不是君主立宪。因为“不愿君主一人专制，故要政治革命”。君主立宪政体虽然比封建专制进步，维新派也曾有

① 《孙中山选集》（合订本）第19页，人民出版社1981年版。

② 《孙中山选集》（合订本）第19页，人民出版社1981年版。

③ 《孙中山选集》（合订本）第18页，人民出版社1981年版。

④ 《孙中山选集》（合订本）第82页，人民出版社1981年版。

过“君民同体，情谊交孚，中国一家，休戚与共”的君民同乐图，然而曾几何时，顽固派的铁拳却粉碎了“君子们”的幻想。随着“戊戌六君子”鲜血的迸溅和严酷政治现实的磨砺，孙中山站在时代的峰巅之上，指出：“世界立宪亦必以流血得之，方能称为真立宪。同一流血，何不直截了当之共和，而为此不完不备之立宪乎？”[①]这在当时确实是石破天惊之论！列宁对孙中山的这个纲领给予很高的评价，指出：“孙中山纲领的每一行都渗透了战斗的、真诚的民主主义。它充分认识到‘种族’革命的不足，丝毫没有对政治表示冷淡，甚至丝毫没有忽视政治自由或容许中国专制制度与中国‘社会改革’、中国立宪改革等等并存的思想。这是带有建立共和制度要求的完整的民主主义。”[②]

（二）共和政体的基本架构——“建国三时期”“权能区分”和“五权宪法”

“建国三时期”是关于建设资产阶级民主共和制政权的步骤问题。在《军政府宣言》中，孙中山将革命步骤分为“军法之治”“约法之治”和“宪法之治”三个阶段。

“军法之治”以军法为根据，为革命的“军政府督率国民扫除旧污之时代”，此时代的“地方行政，军政府总摄之”。“军法之治”为期三年，“未及三年已有成效者，皆解军法，布约法”[③]。

“约法之治”以约法为根据，“为军政府授地方自治权于人民，而自总揽国事之时代”。主要标志是产生“人民选举”的“地方议会议员及地方行政官”。在约法中还规定了人民和军政府之义务。全国“行约法”的时间为六年。

“宪法之治”以宪法为依据，“为军政府解除权柄，宪法上国家机关

---

① 《孙中山选集》（合订本）第74页，人民出版社1981年版。

② 《列宁选集》第2卷，第424页，人民出版社1972年版。

③ 《孙中山选集》（合订本）第79页，人民出版社1981年版。

分掌国事之时代”[①]。“军政府解兵权、行政权，国民公举大总统及公举议员以组织国会。”[②]

孙中山认为，三个时期循序前进，全国人民就能养成“自由平等之资格”，就能奠定中华民国民主政体的根本了。孙中山的“建国三时期”论，强调革命初期要建立具有高度权威的政权，从军政达到宪政，最后实现民主政治，在一定程度上反映了民主革命的一般过程，有助于革命民主派在革命的不同发展阶段把握首要任务。

“五权宪法”是民权主义的重要组成部分，也是民权主义的发展和具体化。

三权分立学说是西方资产阶级反对君主专制制度的政治理论，以后又成为资产阶级国家政治制度的组织原则。它是法国著名的思想家孟德斯鸠在总结前人分权理论的基础上提出来的。他把国家权力分为三部分：立法权、行政权、司法权。通过这样的分权，使这三种权力互相制约平衡。美国1787年宪法，就是依据孟德斯鸠的三权分立和制约平衡的理论制定的。根据这一宪法所建立的美国中央联邦政府，包括国会、总统、最高法院三部分。立法权属于参、众两院组成的国会；行政权属于总统以及由他任命的内阁；司法权属于最高法院。法官由总统任命，并经参议院同意。上述宪法还规定三权之间有互相“抵制”的权力。如：总统不对国会负责，并有权否决国会的决议，除非国会以三分之二的多数保持原议；国会有权在一定的条件下对总统进行弹劾；最高法院有权解释宪法和法律，如果认为某项法律不符合宪法精神，它可以宣布为“违宪”，从而使之失效。

孙中山认为，三权分立学说在西方资产阶级革命时曾经起过很大的作用。但是，现在它“已经是不适用的了”。他认为，“将来中华民国的宪法是要创一种新主义，叫作‘五权分立’”。五权分立“不但是各

① 《孙中山选集》（合订本）第79页，人民出版社1981年版。

② 《孙中山选集》（合订本）第79页，人民出版社1981年版。

国制度上所未有，便是学说上也不多见，可谓破天荒的政体”[①]。孙中山说，有了五权分立体制的民国，“便是民族的国家，国民的国家，社会的国家”，也就是完成了民族革命、民权革命和社会革命的三民主义的国家。到了这个地步，国家便是“皆得完全无缺的治理”[②]，“成为至完美的国家”[③]。

那么，什么是五权分立？为什么要在三权分立基础上创立五权分立？

孙中山在对西方国家的状况认真考察之后，认为行政、立法、司法三权分立学说经过一百多年的验证，已经出现了很多弊端。因为它们的官吏是经过选举或委任两种途径产生的，而选举可以作弊，“那些略有口才的人，便去巴结国民，运动选举；那些学问思想高尚的人，反都因讷于口才，没有人去物色他。所以美国代表院中，往往有愚蠢无知的人夹杂在内”。至于委任又不可避免地导致任人唯亲，“凡是委任官都是跟着大统领进退。美国共和党、民主党向来是迭相兴废，遇着换了大统领，由内阁到邮局长不下六七万人，同时俱换。所以美国政治腐败散漫，是各国所没有的”[④]。孙中山认为，要克服这些弊病，就应该吸取我国古代的考试和监察制度。这样，如果采用欧美的三权分立制度，便可以打碎中国的封建专制政体；如果采用中国的考试制度和监察制度，便可以革除欧美选举和委任两种选官途径中的弊端。因而，孙中山集合中外的精华，提出了“五权分立”的理论，即“采用外国的行政权、立法权、司法权，加入中国的考试权和监察权”[⑤]，在国家机构中相应设立行政、立法、司法、考试、监察五院，彼此独立，相互制约，成为国家机构的主要组成部分。

---

① 《孙中山选集》（合订本）第87页，人民出版社1981年版。
② 《孙中山选集》（合订本）第89页，人民出版社1981年版。
③ 《孙中山选集》（合订本）第86页，人民出版社1981年版。
④ 《孙中山选集》（合订本）第87页，人民出版社1981年版。
⑤ 《孙中山选集》（合订本）第87页，人民出版社1981年版。

孙中山认为，治国的关键在于选拔和任用官吏。国家机关是由大小各种官吏管理运转的，官吏的优劣、称职与否，直接影响到国家治理的成败利钝。那么怎样才能保证在行政、立法、司法活动中官吏依法为国民秉公办事而不致徇私枉法呢？孙中山认为，考试权、监察权的实现是“才得妥当”的办法。前者可以保证合格的官吏得以任用；后者可以保证官吏不合格时得以罢免。孙中山认为，有了一部反映五权分立政体的宪法，造成一个五权分立的政府，这样的政府“才是世界上最完全、最良善的政府，国家有了这样的纯良政府，才可以做到民有、民治、民享的国家”①。

“权能分立”是民权主义的又一创造。它产生于辛亥革命之后。1916年，孙中山在浙江省议会的演说中提出人民和政府的责任各有所属，“政府有政府之责任，人民有人民之责任”②。区分政府和人民的责任是“权能分立”的原则。之后，孙中山又提出了“直接民权”③，即“全民政治”的另一种说法，这是“权能分立”建立的基石。在1918年和1919年，孙中山更把人民比作“皇帝”。他说：“四万万人民即今之皇帝也。国中之百官，上而总统，下而巡差，皆人民之公仆也。”④这里提出了“权能分立”的又一个原则。1922年，孙中山进一步阐述了上述原则：“政治主权在于人民，或直接以行使之，或间接以行使之，其在间接行使之时，为人民之代表者或受人民之委托者，只尽其能，不窃其权。予夺之自由仍在人民。”在1924年的三民主义演讲中，孙中山完整地、明确地阐释了他的“权能分立”的主张，这一理论才最后定型。

“权能分立”是孙中山政体设计的枢纽。他把国家权力划分为政权和

---

① 《孙中山选集》（合订本）第800页，人民出版社1981年版。

② 《孙中山选集》（合订本）第345页，人民出版社1981年版。

③ 《孙中山选集》（合订本）第497页，人民出版社1981年版。

④ 《孙中山选集》（合订本）第137页，人民出版社1981年版。

治权两大系统[1]：

政　权	选举权 罢免权 创制权 复决权	治　权	司法权 立法权 行政权 考试权 监察权

就上式看，在左面的政权，就是人民权，是人民“管理政府的权”，是国家权力主体。它包括选举、罢免、创制、复决四权。在右面的治权，就是政府权，是政府“替人民做工夫”的权，包括司法、立法、行政、考试、监察五权，即“五权分立”。

在“政权”系统中的“四权”可以分为对人和对法两个方面。对人即“管理官吏”，包括选举权和罢免权。孙中山所主张的选举权，不加任何限制，“实现普选制度，废除以资产为标准的阶级选举”。罢免权是人民罢免政府官员的权力。孙中山认为：“人民有了这两个权，对于政府之中的一切官吏，一面可以放出去，又一面可以调回来，来去都可以从人民的自由。”[2]对法即“管理法律”，包括创制权和复决权。创制权是人民直接立法的权，“即人民可以公意创制一种法律”，“如果大家看到了一种法律，以为是很有利于人民的，便要有一种权，自己决定出来，交到政府去执行。关于这种权，叫作创制权”。复决权是人民修正、否定法律的权，“若是大家看到了从前的旧法律，以为是很不利于人民的，便要有一种权，自己去修改，修改好了之后，便要政府执行修改的新法律，废止从前的旧法律”。孙中山认为：“人民有了这四个权，才算是充分的民权；能够实现这四个权，才算是彻底的直接民权。”[3]

“治权”系统中包括的五权，是“权能分立”整体规划中的“五权

---

① 《孙中山选集》（合订本）第798页，人民出版社1981年版。

② 《孙中山选集》（合订本）第796页，人民出版社1981年版。

③ 《孙中山选集》（合订本）第796页，人民出版社1981年版。

分立”，与以往孤立的“五权分立”已不尽相同。首先，“权能分立”整体规划中的“五权分立”，虽然仍标榜“分立”，但主要的一面已不是分权，而是分工制下的集权。其次，“五权分立”在“权能分立”的体系中，基本上不是实行相互牵制的原则，它体现的是一种分工关系。最后，“五权分立”制度的五院机关地位是不平行的，行政院居于首位。总之，“五权分立”是政府的组织形式，是“治权”的具体体现。

孙中山认为，人民是国家的主人，有权管理国家，是“有权的人”，但他们没有管理国家的能力，所以应该另外由有能力的专门家，即“有能力的人”组成政府，治理国家。他主张把选举、罢免、创制、复决四种“政权”（又称“民权”）交给人民，而把司法、立法、行政、考试、监察五种“治权”交给政府，使权能分立，互相制约，各自发挥作用，这样就可以实现民权主义的民主政治了。

四、民生主义

民生主义是三民主义中的社会革命纲领，是三民主义中最能显示其所属的阶级特点和所处的时代特征部分。孙中山十分重视民生主义问题，他认为三民主义比欧美资产阶级的自由、平等、博爱优越之处，就在于它有解决社会经济生活问题的民生主义。

19世纪末20世纪初，当年轻的正处于“上升”阶段的中国资产阶级踏上历史舞台，并企图以西方国家为楷模来改造社会的时候，西方资本主义已发展到它的最高阶段，即垄断资本主义——帝国主义阶段。无产阶级和资产阶级的矛盾日益尖锐，无产阶级革命运动方兴未艾，资本主义制度已暴露出它的严重弊病。孙中山看到，欧美各国虽然富强，但社会上贫富悬殊，广大人民陷于贫困，劳资间的冲突导致社会动乱，新的社会革命正在逼近。中国学习西方的时候一定要注意防止西方已发生的那些祸害。他说：“欧美强矣，其民实困，观大同盟罢工与无政府党、社会党之日炽，社会革命其将不远。吾国纵能媲迹于欧美，犹不能免于第二次革命，而况追逐于人已然之末轨者之终无成耶！夫欧美社会之祸，伏之数十年，及今而后发见之，又不能使之遽去。吾国治民生主义者，发达最先，睹其祸害于未盟，诚可举政治革命、社会革命毕其功于一役。还视欧美，彼且瞠乎后也。”[①]这段话，正是孙中山提出民生主义的思想基础。

民生主义是旧民主主义革命时期产生的多种经济纲领中一个最重要最先进的方案。孙中山根据资产阶级革命的需要，吸收了中外各种各样的社会经济思想——他因袭了某些朴素的经济平等观点，但又抛弃了小农的绝对平均主义的狭隘眼界；他也接受了改良派把中国的富强与资本主义化联系起来的思想，但又摒弃了维护封建制度的改良主张；西方国家的社会经济思想，尤其是美国资产阶级经济学家亨利·乔治和英国约翰·穆勒的地价税和土地增值归公的主张也给予孙中山的民生主义以很大影响，成为它的主要来源之一。

1903年，在东京青山军事学校，孙中山第一次提出了“平均地权”[②]的思想。1904年，《致公堂重订新章要义》把“平均地权”作为政纲和口号提出来。同盟会确定革命纲领时，有人对“平均地权”表示异议，孙中山阐释说：“平均地权即解决社会问题之第一步方法，吾党为世界最新之革命党，应高瞻远瞩，不当专向种族、政治二大问题，必须并将来最大困难之社会问题亦连带解决之，庶可建设一世界最良善富强之国。”[③]随即，在《〈民报〉发刊词》中，“民生主义”正式被孙中山宣布为革命的三大主义之一。以后，在一切有关“三民主义”和革命政纲的演讲著作中，孙中山坚持和着重地宣传、解释了他的“民生主义”思想学说。

民生主义作为一个完整的资产阶级民主革命的经济纲领，它以“平均地权”和“节制资本”为主要内容。

作为民生主义主要内容之一的“平均地权”，在一定程度上触及到了

① 《孙中山选集》（合订本）第76页，人民出版社1981年版。

② 《孙中山年谱》第58页，中华书局1980年版。

③ 冯自由：《革命逸史》第2集，第149页，商务印书馆1945年版。

封建土地所有制这个重大课题，但孙中山的“平均地权”并不是把地主阶级的土地平分给无地和少地的农民，而是在维护地主阶级一定利益的前提下，把地主土地所有制变为资本主义的土地国有制。

怎样实现土地国有化的“平均地权”呢？孙中山把“核定天下地价”作为“平均地权”的第一步，即“令人自己报告地价”；第二，国家合理公平地按土地所有者所报之价格抽税，即“照价收税”，用以限制地主财富的膨胀；第三，利用国家政权的力量逐步收买土地，落实对少报地价的土地所有者的行政制裁权，即“照价收买”；第四，“土地涨价归公”，落实土地的征税权，即在申报土地价格之后，地价的涨高部分归国家，国家有权随时按申报价格收买土地。

很明显，“平均地权”的具体内容在很大程度上是亨利·乔治的“单一税”方案和约翰·穆勒的土地国有论的溶合物。亨利·乔治提倡征收单一地价税，逐步实行土地国有，这对孙中山很有影响。约翰·穆勒的主张也被孙中山融化在自己的学说中。约翰主张把全国土地予以估价，土地的现有地价仍归地主所有，而由于社会进步所增加的价值则以赋税形式交给国家。

辛亥革命后，孙中山重申社会革命的主要内容是“平均地权”，“若能将平均地权做到，那么社会革命已成七八分了”①。他认为这样做，既可以制止地主垄断土地坐享地价上涨之利，又可以使国家富裕起来，“行了这法之后，文明越进，国家越富，一切财政问题断不至难办”，“中国行了社会革命之后，私人永远不用纳税，但收地租一项，已成地球上最富的国”②。

以“平均地权”来解决土地问题，是孙中山民生主义的关键。他认为解决土地问题便能避免资本主义之流弊，实现“社会主义”。列宁在1912年得知孙中山“平均地权”的土地纲领后，写了《中国的民生主义和

① 《孙中山选集》（合订本）第95页，人民出版社1981年版。

② 《孙中山选集》（合订本）第86页，人民出版社1981年版。

民粹主义》一文，予以评论。他在肯定了这个纲领的革命民主主义精神的同时，也指出了它的主观空想性和资本主义实质：“就是把地租转交给国家，即以亨利·乔治式的什么单一税来实行土地国有。孙中山所提出和鼓吹的‘经济革命’，决没有其他实际的东西……地价是资本化的地租。使‘增加的’土地‘价值’成为‘人民财产’，也就是说把地租即土地所有权交给国家，或者说使土地国有化。在资本主义范围内实行这种改革有没有可能呢？不但有可能，而且是最纯粹、最彻底、最完善的资本主义。”[①]孙中山企图用“平均地权”来防止资本主义的弊病，但实际上这种做法充其量只能制止地主阶级垄断土地，在客观上打击封建势力，为资本主义的发展创造条件，是“纯粹资本主义的，十足资本主义的土地纲领”，“仅仅是消灭封建剥削的纲领”。

“节制资本”是孙中山民生主义的又一内容。它提出来的时间较晚，但这一思想早就发端了。在《军政府宣言》的“平均地权”这条中，提出了“敢有垄断以制国民之生命者，与众弃之”[②]的原则。辛亥革命后不久，孙中山指出：“夫吾人之所以持民生主义者，非反对资本，反对资本家耳；反对少数人占经济之势力，垄断社会之富源耳”，“故民生主义者，即国家社会主义也”[③]，这种“国家社会主义”就是把“国家一切大实业如铁路、电气、水道等事物，皆归国有，不使一私人独享其利”[④]，使私有资本不能操纵国民之生计。他认为，这样的“节制资本”即可以发展资本主义的大工业，又可以避免大资本家垄断之流弊。孙中山还指出：“在中国要解决民生问题，想一劳永逸，单靠节制资本的办法是不足的。”“一定要发达资本，振兴实业。”[⑤]

---

① 《列宁选集》第2卷，第427页，人民出版社1972年版。

② 《孙中山选集》（合订本）第78页，人民出版社1981年版。

③ 《孙中山选集》（合订本）第105—106页，人民出版社1981年版。

④ 《孙中山选集》（合订本）第98页，人民出版社1981年版。

⑤ 《孙中山选集》（合订本）第840—841页，人民出版社1981年版。

但是，孙中山在“节制资本”中所主张的“国家资本主义”并不是社会主义，仍然是资本主义。因为国家资本主义所实行的“企业国有”的性质取决于国家的性质。在当时革命派建立的民主共和国，只不过是“本质上都是资本主义的机器，资本家的国家，理想的总资本家。它愈是把更多的生产力据为己有，就愈是成为真正的总资本家，愈是剥削更多的公民。工人仍然是雇佣劳动者，无产者”[①]。所以，在无产阶级掌握国家政权、从根本上改变生产关系之前，是不可能有什么社会主义的国有化的。即使如此，孙中山当时提出的“节制资本”的“企业国有”的主张，仍然是有积极的进步意义的。一方面，在一定程度上看到并批评了欧美垄断资本主义的弊病；另一方面，这种由国家力量来发展资本主义的道路，更能促进资本主义的发展，有利于不发达国家的社会进步。

民生主义在当时的历史条件下，是最完整的资本主义化的经济纲领。土地问题和资本问题是近代中国社会发展中的两大基本问题，孙中山的民生主义已触及这两个问题，并提出了他的解决方案，反映了民族资产阶级要求摆脱封建生产关系的束缚，发展资本主义工农业生产的愿望，也反映了孙中山对社会经济生活的重视和对贫苦人民的同情。但是，民生主义中，“平均地权”的方案不是“夺富人之田为已有”，这就不可能真正解决农民的土地问题。“节制资本”的主观愿望是想用国家资本主义来避免大资本家垄断国计民生的祸害，但由于没有解决国家政权的性质问题，结果却走向了孙中山愿望的反面。后来国民党反动派的四大家族借国家之名，行官僚垄断之实，就是证明。

在三民主义中，民族主义、民权主义和民生主义三个部分相互联系，互相补充，构成了一个统一的整体。孙中山说：“我们革命的目的，是为众生谋幸福，因为不愿少数满洲人专利，故要民族革命；不愿君主一人专利，故要政治革命；不愿少数富人专利，故要社会革命……达了这三样目

① 《马克思恩格斯选集》第3卷，第319页，人民出版社1972年版。

的之后，我们中国当成为至完美的国家。”①

五、点滴评说

三民主义是中国近代旧民主主义革命时期资产阶级所能提出的比较完整的民主革命纲领，正如毛泽东同志所指出的：“旧三民主义在旧时期内是革命的，它反映了旧时期的历史特点。”②这个纲领成了鼓舞人民群众进行革命斗争的鲜明旗帜，极大地促进了革命的发展。但三民主义也存在着严重的弱点。它没有明确提出反对帝国主义的口号和纲领，甚至幻想帝国主义会支持中国革命。在同盟会“对外宣言”中，表示承认清政府与帝国主义订立的一切不平等条约，照旧偿付清政府外债，甚至宣称在革命时不发生“妨害”帝国主义的行动。它没有彻底的民主革命的思想，企图通过打倒满族统治者而实现民主权利，却没有把地主阶级作为整个封建统治阶级来反对，反而错误地把汉族地主阶级当作争取的对象。它也没有彻底的土地纲领，平均地权虽然接触到了农民的土地问题，但却不赞成农民“夺富人之田为己有”，因此不能满足农民对土地的迫切要求。这样，三民主义既指导了一场疾风暴雨般的革命，同时也使一场疾风暴雨般的革命归于失败。历史就是这样波浪式地发展、螺旋式地上升的。

第六节　邹容与社会改革思想建构

邹容是20世纪初年涌现出来的、影响很大的资产阶级民主革命宣传家

① 《孙中山选集》（合订本）第86页，人民出版社1981年版。

② 《孙中山选集》（合订本）第654页，人民出版社1981年版。

之一。他的主要代表作是《革命军》。毫无疑问，《革命军》一书的直接目的是倾覆帝制、建立共和，因此它对辛亥革命起了巨大的推波助澜的作用。这正像吴玉章《纪念邹容烈士诗》所说的那样："少年壮志扫胡尘，叱咤风云《革命军》。号角一声惊睡梦，英雄四起挽沉沦。"[①]但以社会改革的眼光来审视《革命军》，它又是一部系统完整、色彩分明的社会改革方案。它高歌礼赞革命，针砭批判现实，规划制定策略，展望描绘未来，思维触角勇敢大胆，社会改革思想别具一格。如果说在中国近代史上社会改革思想是群星灿烂的话，那么《革命军》则是这灿烂群星中的一颗耀眼明星。

一、驳杂的思想界

要考察邹容的社会改革思想，必须首先弄清它产生时期的宏阔历史背景。因为在《革命军》诞生的年代，中国的思想界并不是仅有几丝涟漪的一泓死水，而是波涛翻滚的一片汪洋。只有弄清林林总总的各派思想，并将其互相比较对照，我们才能明了邹容的社会改革思想究竟是昆仑山上的一根无名草，还是松涛林海中的一株参天树。

1901年《辛丑条约》签订以后，中国的半殖民地半封建社会形态基本形成。在这种形势下，中国社会的各个阶级和各个政治派别，起于不同的动因，出于不同的目的，都提出了自己的社会改革方案。它们有的是粉墨其身，有的是老调重弹，有的是古色古香，可谓斑驳陆离，千姿百态。

首先是封建地主阶级。《辛丑条约》签订以后，清政府变成了"洋人的朝廷"。为了适应帝国主义的需要以维持其反动统治，清政府于1901年1月发布"变法"上谕，指出："世有万古不易之常经，无一成不变之治法……盖不易者三纲五常，昭然如日月之照世。而可变者令甲令乙，不妨如琴瑟之改弦。"[②]基于此，清政府从1901年开始推行"变法新政"，其

① 吴玉章：《纪念邹容烈士诗》，《辛亥革命》插页，人民出版社1973年版。

② 国家档案局明清档案馆编：《义和团档案史料》下册，第914页，中华书局1959年版。

主要内容有以下几方面。练兵在“新政”中占有突出的地位。由于八旗、绿营、练勇营务废弛，装备落后，1901年，清政府下令裁汰制兵、练勇，停止武科举。1902年，下诏推广北洋、湖北编练新军的经验。第二年，在京师成立练兵处，统筹练兵事宜，并规划在全国训练36镇新军。1905年，由袁世凯把持的北洋6镇练成，兵力7万余人，成为袁氏最重要的政治资本。但由于军费不济，编练新军计划在许多省份没有完成。编练新军，需要经费，筹饷成为“新政”的另一个主要内容。当时，清政府财政拮据，为了开辟财源，除了借债外，就是巧立名目加征各种苛捐杂税，一时盐厘加价，百货加税，加征房捐，名目繁多。这些沉重的负担都落在了劳动人民的身上。此外，为了增加税收，清政府还标榜振兴商务，奖励实业，其目的在于引诱殷实之家投资工商业。1903年，商部成立，并陆续颁布了一些有关商务的章程。“新政”的第三个主要内容是废科举，兴学堂。推行“新政”需要大量人才，科举制度已不能满足。这一时期，清政府创办大批新式学堂，颁布各类学堂章程，统一全国学制，并于1905年成立学部。清政府陆续兴办的学堂有数万所之多，但培养具有专门知识人才的官办大学仅几所，大量的却是旧式书院、塾馆的改头换面。1905年，清政府明令废止科举，中国绵长的科举制度至此结束。冷眼看来，“新政”的内容与戊戌变法时期维新志士所追求的目标颇多相似之处，但实质完全不同。清政府推行“新政”，旨在强化国家机器，讨好帝国主义，在列强卵翼下，维持反动统治，充当帝国主义的“守土官长”。

其次是农民阶级。早在《辛丑条约》签订以前，面对帝国主义列强掀起的瓜分中国的狂潮，农民阶级高举“扶清灭洋”的大旗，掀起了席卷全国的反帝爱国的义和团运动风暴。但是，清朝反动势力与帝国主义联合起来绞杀义和团，义和团运动惨遭失败。《辛丑条约》签订后，灾难深重的中国，遭到帝国主义更加残酷的掠夺，清政府的“新政”又给劳动人民带来了极其沉重的负担，因此，农民的反帝反封建斗争再度高涨。1902年，直隶广东一带农民在景廷宾领导下发动起义，竖起“扫清灭洋”的大旗，联合巨鹿、南宫、威县一带农民，迅速扩展到三四万人。起义队伍攻教堂、抗清军，威震京畿。清政府严令袁世凯添派军队，“从速扑灭”起义。在洋兵的“助剿”下，起义被血腥镇压了。在四川，川东农民打起“灭清、剿洋、兴汉”的旗号，围县城、攻教堂，全川30多个州县纷纷响应，声势浩大。起义延续到1905年，被清政府镇压。毫无疑问，农民阶级的斗争口号从“扶清灭洋”到“扫清灭洋”，说明他们的社会改革方案有了重大的修正与改进，并对20世纪初年的群众斗争和资产阶级民主派的形成起到了一定的推动作用。但是，“扫清灭洋”并没有鲜明准确地提出斗争目标和中国的前途，而且旗下的志士仁人们怀恨终天。

最后是资产阶级保皇派。以康有为、梁启超为代表的资产阶级维新派，早在戊戌年代，曾是站在历史潮头指点江山的人物，尤其是他们的“刷新内政，抵御外辱”的社会改革方案，更是载入史册，千古流芳。可是，20世纪初期，历史迅速发展，他们却裹足不前，特别是资产阶级民主革命风潮日渐兴起后，他们更变成了反对革命的保皇派。这一时期，他们的社会改革方案是：反对用革命暴力推翻清王朝，认为革命将招致帝国主义干涉，不但不能救国，反而会导致亡国；反对建立资产阶级共和国，认为中国人民是“程度未及格之恶劣国民”，不但不能立即实行民主共和，而且也不能立即实行君主立宪，而只能搞“预备立宪”；反对改变封建土地制度，认为“土地国有”“平均地权”是违背社会经济“自然法则”的，将妨害社会生产力发展，阻碍社会文明进步。一言以蔽之，就是反对革命，维护清廷，实行君主立宪。当然，保皇派的社会改革方案不但没有得到实施的机会，而且在资产阶级民主革命思潮的喧响咆哮声中很快就销声匿迹了。

以上这些社会改革方案，与邹容的倾覆帝制、建立共和的社会改革方案相比，无疑都是站在洼地里的矬子，没有一点堪称真知灼见的地方。第一，从整个世界形势看，西方资本主义迅速发展，而且有许多先进国家已经或者正在过渡到帝国主义阶段，相形之下，中国的封建主义日趋没落，已经风烛残年。而以上各种社会改革方案，无视这种东西方历史发展的巨大落差，不顾人类历史发展的客观规律，仍然死死抱住封建主义的僵尸不放，在两千多年已经磨损的旧车辙里爬行匍匐，或者充其量是要对百孔千疮的封建主义进行小修小补，但实质也是以封建主义来拯救封建主义。这种毫无时代气息的社会改革方案自然难以被时代所接纳。第二，《辛丑条约》签订后，中国已经沦入了半殖民地半封建社会。这种社会的突出特点，就是帝国主义和封建主义相结合，各安其位，各得其利。在这种形势下，无论是地主阶级的“变法新政”，还是农民阶级的“扫清灭洋”，抑或是保皇派的“君主立宪”，都难以问世出台，即使依靠政治力量、武装力量或者是舆论力量，强行上场演出，也会被原有的政治格局、经济框架和思想氛围所扭曲变形。第三，从以上各种社会改革方案本身来看，他们都是在特殊历史时期和针对特殊问题而仓促提出的，既没有经过缜密的设计规划，更没有经过严肃的理论论证，因此，它们与其说是社会改革方案，不如说是权宜之计。而邹容在《革命军》中所提出的社会改革方案，顺应世界历史潮流，切中中国时弊，既规定了切实可行的革命措施，又描绘了光辉灿烂的革命前景，俨如站在高山上的巨人，在林林总总的社会改革方案中傲然挺立，呼唤着时代的风和雨。

二、以批判为先导的求索方法

这里自然而然地出现了一个问题，就是同样生活在一个社会里，为什么各个阶级和各个政治派别所提出的社会改革方案不尽相同，有的死气沉沉，有的朝气蓬勃，有的要炼石补天，有的要翻天覆地？按照马克思主义的观点来解释，自然是因为它们的阶级立场和阶级利益不尽相同。但从整个社会改革思想发展史来考察，又与各种社会改革方案制订者对现实社会的认识深度和批判力度有关。一般说来，社会批判思想是社会改革思想诞生的母体和温床，社会改革思想是社会批判思想发展的结局和归宿。如果一个阶级、一个派别乃至一个人，没有深刻的社会批判思想，就很难提出真正的社会改革方案。这不仅是逻辑的，而且是历史的。翻遍古今中外的整个社会改革思想发展史，我们都很难找到一个在粉饰现实的基础上而提出社会改革方案的思想家。那么，以上各种社会改革方案的制订者对现实社会的态度如何呢？下面我们就逐一作以考察。

地主阶级是封建社会的压迫阶级和剥削阶级，是既得利益者；封建社会是地主阶级专政专制、挥金如土的天堂。在地主阶级眼里，封建社会是至善至美、无与伦比的理想社会，如果谁敢斗胆对封建社会稍加非难，他们就会将他视为违背天理，大逆不道。所以，地主阶级对封建社会从来就没有任何批判意识，即使封建社会已经步入了四面楚歌的窘境，满坑满谷的封建士人也仍然要粉饰太平，美赞昌盛，把杀人如麻说成是抑恶扬善，把挥金如土视为天经地义，把穴居野处当作世外桃源。这样，改革社会的思想就难以萌发于他们的大脑皮质，更不要说是提出真正的社会改革方案。一句话，既得利益者，盛赞现实者，是不能提出真正的社会改革方案的。

与地主阶级恰恰相反，农民阶级是封建社会的被压迫阶级和被剥削阶级。政治压迫和经济剥削使农民阶级对封建社会怀有刻骨仇恨，抱有强烈的批判意识。但自给自足的封建庄园限制了他们的政治眼界，小生产的沉重磨盘戕杀了他们的理论神经。因此，在中国历史上，农民阶级对封建社会的武器批判常常是轰轰烈烈，而他们的批判武器却往往是目不识丁。“只反贪官，不反皇帝”“扶清灭洋”等农民起义的纲领和口号，就深刻而又生动地显示了他们批判武器的笨钝。所以，农民阶级反对封建主义，但他们却不能提出埋葬封建主义的社会改革方案。

资产阶级保皇派与地主阶级和农民阶级都不同。按常规道理来讲，资产阶级是能够批判和埋葬封建主义的。但中国的资产阶级却有着它独特的背景和走向。保皇派是中国民族资产阶级上层的政治代表。中国民族资产阶级上层一般都是由官僚、地主、商人转化而来的，他们与帝国主义和封建主义有着千丝万缕的联系，因而他们对帝国主义和封建主义具有极大的软弱性和妥协性。同时，就保皇派本身而论，他们绝大多数人都出身于封建的簪缨之家，自幼饱读四书五经，在他们的动脉里流淌的基本都是中国传统文化的血液。这样，阶级基础及自身品格，都使保皇派在批判封建主义时，犹如“不识庐山真面目，只缘身在此山中”一般，总也跳不出封建大厦的框架。因而，他们所提出的社会改革方案也只能是小修小补的改良和枝枝节节的救弊。

邹容之所以能够提出倾覆帝制、建立共和的社会改革方案，主要因为他对清王朝的封建统治有着明确的认识和深刻的批判，而这种明确的认识和深刻的批判又与他的个人经历紧密相连。邹容生于1885年，死于1905年，原名绍陶，字蔚丹，四川巴县人。他自幼就厌读四书五经，鄙视科举制度。戊戌变法期间，维新思潮传到了他的家乡巴山蜀水，在他幼小的心灵里激起了层层浪花。戊戌政变后，他敬仰谭嗣同等六君子，决心继承维新志士的事业，为祖国的独立富强而奋斗。1902年春，邹容为进一步追求新的知识，离开家乡，东渡日本留学。在日本期间，他不仅废寝忘食，研读了卢梭的《民约论》、孟德斯鸠的《万法精意》、约翰·穆勒的《自由原理》以及有关美、法资产阶级革命的历史书籍，而且亲眼看到了经过明治维新的日本，一跃而成为世界强国的真实现实。资本主义的精神文化和物质文化，开阔了他的视野，拓展了他的胸襟，使他判若两人。这样，邹容站在世界资本主义金字塔的顶端，俯首鸟瞰中国的封建社会，通过巨大的反差，看到了它的丑陋狰狞。因此，他犹如“不畏浮云遮望眼，只缘身在最高层”一般，毅然决然地提出了倾覆帝制、建立共和的社会改革方案。

那么，邹容对清政府的反动统治进行了哪些批判呢？在《革命军》中，邹容以资产阶级的“自由、平等、博爱”和天赋人权学说为根据，对清朝二百多年来残酷地压迫全国各族人民的情景，进行了淋漓尽致的揭露。

首先，邹容揭露了清王朝统治者骄奢淫逸的生活。他写道：“乾隆之圆明园，已化为灰烬不可凭借。如近日之崇楼杰阁，巍巍高大之颐和园，问其间一瓦一砾，何莫非刻括吾汉人之膏脂，以供一卖淫妇那拉氏之笑傲。夫暴秦无道，作阿房宫，天下后世，尚称其不仁，于圆明园何如？”他在揭露清政府的严刑酷法时指出：清之“用苛刑于中国，言之可丑可痛。天下怨积，内外咨嗟……若夫官吏之贪酷，又非今世界文字语言所得而写拟言论者也”。

其次，邹容怀着极其悲愤的心情，对清政府统治下的士、农、工、商各阶层备受压迫剥削的境况，进行了深刻的描述，尤其是对农民的苦难生活给予了很大的同情。他写道：“今试游于穷乡原野之间，则见夫黧其面目，泥其手足，荷锄垅畔，终日劳劳，而无时或息者。”尽管如此勤劳，但仍不得温饱，既备遭豪绅地主的残酷盘剥，更迭受官府的无穷搜括：“以某官括某地之皮，以某官吸某民之血，若昭信票，摊赔款，其犹著者也。是故一纳赋也，加以火耗，加以钱价，加以库平，一两之税，非五、六两不能完，务使之鬻妻典子而后已。”虽然邹容还没有涉及农民的土地要求，但他看到了农民所受的重重剥削，反映了农民的深沉苦情，这在当时是难能可贵的。

再次，邹容对于富商大贾社会地位的低下，也为之大鸣不平。他写道：欧美各国的资产阶级，都已成为执掌政权的统治者，享有很高的政治地位；而在中国，反动清政府却“贬之曰末务，卑之曰市井，浅之曰市侩，不得与士大夫为伍”，毫无一点政治权利。在经济上，他们也受到重叠冗杂的盘剥，偿失费、赔教案、供玩好、养国蠹，“皆莫不取之于商人”，“若者有捐，若者有税，若者加以洋关而又抽以厘金，若者抽以厘金而又加以洋关，震之以报效国家之名，诱之以虚衔封典之荣，公其词则曰派，美其名则曰劝，实则敲吾同胞之肤吸吾同胞之髓，以供其养奴之费，修颐和园之用而已”。在这种苛税重税的严重摧残下，中国资本主义濒临绝境，难以伸张和发展。

最后，对清王朝的投降媚外，邹容也进行了无情揭露。他指出：清政府在对外关系中推行的是一条“量中华之物力，结友邦之欢心”的卖国政策。"割我同胞之土地，抢我同胞之财产，以买其一家一姓五百万家奴一日之安逸，此割台湾、胶州之本心，所以感发五中也！"他特别指出：东三省是满洲贵族发祥之地，按理应极力保卫，但"今乃再拜顿首，奉献于俄罗斯"，连自己老祖宗的坟地都可以出卖，这样的政府，还能指望他保卫整个中国吗？

就是基于这种无情的揭露和批判，邹容才深刻地认识到：清政府不仅是人民群众的大敌，而且也是整个国家民族的大敌；清政府不仅自甘于沦为"洋人"的奴隶，而且还要强制人民成为奴隶。因而他得出了一个结论："欲御外侮，先清内患"，"张九世复仇主义，作十年血战之期，磨吾刀，建吾旗"，用革命的手段，推翻清王朝的反动统治，建立资产阶级共和国。

通过以上分析我们不难看出，粉饰现实与维持现状声息相关，批判现实与创建未来紧密相连。当然这也并不是什么重大发现，否定与肯定、破坏与建设本来就是马克思主义的ABC。

三、一幅绚丽的资产阶级共和国蓝图

既然邹容深刻地揭露和批判了清王朝的反动统治，而批判现实与创未来又紧密相连，那么邹容的社会改革思想的具体内容是什么呢？这是人们自然要提出的另一个问题。下面，我们就择其荦荦大者，将其社会改革思想的主要内容展现如下。

首先，邹容明确地指出了解决中国的社会问题必须进行革命。在《革命军》一书中，邹容从哲理的高度，肯定和歌颂了革命事业的神圣伟大及其历史意义。他用诗一般的语言写道："巍巍哉！革命也。皇皇哉！革命也。"革命事业"郁郁勃勃，莽莽苍苍，至尊极高，独一无二，伟大绝伦"。正是为了实现这一伟大的事业，他表示愿四处奔走，"呼天吁地，破嗓裂喉，以鸣于我同胞面前曰：呜呼！我中国今日不可不革命。我中国欲独立，不可不革命。我中国欲与世界列强并雄，不可不革命。我中国欲长存于20世纪新世界上，不可不革命。我中国欲为地球上名国，地球上主人翁，不可不革命”。作为资产阶级革命宣传家的邹容，自然不可能运用唯物史观认识“革命是历史的火车头”这一伟大真理，但他却从资产阶级进化论的观点出发，首先领悟到了资产阶级民主革命是历史发展的必然规律这一道理。他说：“革命者，天演之公例也。革命者，世界之公理也。革命者，争存争亡过渡时代之要义也。革命者，顺乎天而应乎人者也。革命者，去腐败而存良善者也。革命者，由野蛮而进文明者也。革命者，除奴隶而为主人者也。”在邹容看来，革命无疑是天下最神圣的“宝物”，是“起死回生之灵药，返魄还魂之宝方”。因此，他向人们呼号：“嗟乎嗟乎！革命革命！得之则生，不得则死。毋退步，毋中立，毋徘徊，此其时也！此其时也！”

其次，邹容详尽地探讨了进行革命的方法，提出了“革命之教育”“革命必剖清人种”“革命必先去奴隶之根性”的主张。

所谓“革命之教育”，就是要用资产阶级的社会政治学说，对人民进行思想教育，使人人认识到：一、“当知中国者中国人之中国也”；二、“当知平等自由之大义”；三、“当有政治法律之观念”。从而要求人人养成“上天下地，惟我自尊，独立不羁之精神”；“冒险进取，赴汤蹈火，乐死不辞之气概”；“相亲相爱，爱群敬己，尽瘁义务之公德”；“个人自治，团体自治，以进人格之人群”。在邹容看来，只有对全国国民进行这种“革命之教育”，才能“复我天赋之权利”，建华盛顿、拿破仑之事功。

所谓“革命必剖清人种”，这是邹容强烈的民族主义意识的反映。由于近代以来帝国主义的侵略和二百多年来满洲贵族的民族压迫，有这种思想反应是自然的。邹容认为要革命就必须分清敌我，“内有所结，外有所排”，启发民族觉醒，反对民族压迫。他愤慨地说道：“吾宁使汉种亡尽杀尽死尽，而不愿其为洪承畴，为细崽，为通事，为买办，为翻译，于地球各国之人下。”

所谓“革命必先去奴隶之根性”，就是要人们站立起来，反对“忠于君，孝于亲”等封建伦理，争平等，争自由，做国民，不做奴隶。他以曾国藩、李鸿章为例，剖析了他们的奴隶根性：“柔顺也，安分也，韬晦也，服从也，做官也，发财也，中国人造奴隶之教科书也。”他还引用当时颇为流行的一首古乐府——《奴才好》，对奴隶根性进行了辛辣的讽刺。歌词说道：“奴才好，奴才好！勿管内政与外交，大家鼓里且睡觉。古人有句常言道，臣当忠，子当孝，大家切勿胡乱闹。”歌词不仅抨击了对封建主义的柔顺，而且还进一步谴责了对殖民主义的屈从：“奴才好，奴才好！世有强者我便服。”“奴才好，奴才好！奴才到处皆为家，何必保种与保国”。因此，他大声疾呼：“吾愿我同胞万众一心，肢体努力，以砥以砺，拔去奴隶之根性，以进为中国之国民。”

最后，在革命前途这一重要问题上，邹容鲜明地提出了资产阶级共和国方案。他“模拟美国革命独立主义”的图样，制订了在中国建立独立自由的“中华共和国”的25条纲领：

1．中国为中国人之中国，我同胞皆须自认为自己的汉种中国人之中国。

2．不许异种人沾染我中国丝毫权利。

3．所有服从满洲人之义务，一律消灭。

4．先推倒满洲人所立北京之野蛮政府。

5．驱逐居住中国中之满洲人，或杀以报仇。

6．诛杀满洲人所立之皇帝，以儆万世不复有专制之君主。

7．对敌干预我中国革命独立之外国及本国人。

8．建立中央政府，为全国办事总机关。

9．区分省份，于各省中投票公举一总议员，由各省总议员中投票公举一人为暂行大总统，为全国之代表人；又举一人为副总统。各府州县又举议员若干。

10．全国无论男女，皆为国民。

11．全国男子，有军国民之义务。

12．人人当致忠于此新建国家之义务。

13．人人有承担国税之义务。

14．凡为国人，男女一律平等，无上下贵贱之分。

15．各人不可夺之权利，皆由天授。

16．生命自由及一切利益之事，皆属天赋之权利。

17．不得侵人自由，如言论、思想、出版等事。

18．各人权利，必须保护，须经人民公许。建设政府，而各假以权，专掌保护人民权利之事。

19．无论何时，政府所为，有干犯人民权利之事，人民即可革命，推倒旧日之政府，而求遂其安全康乐之心。迨其既得安全康乐之后，经承公议，整顿权利，更立新政府，亦为人民应有之权利。

若建立政府之后，少有不洽众望，即欲群起革命，朝更夕改，如弈棋之不定，固非新建国家之道。天下事不能无弊，要能以平和为贵，使其弊不致大害人民，则与其颠覆昔日之政府，而求伸其权利，毋宁平和之为愈。然政府之中，日持其弊端暴政，相继施行，举一国人民，悉措诸专制政体之下，则人民起而颠覆之，更立新政府，以求遂其保全权利之心，岂非人民至大之权利，且为人民自重之义务哉！我中国人之忍苦受困，已至是而极矣！今既革命独立，而犹为专制政体所苦，则万万不得甘心者矣！此所以不得不变昔日之政体也。

20．定国名中华共和国。（清为一朝之名号，支那为外人呼我之词。）

21．中华共和国为独立自由之国。

22．自由独立国中，所有宣战、议和、订盟、通商及独立国一切应为之事，俱有十分权利与各大国平等。

23．立宪法，悉照美国宪法，参照中国性质立定。

24．自治之法律，悉照美国自治法律。

25．凡关全体个人之事，及交涉之事，及设官分职国家上之事，悉准美国办理。

这25条纲领的主要内容，一是建立资产阶级民主政权，二是实行议会制度，三是制定宪法和法律。

以上就是邹容社会改革思想的基本框架。它既论述了革命的必要性，也提出了革命的具体办法，更为重要的是还指出了革命的光明前途，真可谓是丝丝入扣，天衣无缝。

四、历史价值与现实启示

斗转星移，光阴流逝，从邹容的《革命军》问世到现在，已经整整90个年头过去了。今天，我们站在20世纪90年代的历史潮头，回首历史，评判邹容的社会改革思想，必将获得深深的启迪。

在邹容《革命军》问世的年代，中西方的历史发展正处于严重的失衡状态。西方的资本主义国家，经过二百多年的历史，已经有了长足的发展，许多国家已经或者正在过渡到帝国主义阶段。在商品和资本的驱使下，它们把侵略魔爪不断地伸向所有的弱小国家。而偌大的中国还没有步出中世纪的黑暗，特别是第一次鸦片战争以后，它又一步一步地陷入了半殖民地和半封建社会的深渊。相形之下，西方资本——帝国主义国家不啻是一个开放、流动、刚强、好斗的男子汉，而中国似乎是一个封闭、宁静、孱弱、自卑的少女，而少女的柔弱性格对于男子汉来说，则是一张永远有效的请柬。正因为如此，从1840年起，资本主义列强就开始了对中国的蹂躏，到20世纪初，中国已经国不成国。资产阶级革命宣传家陈天华曾对帝国主义瓜分中国的危急形势和清政府投降卖国的丑恶嘴脸作了惟妙惟肖的描绘和刻画。他以唱词的形式写道："俄罗斯，自北方，包我三面；英吉利，假通商，毒计中藏；法兰西，占广州，窥伺黔桂；德意志，领胶州，虎视东方；新日本，取台湾，再图福建；美利坚，也想要，割土分疆；这中国，哪一点，还有我份；这朝廷，原是个，名存实亡；替洋人，做一个，守土官长；压制我，众汉人，拱手降洋。”[①]西方的强盛和对中国的胜利，中国的衰弱和对西方的失败，这并不仅仅是西方和中国谁盛谁衰和谁胜谁负的问题，而是两种社会制度的较量。较量的结果表明，资本主义制度胜利了，封建主义制度失败了。正是在这种广阔的历史背景下，邹容毅然抛弃落后的封建主义制度，执着追求先进的资本主义制度，提出了倾覆帝制、建立共和的社会改革方案。无论这种方案如何，它都在总的方向上顺应了历史发展的趋势，成了中国历史上的第一个《人权宣言》。正因为如此，《革命军》犹如一只呼唤风雨的海燕，一声惊蛰时节的春雷，把长期蕴藏在人民群众心中的阶级仇、民族恨，无所顾忌地抒发出来，炸开了万马齐喑的中国思想界，在社会上产生了巨大的影响。在《革命军》的影响下，许多爱国志士纷纷涌向民主革命的旗帜下，先后走上了革命道路。如著名的武昌起义三烈士之一的彭楚藩，早在1903年就读过《革命军》诸书，坚定了反清的革命信念，武昌起义不幸被捕，在刑讯面前，大义懔然，无所畏惧，公开以“革命”自命，高呼：“我们一定要把你推翻，恢复中华，建立民国。”[②]彭楚藩正像邹容在《革命军》中所呼号的那样，“革命革命！得之则生，不得则死！”为了革命的崇高理想，慷慨就义。著名的革命志士吴樾也是在得到《革命军》一书后，“三读不置”，“举昔卑污之思想一变而新之”[③]。由一个改良主义者转变为资产阶级的革命战士。这正像鲁迅所说的那样：“便是悲壮淋漓的诗文，也不过是纸片上的东西，与后来的武昌起义怕没有什么大关系。倘说影响，则别的千言万语，大概都抵不过浅近直截的‘革命军马前卒邹容，所做的《革命军》’。”由此我们不难看出，一种社会改革思想或一套社会改革方案，是否能够产生巨大的社会效应，并不依赖任何外在的东西，主要看它是否顺应历史潮流。

---

① 陈天华：《猛回头》，载《陈天华集》，湖南人民出版社1982年版。

② 《辛亥首义回忆录》第2辑，第139页，湖北人民出版社1979年版。

③ 《中华民国开国前革命史》中卷，第14页，上海民智书局1930年版。

毫无疑问，人类的历史发展是有客观规律的，但各个国家和各个民族的文明进展却没有一个共同的模式。从广阔的地域来说，欧洲和亚洲不同，美洲和非洲有别。从各个国家来看，英国、法国、美国、日本、中国等国也都各具特色，千差万别。这些不同的原因固然是多种多样的，但其根本原因则在于各个国家的独特历史和具体国情。那么，《革命军》问世的年代，中国的具体国情怎样呢？从根本上说，当时的中国是一个半殖民地半封建社会。在这种社会里，既有资本主义的疯狂侵略，又有封建主义的严酷统治。资本主义侵略中国的目的，并不想把中国变成资本主义社会，而是要把中国变成它们的殖民地或半殖民地。封建主义的统治更不能在中国发展资本主义，而是要恢复唐虞盛世。在这种国度里要走资产阶级共和国的道路，不啻是与虎谋皮，对牛弹琴。邹容的倾覆帝制、建立共和的社会改革方案虽然不乏天才和智慧，但在这一点上却发生了重大失误。它不顾中国的特殊国情，试图仿效法国大革命的方式，推翻封建主义统治，并按照美国政体的模式，建立中华共和国，这在帝国主义和封建主义的联合绞杀下，最后只能是一厢情愿罢了。事实也正是这样，邹容的社会改革思想犹如一颗耀眼的彗星，划破了封建古国思想界的上空，但在无边的黑暗中很快就消失了；辛亥革命一声炮响，推翻了封建专制制度，建立起了资产阶级共和国，可谓是迸射出了耀眼的火花，但最后留下的仍是一片令人更加难熬的黑暗。从这里我们不难看出，一种社会改革思想或一套社会改革方案，是否能够结出丰满肥硕的果实，并不取决于设计者的愿望，主要看它是否适应具体国情。

此外，邹容倾覆帝制、建立共和的社会改革方案的提出，也为中国如何吸收西方文化提供了有益的借鉴。在近代中国的历史进程中，早就存在着一个严峻的问题，即怎样学习西方、吸收西方文化的问题。在这个问题上，一直存在着两种令人懊恼的倾向：一种是闭关锁国，盲目排外；另一种是徒袭皮毛，囿于表层。两者相较，前者给中国人带来的迷惘更大，因为它既深深地植根于小生产的土壤中，又紧紧地攀附在民族感情的大树上。邹容对于西方文化既不盲目排斥，又不生吞活剥，而是根据自己政治斗争的需要，经过精心选择以后再做吸收。例如，在邹容生活的年代，进化论、天赋人权、共和国思想、民族主义和民主主义等，早已不是当时西方最时髦的资产阶级思想家的学说了，但邹容还是把它们精心地挑选出来，真诚地吸收下去，并把它们铸进自己的社会改革思想中。也正是因为这样，邹容的社会改革思想才产生了巨大的社会效应。由此我们不难看出，西方文化内容庞杂，新旧杂陈，对此我们既不可盲目排斥，也不可盲目拿来，只有经过精心选择后再做吸收，才能有力地推动民族文化的发展。

第七节　李大钊与民主科学思想宣传

李大钊是中国现代文化运动的先驱，是五四新文化运动的主将。在时代潮流尚未到来之际，他率先迈出一步，成为20世纪中国思想文化史上整整领先一个时代的伟大人物。他以“江流不转之精神，屹然独立之气魄”，在长夜难明的黑暗中发愤自雄，勇敢地探索真理；在豺狼当道的大地上奔走呼号，无畏地撒播革命火种；在“荆天棘地”中摧枯拉朽，奋不顾身地开辟历史前进的路径。他所宣传的民主科学思想，迎着席卷神州的革命风暴，高屋建瓴，惊世骇俗，卓领风骚，其业绩光耀史册。

一、呼唤新时代的历史动因

在中华陆沉、社会振荡之际，在新文化运动刚刚“风起于青萍之末”之时，李大钊之所以能够手擎民主与科学两面大旗，高歌猛进，向封建主义意识形态展开猛烈批判，其原因是多方面的。

首先，对祖国强烈而深沉的钟情和热爱，是李大钊宣传民主科学思想的前提条件。

李大钊出生在旧中国一个贫穷落后的农村。孤苦伶仃的身世，饥寒交迫的家境，耳濡目染农民群众的痛苦呻吟和强烈的反抗，使李大钊自少年起就养成了勤学向上、发愤救国的优良品格。同时，注意从郑成功、朱舜水、义和团及其老师辛亥革命烈士白亚雨等爱国志士的事迹中汲取精神营养，又使李大钊的爱国情感不断加深。更重要的是，在帝国主义侵略下，祖国山河破碎、人民涂炭倒悬的严酷现实，更大大地激发了他的爱国热忱。为了“挽救民族，振奋国群之思想”，他以“尽天下兴亡，匹夫有责之义”，“愤然起而研究政治”。1906年，他考入天津北洋法政专门学校。此后，随着政治知识的日益增长，他为“再造中华”而献身的决心也日益增大，完全把自己和国家的前途、民族的命运紧紧地联系在一起。他阅读各种政治著作，密切注视国内外政治风云的变幻，不断作出自己的判断，在思想上逐步形成了革命的民主主义观点，渴望在中国实现资产阶级民主共和国的理想。因此，对孙中山领导的辛亥革命，李大钊挥笔作诗，满腔热忱地赞颂道：“江山依旧是，风景已全非。”[①]而对辛亥革命后袁世凯的倒行逆施，他则以极大的愤怒和深沉的悲痛，写了《隐忧篇》《大哀篇》《原杀》《论民权之旁落》等一系列文章，揭露北洋军阀盗窃国权、侵蚀共和的罪恶行为。1913年冬，李大钊为探索救国救民的真理，东渡日本留学。在日期间，他认真研讨各种政治学说和社会思潮，探索救国真理，并积极参加反袁斗争。1915年，袁世凯为获取帝国主义支持复辟帝制，不惜接受日本灭亡中国的“二十一条”。李大钊积极参加了留日学生总会的爱国斗争，先后撰写了《敬告全国父老书》《国民之薪胆》等爱国篇章，揭露袁世凯的卖国行径，号召全国人民奋起自救，坚决反对日本帝国主义的侵略。在爱国思想指引下，参加了爱国斗争；而爱国斗争的熊熊

① 《李大钊文集》第901页，人民出版社1984年版。

烈火，又升华了爱国思想。正是基于强烈的爱国主义思想，1916年夏，李大钊回国后，立即参加了新文化运动，并成为新文化运动的主将。

其次，对辛亥革命失败的深刻反思，是李大钊宣传民主科学思想的现实基础。

辛亥革命是一场伟大的资产阶级民主革命。它推翻了清政府，结束了两千多年的封建帝制，建立起了资产阶级民主共和国。但是，这场革命是不彻底的，它“只把一个皇帝赶跑，中国仍旧在帝国主义和封建主义的压迫之下，反帝反封建的革命任务并没有完成”[①]。尤其是袁世凯当政后，逐步撕去了他“拥护共和”的伪装，以铁血手段镇压以孙中山为代表的资产阶级革命派，打破了他们几十年来所追求的建立民主共和国的梦想。李大钊在当时就敏锐地觉察到了共和国的“隐忧”，并对其前途命运表现了深切的关怀。1913年4月，他在《大哀篇》中指出：辛亥革命的成果，是革命先烈“断头绝脰”与“民贼”作斗争得来的，却不幸为那些“骄横豪暴之流”所篡夺。他们大言不惭，竟曰为国建共和、为人民造幸福，其实是些“拾先烈之血零肉屑，涂饰其面，傲岸自雄，不可一世”的刽子手。袁世凯一伙身兼骗子与强盗的武夫政客，不过“假手于国法以抑民权，托词于民权以抗国法；国法民权，胥为其所利用以便厥私”[②]。革命没有给人民带来任何幸福和自由。

在此基础上，李大钊还以激越的笔触，描述了在共和国招牌下的血与火的图景：一方面是那些骑在人民头上的官僚政客，“摇曳衔衢，酒地花天”，“绳营狗苟，坐拥千金”；另一方面却是“农失其田，工失其业，商失其源，父母兄弟妻子离散茕焉，不能安其居，刀兵水火，天灾乘之，人祸临之，荡析离居，转死沟洫，尸骸暴露，饿殍横野”[③]。对此，李大钊愤慨地指出：这种政权只是“少数豪暴狡狯者”对广大劳动人民的专

① 《毛泽东选集》（合订本）第528页，人民出版社1964年版。

② 《言治月刊》第1年，第1期。

③ 《李大钊选集》第1页，人民出版社1954年版。

政，所谓“民权”“幸福”，只是“少数豪暴狡狯者”的“窃权”和“幸福”，广大劳动人民却只有无权和痛苦。

辛亥革命失败的严酷现实，深刻地教育了资产阶级知识分子，尤其是他们当中的先进分子李大钊。通过对辛亥革命失败的反思，李大钊深刻认识到，要建立真正的资产阶级民主共和国，就必须首先冲破专制复古思潮的牢笼，高扬民主自由的旗帜。于是，李大钊怀着昂扬的革命斗志和不屈不挠的战斗精神，适应时代的需要，大力宣传民主科学思想，和反动势力展开新的搏杀，成了与反动统治者进行坚决斗争的伟大战士。

再次，对中国传统政治文化的深刻剖析，是李大钊宣传民主科学思想的思想基础。

在梁启超、严复等改良主义者重视文化变革的思想传统影响下，李大钊也十分关心民族文化心理改造问题。在《风俗》《民彝与政治》等文章中，李大钊结合袁世凯窃夺国柄的沉痛教训，从政治认识、政治感情及政治评价意向三个角度，对中国传统政治文化进行了系统的研究和深刻的剖析。

中国传统政治认识具有非主体性特征。“中国的民众，几千年来，都在专制统治的压制之下，除了最困苦的时候，不能不起来反对压制外，平常是谈不到对政治有什么意思能够表示的。”[①]即便是在武力推翻了一个皇帝之后，他们所表达出来的政治意见仍然是推戴一个新皇帝治理国家，自己则重新恢复到原来的地位。所以，除了做王朝更替的工具和王朝安定时的顺民外，中国的民众几乎意识不到自己对国家政治体系可能施加的影响以及应该享有的权利义务。这种非主体性的政治认识，是中国传统政治文化最基本的特征。

中国传统政治感情具有非规范性特征。宋元以来，统治者的外在强暴统治和理学家的内在理学禁锢，迫使中国人把自己的政治感情变成了一个难以捉摸的未知数。也就是说，人们对某一政治现象的认识和情感反应可

① 李剑农：《戊戌后三十年中国政治史》，中华书局1965年版。

能相差很远，甚至大相径庭，并且相当缺乏规范化。李大钊指出：民国初年“士风偷惰，志节荡然”，中国几成“群德堕丧之国”。他认为，这种群德的堕丧在政治上集中表现为政治道德和政治行为规范的极度贫乏。而健全的政治生活应当建立在规范化的政治道德与政治行为准则之上，只有这样，才能实现真正的民主政治。

中国传统政治评价意向具有独断性特征。中国两千年的封建统治，使得专制积习深重，容不得异端歧见。民国初年，由于自由思想的传播和封建专制制度的覆灭，社会舆论氛围有所好转。但在根本上，国内主要舆论机关几乎都掌握在袁世凯手中，成为他强奸民意、扼杀自由的工具。

在李大钊看来，政治认识的非主体性、政治感情的非规范性以及政治评价意向的独断性，是中国传统政治文化的三个显著特征，也是中国专制制度机制不断修复的政治文化土壤。袁世凯之流正是凭借于此，每逢社会动荡变迁之际，就会跳上历史舞台，东涂西抹，牵强附会，为自己的反动行径找到社会基础、有利时机以及所谓的“民意”。有鉴于此，李大钊认为，要彻底推翻封建专制制度，就必须彻底根除民族性格中传统文化的糟粕性遗存，使国民具有主体性的政治认识、规范性的政治感情和包容性的政治评价意向。而要达此目的，就必须大力宣传民主科学思想，创造一个自由的民主的政治文化环境。

最后，对国民性的理性批判，是李大钊宣传民主科学思想的强大内驱力。

中华民族是一个古老而伟大的民族，在几千年的历史长河中，形成了自己独特而优秀的品格。但由于历史的沉积，中华民族也存在诸多不足之处。在民国初年，李大钊对国民的劣根性进行了深刻的剖析和善意的批评。他认为，当时中国的国民至少有以下五大弱点。

一是感情用事。李大钊认为：“凡事皆以感情为主，不以理情为主”是“国民第一弱点”。[1]上至军国大计，下至私人交往，但见感情作用，

---

① 《李大钊文集》（上）第333页，人民出版社1984年版。

不见理性作用。由于任情随性所发，国人思想转换与行为调适往往一哄而起，一哄而收，变幻无常，使民主共和观念不能持之以恒，也难于深入人心。

二是固执保守。他说："吾民族思想之固执，终以沿承因袭，踏故习常，不识不知，安于若命。"[①]即谓大多数中国人思想保守，固执己见，对旧风旧习，习以为常，不思进取，安于现状，麻木不仁。因为国人多因循守旧思想，所以他们不是以朝气蓬勃的精神憧憬未来，为美好的明天而奋斗，而常常是留恋过去，思行复古。正是这种敬天法祖、怀古幽情，才使康有为之辈不能摆脱托古改制的窠臼，使袁世凯之流有机会黄袍加身，帝制自为，民主革命不能迅速成功。

三是贪惰成性。李大钊认为，中国人不仅"惰"，而且"贪"。他尖锐指出："我们中国人贪惰性成，不是强盗，便是乞丐，总是希望自己不作工抢人家的饭吃，讨人家的饭吃。"[②]这些人自己不做工，却要抢饭、讨饭，掏别人的腰包；自己不栽种，却要得到丰硕的果实，结果使邪恶的个人贪婪取代了合理的个人意识。李大钊警告国人：将来世界变成一个大工厂，有工大家做，有饭大家吃，到那时，像我们这样贪惰的民族将无立足之地。

四是贬己奉人。李大钊认为："东方特质，则在自贬以奉人。"也就是说中国人在社会活动中常常是违心地贬低自己，奉迎他人，企图在奉迎中得到恩赐，求得生存。由于国人有贬己奉人的陋习，造成国人多崇拜圣贤，不相信自己的力量，于是便形成了"奴性心理"和"奴性人格"，而缺乏自我显示、自我发展、自我奋斗的心理素质以及开拓进取的精神。李大钊指出：这种变态的"奴性心理"使中国"呈出一种死寂的现象"，长此不返，则中华民族"终底于亡耳"。

五是自残内斗。李大钊从大到国家，小到群体，通过多角度地透视

① 《李大钊文集》（上）第162页，人民出版社1984年版。

② 《李大钊文集》（上）第595—596页，人民出版社1984年版。

国人之后，认为国人有自残内斗的秉性。他指出：中国就国势而言，乃属弱小之国，国人为发泄好斗之性，无力对外言争，就必然进行内争，自相残杀，内耗其力，即“互相侵凌，以自裂其本体”。社会群体，如中国农村黑暗算是达于极点，那些贪官、污吏、恶绅、劣豪专去鱼肉百姓。然而老百姓愚昧至极，不结团体，以谋自卫，相反，“他们自己中间也是按着等级互相凌虐，去结那些官绅棍役的欢心”，甚至不惜“作自己同行的奸细”①。

李大钊站在民主的立场和时代的高度，披露了中国传统人性的弱点。“喜揭人短”是为了追求真理，他进而更深刻地揭示了产生这些弱点的社会历史原因。

李大钊认为：国民痼疾完全是中国“足夸”而又“足病”的历史造成的。他说：几千年来封建的纲常伦理、礼仪法度入人既深，“先圣创其规仪，后儒宗其模式，群之人视彼性圣之嘉言懿行，正若天经地义，莫或敢违”②。长此以往，世代相袭，束缚了人们的思想自由，挫伤了人们的聪明才智和创造精神，所以国人对“往圣先贤”的纲常名教顶礼膜拜，馨香而祝，而不敢淘旧铸新，改弦易辙，冲其网罗而卓自树立，自张旗帜。因此，李大钊坚决主张摧毁旧的文化、宗教、伦理、道德中的“死灰陈腐”部分，这便强烈地驱使他去宣传民主科学思想，以扫除旧恶习，树立新观念，重新“树人”。

以上可见，正是在爱国主义的强烈感召下，通过对辛亥革命、中国传统政治文化以及国民性的深刻反思和剖析，才使李大钊义无反顾地踏上了宣传民主科学思想的光辉征程。

二、“妙手著文章”

1915年9月，陈独秀创办《青年》杂志（从第二卷起改名为《新青

---

① 《李大钊文集》（上）第649页，人民出版社1984年版。

② 《李大钊文集》（上）第161页，人民出版社1984年版。

年》)，从此，一场以传播西方近代文化、改铸中国传统文化为主要内容的新文化运动在中国展开了。1916年夏，李大钊从日本回国后，怀着高度的爱国热情和寻求救国真理的强烈愿望，立即参加了新文化运动，并成了新文化运动的重要的理论家和宣传家。

提倡民主思想，要求民主自由，反对封建专制，主张建立资产阶级共和国，是李大钊在新文化运动中宣传的一个主要内容。

民主制度在近代成为资本主义社会中最普遍、最基本的国家形式，并随着社会的不断发展而逐渐完备和系统化。近代中国先进人物在向西方学习过程中，首先把精力放在追求民主制度上，并把资产阶级民主思想的宣传看成是近代中国启蒙运动的中心。李大钊在新文化运动中，是资本主义民主制度的执着追求者，是资产阶级民主思想的积极宣传者。在他看来，所谓民主就是“个性自由之不能不要求，代议政治之不能不采行”。在此，他的个性自由，就是要求摆脱封建主义的社会束缚、政治桎梏和精神奴役；他的代议政治，就是要求在普通选举的基础上重新建立“以议会为神脑，以法律为血气”的资产阶级民主共和国。

1916年5月15日，李大钊在《民彝》创刊号上发表长篇政治论文《民彝与政治》，充分地表达了他对民主共和制度的礼赞和对封建专制制度的鞭笞。他的所谓“民彝”，就是人民的心理，人民的意志。他认为政治的好坏，就在于为政者能否适应和发扬人民的自由意志。他说：“兹世文明先进之国，莫不争求适宜之政治，以信其民彝，彰其民彝。”当代能够表达这种人民意志的政治，就是“惟民主认为其精神，代议制度为其形质之政治”①，即资产阶级的民主共和制度。当时，李大钊最崇拜的是美国和法国资产阶级民主政治。他在1917年4月发表的《大战中之民主主义》一文中说：民主主义就是“国家与人民之意见为充分之疏通”。民主主义愈推行，则民众的爱国心愈热烈。“法国为德国所侵略，法人对之正如慈母为强暴所欺凌，子女不能不急进以保护”。他认为官僚政治的国家，无论

① 《李大钊文集》(上)第157—158页，人民出版社1984年版。

外患如何危急，民众首先以改革国内政务为目标。因为内政不改革，即使战胜敌国，官僚专制的横征暴敛依然存在，人民仍然遭受欺凌。所以要实行民主政治，前提是必须反对封建专制。李大钊认为封建专制统治压抑了中国人民的自由意志和创造才能，是中国长期停滞落后的原因。他说：“昔称天府，今见陆沉……则君主专制之祸耳。盖民与君不两立，自由与专制不并存，是故君主生则国民死，专制活则自由亡。”①因此，要使古老垂危的中国回春再造，获得新生，就必须根绝专制制度于中国。他以极大的义愤，强烈地表示了和专制制度势不两立的坚定立场。他说：“今犹有敢播专制之余烬，起君主之篝火者，不向其为筹安之徒与复辟之辈，一律认为国家之叛逆，国民之公敌而诛其人，火其书，殄灭其丑类，摧拉其根株，无所姑息，不稍优容，永绝其萌，勿使滋蔓。”②

袁世凯帝制自为失败后，李大钊以高度的革命热情，发表了《〈晨钟〉之使命》《青春》《孔子与宪法》《自然的伦理观与孔子》《宪法与思想自由》等一系列重要文章，继续宣扬民主政治，思想自由，个性解放，反对专制压迫，反对思想统治，反对孔孟之道。他热情地号召和鼓舞青年：“人人奋青年之元气，发新中华青春中应发之曙光……奋起直追，勇往奋进，径造自由神前，索我理想之中华，青春之中华。”③

袁世凯死后，中国政局的发展使李大钊非常失望。他描述当时的情况说：“袁氏既死，政局宜稍有光明之象也。顾乃反是，新旧之争吵不绝、党派之轧轹未已，接触愈多，排挤愈烈，长此以往，一波未平，一波又起，反动之后，益以反动，潜滋酝酿，终成不可收拾之局，而非吾国今日之能堪。”④对中国的前途表示了深深的忧虑。

在这种情况下，李大钊提出了要创造一种新的“中心势力”的主张和

① 《李大钊文集》（上）第175页，人民出版社1984年版。

② 《李大钊文集》（上）第175页，人民出版社1984年版。

③ 《李大钊文集》（上）第177页，人民出版社1984年版。

④ 《调和之法制》，《言治季刊》第3期，1918年7月1日。

设想。他认为："国家必有中心势力，而后能收统一之效，促进化之机。否则分崩离析，濒于灭亡。"①他分析了辛亥革命以来中国的政治形势，认为以前活动在政治舞台上有三种势力：第一种是掌握着军政权力的军阀势力，已分崩离析；第二种是以进步党（后演变为研究系）为代表的温和派；第三种是以国民党为代表的激进派，这两派现已日渐消沉。以上三种势力"皆不能为国家之中心势力，以支撑此风雨飘摇之国家……以致政象日涣，人心日离……斯诚政治上绝大危机也"。所以，李大钊主张"顺世界文明之潮流，别造一种中心势力以代之。此之势力，必以中级社会为中枢，而拥有国民之势力，其运命乃能永久"。他号召说："自今而后，国民宜速自觉醒，驱逐此政治营业者（温和派激进派泰半以上）于政局之外，由中流社会之有恒产者，自进而造成新中心势力，以为国本之所托，泯棼抢攘之政治，庶或有澄清统秩之一日乎。"②

这个方案就是要以资产阶级为基础，又团结和依靠国民做后援，排斥军阀和投机政客，形成一个新的政治力量，以建立一个真正的资产阶级共和国。这是李大钊总结辛亥革命以来的经验教训而提出来的一个重要思想。他怀疑研究系和国民党，否定反动黑暗的北洋军阀，这时又没有可能认识到工人阶级的伟大力量及其历史使命，并且崇拜和效仿美、法资产阶级民主政治，因此把国内民族资产阶级作为国家的新中心势力，这是必然的结论。虽然这个方案仍然是资产阶级民主主义的性质，但它却是当时一些资产阶级和小资产阶级的激进民主主义者在辛亥革命失败之后，要求寻找新的出路的反映和探索。

为实现这一方案，李大钊曾规劝温和派和激进派互相调和，共谋出路；他曾大力倡导发展国民教育，培植民力，养宿民德；他还特别寄希望于青年的自觉，号召青年奋发图强，再造中华。在国内外反动派的统治下，这些办法显然都是纸上谈兵，无法实现。但是，李大钊仍然坚信民主

---

① 《中心势力创造论》，《甲寅月刊》1917年4月29日。

② 《中心势力创造论》，《甲寅月刊》1917年4月23日。

主义是人类发展的历史潮流，是必然胜利的。俄国二月革命的胜利对李大钊鼓舞很大，他连续著文表示欢呼，并强调它对中国民主政治前途的有利影响。他说："今以俄人庄严璀璨之血，直接以洗涤俄国政府积年之宿秽者，间接以灌润吾国自由之胚苗，使一般官僚耆旧，确认专制之不可复活，民权之不可复抑，共和之不可复毁，帝制之不可复兴……以厚我共和政治之势力。"[①]这表示了他对于民主制度必胜的信念。

李大钊还极为重视民主与法制、民主与自由的关系。民主作为一种政治制度，是同法制紧密联系着的，二者相互依存、相互制约、相辅相成，前者是后者的基础，后者是前者的保障。李大钊在接受马克思主义之前，主张法制，反对人治，强调法制要以民主为基础。他说："民彝者，民宪之基础也"；"唯民主义乃立宪之本"。自由是近代工业社会萌生的价值观念，李大钊把它看作是人的生存价值，并将其归结为人类历史进步的终极动力和本质内容。他认为："代议政治之施行，又非可徒揭橥其名，而涣汗大号于国人之前，遂以收厥成功者，必于其群之精神植一坚固不拔之基。""厥基为何？简而举之，自由是已。"[②]即谓现代民主政治的真正实现，远非更换名号和欧体形式所能奏效的，而归根结底有赖于民族现代主体意识——自由精神的生成，自由之基固，方能共和之治成。李大钊在把自由归为民主政治的价值基石的同时，还把培浚国人的自由精神视为实现民主政治的前提条件和必由之路。在他看来，在一个个性窒息而现代主体独立意识尚未觉醒的国度，是不可能建立起现代民主政治的大厦的。只有通过国民教育文化启蒙，逐渐唤醒国人的个性意识和培养民族的自由精神，中国才能真正走上通往现代国家的康庄大道。

十月革命以后，李大钊的民主思想渐渐进入了一个全新的境界。他觉悟到帝国主义是中国人民和世界人民的最大敌人；认识到帝国主义扶植和利用国内反动势力肆行侵略压迫，是造成中国贫困、落后和混乱的根本

① 《李大钊文集》（上）第364页，人民出版社1984年版。

② 《李大钊文集》（上）第244页，人民出版社1984年版。

原因；断定十月革命是20世纪世界革命之先声。他认为，要在中国建立真正的民主制度，除了要同帝国主义及其所扶植的封建主义势力实行决裂以外，还必须师法不属于资本主义体系而属于社会主义体系的民主——俄国的人民民主。他指出，只有依靠工农，才能实现真正的人民民主。李大钊把工农作为实现民主政治的主要动力，这就足以证明他已打破了资产阶级民主的狭隘性，走上了新民主主义革命的宽阔道路。

提倡科学思想，反对偶像崇拜，反对迷信服从，主张思想解放，坚持科学真理，是李大钊在新文化运动中宣传的另一个主要内容。

当然，科学思想并不是在五四时期才开始在中国出现的，从晚清直到辛亥革命，资产阶级知识分子和带有资产阶级倾向的一些官绅士大夫，都曾直接或间接探索过利用过科学。正如毛泽东所说："在五四以前，中国文化战线上的斗争，是资产阶级的新文化和封建阶级的旧文化的斗争。在五四以前，学校与科举之争，新学与旧学之争，西学与中学之争，都带有这种性质。那时所谓学校、新学、西学，基本上都是资产阶级代表们所需要的自然科学和资产阶级的社会政治学说（基本上是说那中间还夹杂了许多中国的封建余毒在内）。在当时，这种所谓新学的思想，有同中国封建思想作斗争的革命作用，是替旧时期的中国资产阶级民主革命服务的。"①虽然五四运动以前，中国的科学土壤还相当贫瘠，但先进的知识分子对科学并没有失去信心，他们认为要救国救民，必须用科学思想反击封建主义的精神独断和愚昧统治，唤起国人的觉醒。这种旨趣比起1840年鸦片战争以来利用科学作为地主阶级的"致富""自强"的手段的浑浊思潮，是一个重大进步。李大钊在早期新文化运动中就是怀着这种旨趣提倡科学思想的。

1916年李大钊发表《培根之偶象说》一文，初步介绍了17世纪英国唯物主义哲学家和实验科学先行者培根的科学思想。1918年李大钊又写了《东西文明根本之异点》一文，认为缺乏科学精神是东方文化的最大弱点之一；在东方文化中居于中心地位的中国，必须向西方学习科学。他主张

① 《毛泽东选集》（合计本）第657页，人民出版社1964年版。

“竭力铲除种族根性之偏执，启发科学的精神；以索真理，奋其勇气以从事于动性之技艺与产业”。认为“此种技艺与产业足致吾人之日常生活与实验之科学相接近。如斯行之不息，科学之演试必能日臻于纯熟，科学之精神必能沦浃于灵智”。所谓科学的精神，即是“动的精神”，“进步的精神”，“一切事物无论其遗袭之习惯若何神圣，不惮加以验察而寻其真，彼能自示其优良者即直取之，以施于用”。这就是说，对于各种历史传统和文物制度只有经过科学的检验与鉴定，才能估量其实际价值。科学精神应用到经济生活中，就是发展“动性之技艺与产业”。显然，他重视技术与工业的主要目的在于使人们的日常生活和实验科学相接近，在于通过科学实践启发理性。这种对于科学的理解，在当时的确达到了先进知识分子所能达到的高度。

宣传科学思想，反对一切迷信。李大钊认为封建专制制度造成了中国的愚昧和落后，而愚昧落后、迷信盲从又维护和巩固了专制制度。要宣传科学思想，就必须反对迷信盲从，使人民从专制思想的桎梏下解放出来，保证人民的思想自由，个性解放，人格独立。早在1916年春，李大钊在《民彝与政治》一文中就集中地论述了反对两千年来人们对于孔子的迷信的必要性。他指出：许多人把孔子所创制的一套纲常伦理视为“繁缛彪炳，美矣备矣”，“正若天经地义”，而不知“其崇奉之专，即其庸愚之渐；美备之胜，即其偏蔽之由”。正是这种反科学、反进步的封建迷信，造成了世代“以沿承因袭，踏故习常，不识不知，安之若命。言必称尧、舜、禹、汤、文、武、周、孔，义必取于诗、礼、春秋”[①]。1917年李大钊在《孔子与宪法》《自然的伦理与孔子》等文中，坚决反对把孔教定为国教、列入宪法、并将孔孟伦理作立国之本的谬论。他认为：孔子与宪法，两者毫不相涉，有着本质的区别，“孔子者，数千年前之残骸枯骨也。宪法者，现代国民之血气精神也”；“孔子者，历代帝王专制护符也。宪法者，现代国民自由之证券也”；“孔子者，国民中一部分所谓孔

① 《李大钊文集》（上）第162页，人民出版社1984年版。

子之徒之圣人也。宪法者，中华民国国民全体无问其信仰之为佛为耶，无问其种族之为蒙为回，所资以生存乐利之信条也”；“孔子之道也，含混无界之辞也。宪法者，一文一字均有极确之意义，极强之效力者也”。“总之宪法与孔子发生关系，为最背于其性质之事实”。因此，把孔教入于宪法之中，实际上是将宪法变成专制宪法，是野心家们对宪法的利用，是复活专制制度的先声。李大钊认为孔孟之道的最大危害，就是束缚了人们的思想，窒息了人们的聪明才智和创造精神，使人们匍匐拜倒在往圣前贤的纲常名教之前，丧失独立的人格，而变成封建统治阶级的驯服奴隶。由此出发，李大钊告诫人们，即便是“旷世殊俗”的伟人们所讲的、所写的东西，也不一定适于今天。他说：“理之创于古者不必其宜于今也，法之适于前者不必其合于后也”[①]，“即尧、舜、禹、汤、文、武、周、孔之嘉言懿行，传流虽久，施之今世，决非所通”[②]。因此，要用发展的观点，具体问题具体分析，要从当时实际出发，而不是从往圣前贤的经训格言出发。即所谓“一代圣贤的经训格言，断断不是万世不变的法则。什么圣道，什么王法，什么纲常，什么名教，都可以随着生活的变动、社会的要求，而有所变革，且是必然的变革”[③]。此外，在批判封建迷信的同时，李大钊还对崇拜、迷信资本主义文明进行了深刻批判。在1916年发表的《青春》一文中，他就认为，只有既“冲决过去历史之网罗，破坏陈腐学说之囹圄”，又摒绝现代资本主义“黄金与权势”的支配，才能“新造民族之生命，挽回民族之青春”，“为世界进文明，为人类造幸福”。

坚持科学的态度，树立科学真理的权威。李大钊主张反对一切迷信，但并不是怀疑一切，也不是盲目蛮干，而是要有一种科学的态度。这种科学的态度，在他看来，就是一种“求真的态度”，一种“脚踏实地的

① 《李大钊文集》（上）第161页，人民出版社1984年版。

② 《李大钊文集》（上）第164页，人民出版社1984年版。

③ 《李大钊文集》（上）第272页，人民出版社1984年版。

人生观”。“以此种态度求学，则真理可明，以此态度作事，则功业可就”[①]。为了以科学的态度来探求救国救民的真理，李大钊特别强调要认真总结过去的历史经验。他认为：“我们的将来”，要我们“凭借过去的材料现在的劳作创造出来”[②]。只有对过去认识得越清楚，才能对未来的道路看得越明确。同时，认真总结历史经验，也是我们应有的科学态度，它会“造成我们脚踏实地的人生观”。在强调科学态度的同时，李大钊还指出要树立科学真理的权威。他说：“偶象云者，即先入为主之偏见妄想也。”它和科学真理是不能并立的。他特别指出：“吾国历史传袭最久，举国昏昏皆为崇拜偶像之人。”因此，宣传科学真理，必须打破各种偶像。他强烈地喊出了“真理之权威”的呼声，号召人们应崇拜真理、崇拜科学，而不应崇拜孔子、崇拜偶像。他说：“余信宇宙有唯一无二之真理。”“吾人之伦理观，即基源于此唯一自然之真理也。”他还认为：真理是宇宙客观存在的自然法则的正确反应，它是从客观宇宙来的，“断非神秘主宰之惠与物，亦非古昔圣哲之遗留品也”[③]。李大钊还主张，树立科学真理的权威，就必须有坚持科学真理，为之而战斗的勇气。正如他在《狱中自述》中所说：“钊自束发受书，即矢志努力于民族解放之事业，实践其所信，励行其所知，为功为罪，所不暇计。”他曾庄严宣告于世人：“苟其言之确合于真理，虽一时之社会不听吾说，且至不容吾身，吾为爱真理之故，而不敢有所逡巡嗫嚅以迎附此社会；苟其言之确背乎真理，虽一时之社会欢迎吾说，而并重视吾身，吾为爱真理之故，而不敢有所附和唯阿，以趋承此社会。”[④]此言掷地有声，明确地表示了他热爱科学真理，愿为之而献身的坚定态度。

---

① 《李大钊文集》（上）第504页，人民出版社1984年版。

② 《李大钊文集》（上）第506页，人民出版社1984年版。

③ 《李大钊文集》（上）第79页，人民出版社1984年版。

④ 《李大钊文集》（上）第86—87页，人民出版社1984年版。

三、德赛二先生的历史功绩

在新文化运动时期，李大钊提倡民主科学思想具有重大的现实意义和深远的历史影响。

李大钊所提倡的具有启蒙意义的民主科学思想为现实革命斗争提供了强大的思想理论武器。正是在辛亥革命、二次革命相继失败，袁世凯阴谋称帝，反动势力大造尊孔复古舆论，初生民国摇摇欲坠的情况下，李大钊奔走呼号，以摧枯拉朽之势，大力提倡民主思想，反对封建专制思想，试图通过批判封建思想，唤醒人们特别是青年的觉悟，奋起维护共和制度，巩固辛亥革命成果，建立一个真正的法、美式的资产阶级民主共和国。这种民主思想的宣传是辛亥革命在思想领域的继续和深入，也是辛亥革命后思想领域内的进步趋向，它在一定程度上是对辛亥革命前中国缺乏启蒙思想的一种补课。民主思想的大力提倡和广泛传播，对于封建思想和复辟势力起到了巨大的冲击作用，在某种意义上说，袁世凯帝制的最终覆灭，张勋复辟的昙花一现，段祺瑞假共和的最终破产，都与其有着或多或少的关系。当然，李大钊所提倡的民主，具有浓厚的资产阶级人文主义色彩，他所主张的西方式的资产阶级共和制，在当时的中国实际上已宣告了破产。李大钊所提倡的科学，在当时的历史条件下，它的主要作用是从思想上、知识上启发群众对自然对社会的自觉，动摇和反击各种腐蚀群众束缚人心的愚昧势力与落后势力，使广大群众获得从封建主义精神奴役中解放出来的理性武器。因此科学的启蒙不仅具有重大的文化意义，而且具有深刻的政治意义。如果说民主启蒙思想是革命斗争的直接理论武器，那么科学启蒙思想则是革命斗争的间接理论武器。当然，李大钊所提倡的科学，也存在某些弱点，他除了介绍自然科学外，主要是提倡一种求实精神和理性主义，并没有向人们提供一种科学的世界观和方法论。

李大钊所宣传的民主科学思想为五四爱国运动准备了一定的思想条件。李大钊所宣传的民主科学思想在封建专制的年代，在封建伦理道德、宗法思想、传统观念网罗密布的黑暗社会，犹如狂飙突起，发出砸碎奴隶枷锁和专制制度，要求独立自主之人格和平等之人权的呐喊，打击了封建思想，启发了人们的觉悟，使人们从封建思想的束缚下解放出来，唤起了人们对国家民族命运的关心。他的民主科学思想对于广大青年来说，其影响尤为巨大。1916年夏，李大钊在《〈晨钟〉之使命》《青春》等文中，以不可遏止的热情，表现了他那种迫切要求“青春中华”、独立解放的强烈愿望，号召青年“冲决过去历史之网罗，破除陈腐学说之囹圄”，站在民主自由的最前列，为“索我理想之中华”而斗争。他希望中国青年必须怀抱“乘风破浪”的伟大气魄，打掉民族自卑感，“进前而勿顾后，背黑暗而向光明”，去为人类造幸福。他相信中国的进步是无穷无尽的，“青春中国”的“再生”是必然的。李大钊这种对未来的信心、希望和乐观主义精神，对于激励中国青年的进取心起到巨大作用。可以说，他的这一号召犹如春雷初动，引起四方回响，推动了全国青年，特别是华北青年，尤其是北京大学青年学生革命运动的展开。因此，当巴黎和会中国外交失败的消息传来，在民族处于危亡的紧要关头，北京大中学校的学生便愤然而起，冲出校门，走向街头，爆发了伟大的爱国运动。可以说，李大钊的民主科学思想在一定程度上为五四运动准备了思想条件。

李大钊所宣传的民主科学思想为中国人民接受十月革命影响准备了条件，为马克思主义在中国的传播开辟了道路。李大钊等人在前期新文化运动中，以“近世文明的精华”——民主科学思想为思想武器，对中国封建思想进行了猛烈的冲击。他们博采西学，更使青年一代大开眼界，从而使大批青年在很短的时间里迅速克服了在士大夫阶层中根深蒂固的国粹主义心理障碍，又果断地跳出了洋务派“中体西用”和维新派“托古改制”的误区。这是一个历史性的巨大进步，它在思想界特别是青年知识分子中，掀起了要求进步、寻求真理、追求解放的热情，使他们清楚地认识到学习科学和革命思想的迫切性，这就为新思想的传播破除了障碍，为进一步探索救国真理打开了航道。因此，当资产阶级共和国在中国行不通、西方资本主义社会矛盾更加尖锐的时候，在思想解放基础上努力寻找新出路的先进分子，从俄国十月革命中看到了新曙光和新希望，从而开始接受十月革命的影响，学习和宣传马克思主义。毫无疑问，十月革命之所以能在中国产生深刻影响，五四运动后马克思列宁主义之所以能在中国迅速传播，其根本原因在于中国工人阶级力量的成长和壮大，但李大钊等人在十月革命前大举民主科学旗帜，彻底地不妥协地反对封建文化，则在很大程度上为马克思列宁主义在中国的传播廓清了障碍，准备了思想条件，其历史功勋亦不可没！

毫无疑问，在中国近代社会思潮史上，除以上几位思想巨人以外，还有许多泰山北斗，国手大师，如龚自珍、林则徐、洪仁玕、马建忠、薛福成、郑观应、谭嗣同、严复、章太炎、宋教仁、陈独秀等，他们都是中国近代史上不可多得的思想家。他们的思想亦与中国近代社会思潮牵牵相结，紧密相连。但仅通过对以上几位思想巨人的研究，我们已可洞见中国近代社会思潮的兴衰起落和流程转折了。

第五章　社会意识与历史发展

社会意识是社会存在在人们头脑中的反映，包括社会的一切意识要素和观念形态。但社会意识不是消极地、被动地反映社会存在，而是对社会存在起着重要的反作用。一般说来，违背社会发展要求的、落后的社会意识阻碍社会的发展，反映社会发展要求的先进的社会意识则促进社会的发展。近代中国的政治生活、经济生活和文化生活呈现着一种多元的态势，故而社会意识也变得极其错综复杂。其中，先进与落后并存，进步与反动同在，它们既对历史发展起着不同的作用，也使人们很难弄清它们的沿革变迁与本质作用。但社会意识与社会思潮紧密相连，不研究社会意识，社会思潮研究就难深入透彻。因此，在研究社会思潮时，我们又必须对社会意识给予相当的关注。不过，对于爱国意识、斗争意识、民主意识和科学意识等，本书其他章节已有所涉及，这里不再赘述。本章仅对华夷观念、天朝意识和半殖民地意识以及其对历史的影响问题，作一番粗略的论述。

第一节　华夷观念与中国早期近代化的迟滞

文艺复兴、地理大发现、德国农民战争、宗教改革运动、英国资产阶级革命、法国大革命以及英国工业革命等一系列重大历史事件，前呼后拥，牵牵相连，天然而又有机地构成了一座历史界碑，把人类历史划分为古代和近代。从此，欧美资本主义摧枯拉朽，高歌猛进，开始了近代化的伟大行程。

而在同一时期，古老的中国却像一个离群索居、特立独行的巨人，孤踞于世界的东方。它对欧美发生的伟大变迁，或不闻不问，或嗤之以鼻，仍然在小生产的磨盘上旋转，在封建的庄园里昏睡，按照传统的节奏，缓慢而迟滞地移动着自己的脚步，结果失去了实现近代化的一次良好机遇。就是1840年鸦片战争的隆隆炮声，也没有使它幡然醒悟。直到经过1860年第二次鸦片战争的重创，它才犹犹豫豫地迈出了近代化的脚步，但这时挑战已经远远大于机遇了。

这样，历史便给后人留下了一连串问号：从地理大发现到第二次鸦片战争的数百年间，中国为什么对西方的变迁不闻不问，茫然无知？中国为什么对传统的秦砖汉瓦、唐诗宋韵津津乐道、乐此不疲？中国近代化的脚步为什么启动艰难、踯躅蹒跚？……毫无疑问，原因是多重多种、错综复杂的，但华夷观念在其中所产生的阻滞效应却不可低估。

一、华夷观念的产生与畸变

人类文明的产生是多元的。工业革命以前，在不同的自然条件和社会环境下，人类在不同的区域创造了不同的文明。在区域文明的大系统内，各子系统文明的发展程度也是不平衡的，一般可以划分为中心文明和边缘文明。这是人类文明发展演进的一般规律。早在19世纪中叶西方势力叩开中国大门之前，中国一直生活在东亚次大陆的封闭环境中。在东亚文明史上，中国始终居于中心文明的位置，以儒家学说为核心的华夏文化呈放射状影响着周边各族各国的历史发展进程。为此，历代封建统治者和一般民众皆以“天朝上国”自居，并逐渐形成了一套根深蒂固的华夷观念。

“华夷”或“夷夏”观念在中国历史上源远流长。早在上古时代，“夏”与“夷”只是两个表示地域和民族的概念。如《说文解字》载：“夏，中国之人也”；“夷，东方之人也”。约至春秋时代，“夷夏”概念的使用开始突破地域和民族的范围，被赋予文化意义，主要用以区别尊卑上下，文明野蛮。“华夏”代表正宗、高贵、文明，“夷”代表偏庶、卑下、野蛮。华夏族普遍认为，其他周边民族是下等的落后民族，所以称之为东夷、西戎、南蛮、北狄。即所谓“南方蛮闽，从虫；北方狄，从犬；东方貉，从豸；西方羌，从羊；此异种也”[①]。并以此为滥觞，在中国历史上有关“华夷之辨”“冠履之分”的论述史不绝于书。如“夷狄之有君，不如诸夏之亡也”[②]。“吾闻用夏变夷者，未闻变于夷者也。”[③]从华夏先哲留下的名言警句中，可知华夷观念是基于华夏文化优越而产生的一种华尊夷卑的思想体系。

在漫长的封建时代，华夷观念与整个儒家思想结合在一起，成为中国历代封建王朝的对外指导思想。其具体原则是：

第一，在文化上，“华”文明有礼，而“夷”野蛮不知信义，“非我族类，其心必异”。华夏是“天下”的文明中心，无须向蛮夷学习。

第二，在政治上，中国是居于天下之中的“天朝”。按照“普天之下，莫非王土；率土之滨，莫非王臣”的逻辑，中国的皇帝是“天下”的共主。中国负有教化恩典蛮夷的责任，而蛮夷则有向慕中华，定期朝贡的义务。

第三，在经济上，中国天子“富有四海”，“天朝物产丰盈，从不假外夷以通有无”，而外夷无中国则难以活命。中国与外夷通商，不是互通

① 许慎：《说文解字》卷四，中华书局1979年版。

② 唐满先：《论语今译》第18页，江西人民出版社1982年版。

③ 《孟子·滕文公上》，中华书局1962年版。

有无的交换，而是天朝抚恤外夷的一种手段。

在漫长的封建农业时代，华夏文化与周边少数民族文化相比较处于绝对优越地位，因而中国历代封建统治阶级以华夷观念及其具体原则来处理其与周边各族各国的关系，尚有一定的客观原因。但地理大发现后，当葡萄牙等西方国家商人在16世纪上半叶来到中国时，华夷观念非但没有相应转变，而且还发生了畸变，变成了一种完全非理性的东西。具体表现是：明清两朝的朝野人士都认为，这些初次踏上天朝土地的“金发碧眼”的西洋人与以往的蛮夷没有什么区别，并把传统的对付草原民族的观念和原则完全用于新的“海上来客”身上。这种畸变主要是在以下两股力量推动下完成的。

一方面，明清两朝是中国历代封建政权中最讲究华夷之辨的王朝。这是因为，明政权是驱逐“元虏”，恢复“中华”的产物；而清朝以“东夷”入主中原，“名不正，言不顺”，在对内统治中非常忌讳自己的夷狄身份，所以在对外关系中便大力提倡华夷之辨，企图借此把汉族视满族为夷狄的看法转移到西洋民族身上，以提高自己的身份。这样，对华夷观念的畸变便起了推波助澜的作用。

另一方面，早期西洋商人为牟取暴利，卑躬屈膝，也强化了中国人的华夷观念。16、17世纪西方势力初来时，主要是葡萄牙人、西班牙人和荷兰人。它们不是工业革命势力的代表，面对明清王朝强盛的国势，尚无能力发动大规模的军事行动。于是，“遂一变而为衷诉恳请，使中国政府甘受束缚而不觉，以渐达其目的。1544年以后，凡来中国通商之西班牙人、葡萄牙人、法兰西人、英吉利人等，唯孜孜于利，不顾国家之耻辱，为欲得贸易权，故对于中国一切唯命是听……直言之，当时之欧人，在皇帝威权之下而已。1637年，英吉利贸易远征队长加比丹威里之代理者，对于广东官吏，曾执跪拜礼”①。此外，荷兰、葡萄牙、西班牙之公使也都多次行“三拜九叩”之礼。由于“此等使节，既经弃其国威，而中国人之傲慢

① 稻叶君山：《清朝全史》下册，第51、52页。

心，因之益形增长。且更有可鄙夷者，当时商人中，如丹麦人、葡萄牙人、英吉利人、法兰西人、西班牙人、荷兰人等，因商业竞争，欲垄断其利，故互相倾谄诽诋于中国人之前，甲曰某国人怀诈而来，不可近，乙复报之。以故，中国人之视欧洲人，以为昏射利而忘义者”①，更加鄙视夷狄。

早在华夷观念产生时，华夏文化在东方乃至在全世界都处于领先地位，因而它对中国历史的发展影响还不大。但在华夷观念畸变之时，正是“美洲的发现，绕过非洲的航行”，新兴资产阶级开辟活动场所，“骎骎而东”，东西文化相激相荡之际，因而它对中国近代化的启动和推进则产生了十分恶劣的影响。正如有人所形容的那样，华夷观念是厚而无形、黑而无色的文化壁垒，将中国封建的君臣吏民统统笼罩在黑屋子之中，闭目塞听，卧枕酣睡，不思进取，空做天朝上国、举世无双的黄粱美梦，最后终于酿成了落后挨打的历史悲剧。

二、华夷观念妨碍了中国人对世界的理性认识

明代耶稣会士东来之前，中国人的世界观极其狭隘。历代封建统治者皆以天朝上国自诩，认为中国是世界的文明中心，并以自我为圆心，将外部世界划为两个同心圆：一个是朝鲜、越南、暹罗、尼泊尔等朝贡国家；一个是更为荒远难稽，偏处化外的夷狄。可见，中国人对世界地理的认识范围，“大约东至日本、菲律宾，西抵南欧洲和北非东岸，南到印度尼西亚，此外的地区多依稀恍惚，不甚明确，往往以海洋表现”②。这种浅陋的地理知识，强化了“中国中心论”的文化世界观，形成了民族畸形的对外心态。封建士大夫普遍认为：中国位于世界中心，四周大海环绕，大海中有些岛屿，四夷住在这些岛上。四夷皆不如我，须向中国称臣纳贡。这种虚幻“中国中心论”及夜郎自大的心理，限制了中国人的视野，封闭了

① 稻叶君山：《清朝全史》下册，第52页。

② 卢良志：《中国地图史》第176—177页，中华书局1949年版。

中国往昔接纳外来文化的广阔胸怀。

16世纪中叶后，随着地理大发现和耶稣会士的东来，“五大洲”“地圆说”等世界地理知识开始输入中国。1584年，著名意大利籍耶稣会士利玛窦根据西方地图，参照来华沿途所见山川大势，绘成世界地图，名曰《山海舆地图》。该图除少数臆断的成分外，所描绘的世界分布形势大体正确。此后，明晚期艾儒略的《职方外纪》，清初南怀仁的《坤舆图说》《坤舆外纪》等书也不乏真知灼见。这些输自异域的新作，不仅给中国人带来了新的世界地理知识，而且向中国人介绍了与华夷秩序截然不同的新的世界图景。面对这一全新的世界观，保守和开明士大夫同时作出了不同反应。

以徐光启、李之藻为代表的开明士大夫，对此表示欢迎。他们率先摒弃传统的华夷世界观，初步接受了新的世界地理知识。如李之藻在《职方外纪》的序言中，曾颇为感慨地写道：“地如此其大也，而其在天中一粟耳。吾州吾乡又一粟之中毫末，吾更藐焉中处。”[①]他对世界之大表示由衷的赞叹，并初步了解到中国在世界中的实际地位，从而开始了由华夷世界观向近代实证世界观的伟大转变。

但更多的士大夫则从“天朝中心论”出发，对新的世界观进行了激越的抨击。披阅明清典籍，此类言论俯拾皆是。如明代士大夫魏濬说：“利玛窦以其邪说惑众，所著《舆地全图》，及洸洋窅渺，直欺人以其目之所不能见，足之所不能至，无可按验耳，真所谓画工之画鬼魅也！”[②]《明史》的作者也认为利氏五大洲说“荒远莫考，然其国人充斥中土，则其地固有，信不诬也”[③]。在民间，当利玛窦在广东肇庆第一次向中国人展示《万国全图》时，因将中国置于“稍偏”的位置上，触动了人们“中国中心论”这一敏感神经，遭到人们愤怒的抗议，迫使利玛窦把中国重新置于中心位置，方才平息了众怒。

① 徐宗泽：《明清间耶稣会士译著提要》第69页，中华书局1949年版。
② 包遵彭：《中国近代史论丛》第1辑，第1册，第229页，台湾正中书局1959年版。
③ 张维华：《明史欧洲四国传注释》第130页。

由于当时传入中国的世界知识只是被少数开明知识分子所接受，而绝大多数士大夫则采取了怀疑、诘难和排斥的态度，因此，当李之藻、徐光启等一代输入西学的大师辞世后，世界知识很快就被人们所忘记。结果，直到鸦片战争爆发后，中国对世界知识仍处于模糊混沌的状态中，作为清朝最高统治者的道光皇帝竟不知英国地处何方，就是林则徐初到广州时，也认为“茶叶、大黄禁不出洋，已能立制诸夷之命”，其不少言行亦成了偾事的原因。

一般说来，一个民族近代化的历史，往往是以认识世界、走向世界为先导的。而在鸦片战争前后，华夷观念严重阻碍了中国人对世界的理性认识，中国近代化的车轮自然难以启动。

三、华夷观念淡化了中国人的危机意识

危机意识常与自满自足、优越安全的心理意识相对举，是指一个人、一个集体或一个民族的思想、信仰、生存、地位等受到威胁时所产生的一种不安全感。纵观东方落后民族的近代历史，危机意识的唤起，往往是民族自卫自强、实现近代化的重要条件，而我族中心、愚昧虚骄、夜郎自大则是近代化的无形敌人。

如前所述，在古代漫长的历史发展进程中，由于中国在东亚长期居于领先地位，遂使封建士大夫累世坚信：中国是世界文明的中心，地大物博，国力强盛，无与伦比。在这种以华夷观念为心理基础的强烈的民族优越意识统治下，中国人根本不可能产生危机意识，即使萌生一点忧虑感，也被华夷观念一次又一次地淡化或剿杀。

早在16、17世纪，西方殖民侵略势力已在亚洲各地显示出了咄咄逼人的锋芒，明人张燮在其《东西洋考》中叙述“佛郎机”人初来，“贡舟”一达广州，便施放“铳声如雷”的礼炮，接着“盖房树栅，恃火铳自固”。对于这些不知礼仪，兵械精良的西洋夷狄，封建统治者虽然产生了某种优虑感，但并未上升到危机意识的高度，因为在其主观意识里，中国

是拥有赫赫天威的上国，西方这群“化外生番”不足深惧。

1557年，葡萄牙人用欺骗手段入居澳门，从此，这里便成了西方殖民侵略的据点。其对中国的威胁自不待言。但明政府却认为：澳夷“日食所需，咸仰于我，一怀异志，我即制其死命”[①]。清政府也认为：“澳夷外强中干，难以自生”，“是彼当仰命于我，我不应有虞于彼”[②]。明清封建统治者，视西方资本主义列强为夷狄，不可能产生真正意义上的危机意识。

鸦片战争前夕，由于英国加紧了侵华步伐，唤起了中国少数有识之士的危机感。其中，何大庚、萧令裕、钟进、包世臣等人，都已认识到英国“国俗急功尚利，以海贾为生，凡海口埔头有利之地咸欲争之”[③]，并预言“十年之后，患必及于江浙”[④]，敲响了“夷患”的警钟。但这种危机感仅仅产生于少数人中间，非但没有形成一股广泛的社会心理意识，反而被浓厚的华夷观念所化解。如嘉庆皇帝与大臣孙玉庭在嘉庆二十一年的一段对话，便充分反映了这一问题。嘉庆问：“英国是否富强？”孙答曰：“彼国大于西洋诸国，故强，但强于富，富则由于中国，彼国贸易至广东，其货物易换茶叶回国，转卖于附近西洋各小国，故富，因而能强。我若禁茶出洋，则彼穷且病，又安能强？”[⑤]本来已经知道人家的强大，但又非把人家强大的原因归于自己，在这种华尊夷卑的虚骄心态下，危机意识只能处于冥冥中而不能萌发。

1842年，中国在鸦片战争中惨败后，一些正统封建士大夫曾义愤填膺，对议和条约攻击尤力，他们惊呼：鸦片之役使大清帝国“国威自此损

① 萧致治：《鸦片战争前中西关系纪事》，第75页。

② 郭廷以：《近代中国史》第1册，第141页，商务印书馆1947年版。

③ 魏源：《海国图志》（百卷本）第20—21页，平庆泾固道署光绪二年重刊本。

④ 包世臣：《安吴四种·齐民要术》第11卷，光绪十四年刊本。

⑤ 《孙玉庭自订年谱》，《延厘堂集》附录，道光年间刻本。

矣，国脉自此伤矣，乱民自此伤心矣……”[①]。从表面上看，这些慷慨激越的言辞似不乏忧患之意，但仔细考察便不难发现，这些“忧患”之语多偏重国威、国脉等天朝面子方面，并未深明西势东渐的整个国际形势，即中国朝野人士并没有从华夷观念的梦魇中真正摆脱出来。结果，正如佚名在《软尘私议》中所载：“和议之后，都门仍复恬嬉，大有雨过忘雷之意。海疆之事，转喉触讳，绝口不提，即茶房酒肆之中，亦大书‘免谈时事’四字，俨有诗书偶语之禁。”[②]一句话，人们在华夷观念的梦幻中昏昏睡去。

没有危机意识就不会有奋起拼搏之行动。华夷观念一次又一次地淡化和剿杀了危机意识，使中国一次又一次地丧失了实现近代化的机遇，致使中国的近代化迟迟不能起步。

四、华夷观念压抑了中国人的外贸观念

自从地理大发现，尤其是工业革命以来，以往孤立分散的世界逐渐连为一体。西方资本主义列强凭借坚船利炮，攻破一个个闭锁的封建国门，对东方落后国家进行疯狂的商品倾销。此时，东西方之间的社会发展已不是一般意义上的差距，而是农业时代和工业时代的“时代差距”。在巨大的历史落差面前，东方民族要想摆脱落后挨打的被动局面，就必须断然摒弃闭关锁国政策，实现近代化，与西方资本主义列强既进行兵战，又进行商战。

但在华夷观念体系中，外贸是无足轻重的。外贸的目的不是追求政治、经济和军事价值，而仅仅是为了抚恤外人，怀柔夷狄，满足一种毫无实在价值的虚骄心。基于这种根深蒂固的传统，直到鸦片战争前后，清政府上自皇帝，下至臣民，普遍都否认中国对外通清的必要性。其有代表性的观点主要有以下两种：第一，出于“天朝自大”心理，认为中国之所

① 郭廷以：《近代中国史》第2册，第63页，商务印书馆1947年版。

② 《鸦片战争》，《资料丛刊》第5册，第52页，神州国光社1952年版。

以允许外国互市，并不是互通有无，而完全是出于“天朝”对“远夷”的恩赐。如乾隆说：“天朝物产丰盈，无所不有，原不藉外物以通有无，特因天朝所产茶叶、瓷器、丝斤为西洋各国及尔国必需之物，是以恩加体恤。”[①]嘉庆也说：“该夷商远涉重洋，懋迁有无，实天朝体恤之恩。”[②]至于中外贸易中海关所征商税60、70万两，则“实属无关毫末”[③]。第二，出于对夷狄的鄙视心理，笼统地视洋货为奇技淫巧，主张力禁洋货进口和土货出口。如管同在《禁用洋货议》中就说：“凡洋货之至于中国者，皆所谓奇巧而无者也……是洋之人作奇技以坏我人心，而吾之财安坐而输于异域。夫欲谋人国，必先取无用之物，以匮其有用之财……洋之乐与吾货，其深情殆未可知。”[④]而鸦片战争时期，顺天府尹曾望颜在著名的封关禁海奏折中则极力主张限制出口。他说：“天朝富有四海，物产丰饶，岂藉该夷区区之税以资用。唯该夷所需以为命不可一日缺者，乃中国之大黄、茶叶。愚以为今日要策首在封关。无论何国夷船，概不准其互市，彼百数十船载来之货久不能售，其情必急，而禁绝大黄、茶叶，不令商民与之交易，更有以制其命。”[⑤]此议一出，竟得到夏燮、包世臣等当时比较开明的人士的支持。可见，在华夷观念的笼罩下，直到鸦片战争前后，中国人尚未产生近代意义上的对外贸易观念。而对外贸易观念淡薄或空缺，恰是中国近代化迟延的重要原因之一。关于这一点，只要我们把视线转向日本，将中日两国早期近代化的历程作一番比较研究，就会看得一清二楚。

与中国一衣带水的近邻日本，由于处于东亚文明圈的边缘，其文明程度也远逊于中国。因此，“幕府则并不认为西欧各国是朝贡国……不认为

---

① 梁廷楠：《粤海关志》第32卷，第8页，北京文殿阁1935年排印本。

② 《清代外交史》第25页。

③ 《清代外交史》第19页。

④ 管同：《禁用洋货议》，《因寄轩文集》第2卷，第6—7页，光绪三年刊本。

⑤ 《筹办夷务始末》（道光朝）第9册，第6页，台湾文海出版社1978年影印本。

他们是慕日本的德化而来"[1]。故早在18、19世纪之交，很多日本思想家便提出了发展对外贸易、进取海外的经济主张。如日本多利明在1798年前后写成的《经世秘策》和《西域物语》两书中，就明确指出："日本既为海国，航海、运输、贸易当然为国君之天职，首要之国务。向万国派遣船只，攫取所需物品及金、银、铜运回日本，充实国力，乃海国必然采取之方法。"[2]其进取贸易的急迫感溢于言表。正是基于这种思想基础，日本明治维新以后，工商实业和对外贸易迅速发展，有力地推动了近代化的历史进程。相比之下，对于华夷观念而导致的对外贸易观念淡薄对中国近代化的阻滞效应，我们便不难理解了。

五、华夷观念延缓了中国外交近代化的进程

在漫长的历史发展过程中，由于中国远离世界文明中心，加之中国在国力、文明程度等方面均居于东亚最优越的地位，因而，华夷观念一直是历代封建统治阶级处理对外事务的基本准则。以华夷观念为基础而建构起来的中国传统的外交格局，具有以下两个突出特征：

第一，华尊夷卑。中国人一向认为，中国的皇帝是天下共主，他通过"朝贡""册封"等途径向远方诸国宣布道德教化，怀柔恩典远人。皇帝的权威是至高无上的，远方国家的君主或使节必须按时朝贡；而且觐见中国皇帝时，还必须行跪拜礼。华夷不平等，天经地义，不能改变。

第二，中国一直不设专门办理外交事务的机构。如清代，在咸丰三十一年设立总理各国事务衙门之前，政府组织中只有礼部和理藩院，管束朝贡之国与周边少数民族，而一直没有近代意义上的外交部。

而从世界近代历史拉开帷幕以后，特别是1648年《威斯特伐利亚和约》签订以后，各国相继建立了主管外交事务的中央官署，各国主权平等的理论趋于盛行，并逐渐成为国际社会的通则，世界各国由此而声息相

① 信夫清三郎：《日本外交史》上册，第28页，商务印书馆1992年版。

② 信夫清三郎：《日本政治史》第1册，第75页，上海译文出版社1988年版。

通。在这种形势下，中国能否尽快打破华夷观念束缚，建立近代意义上的外交体制，与世界各国沟通信息，则成了中国实现近代化的关键一环。但在华夷观念统治下，中国封建统治阶级任凭世界沧桑，我自依然如故。其主要表现是：

第一，拒绝主权平等观念。在明清历史上，较早试图通过外交途径与中国建立平等国交的是英国。1793年，英国派马戛尔尼使团来华。使团来到北京之前，清朝官员和使团就觐见皇帝的礼节进行了激烈的争论，最后以英使半跪而告终。1816年，英国又派阿美士德使团来华，因阿美士德拒绝跪拜而未达目的。1843年，英国又派商务监督律劳卑来华。律劳卑向粤督卢坤争取平等往来之权利，被卢坤以“中外之防，首重体制”为名驳回，遂导致一场严重的冲突，激化了清朝与英国的矛盾。中外早期关系史上关于觐见皇帝礼节问题，反映了清朝统治阶级的虚骄自大心理，表明中国要走向世界，与其他国家开展正常的经济、文化交流，还需要经历艰苦的适应过程。

第二，拒绝遣使出洋。在近代国际关系史上，国家间互派公使是极其正常的事情，但清政府出了华夷观念，却一直视之为畏途。1844年，法国公使与清政府签订《黄埔条约》时，曾向清政府提出两国应“各派使臣，往来聘问……庶可消息常通，相互帮助”①。对此，耆英视为越分妄求，当场驳回。第二次鸦片战争后，清政府被迫同意外国公使驻京，但仍不遣派使臣出洋。其主要原因仍是华夷观念作祟，即惧怕出使人员，难免有谒见外国元首之事，届时如执三拜九叩礼，则有碍“上国”尊严，若不执三拜九叩礼，又恐来华外使转为借口。结果，直到1868年2月，中国的第一个使团，才由美国人蒲安臣领衔，步履蹒跚地走出国门，清政府开放的被动性由此可见一斑。

外交是一个国家与其他国家所进行的政治、经济、军事和文化等活动，是一个国家走向世界、参与国际事务、赢得国际地位的一种重要手

① 《筹办夷务始末》（道光朝）第2册，第645页，台湾文海出版社1978年影印本。

段。而外交近代化则是一个国家近代化的一个重要内容。中国封建统治阶级离群索居，拒绝与世界对话，便从外交领域影响了中国近代化的进程。

诚然，华夷观念的影响并不仅仅表现为以上四个方面，但仅以上四个方面就对中国近代化产生了巨大的阻滞效应。结果，直到19世纪60年代，经过第二次鸦片战争的重创，以曾国藩、左宗棠、李鸿章、张之洞为代表的洋务派，才开始意识到中国正面临着“三千年未有之变局”，今日天下已非“华夷隔绝之天下”，而是“华夷联属之天下”，从而缓缓地拉开了中国近代化的帷幕。但从地理大发现到洋务运动，中国近代化已丧失了300多年的宝贵时光，留下了无法弥补的历史遗憾。

第二节　天朝意识与近代中国学习西方的坎坷历程

一部中国近代史，既是帝国主义侵略中国的历史，也是中国人学习西方、反抗侵略的历史。近代中国人学习西方可称是胸襟博大，追求执着，孜孜矻矻，但却屡屡失败，成效甚微。缘何如此？人们往往从政治、经济、文化以及帝国主义阻挠破坏等方面进行研究。毫无疑问，这不失为一条正确的致思路线。但我们认为，天朝意识亦与近代中国学习西方的坎坷历程关系甚大。对此进行研究，不仅可以探明天朝意识自身发展的蜿蜒曲折的历史轨迹，而且还可以从其外化和展开中反观到近代中国学习西方的坎坷历程。

一、天朝意识的生成

天朝意识并非产生于近代，而是古已有之，源远流长。究其最初形成原因，主要有以下三点。

第一，在漫长的古代社会，中国一直处在男耕女织、牛郎织女式的自然经济状态中。尽管在明代出现了资本主义萌芽，但自给自足的自然经济仍像汪洋大海一样占据着主导地位。这种经济无须与外国互通有无，更不需要广泛的国际贸易，因此中国人也就没有漂洋过海、远足西方的必要。这种经济闭塞导致了视野闭塞，而视野闭塞又导致了意识闭塞。

第二，古代中国与西方的交通极其不便，因此在整个古代历史上，中国没有一个人到过西方，并把有关西方的信息反馈给祖国。而交通相对便利，与中国有交往的东南部各国，其文明水平又都低于中国，而且在经济、政治和文化上一直深受中国的影响。这种对整个世界鳞鳞爪爪的视野和与低参照系残缺不全的比较，又使中国人从封闭隔绝走向了夜郎自大。

第三，在漫长的历史发展中，中国取得了无数的文化上的辉煌成就，并形成了一套完整独特的文化模式。一方面，它成就之辉煌足以使中世纪的西方文化黯然失色，因而培养了中国人的民族自豪感和自信心。但这种民族自豪感和自信心的盲目膨胀，却又形成了“老子天下第一”的虚骄心和自大狂。它所表现出来的这种心理，在评价西方文化时，往往导致扬此抑彼、完全否定西方文化价值的结果。另一方面，中国文化模式的独特性，也往往在对待与之不同的西方文化时产生一种先入为主、完全排他的心理效应。这种文化成就和文化模式的负效应，又进一步使中国人从夜郎自大走向了排洋拒外。

基于以上三种原因，随着岁月的迁流和现实生活的内化，古代中国人逐渐形成了一种自满自大自尊、抑外排外拒外的心理和意识。我们就将这种心理和意识称为“天朝意识”。可见，天朝意识是政治上自主自治、经济上自给自足、文化上自满自大的社会存在在人们头脑中的反应，是古代中国人在中外关系范畴内所特有的一种意识形态。

这种非理性的天朝意识，在漫长的历史岁月中，尤其是在中外交往中，时有显彰。1793年，乾隆皇帝在答复英国公使马戛尔尼通商要求和复英国国王来书时指出：“天朝物产丰盈，无所不有，原不藉外物以通有无”；“天朝德威远波，万国来王。种种贵重之物，梯航毕集，无所不有。尔之正使等所亲见。然从不贵奇巧，并无更需尔国制办物件”①。这段气冲星斗的皇皇上谕，就是天朝意识集中而典型的外化和展开。

不过，鸦片战争以前，中国文化尚属一孑然自存的独立系统，在没有异质文化比照和挑战的情况下，天朝意识虽然世代相延，不绝如缕，但在现实生活中表现得却不强烈。

二、天朝意识的畸变

1840年鸦片战争以后，天朝意识异乎寻常地延伸、强化和畸变起来。这是因为，一方面，1840年的鸦片战争，不但使现实形态的天朝上国在洋枪洋炮的轰鸣声中威风扫地了，而且使观念形态的天朝意识也受到了致命的冲击，因而天朝意识在自卫自救中表现出了顽强拼搏的战斗力量。另一方面，天朝意识既植根于小农经济的土壤中，又攀附在民族感情的大树上，因而在应对西方文化挑战时，它自然有着广泛而坚实的社会基础。因此，在整个近代中西文化对抗中，天朝意识表现得最为淋漓尽致。具体说来，它畸变为以下几种形态，而每一种形态都在特定层面上给近代中国的学习西方运动陡增了无数坎坷和曲折。

（一）“内夏外夷”的世界观

这里所说的世界观，是指中国人对世界各民族的地理分布、文明水平和彼此关系的总的看法。“内夏外夷”的世界观认为：“天处乎上，地处乎下，居天地之中者曰中国，居天地之偏者曰四夷。四夷外也，中国内也。天地为之乎内外，所以限也。”②居天地之中者曰中国，是“天朝上国”；居天地之偏之外国，是“化外之邦”。鸦片战争以后，这种世界观更为强化。当时，中国人将外国侵略者统统称为番鬼夷狄，并给他们一律

---

① 王先谦：《东华续录》第47卷，上海积山书局光绪三十三年石印本。

② 石介：《徂莱石先生文集》第10卷，刻本。

加上“口”“虫”“豸”“犬”之类的标记，意思是说，他们不是人，至少不是和我们一样的人。对于英国发动鸦片战争，他们则认为：“是因蛮夷之国，犬羊之性，初未知礼义廉耻，又安知君臣上下。”就是在总结甲午战争失败原因时，仍有人认为：日本是“蕞尔岛夷”，充满夜郎自大的虚骄之气，进攻中国是不知天高地厚，而中国的失败则是日本狂妄自大。直到戊戌变法时期，维新派还不得不煞费苦心地做这样的启蒙：“若把地球来参详，中国并不在中央。”这种世界观就像中世纪的罗马教迷信“地心说”一样，闭目塞听，冥顽执拗，排斥新说，诛杀异端。在中外文化冲击融合中，它几乎没有任何正面价值，仅徒然成了后人的笑柄。

具体说来，在近代中国学习西方的运动中，“内夏外夷”的世界观主要是影响和阻碍了先进中国人对西方的探索、了解和介绍，使一部部黄钟大吕般的介绍西方的著作惨遭厄运。早在鸦片战争的炮声还在轰鸣之时，地主阶级改革思想家魏源就“创榛辟莽，前驱先路”，撰写了《海国图志》一书。在这部著作中，作者首先强调指出：“善师四夷者，能制四夷；不善师四夷者，外夷制之。”在此认识基础上，他系统阐述了“师夷长技以制夷”的伟大思想。在某种意义上说，《海国图志》是在划时代的历史事变中所产生的一部划时代的历史巨著，它理应产生振聋发聩、唤醒国人的作用。但在天朝意识的羁绊下，不仅《海国图志》问世以后没有引起任何回响，就连作者本人也因无法战胜“世人皆睡我独醒”的孤独寂寞而又昏昏睡去。相反，1851年至1852年间，《海国图志》传入日本，立刻翻刻成风，在短短几年间，就达22种之多。维新运动先驱如佐久间象山、吉田松荫、桥本左内等无不竞读此书，对明治维新产生了一定影响。在中国近代史上，类似事情举不胜举。1876年，清政府派郭嵩焘为驻英、法使臣。在驻英、法期间，郭氏留心社会，勤于笔耕，撰成《使西纪程》一书。该书备述彼邦的政教、技艺和民俗，寄回总理衙门付印，结果遭到保守官僚们的恶毒攻击，最后被毁版。与之相映成趣的是，比郭氏尚早5

年，日本政府派森有礼为驻美署公使。森有礼在办理交涉事宜之余认真访察美国“兴学立国”的途辙。他向美国各部长官、国会议员和大学校长发出照会，列举若干问题请他们回答，然后将复件一一译为日文，题曰《文学兴国策》，寄回日本印行，受到广泛欢迎，成为促进明治维新极有影响的书籍。仅从以上两例，我们就不难窥见中日两国在学习西方道路上的差距。那么，酿成《海国图志》和《使西纪程》两书悲剧的原因是什么呢？原因固然多重多种，错综复杂，但“内夏外夷”的世界观却是某些具象原因下面的深层原因。

（二）“重本轻末”的价值观

在“‘重本轻末’的价值观”一语中，所谓“本”者即指中国传统的尧、舜、禹、汤、文、武、周公之道、四书五经、子曰诗云、纲常名教、祖宗遗训等“形而上”的道统义理；所谓“末”者，即指西方近代的枪炮、船舰、机器、技艺、政教、风俗等“形而下”的军事经济技术和制度。在正统士大夫的心目中，中国自古首重道统义理，道统义理是安邦兴国的根本；西方擅长的是工艺技术，工艺技术不过是安邦兴国的末技而已。因此，当他们作为主体的人以自身需要为尺度对西方的各种事物作出判断和评价时，他们便死死地抱住传统的东西不放，即所谓“天不变，道亦不变”；一切以祖宗的是非为是非，祖宗说过的不能改，祖宗没说的不能做；以观念形态的条条框框为价值尺度，衡量纷繁复杂的“洋货”“西学”，褒贬取舍一决于斯。

基于这种价值观，正统士大夫对任何西学皆采取一概排斥的态度，对任何学习西方的行动皆采取一概诋毁的立场。例如，当地主阶级洋务派发起学习西方资本主义的“坚船利炮”和先进生产技术时，封建顽固派便极力反对，扬言西方的制造技术是“奇技淫巧以坏我人心”[①]，“立国之道，尚礼义不尚权谋；根本之图，在人心不在技艺”，“古今未闻有术数

① 管同：《禁用洋货议》，《因寄轩初集》第2卷，光绪三年刊本。

而能起衰振弱者也”[①]。当资产阶级维新派主张兴民权、设议院、发展资本主义工商业时，大学士徐桐、军机大臣刚毅、吏部主事叶德辉、湖南岳麓书院山长王先谦等封建顽固派又竭力叫喊“祖宗之法不可变”，三纲五常是“万古不易之常经”，攻击康有为、梁启超宣传的资产阶级平等、民权学说是“邪说”，是“悖乱”，是“狂谈”，是使人“不复知忠孝节义为何事”之“不幸”。不仅如此，他们还反对发展资本主义工商业，说什么“古来圣君贤相讲求富强之道者，率皆重农抑商”[②]。新文化运动兴起以后，反动政府、封建卫道士和封建复古派等守旧势力更是群起攻击。其中较有代表性的人物是辜鸿铭。辜氏于1918年写了《春秋大义》，提倡“尊王”“尊孔”，竭力称颂中国的封建伦理观念，反对西方资产阶级的伦理观念。《东方杂志》支持辜鸿铭的观点，它一方面刊登从日本刊物《东亚之光》上翻译过来的称赞辜鸿铭《春秋大义》的文章《中西文明之评判》，另一方面连续发表《迷乱之现代人心》《功利主义与学术》等文章，称赞中国的封建伦理纲常是“先民之经营缔造而成”，“先民精神之产物”，“我国文化之结晶体”，咒骂输入西方文化“直与猩红热、梅毒等之输入无异”。诬蔑输入西方思想文化“迷乱”人心，使人“深入迷途，莫能自拔”。认为“救济之首，在统整吾固有之文明”，即用孔子思想去统一中国人民的思想，并且希望“强有力者”即反动统治势力，用“快刀斩乱麻”的手段，将孔子思想定于一尊。由此不难看出，在“重本轻末”的价值观影响下，近代中国的学习西方运动，几乎是一波三折，多劫多磨。

（三）“西学中源”的文化观

“西学中源”之说，最早发轫于黄宗羲之“中原失传而被篡于西人”。嗣经康熙“西学实源于中法”之鼓荡，遂不可一世，终有清一代而不息。“西学中源”的文化观即把西方资本主义的物质文明和精神文明统

① 《洋务运动》（资料丛刊）第2册，第30页，上海人民出版社1957年版。

② 《洋务运动》（资料丛刊）第2册，第253页，上海人民出版社1957年版。

统强制性地附会为中国古已有之，都是中国古圣先贤的遗产，都脱不出中国经典的范围，只是由于秦始皇焚书坑儒，这些东西才流落到西方而得到发展。简言之，西方近代所有的自然科学无一不是“中国所固有之，西人特踵而精之”。这种“西学中源”的文化观，实质是传统士大夫在西方近代科学技术的巨大威力面前，在中国之杂艺远不逮泰西的无情事实面前，而建构起的一座精神乐园，以使其困顿的心灵和失衡的心态在此得到慰藉和平衡。

此外，一些早期的改良主义思想家们也曾宣扬过“西学中源”的论调。如陈炽说：“泰西议院之法”即“孟子所称庶人在官者”①。陈虬则认为，连“机器制造”在内，“溯其源流，皆仅得吾周、秦诸子之绪余”，西人擅长之声光化电，气热重矿诸学，均不出“六艺之外”，根诸“中学”②。薛福成“考究”出光学、重学、机器船械之学都出自《墨子》；化学出自《吕氏春秋·似顺论》；泰西各国“用人行政之有议院，工商诸务之有公司”，与《淮南子》一书宗旨相合；其富国强兵、征战取胜之道，则“暗合《管子》之旨”；而《庄子》一书竟成了现代“电学、化学之权舆”“天算之学、舆地之学之滥觞”；“西洋各国经理学堂、医院、监狱、街道，无不良法美意，绰有三代以前遗风”③。不过，这种文化观与前者不同，它是出于某种程度上的策略考虑，旨在减少封建顽固派对西学的阻挠和非难，从而为西学在中国扎根创造条件。但从另一方面，也反映出了改良主义思想家们与天朝意识的无法剪断的天然联系。

在近代中国学习西方运动中，其前者的阻滞作用自不必说，就是后者亦使其出现了不少旋涡和回流。例如，传播西学的一代宗师康有为、严

① 《戊戌变法》（资料丛刊）第1册，第245页，神州国光社1953年版。

② 汤志钧：《戊戌变法人物传稿》上册，第168页，中华书局1982年版。

③ 薛福成：《出使英法义比四国日记》第190—210页，载《走向世界丛书》，岳麓书社1985年版。

复等，在中西文化碰撞中，亦左顾右盼，进退维谷。在戊戌变法时期，康有为一方面主张兴民权、设议院、开国会、定宪法、实行君主立宪，另一方面他又写出《新学伪经考》《孔子改制考》等学术著作，力图以考据学为武器，把汉唐以降两千年的儒学统统宣布为“据乱世之法”，而把人权民主之类的资产阶级思想附会到孔子身上，把孔子描绘成一个资产阶级维新运动的祖师。这样，自由、民主、平等、博爱等资产阶级思想原则被儒学化、古董化了，而孔子则被现代化、西化了。因此，从整体上说，这是一个新旧杂糅、中西牵合、不中不西的怪胎。与康氏相比，严复更为进退失据，言辞闪烁。他在《译天演论自序》中指出：“近二百年，欧洲学术之盛，远迈古初，其所得以为名理、公例者，在在见极，不可复摇。顾吾人之所得，往往先之。此非傅会扬己之言也，吾将试举其灼然而不诬者，以质天下。夫西学之最为切实而执其例可以御蕃变者，名、数、质、力四者之学是已。而吾《易》则名、数以为经，质、力以为纬，而合而名之曰《易》……是以生今日者，乃转于西学得识古之用焉。此可与知者道，难与不知者言也。”[①]但在《救亡决论》中，他又指出：“晚近更有一种自居名流，于西洋格致诸学，仅得诸耳剽之余，于其实际，从未讨论，褒欲扬己抑人，夸张博雅，则于古书中猎取近似陈言，谓西学皆中土所已有，羌无新奇。如星气始于臾区，勾股始于隶首，浑天昉于玑衡，机器造于班墨；方诸阳燧，格物所宗，烁金腐水，化学所自；重学则以均发均悬为滥觞，光学则以临镜成影为嚆矢；蜕水蜕气，气学出于亢仓，击石生光，电学原于关尹。哆哆硕言，殆难缕述。此其所指之有合有不合，姑勿深论；第即使其说诚然，而举划木以傲龙骧，指椎轮以訾大辂，亦何足以助人张目，所谓诟弥甚耳。”[②]大概正是由于这种怀中恋西、暧昧不清的文化观作祟，维新派中的许多人都是从传统的旧学出发，中经狂热追求西学的阶段，最后又回归到传统旧学的起点；在他们与守旧派奋勇搏斗的英姿还没有从人

---

① 严复：《天演论·自序》，人民出版社1972年版。

② 严复：《救亡决论》，载《戊戌变法》（资料丛刊）第3册，神州国光社1953年版。

们的视网膜中完全消失时，他们便被当作旧势力而受到攻击了。

总之，传统的天朝意识，在近代中西文化的冲击碰撞中，进行了顽强的延伸，并畸变为五花八门的样态。从表面上看，它对于中国文化发展的连续性，对于志士仁人反抗外国侵略斗争的坚定性，似曾起过一定的积极作用。但就实质而言，它则是传统士大夫对于中国人过去赖以安身立命的终极根据的盲目固守，是对西方文化冲击的非理性的抗拒性反应，是近代中国人学习西方、走向世界的心理障碍。

三、天朝意识的瓦解

历史规律不可抗拒。非理性的天朝意识在本质上是苍白无力的。大约在19世纪末20世纪初，传统的天朝意识终于经过数度痛苦的挣扎后土崩瓦解了。其瓦解的过程大致分三步。

第一步，帝国主义以坚船利炮一次又一次地打败了“天朝上国”，自然也一次又一次地冲击了“天朝意识”。1902年，清朝最高统治者慈禧太后一句“量中华之物力，结与国之欢心”的诺言，便是天朝意识坍塌的一份公开宣言。这是帝国主义以超越意识发展规律的外部强力冲击了天朝意识。

第二步，先进的近代中国人在寻求救国救民真理的过程中，不断学习西方，不断走向世界，逐渐建立起了新的世界观、价值观和文化观，使天朝意识失去了存在的价值和市场。这是先进的中国人按照意识发展的规律以新的意识取代了天朝意识。

第三步，“十月革命一声炮响，给我们送来了马克思列宁主义。十月革命帮助了全世界的也帮助了中国的先进分子，用无产阶级的宇宙观作为观察国家命运的工具，重新考虑自己的问题”①。从此，在马克思主义指引下，中华民族真正开始了学习西方、批判西方、超越西方的伟大行程。

因此，完全可以说，非理性的天朝意识瓦解之日，就是古老的中华民族实现残酷的洗礼、伟大的觉醒、神奇的再生之时！

---

① 《毛泽东选集》（合订本）第1360页，人民出版社1969年版。

第三节　半殖民地意识与辛亥革命的失败

在中国近代史上，中国人为雪耻御辱，富国强兵，振兴中华，前赴后继，进行了一次又一次的反抗外国侵略的斗争，表现了中华民族崇高的爱国主义精神和大无畏的英雄气概。但出人意料，也令人遗憾，每一次斗争都以失败而告终。对此，许多专家学者都进行了艰辛的探索，并取得了一定的研究成果。但当笔者的思维触角透过某些具象原因的躯壳时，则惊奇地发现，在其背后还有一种更深层的原因——半殖民地意识在起着作用。它犹如一根“魔棍”，不仅画就了近代中国人民反侵略斗争的曲折历程，而且宰制了它的最终结局。对此进行深入研究，不仅可以认清半殖民地意识的来龙去脉及其危害作用，而且可以深化我们对近代中国人民反侵略斗争的认识。这里仅以半殖民地意识与辛亥革命的失败为“麻雀”，进行剖析论述。

一、何谓“半殖民地意识”

“半殖民地意识”是一个未见经传的概念。我们欲明了它的内涵，必须遵循社会存在决定社会意识这一马克思主义基本原理来进行探讨。

鸦片战争以前，中国是一个政治上自主自治、经济上自给自足、思想上自满自大的封建社会。这种特定的政治生活、经济生活和文化生活，使中国人应然养成了一种持盈保泰的习惯，并传承着一种历史文化上的优越感。在中外关系上，他们一致认为：中国是“天朝上国”，外国是“化外之邦”，“老子天下第一”是天经地义的逻辑和亘古不变的信条。这种封建意识是封建的社会存在在人们头脑中的反应。

鸦片战争以后，帝国主义列强“把一个独立的中国变成了一个半殖民地和殖民地的中国”[①]。随着社会存在的变化，近代中国人的心理和意识也发生了相应的变化。

在半殖民地社会里，帝国主义以洋枪洋炮向中国发动了一次又一次的

① 《毛泽东选集》（合订本）第593页，人民出版社1969年版。

侵略战争，中国人以传统的心理意识为精神支柱，以传统的刀矛盾牌为物质武器，进行了一次又一次的英勇反抗。但随着传统的物质武器的失败，传统的精神支柱也土崩瓦解了，而列强的洋枪洋炮则在人们的心目中产生了巨大的威慑作用。例如，仅经过第一次鸦片战争的较量，黄恩彤就惊呼道："夷之不能制者大约有五：舟如坚城，铜墙铁壁，舵手纯熟，驾驶如飞，一也；一切炮火猛烈，机法灵巧，连环轰击，竟日不休，二也；彼伏舟中，我立岸上，以逸乘劳，反主为客，三也；孤军深入，有进无退，我军失利，顿成瓦解，四也；朝东暮西，瞬息千里，我备其七，彼攻其一，五也。"因此他主张驭夷之法只能是："捐释前嫌，示以宽大，裁减陋规，明定税则，无事则抚以恩，有事则折以信，彼既灼然知用兵之害，通商之利，自当俯首帖耳，歌咏皇仁，不复有盗弄潢池之事矣。"[①]洋枪洋炮在中国人心目中所产生的威慑作用由此可见一斑。凭借洋枪洋炮的威力，列强通过协定关税、领事裁判权、建立租界、划定使馆区等手段，严重地控制了中国的内政和外交，从而成了清政府的"太上皇"，成了中国人民的新的统治者和压迫者。外国侵略者在中国政治上所造成的这种强力和武器威慑一样，也在某一方面改变了人们的心态和意识。如清政府对担任中国海关总税务司的英国侵略者赫德言听计从就是一个突出的例证。美国人马士曾说：清政府"在一切国际问题上，从谈判一件条约到解决一项土地争端，总是凭靠北京总税务司的意见，以便照计而行"[②]。一个小小海关总税务司尚有这么大的统摄力量，那么整个公使团的威势就更可想而知了。1918年，陈独秀曾写过一则随感录，其中说："中国人，上自大总统，下至挑粪桶，没有人不怕督军团，这是人人都知道的事；但是外交团比督军团还要利害。列位看看，前几天督军团在北京何等威风！只因外交

① 黄恩彤：《抚夷论》，《鸦片战争》（资料丛刊）第5册，第435—436页，神州国光社1952年版。

② 马士：《中华帝国对外关系史》第3卷，第390页，生活·读书·新知三联书店1957年版。

团一个小小的劝告，都吓得各鸟兽散。什么国会的弹劾，什么总统的命令，有这么利害吗？”[1]可见，积数十年的渗透和楔入，外国侵略者在中国政治中所造成的强力已不仅仅是作为外在的压力而存在了，而且是内化到人们的心灵变成了一种潜意识。以洋枪洋炮开路，以政治强力庇护，帝国主义列强还向中国进行了大规模的经济侵略。它们通过输出商品、掠夺原料、政治贷款和投资办厂等手段，严重地控制了中国的经济命脉。在外国诸多经济侵略手段中，对中国人的心理意识撕扯最厉、破坏最大的是商品侵略。因为洋货具有三个特征：一是与土货相比的优越性；二是购买者的自愿性；三是对消费者的实用性。这三性综合到一起，它则变成一颗糖衣炮弹，谁在物质上尝到它的甜头，谁就必然在精神上吞下它的苦果。对此，郑观应在《商战》一文中作了详尽的描述。他在分门别类、一一列举近百种洋货后，慨然长叹道：“以上各种类，皆畅行各口，销入内地，人置家备，弃旧翻新。”[2]“人置家备，弃旧翻新”固然包含着人们对商品实用价值的合理追求，但也显示了在洋货大潮冲击下人们意识的弱化和心理的失衡。因此，如果说武装力量和政治力量是以“硬”使人屈从的话，那么经济侵略则是以“软”使人顺从。此外，帝国主义列强还在中国建医院、办学校、设教堂、出版书刊，向中国展开了思想文化侵略的强大攻势。思想文化侵略虽然不像武装进攻、政治控制和经济掠夺那样铁血汹汹，但它潜移默化，对于征服心理、摧毁民族精神，亦有着不可低估的效能。近代中国上百万教民的出现，就与列强的思想文化侵略牵牵相连。当然，教民中确有假教以遂其私者，但心甘情愿地去做“耶稣仆人”者亦大有人在。由一个堂堂中国人变为一个“耶稣仆人”，正是奴化思想毒化的结果。这一切——帝国主义列强在中国的政治领域、经济领域和思想文化领域造成了强大的统治势力以及这种统治势力不断向人们心

---

① 《陈独秀著作选》第1册，第428页，上海人民出版社1984年版。

② 郑观应：《盛世危言·商战》，《戊戌变法》（资料丛刊）第1册，第84页，神州国光社1953年版。

灵的楔入和内化——便是半殖民地社会政治生活、经济生活和文化生活的基本内容。

可见，半殖民地的社会存在作为一种巨大的客观力量，不可抗拒地摧毁了中国人传统的心理和意识的大厦，同时在其坍塌的废墟上又催发出了一种新的扭曲变形的心理和意识，从而使中国人的内心世界发生了一次可怕的震颤、蜕变和转向。对于这种悄然无声的变迁，时人已有明显的察觉和形象的记载。如张之洞和刘坤一就曾指出："其乐循务欺饰者，动以民心固结为言，不知近日民情，已非三十年前之旧。羡外国之富而鄙中国之贫，思外兵之强而疾官兵之懦，乐海关之平允而怨厘局之刁难，夸租界之整肃而苦吏胥之骚扰。于是，民从洋教，商挂洋旗，士入洋籍，始由否隔，寝成涣散，乱民渐起，邪说乘之，邦基所关，不胜忧惧。"[①]20世纪初年，有人作一首名为《奴才好》的古乐府，虽非正面记述，但在讽刺中亦道出了这一变迁的内容。诗文云："奴才好！奴才好！勿管内政与外交，大家鼓里且睡觉。古人有句常言道：臣当忠，子当孝，大家且勿胡乱闹。满洲入关二百年，我的奴才做惯了，他的江山他的财，他要分人听他好。转瞬洋人来，依旧要奴才，他开矿产我做工，他开洋行我细崽，他要招兵我去当，他要通事我也会……大金大元大清朝，主人国号已屡败。何况大英大法大美国，换个国号任便戴……奴才好！奴才好！奴才到处皆为家，何必保种与保国！"[②]我们就是把这种在强力压迫下所产生的偏颇、激越、畸形、病态的心理、情绪、观念和思想等，统称为"半殖民地意识"。

因此，所谓"半殖民地意识"，就是半殖民地的社会存在在人们头脑中的反映，就是近代某些中国人所特有的一种以自卑自馁自弃、崇洋惧洋靠洋、失去自我、依傍洋人为核心内容的意识形态。

---

① 朱寿明：《光绪朝东华录》第4册，总第4753页，上海集成图书公司1909年版。

② 转引自邹容：《革命军》，《辛亥革命》（资料丛刊）第1册，第359—360页，上海人民出版社1957年版。

二、半殖民地意识与辛亥革命的失败

半殖民地的社会存在在人们头脑中的反映固然不尽相同，但反映却不可避免。以孙中山为代表的资产阶级革命派不仅有着较强的民族民主意识，而且还不止一次地发出过“杀那洋鬼子，杀投降那洋鬼子的二毛子”的怒吼，但半殖民地的社会存在亦在他们头脑中打下了深深的烙印。“他们从帝国主义掠夺和镇压殖民地人民的血淋淋的历史中，看到帝国主义强暴的一面，对帝国主义心存恐惧；他们又是西方资产阶级的后辈和学生，崇信帝国主义的‘文明’和‘公法’，迷惑于帝国主义伪善的一面，对帝国主义心存幻想。”[①]正是这种半殖民地意识束缚了他们革命的手脚，使革命大潮生出了一个个不该发生的历史“镜头”。

早在1905年，同盟会成立时把孙中山提出的“民族、民权、民生”三民主义作为自己的政治纲领。既然作为政治纲领，它的实际内容如何就直接关系着革命的成败。同盟会成立后不久，孙中山在《军政府宣言》《〈民报〉发刊词》《三民主义与中国民族之前途》等文章中，对此进行了详细缜密的解释和阐发。对于民族问题，孙中山有一个基本看法，认为当时中国“那样地糟”，固然跟帝国主义的侵略掠夺有关，但其“根源乃在于清政府的衰弱与腐败”[②]。他说，要想“中国问题的真解决”“革新中国的伟大目标得以完成”，“必须以一个新的、开明的、进步的政府来代替旧政府，这样一来，中国不但会自力更生，而且也就能解除其他国家维护中国的独立与完整的麻烦”[③]。因此他在民主主义上特殊强调了倾覆帝制和建立民国这两项内容。毫无疑问，孙中山“决志倾覆清廷”，并要创建一个“新的、开明的”资产阶级共和国，是革命的和进步的。但他还有一个基本看法，认为帝国主义只不过是一种政治观念，是一些强国“好

① 章开沅、林增平：《辛亥革命史》下册，第317页，人民出版社1980年版。

② 《孙中山选集》上卷，第57页，人民出版社1956年版。

③ 《孙中山选集》上卷，第63页，人民出版社1956年版。

侵略的武人”所采取的“一种政策”。他甚至认为，中国革命必须赢得帝国主义国家的谅解和支持，否则必然招致列强的阻挠和干涉，使革命归于破产。因此，他在强调反封建时，并没有揭橥反帝的内容，没有把帝国主义当作打击的主要敌人。事实上，中国是一个半殖民地半封建社会，封建主义和帝国主义连根并蒂，反封必须反帝。反封不反帝，即使夺取了国家政权，帝国主义也必然要联合封建势力进行反扑，复辟旧制度。政权不能巩固，不但不能改革社会，救国也只能是一句空话。因此，缺乏反帝精义的民族主义极大地淡化了三民主义这面战斗旗帜的革命色彩。它不仅满足不了全国各族人民要求解脱帝国主义压迫的强烈愿望，束缚了人民群众的手脚，而且还为帝国主义利用革命党人的弱点，粗暴干涉中国革命提供了可能，为辛亥革命埋下了第一个“祸根”。

1911年10月，武昌首义成功，随后各省纷纷响应，相继独立。独立各省份在实际行动上如何对待帝国主义，比三民主义在思想理论上如何认识帝国主义关系更为重大。但令人遗憾的是，各独立省份的革命党人对帝国主义普遍怀有一种恐惧心理，深怕帝国主义干涉而使革命遭到像太平天国那样的失败，因而制订了一套对帝国主义妥协让步的外交政策。武昌军政府在发动起义后的第二天就向各国驻汉口的领事致送了一份表明他们与“友邦各国益敦睦谊，以期维持世界之和平”心迹的照会。照会声称：一、所有中国前此与各国缔结的条约，皆继续有效；二、中国应偿还之外债照旧担认，仍由各省洋关如数摊还；三、所有外人之既得权利，一体保护；四、保护外国居留军政府占领之城内人民财产；五、所有清政府与各国所立条约，所许各国权利，及与各国所借国债，其事件成立于此宣言之后者，军政府概不承认；六、外人有加助清政府以妨害国民军政府者，概以敌视；七、外人如有接济清政府可为战争用之物品者，一概搜获没收。“以上七条，特行通告各友邦，俾知师以义动，并无丝毫排外之性质掺杂其间也。相应照会贵领事，转呈贵国政府查照。”[①]与武昌军政府相较，

① 张忠绂：《中华民国外交史》上卷，第25页。

其他独立各省更有过之而无不及。11月中旬，各独立省代表集会于上海，推举伍廷芳、温宗尧为临时外交代表。伍廷芳就职的第二天，便发表了一项对外宣言，明确宣布：“我们已采取一切可能的步骤以保护投资利益，尊重国际义务，维护商业的进行，保卫教育与宗教机关，而尤其重要的是，我们要继续维护法律与秩序，保持和平，并在健全而持久的基础上推行建设性的政策。”[①]正在革命派剖心沥胆、输诚求谊的时候，帝国主义列强则把侵略中国的步伐又向前一步。这在海关关税问题上表现得最为突出。原来，清政府已把海关税收的大部分直接用于偿还外债和“赔款”。当革命发生后，许多沿海口岸都树起革命旗帜时，这些口岸的海关洋税务司立刻用维持各国债权的理由自行控制了全部海关收入。这样，在北方港口的洋税务司仍旧和清政府合作处理关税，而在南方革命地区内的海关洋税务司则把关税收入全部截留在自己的手里。到12月中旬，各国驻华公使又向清政府提出要求，把北方海关的税收也全部归洋税务司支配。当时，清政府气息奄奄，无力反抗，只好表示接受。从此，全国海关税收全部落入了洋人之手。海关税收是当时中国的大宗收入。后来，帝国主义列强正是以海关税收为“资本”来支持袁世凯“篡权”和要挟革命派“让权”的。因此，武昌首义后各独立省份的革命派对帝国主义列强的妥协和退让，为辛亥革命留下了第二个“祸根”。

1912年1月1日，中华民国成立。南京临时政府作为一个新生的资产阶级革命政权，能否运用政权的力量去维护祖国的主权和独立，能否去实践将清政府“辱国举措”“一洗而去之”的庄严宣言，成了整个革命成败最关键的一幕。但如同律动一般，资产阶级革命派对帝国主义再次作出了妥协和让步。1月5日，孙中山以临时大总统名义发布《告各友邦书》，宣称：“恐世界各邦或昧于吾民睦邻之真旨，故将下列各条，披沥陈于各邦之前。我各友邦，尚垂鉴之。”随后共列举8条，前3条是：“（一）凡革

① Kent：《The passing of the Manchus》第41页，转引自胡绳：《帝国主义与中国政治》第116页。

命以前，所有满清政府与各国缔结之条约，民国均认为有效，至于条约期满而止。其缔结于革命起事以后则否。（二）凡革命以前，满清政府所借之外债及所承认之赔款，民国亦承认偿还之责，不变更其条件。其在革命军兴以后者则否，其前经订借事后过付者亦否认。（三）凡革命以前，满清政府所让与各国国家或各国个人种种之权利，民国政府亦照旧尊重之。其在革命军兴以后者则否。”最后又说：“民国与世界各国政府人民之交际，此后必益求辑睦。深望各国既表同意于先，更笃友谊于后，提携亲爱，视前有加。当民国改建一切未备之时，务守镇静之态，以俟其成。且协助吾人，俾种种大计，终得底定。盖此改建之大业，固诸友邦当日所劝告吾民，而满政府未之能用者也。”[1]同时，伍廷芳还以外交总长的名义，颁行《中华民国对于租界应守之规则》，严行规定“中国人不得携带武器在租界内行走，不得缉捕逃人或潜藏在租界里的反革命人犯，不准搜查和扣留济敌军火、私运违禁物品的各国兵轮等等”[2]。但是，革命党人这种天真的幻想只能是与虎谋皮。富有殖民主义统治经验的帝国主义，不但没有被革命党人的谦恭态度所感动，而且还透过革命党人的层层“甲胄”看到了他们身上的“致命伤”。从此，各国侵略者纷纷撕下“严守中立”的假面具，明火执仗地对南京临时政府实行经济封锁、军事威胁和舆论攻击，支持袁世凯窃取革命成果，把革命推向了失败的边缘。因此，南京临时政府对帝国主义的妥协让步，为辛亥革命埋下了第三个“祸根”。

以上三个历史“镜头”衔接在一起，便构成了辛亥革命的悲剧结局。从外因上看，它是帝国主义列强干涉破坏所致；从内因上看，它是崇洋惧洋靠洋的半殖民地意识使然。因为，帝国主义反对和反对帝国主义都是半殖民地半封建社会里的资产阶级民主革命的题中应有之义。

---

① 《临时大总统宣告各友邦书》，《辛亥革命》（资料丛书）第8册，第22—23页，上海人民出版社1956年版。

② 《外交总长颁行中华民国对于租界应守之规则》，《申报》1912年1月1日。

三、半殖民地意识的残存与根除

辛亥革命落潮以后，以孙中山为代表的资产阶级革命党人对革命失败的原因进行了深深的反思。1924年，孙中山在《中国国民党第一次代表大会宣言》中指出："曾几何时，已为情势所迫，不得已而与反革命的专制阶级谋妥协。此种妥协，实间接与帝国主义相调和。遂为革命第一次失败之根源……夫袁世凯者，北洋军阀之首领，时与列强相勾结，一切反革命的专制阶级，如武人官僚辈，皆依附之以求生存，而革命党人乃以政权让渡于彼，其致失败，又何待言！"[①]可见，孙中山晚年时已认识到了站在袁世凯背后的是帝国主义。而且，向袁世凯谋妥协也就是向帝国主义谋妥协，这个结论也是正确的。但是，他仅找到了客观原因——帝国主义和封建主义联合绞杀，而没有找到主观原因——半殖民地意识作祟。因此，孙中山及其所代表的阶级并未能对半殖民地意识进行认真的清算。

中国共产党成立以后，以毛泽东同志为代表的中国共产党人真正认识到了帝国主义文化其中包括半殖民地意识的存在和危害。毛泽东同志曾明确指出："在中国，有帝国主义文化，这是反映帝国主义在政治上经济上统治和半统治中国的东西。这一部分文化，除了帝国主义在中国直接办理的文化机关外，还有一些无耻的中国人也在提倡。一切包含奴化思想的文化，都属这一类……这类反动文化是替帝国主义和封建主义服务的，是应该被打倒的东西。不打倒这些东西，什么新文化都是建立不起来的。不破不立，不塞不流，不止不行，它们之间的斗争是生死斗争。"[②]基于这种认识，在漫长的新民主主义革命过程中，中国共产党人坚持不懈地学习宣传马克思主义，批判帝国主义奴化思想，用无产阶级思想占领市场，有力地冲击了半殖民地意识。尤其重要的是，中国共产党领导全体人民发扬大无畏的革命精神，彻底推翻了帝国主义、封建主义和官僚资本主义在中国

① 《孙中山选集》下卷，第521页，人民出版社1956年版。

② 《毛泽东选集》（合订本）第655页，人民出版社1969年版。

的统治，更给半殖民地意识以致命的打击。

但是，半殖民地意识和其他社会意识一样，具有相对独立性。一方面，它根深蒂固，远非一两次批判或冲刷就能将其彻底根除；另一方面，它游离现实，在其赖以存在的客观物质条件消失以后仍能存在。因此，中华人民共和国成立以后，中国人民站起来了，半殖民地意识却在某些人的潜意识层面上残存下来。从1949年中华人民共和国成立到1978年党的十一届三中全会召开的30年间，我国与外界联系较少，几乎处于封闭状态，国人除孤芳自赏外，对世界大势则不甚了了。这种特殊的政治、经济和思想文化氛围以外力形式抑制了半殖民地意识，使它只能蛰伏而不能复苏。党的十一届三中全会以后，我们打开了关闭已久的大门，西方资本主义国家在某些方面比中国的先进又呈现在人们面前；同时，国门既开，也难免飞进西方资产阶级的“苍蝇”和“蚊子”；更为重要的是，国际敌对势力还向我国无耻地推行“和平演变”政策。这一切便在客观上诱发了半殖民地意识，使其由残存而复苏，并在思想、文化、学术、行为、消费和出国等领域或方面表现出来。其中表现得最为淋漓尽致的是以下两种互相联系的理论或论调。

一是历史虚无主义。历史虚无主义是半殖民地意识的第一层内涵——自卑自馁自弃的外化和展开。它的发展途程，大致按以下三部曲进行。首先是文化虚无，认为中国传统文化中既无感性生命的勃发，又无理性反省意识的自觉，只有生命本身的枯萎，即感性狂迷和理性清醒的双重死亡，“已经完全不适应于现代生活的秩序”，因而声称要扫除黄河文化、长城文化、龙的文化。其次是历史虚无，认为中国历史是一个超稳定系统，周而复始，生机殆尽，丝毫没有值得称道之处，为后人留下的只有毒素和包袱。再次是民族虚无，认为中国人喝黄水、吃黄米、黄头发、黄皮肤，民族血统不如西方，应当再做三百年的殖民地。最后是历史虚无主义必然走向卖国主义。

二是全盘西化论。全盘西化论是半殖民地意识的第二层内涵——崇洋惧洋靠洋的外化和展开。《河殇》便是典型代表。其作者断言：“黄色文明”已经在中国萎缩夭折，它的存在“恰恰是整个古老世界”的最后挣扎，中国必须让西方资本主义的“蔚蓝色的海洋文明在干涸的黄土地上浇下一片霖雨”，才能“获得生机”，跨入“新世纪”。更有人直接提出：“用世界的（西方的）现代文化来代替中国的传统文化”，用西方资本主义制度取代我国的社会主义制度，叫嚷中国必须“以多党并存的民主制代替一党独裁；用私有制代替公有制；用多元言论、思想自由来代替思想一元化”。很明显，全盘西化实质就是全盘否定马克思主义，全盘否定社会主义，全盘实行资本主义。

以半殖民地意识为渊薮的历史虚无主义和全盘西化论具有一个突出的特点，即它们既附丽于“改革开放”的旗杆上，又伴随着“现代化”的脚步声，因而具有极大的欺骗性。事实也正是如此。在所谓“文化热”中，它们一经出笼，便立即产生了“轰动效应”，在思想理论界以及整个社会上造成了极坏的影响。

可见，彻底根除半殖民地意识乃是我们今天一项十分艰巨而又迫切的战斗任务。因为，中华民族要振兴，必须去掉心理和意识上的历史负荷，而半殖民地意识恰恰是这种历史负荷中一种惰性较强的因素，如果不将其彻底根除，我们就无法以中华民族应有的自尊自重、不卑不亢的风度走向世界。同时，当今社会主义和资本主义之间的竞争，既包括政治、经济和军事上的竞争，也包括心理、意识和思想上的竞争，如果我们不将半殖民地意识彻底根除，而是心态疲软，精神滑坡，就很难在这场竞争中斩关夺隘，克敌制胜。为此，我们首先要按照“去其糟粕，取其精华”的原则，认真清理中国的传统文化，将优良的民族文化继承下来，增强民族自尊心和自信心。其次要继承和发扬爱国主义优良传统，把爱恋祖国和振兴中华作为我们的心理底盘和力量源泉。最后要从全球角度认清社会主义的历史命运，从我国社会主义建设的巨大成就中认清社会主义制度的优越性，把社会主义一定要代替资本主义作为一种哲学、一种观念和一种思维方法。

总之，只有将爱国主义、社会主义和当代意识天衣无缝地畅然整合在中华民族的精神世界中，我们才能在实际行动上真正做到：学习西方，批判西方，超越西方！

以上三种社会意识说明，中国近代半殖民地半封建社会，既包括政治、经济、外交等“硬件”方面的规定，也包括人们习焉不察的社会心理和社会意识方面的内容。半殖民地半封建的社会意识既影响了中国近代的历史进程，也制约了中国近代社会思潮的深度、广度和力度。中国近代社会思潮的软弱性、妥协性和保守性，就与以上三种社会意识有关。当然，社会意识是一个极其复杂的问题，既难摸准又难说透，以上三种样态自然难以涵盖净尽，还有待于今后进一步深入研究。

第六章　中国近代社会思潮的终结

中国近代社会思潮历时80年，历经六大思潮，到五四运动前夕，开始疲惫乏力，没落终结了。其突出表现是：一方面，先进的中国人开始抛弃旧的思想途辙，去寻求新的思想出路；另一方面，马克思主义开始传入中国，中国一种新的、科学的、符合国情的理论学说开始形成。因此，中国近代社会思潮终结之日，也就是中国现代社会思潮兴起之时。

第一节　民主科学与中国近代化

自从1840年鸦片战争以后，中国就开始了近代化的艰难历程。五四时期，五四人物基于对中国近代化历程的深沉反思，举起民主与科学的旗帜，把中国近代化运动推向了最高峰。但中国的近代化运动并没有取得最后成功。中国近代化的出路在哪里？五四人物把这一巨大历史课题留给了后人。

一、改造国民性——五四人物对中国近代化历程的反思

早在1920年初，新文化运动的主将李大钊就指出：五四新文化运动并“不是几个青年凭空造出来的”，而是以中国近代化运动的整个历史发展为基础，“应经济的新状态、社会的新要求发生的”[①]。李大钊基于切身体验的话，向人们道破了五四新文化运动爆发的深刻原因。事实也正是如此。五四新文化运动实质是五四人物对中国近代化历程深刻反思的结果，是他们为改造中华民族的文化心态——国民性所采取的行动。

五四人物所反思的中国近代化历程，是从1840年鸦片战争开始的。从1840年鸦片战争到五四运动前夕，它前后大致经历了两个阶段。

第一阶段是洋务运动。经过两次鸦片战争的沉重打击，地主阶级洋务派从睡梦中猛醒。他们把中西方文化加以比较，感到：“中国文武制度事事远出于西人之上，独大器万不能及。”[②]因此，他们提出“中学为体，西学为用”的文化对策，展开了“求强、求富”的洋务运动。从表现上看，洋务派经过30多年的努力，已使中国物质近代化的大厦赫然矗起。例如，他们先后兴办了20个军事工业和100多个民用企业，建立了一支远非旧式南洋水师所能比拟的北洋海军，铺筑了400多公里的铁路，架设了1万数千里的电讯线路，等等。但是，这些从西方移植来的物质文化，在中国封建专制制度下和封建专制思想氛围中，是没有任何生命力的，结果，仅经中日甲午战争一役，这座“富强”大厦就海市蜃楼般地消失了。

第二阶段是戊戌变法和辛亥革命。早在洋务运动正在大张旗鼓地进行的时候，一些有识之士，如王韬、马建忠、薛福成、郑观应等就指出：它“徒袭皮毛”，根本不能成就富强之业。洋务运动失败以后，资产阶级维新派和资产阶级革命派进一步认识到，要实现中国近代化，仅仅提高生产技术是不行的，还必须改造政治制度。因此，洋务运动刚一终结，他们

① 李大钊：《由经济上解释中国近代思想变动的原因》，《新青年》第7卷，第2号。

② 《筹办夷务始末》（同治朝），第25卷，第4页，台湾文海出版社1971年影印本。

就先后举起“君主立宪”和“民主共和”的大旗，拉开了中国政治制度近代化的帷幕。经过艰苦卓绝的斗争，最后于1912年，以孙中山为首的资产阶级革命派推翻了清政府，结束了君主专制制度，建立起了资产阶级共和国。在许多人看来，中国政治制度近代化已经大功告成了，今后的主要任务是经济建设。就连以孙中山为首的资产阶级革命党人也都认为：“从此帝制永不留存于中国之内，民国目的亦已达到”[①]，今后革命党人只要埋头建设，就能使中国进入富强之域。然而，无边无际的黑暗又重新笼罩了中国大地。一方面，宋教仁惨案，“二十一条”，袁世凯称帝，张勋复辟，南北军阀割据混战，民国有其名而无其实。另一方面，封建主义旧道德、旧礼教、旧风俗仍然盛行，统治着人们的头脑；祭天、祀孔照旧进行；纳妾、缠足的恶习和坐坛、扶乩的迷信活动遍及城乡。“充塞社会之空气，无往而非陈腐朽败焉”[②]。一言以蔽之，辛亥革命也失败了。

这一系列深奥而又现实的课题强烈地吸引了五四人物，对此，他们从各个角度进行了反思。

李大钊以西方文化为参照系，探索中国传统文化的本质，试图从中找出中国近代化的出路。他指出：“东西文明有根本不同之点。即东洋文明主静，西洋文明主动是也……一为自然的，一为人为的；一为安息的，一为战争的；一为消极的，一为积极的；一为依赖的，一为独立的；一为苟安的，一为突进的；一为因袭的，一为创造的；一为保守的，一为进步的；一为直觉的，一为理智的；一为空想的，一为体验的；一为艺术的，一为科学的；一为精神的，一为物质的；一为灵的，一为肉的；一为向天的，一为立地的；一为自然支配人间的，一为人间征服自然的……”[③]因此他认为，中国要实现近代化，必须首先改造中国的传统文化，重新塑造人们的价值尺度、思维方式、行为标准和审美情趣。

---

① 《孙中山全集》第2卷，第84页，中华书局1982年版。

② 陈独秀：《敬告青年》，《青年杂志》第1卷，第1号。

③ 李大钊：《东西文明之根本异点》。

陈独秀亲自参加过辛亥革命的全过程，经过反复思考，他把革命失败的根本原因归结为它只推翻了一个君主专制政府，而没有通过批判封建主义意识形态，使国民真正觉醒起来，自觉地担负起国家主人翁的职责。他指出："所谓立宪政体、所谓国民政治，果能实现与否，纯然以多数国民能否于政治自觉其居于主人地位为唯一根本条件。"[①]因而他得出结论："要巩固共和，非先将国民脑子里所有反对共和的旧思想，一一洗刷干净不可！"[②]代之以独立的、自由的、进取的、向上的近代新思想。

易白少、吴虞和鲁迅则从孔教、孔学和封建伦理道德这一角度进行反思。他们指出：儒家的理论学说与家族制度和专制制度三位一体，其中，"儒家以孝悌二字为二千年来专制政治、家族制度联结之根干，贯彻始终而不可动摇"，"其流毒诚不减于洪水猛兽"[③]。因此，他们认为，要实现中国近代化，必须首先号召人们奋起打倒"吃人"的旧礼教。

可见，五四人物的反思结果都紧紧围绕着国民性问题，即在他们看来，要实现中国近代化，必须首先改造国民性，实现人的近代化，使吾人获得"最后觉醒的最后觉醒"。

二、民主科学——中国近代化运动的峰巅与终结

如何改造国民性，实现人的近代化，并不是一个"立能洞见本源"的问题。但五四人物却抱定一个信念，要想真正解决中国的问题，非彻底批判封建主义不可。基于这种认识，五四人物毅然决然地展开了以提倡民主科学、批判封建主义为主旋律的五四新文化运动。

在标志着五四新文化运动开端的《青年杂志》第1卷第1号上，五四人物就鲜明地打出了民主与科学的旗帜，而且以后各个战场的开辟，也都是紧密配合民主与科学进行的。关于何谓民主与科学，陈独秀在《敬告青

---

① 陈独秀：《吾人最后之觉醒》，《青年杂志》第1卷，第6号。

② 陈独秀：《旧思想与国体问题》，《新青年》第3卷，第3号。

③ 吴虞：《家族主义为专制主义之根据论》，《新青年》第2卷，第6号。

年》一文中作了淋漓尽致的阐述。他指出：所谓民主就是每个人都“各有自主之权”，“脱离夫奴隶之羁绊，以完其自主之人格”。所谓科学，就是“以科学说明真理，事事求诸证实”，“举凡一事之兴，一物之细，罔不诉之科学法规，以定其得失从违，其效将使人间之思想行为，一尊理性，而迷信斩焉”，如果是经不起科学法则检验的东西，即令它是“祖宗之所遗留，圣贤之所垂教，政府之所提倡，社会之所崇尚，皆一文不值也”①。因此，五四人物号召人们尽快站在民主与科学的旗帜下，“以科学与人权并重”，“利刃断铁，快刀理麻”，“战胜恶社会，而不可为恶社会所征服”②，争做自由自主之人。可见，提倡民主与科学，实质是从制度、观念和心理上反对封建主义。

五四人物提倡民主与科学，就一定要把斗争矛头指向孔夫子这尊偶像。因为，民主与科学是和封建主义格格不入的，而孔学则是封建专制制度的精神支柱，孔家店则是封建文化的顽固堡垒。因此，五四人物在举起民主与科学大旗的同时，也响亮地提出了“打倒孔家店”的口号。李大钊揭露孔学对中国的危害，指出：“自孔夫子生而支那衰，陵夷至于今日，残骸枯骨，满目黤然，民族之精英，澌灭尽矣。”他号召青年奋起，“冲决历史之桎梏，涤荡历史之积秽，新造民族之生命，挽回民族之青春”③。陈独秀向封建伦理道德的核心“三纲”发起猛攻，指出：“儒者三纲之说，为一切道德政治之大原。率天下之男女，为臣，为子，为妻，而不见有一独立之人者，三纲之说为之也。”他号召人们起来反对“三纲之说”，打破“奴隶道德”，“恢复独立自主之人格”④。鲁迅对封建旧礼教展开揭露和批判。在1918年发表的第一篇小说《狂人日记》中，他借“狂人”之口，对旧礼教进行强烈控诉，彻底暴露了它的“吃人”本质。

① 陈独秀：《敬告青年》，《青年杂志》第1卷，第1号。

② 李大钊：《青年》，《新青年》第2卷，第1号。

③ 李大钊：《青年》，《新青年》第2卷，第2号。

④ 陈独秀：《一九一六年》，《青年杂志》第1卷，第5号。

可见，打倒孔家店实质是从思想和伦理上反对封建主义。

五四人物在向封建主义发起猛烈进攻的同时，还向它的表现形式，即当时的旧文风发起了进攻。1917年1月，胡适在《新青年》第2卷第1号上发表《文学改良刍议》，首先提出改良文学的主张。陈独秀在《新青年》第2卷第2号上发表《文学革命论》，举起了文学革命的旗帜。这里应当指出的是，文学革命并不单纯是文学上的事情，五四人物一开始就把文学革命和民主与科学紧密地联系在一起。陈独秀曾指出："盘踞吾人精神界根深蒂固之伦理、道德、文学、艺术诸端，莫不黑幕层张，垢污深积"，"今欲革新政治，势不得不革新盘踞运用此政治者精神之文学"。可见，文学革命实质是从文学的内容和形式上反对封建主义。

以往，在研究和评价五四新文化运动时，人们往往着眼于它本身，把它作为一个孤立的历史事件来看待，重点探讨它的背景、流程、性质、意义等具体问题。当然，这种致思方法并不失为认识和评价五四新文化运动的一个途径。但我们觉得，把五四新文化运动放到整个中国近代化运动中去考察和研究，必能获得更深的教益和启迪。

如前文所述，中国近代化运动早在1840年鸦片战争后就开始了。在其发展过程中，有着明显的阶段性。从洋务运动（生产技术近代化）开始，中经戊戌变法和辛亥革命（政治制度近代化），最后到五四新文化运动（思想文化近代化），由浅入深，从低到高，完成了它的整个发展过程。因此我们认为，五四新文化运动是中国近代化运动的峰巅。对此，早在1922年4月梁启超就指出："近五十年来，中国人渐渐知道了自己的不足了。这点子觉悟，一面算是学问进步的原因，一面也算是学问进步的结果。第一期，先从器物上感觉不足……第二期，是从制度上感觉不足……第三期，便是从文化根本上感觉不足。第二期所经过时间，比较的很长——从甲午战役到民国六七年止……革命成功将近十年，所希望的件件都落空，渐渐有点废然思返，觉得社会文化是整套的，要拿旧心理运用新制度，决计不可能，渐渐要求全人格的觉醒……所以最近两三年间，算是划出一个新时期来了。”①

但是，五四新文化运动既是中国近代化运动的峰巅，也是中国近代化运动的终结。因为，从整个五四新文化运动的发展历程看，俄国十月社会主义革命以后，尤其是五四运动以后，它开始传播马克思主义，为中国共产党的成立做好了思想准备。从这一点上说，它是一座庄严的历史界标，标志着中国新民主主义革命的开始。但在前期，它所打起的民主与科学的旗帜、提出的“打倒孔家店”的口号以及发出的“文学革命”的号召，却正如毛泽东同志所说，仍属于资产阶级旧民主主义革命范畴。它和洋务运动、戊戌变法、辛亥革命的结果一样，也没有使中国实现近代化。更为重要的是，从此以后，中国人民再也没有沿着旧的路子走，而是在中国共产党的领导下，奔向了新的征程。

三、近代化：商品化、民主化、主体化——对五四人物历史反思的反思

中国近代化的出路究竟在哪里，这是五四人物留下的历史问题，但在我们努力实现现代化的今天，仍有反思的必要和价值。

要想弄清这一问题，必须首先从广义文化入手。所谓广义文化，就是指人的一切生活方式和为满足这些方式所创造的事物，以及基于这些方式所形成的心理和行为。具体说来，它主要包括三个层次。一是物质层次，主要是生产技术、劳动对象和物质产品等；二是制度层次，主要是政治制度、经济制度、教育制度、婚姻制度和分配制度等；三是精神层次，主要是知识、信仰、宗教、艺术、道德、思想、习惯和价值等。至于这三个层次之间的关系如何，系统观点早已为我们作出了明确的回答。它认为，任何系统都是由诸多要素（亦称部分和子系统）组成的整体。在这个整体中，一方面是各个要素都有自己存在的形式、特点、规律和功能，另一方面是各个要素之间都发生着普遍的联系并且相互制约，即在存在和发

① 梁启超：《五十年中国进化概论》，《饮冰室合集》，中华书局1936年版。

展中形成一个与外部环境有着物质、能量和信息交换的系统网络。文化内部结构的三个层次也是如此，它们相互制约，彼此作用，从而构成了文化有机体。根据文化内部结构的严格的逻辑特点，任何要改造文化的人或运动，都必须对文化进行立体调整，综合治理，而绝不能搞局部努力，单层面推进。而近代化，不管人们在理论上把它抽象得怎样五花八门，但说到底，它实质就是文化近代化，就是文化冲破中世纪黑暗的进步趋势以及尔后以“合理化”为目的的无限变革过程。因此，近代化也必须对整个旧的文化进行立体调整，综合治理，从而使其由中世纪的旧质态整体地、和谐地飞跃到近代的新质态。但是，作为中国近代化运动的一个重要组成部分的五四新文化运动，却恰恰违背了这一点。当时，中国的物质文化层面，虽然经过洋务运动的影响和辛亥革命的推动，资本主义已经发生和发展，但小农经济却仍像汪洋大海一样布满中国大地；中国的制度文化层面，辛亥革命虽然推翻了封建专制统治，建立起了资产阶级共和国，但实际上却像孙中山所说：“夫去一满洲之专制，转生出无数强盗之专制，其为毒之烈，较前尤甚。”①面对这样一种文化整体，五四人物对物质文化和制度文化无动于衷，置之不顾，而只仅仅打出了民主与科学的旗帜，在单一的文化层面上下功夫，这是根本不能实现近代化的。事实也正是如此。五四人物虽然请出了德、赛二先生，但由于中国还没有它们所必需的文化氛围，因此它们并不像原来那样朝气蓬勃，而是显得特别苍白无力，在中国近代化运动中，它们只能站在虚无缥缈的空中楼阁中，而根本不能扎根在中国的大地上。因此，我们认为，五四人物举起民主与科学的大旗并没有错，而且后人还应将其高高举起；但他们忽视了对物质文化和制度文化层次的改造，又不能不说是一个重大失误。

站在今天看“五四”，我们认为，要实现中国近代化，必须经济商品化、政治民主化和个体主体化三管齐下，同时并举，对旧有文化体系的三个层次进行立体调整，综合治理。所谓经济商品化，就是用直接以交换

① 《孙中山选集》第116页，人民出版社1956年版。

为目的的经济形式代替以直接满足生产者个人或经济单位需要为目的的经济形式。商品经济具有以下突出特点：一是因为商品只有在外部的联系和流通中才能获得自己的存在价值，因此商品经济是流动的、开放的；二是因为商品在市场上是自由平等的交换，因此商品经济蕴含着自由平等的精神。所谓政治民主化，就是以民主政治代替专制政治，使人民有选举权和被选举权，有言论、出版、集会等权利，从而使国家成为人民意志的客体。所谓个体主体化，实质是人的解放问题。人的解放在近代化中占有举足轻重的地位。因为“一个国家可以从国外引进作为现代化最显著的标志的科学技术，移植先进国家卓有成效的工业管理方法、政府形式、教育制度以至全部课程内容”，但这些本身都是一些空的躯壳，“如果一个国家的人民缺乏一种能赋予这些制度以真实生命力的广泛的现代心理基础，如果推行和运用着这些制度的人，自身还没有从心理、思想、态度和行为方式上都经历一个向现代化的转变，失败和畸形发展的悲剧结果是不可避免的，再完美的现代制度和管理方式，再先进的技术工艺，也会在一群传统人的手中变成废纸一堆”①。因此，在近代化运动中必须高度重视人的解放，即把每个个体都从封建制度和封建思想的桎梏中解放出来，使他们在对自然的探索上，在对社会发展规律的认识上，在对自己人生价值的追求上，不唯书唯上，不趋炎附势，没有绝对权威，没有固定框框，而是自由思想，自由创造，使人的聪明才智和主动精神得到充分的发挥。这“三化”互相依存，互相制约，构成一个有机的整体。其中，经济商品化是基础，政治民主化是核心，个体主体化是归宿。

---

① 殷陆君译：《人的现代化》第4页，四川人民出版社1985年版。

第二节　马克思主义在中国的早期传播

众所周知，在中国漫长的历史上，无论哪一种思想或主义，都没有像马克思主义那样，支配了我们党、国家、人民的命运和文化发展的态势，而且还将继续、深远地支配下去。而这一伟大事件的发生，正肇始在中国近代社会思潮的尾声。因此，在研究中国近代社会思潮的时候，我们不能不对此予以极大的关心，并对此进行一番历史的觅踪。大致说来，马克思主义在中国的早期传播，主要经历了以下几个阶段。

一、狼毫笔下的马克思主义

19世纪40年代，在马克思主义形成时，中国人还沉浸在封建时代的残梦中。因而，从获得这种理论和主义的进程而言，中国人不仅晚于苏俄，也晚于日本，确乎是姗姗来迟。但是，背闻的状态总是不能长久的。普罗米修斯把天火盗到人间，马克思主义也会闯入古老中国的大门。19世纪60年代，洋务运动不自觉地最早开启了一道接触西方近代社会主义思潮的窗口。从这一窗口，闭目塞听的中国，开始有人知道世界上有巴黎公社，有社会民主党，有社会主义运动，有马克思！

张德彝是中国目击巴黎公社壮丽事业的第一人。1870年6月21日发生了天津教案。1871年1月24日，张德彝随崇厚赴法国赔礼道歉。在执行这一屈辱的使命中，张德彝身历目睹了普法战争中法国投降、巴黎工人起义，以及凡尔赛反动军队进攻巴黎和巴黎公社失败后革命者惨遭屠戮等历史场景。这一切，都记载在他的《三述奇》中。《三述奇》是一个中国人对巴黎公社的目击记，是一个局外人对巴黎公社史实的片断写实之作，也是国际工人运动和社会主义运动开始映入中国人视野的记录。全书稿本分8卷，14万字。[①]其中有1万字左右是有关巴黎公社的。

另一位记述巴黎公社情况的是王韬。1862年后，王韬因“上书太平天

① 此书1982年由湖南人民出版社出版，书名定为《随使法国记》。

国”一事被告发，不得已而避居香港，从事著述和报业活动。在此期间，他两次访问英、德、法、日等资本主义国家。1870年从欧洲返回香港，第二年，为《华字日报》编译大批有关普法战争的报道。随即汇为《普法战纪》14卷，刊刻发行。这部著作，也将巴黎公社的概略情况介绍给了中国读者。

最早对“社会主义”一词作中文对译的，是黎昌庶的《西洋杂志》和李凤苞的《使德日记》。1877年，黎昌庶随郭嵩焘出使英、法，接着又转任德国和驻西班牙的使馆参赞。他根据这段时间对欧洲社会的了解，写成《西洋杂志》一书。其中有两处讲到欧洲的社会主义运动，将“社会主义者”一词音译作“索息阿利司脱”（Socialist），译言“平会”。1878年，李凤苞写成的《使德日记》，其中也有两处涉及社会主义，均提及“莎舍尔德玛噶里会”。“莎舍尔德玛噶里会”（Social Democratic Party），就是社会民主党。“平会”是他们对欧洲社会主义党的中文翻译名词。“会”是“会党”的意思，因为中国当时尚无现代式的党派，只有民间秘密反抗组织“会党”一词可以借用；至于他们将“社会主义”理解成一个“平”字，这和他们了解中国社会存在传统的农民平均思想有关。“平等”和“平均”在古代人看来是一回事。因此，黎昌庶和李凤苞以一个“平”对译“社会主义”，虽然并不准确，却是中国人对“社会主义”一词的最早翻译。

此外，江南制造局编印的《西洋近事汇编》，逐周汇述各国重要时事，不定期出版，也成了1873年至1882年间中国人了解国际形势的一个重要窗口。其中不少材料反映了欧美社会主义运动的情况。

在这些传介中，虽然张德彝和王韬是站在清政府的立场上，把梯也尔政府作为正面，把巴黎公社起义者作为反面来落笔行文的，《西洋杂志》《使德日记》《西洋近事汇编》的介绍也不科学不系统，但它毕竟是在中国共产党问世半个世纪之前，向中国人传递的有关社会主义的最早讯息，在马克思主义在中国的早期传介史上写下了足令后人注意的第一页。

二、西方传教士对马克思主义的透露

在中国近代史上，当西方殖民主义者以大炮、鸦片为武器，对中国实行征服时，联翩而来的西方传教士，也手捧《圣经》，以十字架来参加这种征服。传教士们以西方精神武器戕害中国人民的心灵，但也不自觉地将马克思、恩格斯及其学说透露给了中国。

在中国最早介绍马克思、恩格斯及其学说的译著是上海广学会于1898年出版的《泰西民法志》。该书原著为柯卡普，题名《社会主义史》，于1892年出版。当时主持上海广学会的英国传教士李提摩泰，委托胡贻谷将此书译为中文，题名为《泰西民法志》，刊布行世，但印数颇少，影响不大。1920年，李季将此书的重订本译为中文，题为《社会主义史》，由上海青年社出版。该书对马克思主义的各个组成部分均进行了客观的介绍。这本书虽然将马克思主义作为社会主义流派之一进行述介，但作为第一部在中国介绍马克思主义学说的译著，仍然是有相当重要的历史意义。

接着，广学会主办的《万国公报》也介绍了马克思、恩格斯及其学说。1899年2月至5月，《万国公报》第121至124册，连载了英国传教士李提摩泰翻译、中国人蔡尔康撰成的《大同学》。此文是根据英国哲学家基德所写的《社会进化论》一书节译而成。文中谈到："德国讲求养民学者有名人焉，一曰马克思，一曰恩格斯。"称马克思为著名的"百工领袖"，说："其以百工领袖著名者，英人（？）马克思也。马克思之言曰：'纠股办事之人，其权笼罩五洲，突过于君相之范围一国。吾侪若不早为之所，任其蔓延日广，诚恐遍地球之财币，必将尽入其手。然万一到此时势，当即系富家权尽之时。何也？穷黎既至其时，实已计无复之，不得不出其自有之权，用以安民而救世。'"①

当然，无论李提摩泰还是广学会的其他什么人，都没有也不可能正确介绍马克思的思想。他们在中国出版刊物，翻译书籍，主要是宣扬西

① 《大同学》，《万国公报》第121、123卷，1899年2月、4月。

方的宗教思想，以影响中国社会。他们把马克思主义作为“救贫”“均富”“富民”的“安民学说”加以介绍，实际上是作为他们宣传基督教救世教义的一种补充。例如，《社会进化论》的主旨是把进化论学说和非理性主义的宗教思想结合起来，书中引用马克思的话及其社会主义流派的语言，最后只是证明要消除社会的分裂状态，必须求助于超理性的宗教力量。《万国公报》刊载的有关文章，也不是要宣传社会主义，而是要宣传安民救世的宗教思想。但是，事情总是矛盾的。不论他们的主观动机如何，他们毕竟在客观上把马克思、恩格斯及其学说传介到了中国来。

三、留日学生对马克思主义著作的译述

20世纪初年，中国的资产阶级和小资产阶级知识分子队伍迅速扩大，到日本和欧美的留学生日益增多。在戊戌变法和义和团运动迭遭失败的情况下，他们焦虑忧焚，急于寻找救国救民的出路，而日本又恰于此时兴起了社会主义运动，所以他们较多地接触到了社会主义思潮和马克思的学说，并在他们出版的刊物上进行了介绍。

中国人最早介绍社会主义并谈到马克思的是梁启超。1902年至1904年，梁启超在《新民丛报》上发表的好几篇文章都提到了科学社会主义。在《进化论革命者颉德之学说》一文中，他写道：“麦喀士（马克思），日耳曼人，社会主义之泰斗也。”“今之德国，有最占势力之二大思想，一曰麦喀士之社会主义，二曰尼志埃（尼采）之个人主义。麦喀士谓：今日社会之弊，在多数之弱者为少数之强者所压伏。”[①]在《二十世纪之巨灵托辣斯》一文中，他再次介绍了马克思：“麦喀士，社会主义之鼻祖，德国人，著述甚多。”[②]在《中国之社会主义》一文中，他又说：“社会主义者，近百年来世界之特产物也，概括其最要之义，不过曰：土地归公，资本归公，专以劳力为百物价值之原泉。麦喀士曰，现今之经济社

---

① 《进化论革命者颉德之学说》，《新民丛报》第18号，1902年10月。

② 《二十世纪之巨灵托辣斯》，《新民丛报》第40—43号，1903年11—12月。

会，实少数人掠夺多数人之土地而组成之者也。”①

继《新民丛报》之后，其他刊物也相继载文介绍马克思及其学说。如1903年2月《译书汇编》，刊登马君武的《社会主义与进化论之比较》，指出社会主义发源于圣西门、傅立叶，极盛于德人马克思。“马克思者，以唯物论解历史学之人也。马克思常谓：阶级竞争为历史之钥。”②同时附有马克思、恩格斯的《哲学贫困》《英国工人阶级状况》《政治经济学批判》《资本论》等书目。《新世界学报》也介绍了傅立叶、欧文和马克思的不同学说，认为社会主义发生的原因，“即社会的不平等而贫富之悬隔，贵贱之区别有以致之也……下等人民之对富豪，上下之别，迥如天壤，苦心之士，乃为发世界大不平之理，衷诉困苦”③。《国民日日报》在介绍德国社会民主党时也指出，该党“向奉马枯士（马克思）之革命的共产主义为圭臬”④。《浙江潮》则把共产主义和无政府主义加以区别，指出共产主义以德国之埋蛤司（马克思）为代表，无政府主义以法国帕洛吞（蒲鲁东）、俄人勃宁（巴枯宁）为代表；共产主义主张废除财产私有制，归于国有；无政府主义则主张强调个人自由，废除国家，其手段则为暗杀，“剑也，铳也，暴烈弹也，阴谋也”⑤。此外，《政艺通报》《翻译世界》《大陆报》也都刊载过马克思和社会主义的文章。

在这一时期，梁启超与日本留学生，不仅写文章介绍马克思及其学说，而且还翻译出版了国外介绍马克思主义和社会主义的专著。据统计，从1902年至1904年，至少有以下8种译自日文的评介社会主义的专著出版：

1. 《广长舌》，幸德秋水著，中国国民丛书论译，商务印书馆1902年12月出版，这是一部宣传社会主义的通俗读物。

---

① 《中国之社会主义》，《新民丛报》第46—48号，1904年2月。

② 《社会主义与进化论之比较》，《译书汇编》第2年，第11期，1903年2月。

③ 杜士珍：《近世社会主义评论》，《新世界学报》第2—6期，1903年2—6月。

④ 《德国之社会民主党》，《国民日日报》第1集。

⑤ 大我：《新社会之理论》，《浙江潮》第8期。

2．《社会主义》，村上知至著，最初由支那翻译会社编辑发行的《翻译世界》译为中文刊登，1903年6月由文明书局出版。同年广智书局出版了罗大维的译本。村上知至是日本社会主义研究会会长，这是他系统阐明自己社会主义观点的一部理论著作。由于作者是一个基督教徒，因此书中宣传："古代之基督教，代表近时之社会主义"，"近时之社会主义，阐发古代之基督教。"

3．《近世社会主义》，福井准造著，赵必振译，广智书局1903年2月出版。此书共4编。第一编介绍空想社会主义的代表人物巴贝夫、圣西门、傅立叶、欧文等。第二编介绍"德意志之社会主义"，其中主要介绍了"加陆·马陆科斯（卡尔·马克思）及其主义"，说马克思以前的"社会主义"全是"空理空想之一夕话"，而只有马克思的社会主义"以深远之学理……而认信真理与正理。故于多数之劳民，容易实行其社会主义，得多数雷同之赞助，而其事易底于成……虽嫌恶社会主义者，于其学理，亦苦无反驳之余地"①。第三编介绍无政府主义、社会民主主义、国家社会主义、基督教社会主义等各种社会主义流派的沿革情况及其观点。第四编介绍"欧美各国社会党之现状"，文中说："马陆科斯之组织之国际的劳动者同盟，近时为社会党运动之支配，一时殆为其中心点。"②

4．《社会党》，西川光次郎著，周子高译。广智书局1903年2月出版。这是一本简明扼要的小册子，分前后两编。前编介绍了欧洲一些国家的社会党和工人运动的状况，后编专门介绍瑞士的各种社会保护和社会福利制度，将瑞士和新西兰说成是"今日之世界上社会主义之理想国"。

5．《近世社会主义评论》，久松义典著，杜士珍译撰。1903年2月至4月，连载于《新世界学报》癸卯第3期至第6期，全书12章，译者只翻译了评论马克思主义以前各派社会主义学说的部分。

6．《社会主义神髓》，幸德秋水著，中国达识社译。《浙江潮》编

① 《近世社会主义》第2编。第1页。

② 《近世社会主义》第4编，第1页。

辑所1903年9月出版。后来又有两种中译本，一为蜀魂遥（耆生）译，由中国留学生会馆社会主义研究社1909年出版；二为创生译，由东京奎文馆书局于1907年出版。该书基本依据《共产党宣言》和《社会主义从空想到科学的发展》二书写成，共分7章，简述了贫困的原因、产业制度的进化、社会主义的主张与贡献、社会党的活动等，是日本明治时代水平最高的社会主义理论著作之一。

7. 《社会主义概评》，岛田三郎著，1903年底、1904年初由作新社翻译出版。这本书评述欧美社会党、俄国虚无党的活动。

8. 《新社会》，失野龙溪著，《大陆报》在1902年12月出版的创刊号上译载了其中的一部分（后未续登），由作新社于1903年单行出版。它以通俗的文艺形式，描绘了社会主义理想在日本如何得到实现，宣传了社会主义的一些主要观点。

毫无疑问，资产阶级改良派最早向国内介绍社会主义，对中国思想界来说，是功不可没的，应该给予适当的肯定。但是，我们也必须看到以下几点：第一，他们的介绍是简略的、片断的，既无系统，也往往损害了科学社会主义的科学性。如梁启超尽管最早谈到马克思和社会主义，却并未真正理解社会主义，说什么社会主义“吾中国固夙有之”，“中国古代井田制度，正与近世之社会主义同一立脚点”[①]，甚至把垄断资本托拉斯说成是“合于麦喀士（马克思）之学理，实为变私产以为公产之阶梯”[②]。第二，他们宣传社会主义的目的，是要利用社会主义运动“影响于全球”的威力去胁迫清政府实行君主立宪。他们曾直言不讳地宣称：中国当时“民族主义尚不暇及，何论于社会主义大同思想哉？曰：吾明知不能与聚致大同，而实欲立大同之基也。立大同之基何？曰：在迫朝廷专制政体为立宪政体”[③]。第三，他们坚持君主立宪的主张，反对走革命道路，政治

① 《中国之社会主义》，《新民丛报》第46—48页。

② 《二十世纪之巨灵托辣斯》，《新民丛报》第40—43号，1903年11—12月。

③ 《秘密结社之机关报纸》，《新民全报》第38—39号。

上相对保守，勇气不足，也就不可能产生像革命派那样的对欧美无产阶级革命运动的同情。所以，一旦革命派把土地国有解释成“社会主义”，要进行彻底的反封建斗争时，改良派立即感到：社会主义作为革命派反对君主立宪的武器，似乎比他们自己用作威逼清政府实行君主立宪的武器更合适。于是，1906年以后，改良派逐渐转向反对社会主义。

四、资产阶级革命派对马克思主义的探索

辛亥革命时期，资产阶级革命派掀起了一个传介和探讨马克思主义的热潮。当然，这个热潮的出现不是无端的，究其原因，主要有以下几点：第一，帝国主义时代的来临，加深了人们对资本主义的认识，促进了东西方革命运动的了解和联系。中国的资产阶级革命派正是在这样的历史条件下受到欧美社会主义思潮影响的。第二，资产阶级维新运动失败后，中国知识分子在思想日益革命化的同时，继续如醉如狂地向西方寻找着真理。这样，他们必然要重视风行欧美的社会主义思想。第三，马克思主义反封建的有关论述，使他们从中受到启迪和鼓舞，他们力图挪用过来，作为自己反封建斗争的思想武器。如他们明确宣布土地实行国有，“铲除农业底中世纪的垄断与中世纪的关系”，即是“依据马克思的学说”[①]，因而明确宣布，以“平均地权”为主要内容的“民生主义”就是社会主义。基于以上原因，资产阶级革命派掀起了一个传介和探讨马克思主义的热潮。

从报刊上看，革命派创办的报刊和接近革命派的报刊，都或多或少地刊登了一些介绍马克思主义的文章。这些报刊是：日本出版的《民报》《复报》《夏声》《天义报》，香港出版的《社会公报》，广州出版的《二十世纪军国民报》《平民报》，北京出版的《国风日报》等。其中，《民报》把对马克思主义的介绍提高到了一个新水平。《民报》登载的有关社会主义的文章大致可以分为以下三类：

第一类是直接介绍和探索社会主义的文章。这类文章有：《德意志

① 民意：《告非难民生主义者》，《民报》第12号。

社会革命家小传》（刊第2、3号，作者朱执信）、《一九〇五年露国之革命》（刊第5、7号，译者宋教仁）、《欧美社会革命运动之种类及评论》（刊第5号，译者“社员”）、《万国社会党大会略史》（刊第7号，译者宋教仁）、《无政府党与革命党之说明》（刊第7号，作者叶夏声）、《社会主义史大纲》（刊第9号，译者廖仲恺）、《无政府主义与社会主义》（刊第9号，译者廖仲恺）。

第二类是在宣传资产阶级革命纲领和与改良派论战中涉及社会主义的文章。其中有《〈民报〉发刊词》（刊创刊号，作者孙中山）、《〈民报〉之六大主义》（刊第4号，作者胡汉民）、《从社会主义论铁道国有及中国铁道之官办私办》（刊第4号，作者冯自由）、《论社会革命与政治革命之并行》（刊第5号，作者朱执信）、《〈民报〉周年纪念孙中山演说词》（刊第10号）、《告非难民生主义者》（刊第12号，作者民意）、《土地国有与财政》（刊第15、16号，作者朱执信）、《斥新民丛报土地国有之谬》（刊第17号，作者太邱）。

第三类是介绍一些社会主义流派的文章，涉及单税社会主义、无政府主义、拉萨尔主义等。专门介绍单税社会主义的文章只有一篇，即亨利·乔治《进步与贫乏》的序言，刊创刊号上，也是廖仲恺译的；关于亨利·乔治学说的介绍多在上一类宣传论争文章中。

从人物看，当时在资产阶级革命派中，传介和探索马克思主义的主要有孙中山、朱执信、宋教仁、廖仲恺等人。

孙中山是资产阶级革命派中较早接触到社会主义的人。早在1903年12月，孙中山就表示对社会主义“极思不能须臾忘者”，认为“欧美之富者富可敌国，贫者贫无立锥之地”，“夫欧美演此悬绝之惨境，他日必有大冲突，以图实剂于平……然则今日吾国言改革，何故不为贫富不均计，而留此一重罪业，以待他日更衍惨境乎？此固仁者所不忍出也。故弟于革命时一起做起”①。1905年春，他在旅欧时曾在布鲁塞尔访问第二国际书

① 《复某友人函》，《警钟日报》1904年4月26日。

记处，同王德威尔德、胡斯曼进行了交谈，并请求加入第二国际。他表示“中国社会主义者要采用欧洲的生产方式，使用机器，但要避免其种种弊端”，“他们要在将来建立一个没有任何过渡的新社会”，由“中世纪的生产方式将直接过渡到社会主义的生产阶段，而工人不必经受被资本家剥削的痛苦”①。接着，他在《〈民报〉发刊词》中提出了民生主义的主张。

朱执信是资产阶级革命派中介绍马克思主义的最突出代表。他在1906年《民报》第2期上发表《德意志社会革命家小传》，介绍了马克思、恩格斯的革命活动，并对马、恩著作予以了很高的评价。他指出：在马、恩以前，抨击资本主义、宣传社会主义者也大有人在，然而这些人找不出资本主义罪恶的根源，也就不能找到真正的医救办法，仅仅停留于主观的愿望，因而他们的理想受到资产者的嘲笑。马克思、恩格斯则进行了创造性的劳动，揭示了资本主义制度的全部隐秘，并展现了一条切实可行的革命之路，从那以后，社会主义才由空想变成了科学，劳苦大众才于黑暗之中看到了真正的希望。他对“马克思素欲以阶级斗争为手段，而救此蚩蚩将为饿殍之齐氓”盛加称赞，故着重扼要地介绍了《共产党宣言》关于阶级斗争的论述，全文翻译了宣言的十项纲领，还介绍了《资本论》的主要内容，并将这两部著作视为“万国共产同盟会”的“金科玉律”，“其学理之上论议尤为世所宗者”②。

宋教仁对于介绍国际社会主义运动颇为热心。1906年4月，他从日文译过《万国社会党大会略史》一文。这是一篇综述国际社会主义思潮和社会主义运动历史的文献，发表在《民报》第5号上。全文1万多字，翻译过程中宋氏对原文加工整理，斐然成章。文章分“叙论”“万国社会党之起源”以及介绍第二国际1904年以前的6次代表大会情况等节。文中指出：“现世界”已区分为“掠夺阶级与被掠夺阶级”，“一种独占生产之机关，一种以劳动力而被其役使”。“阶级斗争之幕既开矣，旗鼓堂堂，

① 《孙中山访问第二国际书记处》，《近代史资料》1979年第3期，中华书局1979年版。

② 《德意志社会革命家小传》，《民报》第2期，1906年11月。

为执戈立矛，而进于两阵之间”，富绅者虽有政府、警察、军队、僧侣等为之援助，平民则占多数，一旦集合起来，“是即至强优之势力，其结阵而进战也，可决其必得战胜品耳”。他并把《共产党宣言》最后一段话译为：“吾人之目的，一依颠覆现时一切之社会组织而达者，须使权力阶级战栗恐惧于共产革命之前。盖平民所决者，惟铁锁耳，而所得者，则全世界也。”“万国劳动者其团结！”①

廖仲恺主要是通过翻译各国名著来传介马克思主义。他在《无政府主义与社会主义》一文的前言中表示鄙视当时一些人“专尚獭祭工夫，每活剥他人所有，以为己说”，决心“专译泰西各国名著，以导我先路，其外不著一字”②；要在认真研究西方政治学说并消化理解之后，再“发表意见”。廖氏的译文共有两篇，即《社会主义史大纲》和《无政府主义与社会主义》。这两篇文章都是从英国学者柏律氏的《社会主义手册》一书中节译出来的。其中，第一篇文章对第一国际的成立作了比较准确的介绍：“于1846年，万国劳动者同盟设立于伦敦，主此同盟者为麦喀氏，其宣言书之结尾绝叫曰：‘万国之劳动者团结！’”③

辛亥革命失败后，中国对马克思主义的传介和探索仍在进行。例如，孙中山就曾多次谈到马克思主义。1912年，他在社会党总部的讲演中称赞马克思“苦心孤诣，研究资本问题，垂三十年之久，著为《资本论》一书，发阐真理，不遗余力，而无条理之学说，遂成为有系统之学理，研究社会主义者，咸知所本，不复专迎合一般粗浅激烈之言论矣”④。后来，他在《民生主义》讲演中，又谈到马克思研究社会问题“最透彻和最有心得”，“现在研究社会主义的人，也没有哪一个不是崇拜马克思做社会主

① 《万国社会党大会略史》，《民报》第5号。

② 《民报》第7号。

③ 《民报》第7号。

④ 《社会主义派别与方法》，《民立报》1912年12月15日。

义的圣人”[①]。

同时，国内出版的报刊也开始介绍马克思主义。1911年上海《东方杂志》第8卷第6期刊载《社会主义与社会对策》一文，就曾提到：“近世社会主义的开山，咸推德人楷尔麦克（卡尔·马克思），其《资本论》所述，意在集土地资本于社会，以经营共和的生产事业，所谓社会主义是也。”从第8卷第12期起，又连载高劳编译的《社会主义神髓》。上海《新世界》杂志次年也刊载了恩格斯的《社会主义从空想到科学的发展》，当时译为“理想社会主义与实行社会主义”。此外，民国初年有些革命者还在各地口头宣传演讲马克思主义。例如，蔡大愚在甘肃议会演讲，宣传社会主义被逐，后数年复任甘肃政法学校校长，“日以社会主义灌入学生之脑经（筋），于是省城各校醉心马克斯（思）学说。省政府闻之，出示严禁”[②]，即为突出事例之一。

此外，武昌起义不久，中国还出现了一个由江亢虎组织的中国社会党。江亢虎曾去日本欧洲考察，结识过幸德秋水、堺利彦和欧洲一些国家的社会党人，回国后便鼓吹“社会主义”。中国社会党提出的8条纲领，主要是所谓“遗产归公”“地税归公”等。他们宣传的有空想社会主义、第二国际的社会民主主义、无政府主义以及亨利·乔治的“单税社会主义”。同时，该党刊物也多次谈到马克思的学说，并译介了《共产党宣言》《社会主义从空想到科学的发展》等。中国社会党自我标榜为社会主义政党，其中也不乏真诚的革命者，但江亢虎本人却是一个投机政客。他曾专程到北京谒见袁世凯，声称中国社会党的“社会主义”决不危及现统治，还希望袁政府成为“强有力的政府”，推行“国家社会主义”。这个党存在时间不长，即四分五裂，烟消云散了。它讲社会主义，立足点是在无政府主义上，因而影响不大。

辛亥革命前后，资产阶级革命派对马克思主义的传介和探索，有着

① 《三民主义·民生主义》，《孙中山选集》下卷，人民出版社1956年版。

② 慕寿祺：《甘宁青史略》第29卷。

重要的历史意义。首先，它推动了资产阶级革命纲领的宣传，从而推动了中国资产阶级革命运动。革命派思想家从社会主义学说那里取得一些充实自己纲领的“理论依据”，丰富自己的思想，并用来宣传革命和改造中国。这对于他们批判改良主义，宣传和引导劳动群众，组织反封建的群众队伍都起到了积极的推动作用。第二，它为五四运动前后，科学社会主义在中国的传播起了铺垫道路的作用。在中国近代思想史上，中国人认识欧洲的社会主义，大致经历了三个阶段：第一阶段是洪秀全的农业社会主义，第二阶段是孙中山的主观社会主义，第三阶段是中国共产党人接受的科学社会主义。资产阶级革命派宣传的社会主义，尤其是孙中山的主观社会主义，处于三个阶段之中，有着承前启后的作用。这从探索真理的过程来说，不无积极意义。第三，孙中山的主观社会主义的提出，曲折地体现了人类最终要抛弃资本主义的进步的历史潮流。革命派思想家向往社会主义，这是给自己提出了一个不能解决的问题。但提出问题的本身，已历史地预告了解决的可能到来。果然为时不久，中国共产党诞生，她运用马克思主义理论，分析中国革命的实际，设计了中国革命分民主革命和社会主义革命两步的方案，社会主义在中国由空想变成了科学。

资产阶级革命派对马克思主义的传介和探索，在有其重要历史意义的同时，也存在着严重的历史和阶级的局限。第一，他们并没有真正了解马克思主义。如资产阶级革命派中宣传马克思主义最著者朱执信，他虽然赞扬马克思之谓“资本基于掠夺，以论今之资本，真无毫发之不当也”，但同时又声称这只适用于欧美，像中国这样处于“孤立经济时代”的国家，“蓄积之事，往往亦自劳动”，“马尔克所云，自掠夺而蓄积者，故谓之夸大，亦无所辞”①。宋教仁对马克思主义则更认识不清，把“无治主义”即无政府主义和共产主义实际上是中国古代大同思想，当作“真正的社会主义”，并认为这种社会主义与中国国情不符，如要实行后果必将不

① 《朱执信集》上册，第18页，中华书局1979年版。

堪设想。[1]还有一些人则对社会主义和无政府主义分辨不清，一些小资产阶级知识分子因而误入歧途，热衷于无政府主义，使无政府主义思潮得以在社会主义的旗号下传入中国。第二，他们并没有真正接受马克思主义。如孙中山虽然钦佩马克思，但他并没有接受马克思主义，认为三民主义比马克思主义更适合中国国情。他不能接受马克思的阶级斗争学说，也没有承认唯物史观，而是坚持民生史观。他认为："民生是社会进化的重心，社会进化又是历史的重心，归结到历史的重心是民生，不是物质。""马克思的唯物主义，没有发明社会进化的定律，不是历史的重心"。他还认为，社会发展的动力不是阶级斗争，而是阶级调合。社会之所以进化，是由于"资本家和工人之利益的相调和，不是相冲突"。"阶级战争不是社会进化的原因，阶级战争是社会当进化的时候，所发生的一种病症。"[2]可见，孙中山虽然承认共产主义是三民主义的好朋友，但在意识形态上，和共产主义者有原则的分歧。第三，他们的宣传也有某些消极的作用。如主观社会主义的宣传曾妨碍了人们正确认识历史的必然性；科学社会主义和其他社会主义流派混淆不清，在一段时间里使人们对科学社会主义得不到正确的认识，等等。

五、"北方刮来十月的风"

马克思主义在中国的广泛传播和被中国人真正理解和接受，是在五四前后才开始的。这固然不是偶然的，而是由这时的国内外条件和知识分子的思想状况造成的。首先，1917年11月，在列宁和布尔什维克党的领导下，俄国无产阶级和劳动人民举行十月革命，推翻了地主资产阶级的反动统治，在世界上建立起了第一个社会主义国家和无产阶级专政的劳农政权，劳动人民成了国家的主人。十月革命开辟了无产阶级革命和殖民地半殖民地民族革命的新时代，在世界各国产生了广泛的影响，为正在探索

---

① 《社会主义商榷》，《民立报》1911年8月13、14日。

② 《三民主义·民生主义》，《孙中山选集》下卷，人民出版社1956年版。

救国救民道路的中国人树立了光辉的榜样。其次，国内的工人阶级队伍不断成长壮大。早在辛亥革命时，中国仅有工人60余万人。第一次世界大战期间，由于民族工业及外资企业（主要是日本）增加，到五四运动时期，中国工人阶级达到200万人左右。中国工人阶级不仅和世界各国的工人阶级一样，是新生产力的代表者，是最先进的阶级，而且他们还深受帝国主义、封建主义和官僚资本主义的三重压迫，具有更强烈的反抗精神。这样，中国工人阶级的成长壮大以及其特殊的处境，为马克思主义同中国工人运动的结合，提供了阶级基础和条件。最后，辛亥革命的失败和孙中山为建立真正共和而斗争的一再挫折，从不同方面表明了中国旧民主主义革命的失败，说明资产阶级共和国方案的破产，西方资本主义道路在中国走不通。面对失败，先进的中国人又不得不进行新的探索。而正在这时，俄国很好地解决了这个问题，为中国人的探索指明了方向——服膺马克思主义。基于以上原因，十月革命以后，马克思主义在中国真正传播开来。

当然，“北方刮来十月的风”并不是人们想象的那样狂飙骤起、飞沙走石般地席卷华夏大地。事实上，十月革命对中国的影响，是在非常困难、相当狭小的范围内开始的。当时，一方面，统治中国的段祺瑞政府对俄国十月革命采取敌视态度，站在国际帝国主义一边，参加对苏维埃政权的武装干涉。另一方面，十月革命虽然胜利，但西伯利亚地区由于高尔察克（沙俄黑海舰队司令）、谢美诺夫（哥萨克匪徒）、霍伐斯（中东路督办）三股白匪联合一起，加上中、美、英、法、日五国首先出兵干涉西伯利亚，使新生的苏维埃政权和中国无法建立联系。此外，当权的北洋反动派和封建官僚、军阀及附属于他们的知识分子，对十月革命也竭尽诬蔑攻击之能事。他们移用日文译名，把布尔什维克叫作过激党，把马克思主义称为过激主义，以此制造恐怖，欺骗舆论。这一切，都程度不同地抵制了马克思主义在中国的传播。但乌云终难蔽日，尽管道路曲折，十月革命的风还是刮到了中国。

中国最先真正理解和最先真正介绍十月革命的是李大钊。从1918年

7月到1919年2月，李大钊发表了《法俄革命之比较观》《庶民的胜利》《布尔什维主义的胜利》《新纪元》《战后之世界潮流》等著名论文，热情歌颂十月革命，热烈宣传社会主义道路，猛烈抨击资本主义制度。具体说来，他阐明了下列观点：第一，第一次世界大战和十月革命开辟了世界历史的新纪元，从此世界历史进入了无产阶级革命的新时代。他指出，俄国革命“是立于社会主义上之革命”；第一次世界大战的结果，“是资本主义的失败”，“是社会主义的胜利”。这是“世界革命的新纪元”，是人类觉醒的新纪元。他还指出：“这种社会革命的潮流，虽然发轫于德、俄，蔓延于中欧，将来必定弥漫于世界。”他满怀信心，展望世界革命的光辉前景：“试看将来的环球，必是赤旗的世界！”[①]第二，俄国十月革命是在马克思主义指导下取得的，中国应走十月革命的道路。他指出：俄国十月革命是在列宁领导下取得的胜利，“他们奉德国社会主义经济学家马客士（马克思）为宗主的；他们的目的，在……把资本家独占利益的生产制度打破”。“他们主张……没有统治者，但有劳工联合的会议，什么事都归他们决定，一切工产业都归在那产业里作工的人所有，此外不许另有所有权”。在此基础上，他还指出：“我们应该趁着这一线的光明，努力前去为人类活动，作出一点有益人类工作。”第三，第一次世界大战的根源是资本主义制度，人类要消灭战争，求得解放，必须消灭资本主义制度。他指出：“原来这回战争的真因，乃在资本主义的发展……资本家的政府想靠着大战，把国家界限打破，拿自己的国家做中心，建一世界的大帝国，成一经济组织，为自己国内资本家一阶级谋利益。”

李大钊的这几篇文章，是当时中国最早、最科学地认识十月革命真相及其伟大历史意义的划时代的作品，也是先进的中国人探索救国救民之道，终于迎来了无产阶级领导革命的历史新纪元的号角。

继李大钊宣传介绍十月革命之后，宣传介绍马克思主义成了中国社会思潮的主旋律。这一点主要表现在《晨报》的《马克思研究》专栏和《新

① 《新青年》第5卷，第5号。

青年》的《马克思主义研究》专号上。

1919年5月，在李大钊的帮助下，《晨报》增辟了“马克思研究”专栏，成了介绍马克思主义的重要阵地。“专栏”曾两次载文介绍马克思、列宁传记，使人们得以览见这两位革命伟人的生平业绩。“专栏”译载了若干马克思主义经典作品。其中有合译本《劳动与资本》（马克思著，今译名为《雇佣劳动与资本》）。此外，还有《新共产党宣言》（即《第三国际第一次代表大会宣言》）。“专栏”还刊登了一些著名的社会主义者的文章，其中有考茨基的《马氏资本论译义》（今译名为《马克思的经济学说》）、河上肇的《马克思唯物史观》，以及译自日文的《马氏唯物史观概要》。1919年5月1日，《晨报》副刊出版了《劳动节纪念》专号，李大钊发表《五一节杂感》，这是中国报纸纪念“五一”节的开始。

《新青年》是十月革命最灵敏的感受器，是传播马克思主义最有影响的刊物。1919年5月，为纪念马克思100周年诞辰，《新青年》第6卷第5号专门出版了《马克思主义研究专号》，由李大钊主编，刊出了一系列介绍讨论马克思学说的文章：《马克思学说》（顾兆雄），《马克思学说批评》（黄凌霜），《俄国革命之哲学的基础（下）》（赵明译），《马克思研究》（陈启修），《马克思传略》（刘秉麟），《我的马克思主义观》（李大钊），《马克思的奋斗生涯》（渊泉），《马克思的唯物史观》（渊泉）等。其中，李大钊的《我的马克思主义观》，是一篇中国人较系统、较全面、也较好地介绍马克思主义的文字。其内容主要有以下几项：第一，介绍了马克思主义剩余价值理论、资本理论、生产价格理论、资本主义积累的一般规律，应该说，这是对《资本论》相当精确的介绍。譬如对马克思经济学说之精髓——剩余价值论，李大钊从对劳动价值理论、劳动力买卖、劳动力价值生产的确定、劳动力创造的价值和劳动力自身价值的差额、绝对剩余价值生产和相对剩余价值的介绍中，最后得出“余值（剩余价值）本是由劳工生产的价值中除去他的必要生活费所余的价值”。“余值既全为资本家的掠夺品，那工人分外的工作，就是余工

（即剩余劳动），佢一点报酬也没有”。这“全是资本主义的罪恶”。[①]第二，介绍了马克思主义唯物史观，着重讲述生产力与生产关系、经济基础与上层建筑的关系。他指出：“历史的唯物论者观察社会现象，以经济现象为最重要”，也就是经济基础决定上层建筑。“经济构造是社会基础构造，全社会的表面构造，都依着他迁移变化”。他还指出：经济构造的变化又决定于生产力的变化。他说：“马克思则以物质的生产力为最高动因。”[②]“生产力一有变动，社会组织必须随着它变动。”[③]他最后认为，当社会组织束缚生产力时，就会引起“社会革命”。生产力“发展的力量愈大，与那不能适应它的社会组织间的冲突愈迫，结局这旧社会组织非至崩坏不可”[④]。第三，介绍了马克思主义阶级斗争学说。文中引用了马克思、恩格斯在《共产党宣言》中的名言：“从来的历史都是阶级斗争的历史。”指出社会存在严重的阶级分野：“马氏所说的阶级，就是经济上利害相反的阶级，就是土地或资本等生产手段的有产阶级，与没有土地或资本等生产手段的无产阶级的区别：一方是压服他人掠夺他人的，一方是受人压服、被人掠夺的。近两种阶级，在种种时代，以种种形式表现出来。”[⑤]他认为，社会主义和公有制不能坐待成熟，离开阶级斗争，就不可能推翻资本主义，实现社会主义。

此外，这一时期，陈独秀、毛泽东、周恩来、蔡和森、瞿秋白、邓中夏、张太雷、赵世炎、陈延年、王若飞、向警予、罗亦农、彭湃、朱德、董必武、林伯渠、吴玉章、李达、陈望道、李汉俊、沈雁冰、高君宇、黄日蔡、何孟雄、马骏、郭隆真、于方舟、陈潭秋、施洋、何叔衡、彭璜、夏明翰、王烬美、邓恩铭、阮啸仙、方志敏等，也都在参加爱国运动的同

① 《李大钊文集》第198—205页，人民出版社1984年版。

② 《李大钊选集》第179页，人民出版社1954年版。

③ 《李大钊选集》第187页，人民出版社1954年版。

④ 《李大钊选集》第186页，人民出版社1954年版。

⑤ 《李大钊选集》第188页，人民出版社1954年版。

时，积极进行革命思想的宣传和马克思主义的传播。

很明显，这一时期对马克思主义宣传介绍和以往大不相同。具体说来，它具有以下几个突出特点：第一，宣传者真正理解了马克思主义，宣传抓住了马克思主义的本质和精髓，从而以惊雷般的巨响，强烈地震撼了中国的政治界和思想界。第二，宣传者以科学的战斗的姿态，欢迎开创世界历史新纪元的俄国十月革命，讴歌布尔什维主义和劳农政权，在无产阶级革命和无产阶级专政这个根本问题上采取了坚定的马克思主义立场，从而为解决中国的社会问题找到了一条光辉的道路。第三，宣传队伍较大，使马克思主义的学习和宣传具有了广泛的群众性，形成了蓬勃发展的共产主义运动，从而为中国共产党的诞生奠定了思想理论基础。

正如毛泽东同志在《论人民民主专政》一文中指出的那样：“中国人找到了马克思列宁主义这个放之四海而皆准的普遍真理，中国的面目就起了变化。”①

六、“三次大论战”与马克思主义广泛传播

在马克思主义广泛传播的同时，西方各种社会思潮也蜂拥而至，广为流传。在这些思潮中影响较大的主要有实用主义、基尔特社会主义、无政府主义、工读主义、新村主义等等。因此，马克思主义和各种资产阶级、小资产阶级思潮在社会改造的声浪中竞相传播，斗争是不可避免的。从1919年至1922年，马克思主义与反马克思主义思潮进行了三次论战。

1919年下半年，马克思主义与实用主义的改良主义进行了关于“问题与主义”的争论。这一争论，是社会革命论与社会改良主义的争论。其意义在于它揭示了中国社会改造的一个重要规律，即必须以马克思主义为指导，进行“根本解决”。

问题与主义争论之后，马克思主义得到了更广泛的传播，各地的共产主义者努力进行在中国实现社会主义的宣传。这种形势，引起了反马克思

① 《毛泽东选集》（合订本）第1359—1360页，人民出版社1969年版。

主义者的忧虑，于是继胡适派资产阶级改良主义者之后，张东荪、梁启超等借罗素来华讲学之机，又向马克思主义发动进攻，挑起了关于社会主义的争论。

关于社会主义的争论，是关系到中国要不要走社会主义道路，要不要组织无产阶级政党，要不要用革命手段来改造中国社会的大争论。张东荪、梁启超理论的基本出发点是反对工人运动，反对科学社会主义，反对成立中国共产党。马克思主义者对张、梁的批判，肯定了中国社会发展的方向是社会主义，宣传了马克思主义的社会革命论，对中国共产党的建立起了促进作用。

马克思主义的广泛传播和同中国工人运动的日渐结合，中国共产党早期组织的建立，使马克思主义同无政府主义的对立日益尖锐起来。从1919年到1921年，以黄凌霜、区声白为代表的无政府主义者，发表许多文章，攻击十月革命和马克思主义。他们反对一切强权、一切国家，鼓吹“个人绝对自由”，尤其集中地攻击无产阶级专政。马克思主义者在争论中批判了无政府主义者反对一切强权、一切国家的谬论，强调了用革命手段夺取政权和建立无产阶级专政的必要性，并阐明了组织纪律和集中统一领导的重要性。这场论战，持续了一年多，马克思主义取得了论战的胜利。以上这些争论，对促进马克思主义的深入传播和把中国无产阶级政党建成真正的马克思主义政党，起了重要作用。

马克思主义在中国的广泛传播，中国共产党的成立，开创了中国革命的新纪元。

新时期的曙光来到了！

第三节　优秀文化传统与马克思主义中国化

在中国近代“西学东渐”的历史过程中，西方各种各样的学说、主义像潮水般涌进中国，从基督教到社会达尔文主义，从卢梭、伏尔泰、孟德斯鸠的民主启蒙学说到蒲鲁东、克鲁泡特金的无政府主义、基尔特社会主义、新村主义，以及尼采的“超人哲学”、康德主义、罗素主义、托尔斯泰主义、实证主义、实用主义，甚至包括中国伟大的革命先行者孙中山所创立的“三民主义”，都没有在中国取得主流地位。有的仅如昙花一现，早已销声匿迹。唯有马克思主义一旦传入中国，就迅速以“排山倒海之势，雷霆万钧之力”，席卷了整个中国，在这个具有五千年历史的文明古国生根、开花、结果。这除了有政治、经济等方面的复杂原因，特别是中国现实阶级斗争的需要之外，从思想文化方面来寻找原因，中国的优秀文化传统则是马克思主义在中国扎根的思想土壤。

一、文化、传统文化与文化传统

讨论优秀文化传统与马克思主义中国化问题，必须首先弄清文化、传统文化与文化传统这三个不同的概念。

何谓文化，这是中外学术界歧见较多的一个问题。据美国人类学家克鲁伯和克罗孔合著的《文化：关于概念和定义的检讨》一书统计，学者们为文化所下的定义共有164种之多，择其要者也有46种。这仅是外国学者的定义，如果再加上中国学者的看法，那就更洋洋大观了。下面，我们对此作一番粗略的考察。

世界各国百科全书上的文化定义大致是：

1．苏联。《苏联大百科全书》（1973年版）将文化概念作了广义和狭义的区分。作为广义的文化，“是社会和人在历史上一定的发展水平，它表现为人们进行生活和活动的种种类型和形式，以及人们所创造的物质和财富”。作为狭义的文化，“仅指人们的精神生活领域”。

2．德意志民主共和国。《迈尔百科辞典》（1971年版）将文化分为物质文化和精神文化两类，并认为文化概念常指精神文化。它说：文化即指“人类社会在征服自然和自我发展中所创造的物质和思想财富”。

3．英国。《大英百科全书》（1973—1974年版）赞同将文化概念分为两类。第一类是“一般性”的定义，文化就等于“总体的人类社会遗产”。第二类是“多元的相对的”定义，“文化是一种渊源于历史和生活结构的体系，这种体系往往为集团成员所共有”，它包括这一集团的“语言、传统、习惯和制度，包括有激励作用的思想、信仰和价值，以及它们在物质工具和制造物中的体现”。

4．法国。《法国大百科全书》（1981年版）认为：“文化是一个社会群体所特有的文明现象的总和。”“文化是一个‘复合体’，它包括知识、信仰、艺术、道德、法律、习俗，以及作为社会成员的人所具有的一切其他规范和习惯”。

以上是几种外国有代表性的有关文化的定义。下面我们再来看看中国人对文化所下的定义：

梁启超在《什么是文化》一文中认为：“文化者，人类心能所开释出来之有价值的共业也。”

胡适在《我们对于西洋近代文明的态度》一文中指出：“文化是一种文明所形成的生活方式。”

梁漱溟的《中国文化要义》则认为：“以文字、文学、思想、学术、教育、出版等为文化。”

毛泽东在《新民主主义论》中指出：“一定的文化是一定的社会的政治和经济在观念形态上的反映。”

任继愈在《民族文化的形成与特点》中认为：文化是“专指能够代表一个民族特点的精神成果。”

近几年来，中国的新一代学者又给文化下了许许多多的定义。总的说来，他们是不满足以往关于文化概念的“物质”和“精神”的“两分法”，而提出了“三分法”。究竟如何分，又各有所见。有人在广狭两义的基础上，又提出了“三义”或“中义”文化，即指“饮食文化、衣着服饰文化、建筑文化、日用品文化、医疗卫生文化、体育文化、游乐文化等等，还包括体现在人与人交往——各式各样伦理关系中的文化”。也有人将文化分为“物质、制度、心理”三个层次。还有人将文化规定为人的“实践能力、实践方式、实践结果”三个方面，等等。

纵观中外学者对文化的定义，可谓是五花八门，见仁见智。不过，从这里我们可以得到一点启示，就是研究者可以从不同角度，用不同观点，来赋予文化这一概念以不同的定义，从而确定自己的研究对象和研究范围，这正好说明文化内容本身的纷繁复杂和丰富多彩。我们认为：文化是人的群体或类的内在精神和这种内在精神的外在体现，是人的群体或类借以相互区别或与他类区别的依据。我们给文化所下的定义包括两层涵义，即文化的内容和文化的作用。仅就文化的内容而言，它又分为两个层次：一是“人的群体或类的内在精神”，即“隐文化”或“软文化”，包括哲学、思想、知识、信仰、艺术、道德、法律、习惯、时尚等；二是“这种内在精神的外在体现”，即“显文化”或“硬文化”，包括教育、科技、出版、体育、卫生等各项文化事业和文化设施。文化的这两个内容互相联系，彼此制约，从而构成了整个文化的有机体。

弄清了文化的定义，传统文化就不难理解了。所谓传统文化，就是先人已经创造的具体的文化，其中既包括物质文化，也包括精神文化。它是一种外在于当代人主体的、历史地凝固了的文化，是一种既定的“存在”。如古代传说、古代巫术、古代典籍、古代思想、孔林孔府孔庙、万里长城、故宫、秦始皇陵里的兵马俑等，这些过去遗留下来的东西，就都属于传统的文化。一般说来，传统文化只具有审美价值和认识价值，具有直接使用价值的并不多。因此，“批判继承”“百花齐放”“古为今用”等口号和方针，实质是对传统文化而言的。我国古代有那么多思想理论，有那么多艺术成就，我们通过批判继承，把它们拿来古为今用，是完全可以为社会主义现代化建设服务的。不过，对于传统文化，任何人都不能先天就了解和掌握，必须后天认真学习和研究。

文化传统与传统文化不是一个等同的概念，两者之间，既有区别，又有联系。文化传统乃是屡经历史变动而仍保持某种同一性的文化元素，是在现实中活动着的历史，是在革故鼎新、消化吐纳的流程中呈现为代代累积、前后相因的文化脉络。用黑格尔的话来说，传统“通过一切变化的因而过去了的东西，结成一条神圣的链子，把前代的创获给我们保存下来，并传给我们”①。换言之，文化传统是传统文化的传递与积累而成的，是历史地选择了的、经过改造了的传统文化。它是内在于当代人主体之内的、支配着民族认识和行为的习惯努力。从这个意义上说，任何民族与国家都无法摆脱自己的传统，而只能以传统为文化发展的起点。

二、优秀文化传统梳理

中国文化长河如大化流行一般，恢宏博大，高峰迭起，一以贯之几千年，自然沉淀成了令人难以尽数的文化传统。但与马克思主义中国化紧密相关者，主要有以下几个方面。

（一）大同思想

在中华民族源远流长的历史传统中，作为平等、公正、和平、幸福的“大同”世界一直是中国人追求的理想境界。早在春秋战国的诸子百家思想中，就以不同的形式曲折地反映了出来。孔子在其《论语・公冶长》中说：“博施于民，而能济众。”孟子大加阐发，提出“老吾老以及人之老，幼吾幼以及人之幼”②，把大同思想赋予了“仁政”社会的理想模式。相对孔孟，老子则站在社会前进的对立面，阐发他的“大同”理想。他希望社会倒退到“小国寡民”的时代，“使有什伯之器而不用，使民重死而不远徙。虽有舟舆，无所乘之；虽有甲兵，无所陈之，使人复结绳而

---

① 黑格尔：《哲学史讲演录》第8页，商务印书馆1983年版。

② 《孟子・梁惠王章句上》，中华书局1962年版。

用之”。只有在这样的社会里，人民才能“甘其服，美其食，安其居，乐其俗”[①]。墨家学派是代表中小工商业者利益的，他们的社会理想是“兼爱”“尚同”。在此大原则下，他们心目中的“大同”世界是“天下之人皆相爱，强不执弱，众不劫寡，贵不傲贱，诈不欺愚”。“老而无子者有所得终其寿，连独无兄弟者有所杂于生人之间，少失其父母者有所放依而长。”[②]在诸多的思想中，对“大同”思想阐述最为系统完整的要算《礼记·礼运》。在这部成书于汉初儒家之手、集中反映儒家思想的巨著中，对“大同”之世的理想社会作了详尽的描述，给人们展示了一幅幽静和美好的“大同”世界的社会图景。1840年鸦片战争以后，伴随着资本主义的侵略和封建主义的进一步腐朽，民族的灾难和人民的痛苦更加严重。在这种灾难、耻辱、痛苦交织着的现实中，中国人内心深处久已积淀着的“大同”梦想更像汹涌的波涛奔流而出，更渴望建立一个平等、公正、和平、自由、幸福的理想社会，所以，在近代短短80年的历史上，就先后出现了三次“大同”思想。洪秀全、康有为和孙中山便是其代表人物。洪秀全作为农民领袖，在鸦片战争后，首先登上历史舞台，把西方基督教义同中国的儒家思想结合起来，创立了一种适合农民革命的“大同”思想。在他设计的“大同”世界里，“人人不受私，物物归上主”，“处处平均，人人饱暖”，“门不闭户，道不拾遗，男女别途，选举尚德”。到19世纪末，一度曾为中国历史风云人物的康有为则不仅在内容上完全接受了“大同”传统，而且还干脆将其著作以《大同书》命名。在该书中，他以恢宏的气度，设计了他的“大同”世界的理想框式。在他设计的这个世界里，要“去国界合大地”，“去阶级平民族”，“去形具得独立”，去男女差别，实现同权。而且他认为：“大同无邦国”，一切淫乱抢夺之事和刑律诉讼将从此消失。19世纪末20世纪初，孙中山在领导资产阶级革命过程中，不仅亲自手书“天下为公”的条幅，而且还自称其民生主义思想来源

① 《老子·八十章》，中华书局1962年版。

② 《墨子·兼爱》，中华书局1936年版。

于古老中国的“大同”思想。在孙中山勾画的理想中，“国人相视，皆叔伯兄弟诸姑姐妹，一切平等”。“国民之权利义务，无有贵贱之差，贫富之别，轻重厚薄，无有不均”。孙中山还敏锐地看到了资本主义制度与中国固有的文化传统严重抵触，试图加以避免，提出了一些似乎很矛盾、但却是一种新尝试的理论。他既要用“平均地权”消灭封建土地制度，发展资本主义，又要“节制资本”，限制资本主义发展给人民带来的危害。为消除这种危害在国民心理上、观念上造成的裂痕，最后，把干脆想“毕其功于一役”，把社会主义的内容塞进资本主义躯体中，将其称之为“集产社会主义”。由此可见，“大同”世界的思想，经过人们世世代代的培养和发展，无论从内容、形式等方面，都作为一种对理想社会憧憬的民族心理欲望积淀下来，成为一种悠长而深厚的历史文化传统，善良的中国人世世代代总在渴望着这样一种理想社会的降临。

（二）阶级意识、民本思想、斗争传统

早在三千多年前的《易经》中就以“大人”“君子”和“小人”的概念，反映了当时奴隶主与奴隶之间的尖锐对立和斗争。如：“硕果不实，君子得舆，小人剥庐”；“君子豹变，小人革面”。在《诗经》中对此亦有强烈的反映。如《魏风·伐檀》中严厉质问统治者：“不稼不穑，胡取禾三百廛兮？不狩不猎，胡瞻尔庭有县貆兮？彼君子兮，不素餐兮！”在《硕鼠》中直斥统治者为“硕鼠”，在《小雅·何草不黄》中，奴隶们发出了自己是人而不是兽的吼声。在整个封建社会里，关于“富者田连阡陌，贫者无立锥之地”（董仲舒），“朱门酒肉臭，路有冻死骨”（杜甫）的揭露，令人不寒而栗。“一部廿四史中，斩木揭竿，狐鸣篝火，揭然起于草泽之间者，不绝于书”。

中国的民本思想同样源远流长。早在《周书·泰誓》就已提出：“民之所欲，天必从之。”春秋时期的管仲则指出：“政之所兴，在顺民心；政之所废，在逆民心。”战国时的孟子则进一步提出：“民为贵，社稷次之，君为轻。”荀子也认为：“君者舟也，庶人者水也。水则载舟，水则覆舟。”后来的唐太宗李世民就是把这句话作为自己的治国格言。西汉初期的贾谊在总结秦末农民大起义的历史教训中，作了这样深刻的总结：“闻之于政，民无不为本也。国以为本，君以为本，吏以为本。故国以民为安危，君以民为威侮，吏以民为贵贱。”“自古至于今，与民为仇者，有迟有速，而民必胜之”；“民者，万世之本，不可欺”；“民者多力，而不可敌也”。1840年鸦片战争以后，民主思想日渐传播，不断深入人心，以致辛亥革命以后，任何搞复辟倒退者都没有好下场。新文化运动时期，新文化运动的英雄们更将民主提升为价值。

与上述思想相联系，中国自古就有武装斗争的革命传统，久而久之，这种历史文化传统在广大人民群众中便形成一种普遍的行为规范。具体表现在以下两个方面。一方面，每当民族危亡之际，总有一批中华儿女不顾个人安危，挺身而出，伸张民族大义。从古代的戚继光、郑成功，到近代的林则徐、关天培，无不是这种精神的体现者，他们的斗争精神一直激励着人们为民族的解放而斗争。另一方面，每当统治者暴虐无道，民不聊生的时候，又有一些解民于倒悬的华夏儿郎振臂高呼，率领人民群众推翻暴君，诛杀赃官，从秦末的陈胜、吴广到近代的洪秀全、孙中山，都是他们杰出的代表。如果我们翻开中国历史，会被一件事实所震惊：从古至今，大大小小的农民起义几乎遍布各个时期，其次数之多，规模之大，是世界历史上罕见的。尤其是近代以来，由于民族矛盾加深，中国人民的反抗斗争就更是如火如荼，从洪秀全领导的太平天国农民起义到义和团运动，再到孙中山的辛亥革命，中国人民愤怒的烈火越烧越旺，几至酿成燎原之势。这一事实，无可辩驳地证明了中国文化传统中的一种现象，即为追求一种理想社会而敢于斗争、善于斗争的精神。

（三）唯物思想、辩证观点、唯物史观

中国古代的唯物主义思想十分丰富。早在《易经》中就提出了“阴阳”两元素生化万物的思想，《尚书·洪范》亦提出了水、火、木、金、土五种元素生成万物的“五行说”。春秋时期的管仲提出了最初的“精气说”，经过战国时期的墨子、荀子、韩非子，两汉时期的贾谊、王充，魏晋南北朝的嵇康、范缜，唐宋元明清的柳宗元、刘禹锡、王安石、张载、王廷相、罗钦顺、方以智，一直到王船山，中国古代朴素唯物主义思想发展到它的最高峰。与此相联系，中国古代无神论思想一直十分强大，宗教意识始终没有占据主要地位。王船山更是古代无神论思想的集大成者。他不仅尖锐地批判了各种主客观唯心主义，而且对佛教、道教和当时开始传入中国的西方天主教，以及一切鬼神、怪异、符瑞、谶纬、术士、巫觋、占卜等宗教迷信活动，进行过猛烈无情的批判，表现了唯物主义的实践理性和大无畏的战斗勇气。此后，这种精神一直延续到近代而不衰。

中国古代的辩证法思想也有很大发展。早在《易经》中就提出了阴阳对立统一的辩证发展观，经过西周的史伯、春秋的老子、晏婴、孔子、孙子，战国的荀子、韩非子，两汉的贾谊、王充，魏晋南北朝的杨泉、范缜，唐宋元明清的柳宗元、刘禹锡、王安石、张载，到王船山这里而发展到一个新高峰。王船山所揭示的“物物相依”“细缊生化”“造化日新”“乾坤并建”“两一”“分合”的世界总图式，已接近近代自然科学对世界总画面的描绘。中国古代这种阴阳并立，相反相成；整体把握，执两用中；强调内因，刚健主动；一分为二，阴阳互补的辩证思维模式，充分体现了我们祖先对宇宙宏观的系统把握，对自然、人类社会和人的思维的发展规律的根本探索。特别是这种辩证思维方式所深刻揭示的“穷则变，变则通，通则久”，“推故而别致其新”的永恒发展观，与辩证唯物主义的全面的、联系的、发展的观点是完全相通的。当然后者比前者更高级、更科学、更严谨。

在社会历史观上，中国古代的唯物主义与辩证法思想得到了充分的运用和反映。中国古代思想家都注重对社会历史问题的研究。所谓“究天人之际，通古今之变”，“成一家之言”（司马迁）；所谓“为天地立心，为生民立命，为往圣继绝学，为万世开太平”（张载），反映了中国一代又一代志士仁人对国计民瘼、社会治乱、国家兴亡的无限关心，对历史发展规律的深刻研究。可以说，中国历代优秀人才的主要精力大多数被吸引到对社会问题的研究上去了，而对自然科学投入的人才和精力则薄弱得多。这既是中国传统思维的一个优点，也是其一个弱点。正因为如此，中国古代对历史发展规律的研究要比同时代的西方各国深刻得多。从管仲提出的“仓廪实则知礼节，衣食足则知荣辱”，到西汉司马迁《史记·货殖列传》中所提出的“食货史观”，再到唐柳宗元《封建论》中的“重势历史观”和五代谭峭《化书》中的“唯食史观”，一直发展到王船山的“进化史观”，已具备唯物史观的雏形。从这种史观出发，很容易走向马克思主义的唯物史观。

（四）忧患意识、乐观精神、自强信念

中国古代的《易经》就是忧患意识的产物：“《易》之兴也，其于中古乎？作《易》者其有忧患乎？”一部《易经》充满着对自然与社会各种忧患的记载：“君子终日乾乾，夕惕若”；“履霜，坚冰至”；“其亡其亡，系于苞桑”。孟子进一步发展了这种忧患意识，指出有为天下百姓而忧的“圣人之忧”与为自己一家的“个人之忧”，提出：“乐民之乐者，民亦乐其乐；忧民之忧者，民亦忧其忧；乐以天下，忧以天下。”这种忧患意识使中国历代知识分子能深切关注社会问题，提出各种改造社会的方案，推动中国社会的发展。

与这种忧患意识相伴随，中华民族的乐观精神与自强信念也卓然充沛于宇内。在《易经》中同样提出了“无平不陂，无往不复”的矛盾转化观，指出只要通过自强不息的努力奋斗，就可以争取“剥极而复”“否极泰来”的美好前途。相传为孔子所整理过的《易经》，更充分地表现了这种自强不息的“乐天观”：“天行健，君子以自强不息”。荀子则提出了“制天命而用之”“天地生君子，君子理天地；君子者，天地之参也”的思想。孟子则强调人应当自觉培养坚强意志与斗争才华，以担负起历史赋予的伟大使命：“故天将降大任于斯人也，必先苦其心志，劳其筋骨，饿其体肤，空乏其身，行拂乱其所为，所以动心忍性，曾益其所不能。”

王船山继承了前人的这些优秀思想成果并作了新的发挥。他认为："凶吉之变，危而可使平，易而或以倾，得失争于善恶之几，能戒惧以持其始终"；"效天地之正不容不惧以始终"。但这种忧患、戒惧并不是消极退缩的，而是积极进取的。这就必须树立正确的生死观、忧乐观："死生同条，而善吾生者即善吾死"，这样才能"历乎无穷之险阻而皆不丧其所依，则不为世所颠倒而可与立矣"。到了近代，严复更直接提出了"与天争胜"的思想。这种优秀的思想传统，世世代代地鼓舞着中国人，既改造客观世界，又改造主观世界，既坚信人类无限光明美好的前途，又脚踏实地进行变革现实的斗争。

（五）舍生取义的人生价值观

与以上思想相联系，从孔子开始，中国历代儒家思想的代表人物，都把为理想、信仰而献身，看作是人生的最高价值。孔子首先提出："明闻道，夕死可矣。""志士仁人，无求生以害人，有杀身以成仁。"孟子进一步提出："生亦我所欲也，义亦我所欲也；二者不可得兼，舍生而取义者也。"这种人生价值观和人生目的论，已成为中华民族的精神象征。从屈原的"路漫漫其修远兮，吾将上下而求索"，"余心之所善兮，虽九死其犹未悔"；霍去病的"匈奴未灭，无以家为"；诸葛亮的"鞠躬尽瘁，死而后已"；范仲淹的"先天下之忧而忧，后天下之乐而乐"；文天祥的"人生自古谁无死，留取丹心照汗青"；于谦的"粉身碎骨浑不怕，要留清白在人间"；王船山的"六经责我开生面，七尺从天乞活埋"；一直到谭嗣同的"我自横刀向天笑，去留肝胆两昆仑"。这种个人服从社会、小我服从大我的人生价值观，一直激励着中国人为理想、信仰、国家、民族而不怕牺牲、前仆后继、英勇奋斗。

三、马克思主义中国化

马克思主义中国化的重要原因之一，就是马克思主义传入中国后，与上述的中国优秀文化传统产生了共鸣，产生了共振效应，并超而越之，从而在中华大地上迅速生根开花，并成为中国人民的指导思想和奋斗目标。这里，仅举两例作以说明。

例一，马克思主义的共产主义学说与中国“大同”世界的文化传统。

我们知道，马克思设计的未来共产主义社会的一个突出特点，就是实行“各尽所能，按需分配”。中国人追求的“大同”世界是要“天下为公”，“共享太平”，人各施所长，各得其所。二者之间虽然在本质上有着严格的区别，但至少在理论上却有许多相似之点。实际上，《礼记·礼运》以及后世思想家们所描绘的“大同”世界，就是一幅乌托邦共产主义的壮丽画卷。正因为如此，当马克思主义刚刚传入中国后，许多人往往将其与中国传统的“大同”思想相提并论，认为实行共产主义就是人类走向了大同。毛泽东不仅在未接受马克思主义的1917年说：“大同者，吾人之鹄也。”他把追求大同世界作为奋斗目标，即使到接受马克思主义后的1919年年底，也仍将共产主义理想描绘成“公共育儿院，公共学校，公共图书馆，公共银行……”属于大同世界的具体社会实体。不仅毛泽东是这样，甚至连最早接受马克思主义的李大钊，在歌颂十月革命时，也号召人们要“一步一步地向前奋斗，直到世界大同”。从上述思想家、革命家的言行中，自然不难看出“大同”思想对中国选择马克思主义的影响。

例二，马克思主义的阶级斗争学说与中国阶级意识和斗争精神的文化传统。

中华民族有着朦胧的阶级意识和光荣的斗争传统，并进行前仆后继、不屈不挠的斗争。但是，在中国共产党成立以前的一切革命运动和反抗斗争，最终都没有找到一条真正取得彻底胜利的必由之路。究其原因，就是没有认识到他们所进行的斗争是一个阶级推翻另一个阶级的革命。十月革命后，马克思主义在中国的广泛传播，使中国的知识分子首先看到了许多似曾相识的东西，而且在这种“似曾相识中”朦胧地领略出了某种超乎其上的力量，特别是《共产党宣言》明确宣告：“到目前为止的一切社会的历史都是阶级斗争的历史。”无产阶级要想彻底解放自己，“只有用暴力推翻全部现存的社会制度才能达到”。马克思这种旗帜鲜明的态度和精辟的理论，使处于茫然的中国人从迷惘中挣脱出来，认识到了阶级、阶级斗争等这些具有划时代意义的深层次问题。另外，中国的知识分子自古就有“为民请命”的传统，并为之而进行着不懈的努力。此时，当马克思主义传入中国后，作为一种既同中国文化有联系，又超乎其上的新型理论，自然被他们毫不犹豫地接受了过来。这种情况可以从五四时期人们对马克思主义的接受过程中，完整地看出其思想的轨迹。五四时期，中国人对马克思主义的接受并非完全照抄照搬，而在很大程度上，或者说在主要方面接受的是马克思主义的唯物史观，其中又以阶级斗争学说为主，这一现象的本身就很能说明问题。

因此，马克思主义中国化了，其中国化的结晶就是毛泽东思想。

毛泽东思想的诞生，是中国历史又一轮辉煌的日出！

本书主要参考书目

经典著作

《马克思恩格斯全集》，中共中央马、恩、列、斯著作编译局译，人民出版社1958—1985年版。

《列宁全集》，中共中央马、恩、列、斯著作编译局译，人民出版社1984—1990年第2版。

《斯大林全集》，中共中央马、恩、列、斯著作编译局译，人民出版社1953—1956年版。

《毛泽东选集》，人民出版社1991年第2版。

官书档案

《大清宣宗成皇帝圣训》，清文宗敕纂，光绪年刻本。

《大清文宗显皇帝圣训》，清穆宗敕纂，光绪年刻本。

《大清穆宗毅皇帝圣训》，清德宗敕纂，光绪年刻本。

《大清德宗景皇帝圣训》，清宣统敕纂，民国初年刻本。

《宣宗成皇帝实录》，台湾华文书局1964年影印本。

《文宗显皇帝实录》，台湾华文书局1964年影印本。

《穆宗毅皇帝实录》，台湾华文书局1964年影印本。

《德宗景皇帝实录》，台湾华文书局1964年影印本。

《宣统政纪》，台湾华文书局1964年影印本。

《东华录》，王先谦编纂，上海积山书局光绪三十三年石印本。

《光绪朝东华录》，朱寿朋编纂，上海集成图书公司1909年版。

《筹办夷务始末》（道光朝），文庆等纂，台湾文海出版社1978年影印本。

《筹办夷务始末》（咸丰朝），贾桢纂，台湾文海出版社1978年影印本。

《筹办夷务始末》（同治朝），宝鋆等纂，台湾文海出版社1971年影印本。

《清季外交史料》，王彦威、王亮编纂，台湾文海出版社1972年影印本。

《清史稿》，赵尔巽等著，中华书局1977年标点本。

《清代档案史料丛编》，中国第一历史档案馆编，中华书局1978—1987年版。

丛书类书

《皇朝经世文编》，贺长龄编，道光七年刊本。

《皇朝经世文续编》，葛士濬编，光绪二十四年刊本。

《皇朝经世文三编》，陈忠倚编，光绪二十七年刊本。

《皇朝经世文四编》，何良栋编，光绪二十八年刊本。

《皇朝经世文新编》，麦仲华编，光绪二十四年刊本。

《皇朝经世文新编续集》，甘韩编，光绪二十八年刊本。

《皇朝经世文新编续集》，储桂山编，光绪二十八年刊本。

《皇朝经世文编补》，张鹏飞编，同治十一年刊本。

《皇朝经世文编正续》，饶玉成编，同治十一年刊本。

《皇朝经世文编初集》，饶玉成编，同治十二年刊本。

《皇朝经世文编续集》，饶玉成编，光绪八年刊本。

《皇朝经世文编续集》，盛康编，光绪二十三年刊本。

《皇朝经世文三编》，三画堂主人编，光绪二十三年刊本。

《皇朝经济文编》，求自强斋主人编，光绪二十七年刊本。

《皇朝经济文新编》，宜今室主人编，光绪二十七年刊本。

《皇朝经世文统编》，润甫（邵之棠）编，光绪二十七年刊本。

《皇朝新政文编》，阙铸补斋编，光绪二十八年刊本。

《皇朝蓄艾文编》，于宝轩编，光绪二十八年刊本。

《民国经世文编》，上海经世文社编，1914年刊本。

《鸦片战争》（中国近代史资料丛刊），中国史学会主编，神州国光社1952年版。

《太平天国》（中国近代史资料丛刊），中国史学会主编，神州国光社1954年版。

《捻军》（中国近代史资料丛刊），中国史学会主编，神州国光社1953年版。

《洋务运动》（中国近代史资料丛刊），中国史学会主编，上海人民出版社1961年版。

《甲午战争》（中国近代史资料丛刊），中国史学会主编，上海人民出版社1967年版。

《戊戌变法》（中国近代史资料丛刊），中国史学会主编，神州国光社1953年版。

《义和团》（中国近代史资料丛刊），中国史学会主编，神州国光社1951年版。

《辛亥革命》（中国近代史资料丛刊），中国史学会主编，上海人民出版社1957年版。

《袁大总统书牍汇编》，徐有明编辑，广益书局1926年版。

《黎大总统文牍类编》，曾文堂书局1924年石印本。

《辛亥革命前十年间时论选集》，张枬、王忍之编，三联书店1960—1977年版。

《中国现代思想史资料简编》（第1卷），蔡尚思主编，浙江人民出版社1982年版。

《从西化到现代化》，罗荣渠主编，北京大学出版社1990年版。

《中外旧约章汇编》，王铁崖主编，三联书店1982年版。

《清末海军史料》，张侠等编，海洋出版社1982年版。

《中国近代经济思想资料选辑》，赵靖、易梦虹主编，中华书局1982年版。

《近代中国教育史料》，舒新城主编，上海中华书局1928年版。

《近代文学史料》，中国社会科学院文学研究所《近代文学史料》编辑部编，中国社会科学院出版社1985年版。

个人文集

《龚自珍全集》，龚自珍著，上海人民出版社1975年版。

《古微堂内外集》，魏源著，淮南书局光绪四年刻本。

《魏源集》，中华书局编辑部编，中华书局1983年第2版。

《林则徐集》，林则徐著，中华书局1963年版。

《筹海初集》，关天培著，台湾文海出版社1969年影印本。

《松龛先生全集》，徐继畬著，台湾商务印书馆民国七十一年版。

《康辅纪行》，姚莹著，同治六年刻本。

《蒙古游牧记》，张穆著，长沙商务印书馆民国二十七年版。

《朔方备乘》，何秋涛著，光绪七年刻本。

《夷氛纪闻》，梁廷楠著，台湾文海出版社1970年版。

《中西纪事》，夏燮著，台湾文海出版社1967年影印本。

《洪秀全选集》，扬州师范学院中文系编，中华书局1976年版。

《洪仁玕选集》，扬州师范学院中文系编，中华书局1978年版。

《翼王石达开全集》，钱书條编，台湾文海出版社1971年影印本。

《西学东渐记》，容闳著，台湾文海出版社1973年影印本。

《校邠庐抗议》，冯桂芬著，丰城余氏1897年刊本。

《弢园文录外编》，王韬著，中华书局1959年版。

《薛福成选集》，丁凤麟、王欣之编，上海人民出版社1987年版。

《适可斋纪言纪行》，马建忠著，上海著易堂1898年石印本。

《盛世危言》，郑观应著，图书集成局1896年刊本。

《治平通议》，陈虬著，瓯雅堂1893年刊本。

《庸言》，陈炽著，1897年刊本。

《新政通诠》，何启、胡礼垣著，上海格致新报馆1901年版。

《邵氏危言》，邵作舟著，上海商务印书馆1897年版。

《危言》，汤震著，质学会1897年刊本。

《曾国藩全集》，曾国藩著，李翰章编辑，岳麓书社1986年版。

《左宗堂全集》，林鸣凤等校点，岳麓书社1987年版。

《李文忠公全集》，吴汝纶编辑，商务印书馆1921年版。

《张文襄公全集》，王树枬编辑，新城王氏1928年刊本。

《刘坤一遗集》，中国科学院历史研究所第三所主编，中华书局1959年版。

《养知书屋遗集》，郭嵩焘著，1892年刻本。

《胡文忠公遗著》，郑敦谨、曾国荃编辑，湖北崇文书局1875年刊本。

《李忠武公遗书》，李光久编辑，欧汇巡署光绪十七年刊本。

《刘武慎公遗著》，刘长佑著，台湾成文出版社1970年影印本。

《许文肃公遗稿》，许景澄著，民国七年刊本。

《曾纪泽遗著》，喻岳衡点校，岳麓出版社1982年版。

《张季直九录》，张謇著，中华书局1928年版。

《康有为政论集》，汤志钧编，中华书局1981年版。

《饮冰室合集》，梁启超著，中华书局1936年版。

《天演论》，赫胥黎著，严复译，商务印书馆1981年版。

《谭嗣同全集》，蔡尚思、方行编，中华书局1981年版。

《戊戌六君子遗集》，张元济编辑，商务印书馆1917年版。

《唐才常集》，湖南省哲学社会科学研究所编，中华书局1980年版。

《日本国志》，黄遵宪著，浙江书局1898年刻本。

《小航文存》，王照著，台湾文海出版社1966年影印本。

《翁常熟手札》，翁同龢著，台湾文海出版社据庞诰公藏本1971年影印本。

《孙中山全集》，广东省社会科学院历史研究所编，中华书局1981—1986年版。

《孙中山集补集》，陈旭麓、郝盛潮主编，上海人民出版社1990年版。

《黄兴集》，湖南省社会科学院编，中华书局1981年版。

《宋教仁集》，陈旭麓主编，中华书局1981年版。

《章太炎全集》，上海人民出版社编，上海人民出版社1982年版。

《秋瑾集》，中华书局上海编辑所编，上海古籍出版社1979年版。

《朱执信集》，广东省哲学社会科学研究所历史研究室编，中华书局1979年版。

《廖仲恺集》，广东省哲学社会科学研究所历史研究室编，中华书局1983年版。

《秦力山集》，彭国兴、刘晴波编，中华书局1982年版。

《蔡松坡集》，曾业英编，上海人民出版社1984年版。

《陈天华集》，刘晴波、彭国兴编校，湖南人民出版社1982年第2版。

《陈独秀集》，胡明编选，天津人民出版社1990年版。

《李大钊文集》，李大钊著，人民出版社1984年版。

《蔡元培全集》，蔡元培著，中华书局1988年版。

《鲁迅全集》，鲁迅著，人民文学出版社1958—1987年版。
《胡适文存》，胡适著，上海亚东图书馆1921年刊本。
《吴虞集》，吴虞著，四川人民出版社1985年版。
《罗雪堂先生全集》，罗振玉著，台北大通书局1972年影印本。

近人论著

《中国近代史》，徐凤晨、赵矢元主编，辽宁人民出版社1982年版。
《中国近代史》，《中国近代史》编写组编著，中华书局1983年第3版。
《近代中国80年》，陈旭麓主编，上海人民出版社1983年版。
《中国近代史》，林增平主编，湖南人民出版社1979年第2版。
《从鸦片战争到五四运动》，胡绳著，人民出版社1981年版。
《剑桥中国晚清史》，费正清著，中国社会科学出版社1985年版。
《鸦片战争》，牟安世著，上海人民出版社1982年版。
《太平天国兴亡史》，茅家琦著，上海人民出版社1980年版。
《洋务运动史》，夏东元著，华东师范大学出版社1992年版。
《戊戌变法史》，汤志钧著，人民出版社1984年版。
《辛亥革命史》，章开沅、林增平主编，人民出版社1980年版。
《从辛亥革命到五四运动》，胡绳武、金冲及著，湖南人民出版社1983年版。
《中国近代爱国人物传》，徐凤晨、陈贵宗、刘家磊主编，吉林文史出版社1985年版。
《中国近百年名人传》，徐凤晨、王维礼主编，黑龙江教育出版社1986年版。
《中国近代哲学史》，侯外庐主编，人民出版社1978年版。
《中国近代哲学简史》，张锡勤著，黑龙江人民出版社1980年版。
《中国近代思想史讲授提纲》，石峻、任继愈、朱伯崑编，人民出版社1955年版。

《简明中国近代思想史》，王永康著，湖南人民出版社1986年版。

《简明中国近代政治思想史》，姚凤莲、郑裕硕著，甘肃人民出版社1986年版。

《中国思想发展史》，何兆武著，中国青年出版社1980年版。

《中国近代政治思想史》，邵德门著，法律出版社1979年版。

《中国近代思想史论》，李泽厚著，人民出版社1979年版。

《简明中国近代思想史》，王永康著，湖南人民出版社1986年版。

《中国近代政治思想史》，朱日耀主编，宝成关著，吉林大学出版社1990年版。

《中国近代政治思想史》，桑咸之编著，中国人民大学出版社1986年版。

《中国近代政治思想论著选辑》，中共中央党校文史教研室中国近代史组编，中华书局1986年版。

《中国近代民主思想史》，熊月之著，上海人民出版社1986年版。

《中国近代政治制度史》，林代昭等合著，重庆出版社1988年版。

《近代中国资产阶级研究》，复旦大学历史系主编，复旦大学出版社1984年版。

《中国近代经济史》，凌耀伦著，重庆出版社1982年版。

《中国近代经济思想史稿》，侯厚吉、吴其敬主编，黑龙江人民出版社1982年版。

《中国近代经济史论著选译》，张仲礼主编，上海社会科学院出版社1987年版。

《中国近代军事史》，张玉田著，辽宁人民出版社1983年版。

《中国近代外交史》，顾明义编著，吉林文史出版社1987年版。

《中国近代战争史》，军事科学院《中国近代战争史》编写组编，军事科学出版社1984年版。

《帝国主义侵华简史》，刘培华著，黄山书社1985年版。

《中华文化史》，冯天瑜、何晓明、周积明著，上海人民出版社1990年版。

《中国近代文化探索》，龚书铎著，北京师范大学出版社1988年版。

《中西文化和哲学争论史》，曾乐山著，华东师范大学出版社1987年版。

《中国近代新史学》，曹靖国著，吉林大学出版社1992年版。

《中国近代现代伦理思想史》，张锡勤、饶良伦、杨忠文编著，黑龙江人民出版社1984年版。

《中国近代教育史》，陈景磐编，人民教育出版社1979年版。

《清代科学考试述录》，商衍鎏著，三联书店1985年版。

《清代留学运动史》，董守义著，辽宁人民出版社1985年版。

《中国近代报刊史》，方汉奇著，山西人民出版社1981年版。

《辛亥革命时期期刊介绍》，丁守和主编，人民出版社1982—1987年版。

《中国近代文艺史》，叶易著，高等教育出版社1980年版。

《中国近代美学思想史》，聂振斌著，中国社会科学出版社1991年版。

《世界三大宗教在中国》，曹琦、彭耀编著，中国社会科学院出版社1989年版。

《传教士与近代中国》，顾长声著，上海人民出版社1981年版。

《走向世界——近代中国知识分子考察西方的历史》，钟书河著，中华书局1985年版。

《近代中国社会主义思潮觅踪》，皮明庥著，吉林文史出版社1991年版。

《马克思主义在中国——从影响的传入到传播》，林代昭、潘国华著，清华大学出版社1983年版。

《洪秀全传》，田原著，湖北人民出版社1982年版。

《郑观应传》，夏东元著，华东师范大学出版社1981年版。

《盛宣怀传》，夏东元著，四川人民出版社1988年版。

《梁启超年谱长编》，丁文江、赵丰田编，上海人民出版社1983年版。

《孙中山年谱长编》，陈锡祺主编，中华书局1991年版。

《章太炎年谱长编》，汤志钧编，中华书局1979年版。

《袁世凯与北洋军阀》，谢本书著，上海人民出版社1984年版。

读者须知

本书已接入版权链正版图书查证溯源交易平台，“一本一码、一码一证”。扫描上方二维码，您将可以：

1. 查验此书是否为正版图书，完成图书记名，领取正版图书证书。

2. 领取吉林人民出版社赠送的购书券，可用于在版权链书城购买吉林人民出版社其他书籍。

3. 领取数字会员卡，成为吉林人民出版社读者俱乐部会员。

4. 加入本书读者社群，有机会和本书作者、责任编辑进行交流。还有机会受邀参加本社举办的读书活动，以书会友。

5. 享受吉林人民出版社赠予的其他权益（通过读者俱乐部进行公示）。